唐宋道教的转型

孙亦平 著

国学论丛

陈鼓应 主编

中华书局

图书在版编目（CIP）数据

唐宋道教的转型/孙亦平著. —北京：中华书局, 2018.4
（国学论丛/陈鼓应主编）
ISBN 978-7-101-12979-3

Ⅰ.唐…　Ⅱ.孙…　Ⅲ.道教史-中国-唐宋时期　Ⅳ.B959.2

中国版本图书馆 CIP 数据核字（2017）第 300602 号

书　　　名	唐宋道教的转型
著　　　者	孙亦平
丛 书 名	国学论丛
责任编辑	朱立峰
丛书主编	陈鼓应
出版发行	中华书局
	（北京市丰台区太平桥西里 38 号　100073）
	http://www.zhbc.com.cn
	E-mail：zhbc@zhbc.com.cn
印　　　刷	北京市白帆印务有限公司
版　　　次	2018 年 4 月北京第 1 版
	2018 年 4 月北京第 1 次印刷
规　　　格	开本/640×960 毫米　1/16
	印张 24½　插页 2　字数 340 千字
印　　　数	1-2000 册
国际书号	ISBN 978-7-101-12979-3
定　　　价	79.00 元

《国学论丛》序

　　当今的时代，人与人之间的隔阂与距离已被技术革新大大破除和缩短。东西方文化交流日趋频繁，虽然各国在军事、政治等方面界限重重，但从学术文化的角度来看，各种思潮之间彼此交汇融通，让世界舞台呈现出多样化的思想格局。透过历史文化的智慧结晶，不同文化背景的人们才能够相互了解，欣赏彼此的独特性，并探讨其间的共通性。因此，在东西文明交相激荡的当下，在了解异质文化之余，继承与弘扬自己的文化传统已经显得尤为紧要。

　　我的师辈们大多学贯中西，具有良好的西学功底。但是，他们晚年却多选择在中华文明的土壤上建构其学术灯塔，留下的学术成果也多是对本国文化的深刻反思。在当代中国哲学家中，除冯友兰先生之外，金岳霖先生，虽最早将逻辑知识论介绍到中国来，但其形上学的体系架构却围绕"道"而展开，将蕴含中国文化象征性的"道"内化于生命，既追索理智的了解，又寻求情感的满足。又如，我的指导教授方东美先生，在我受业期间，主要讲授西方哲学，但他在晚年却选择经由汇通儒释道三家而构建起旁通统贯的思想体系。通过对他们学术历程的观照，我感受到庄子"万物殊理"、"道通为一"的精神，也深切地体会到弘扬与传播本民族优秀文化传统的重要价值。

　　最近十几年，我发觉两岸学界大量翻译和出版西方经典与前沿研究方面的成果，对有关本国文化的研究著作未能给予应有的关注。为此，我萌生了汇集海峡两岸文献功底深厚且别具创新观念的学者的稿件，来编辑一套名为《国学论丛》的丛书的构想。承蒙孔子学院总部"孔子新汉学计划"资助，这套丛书如愿出版，我对此深表感谢。我期待,借由此套丛书的付梓,以探索民族文化艰苦历程中的延续性,找寻传统文化的内涵和生命力,整合并推动中国文化中坚力量的持续发展,使传统学术在多元世界中展开新的气象。

陈鼓应

2015 年 4 月

目　录

导　言 ………………………………………………………… 1

第一章　唐宋道教转型的动因机制 ………………………… 1
　　第一节　唐代道教的多向度发展 ……………………… 2
　　第二节　唐代道教所面临的挑战 ……………………… 15
　　第三节　唐宋帝王、士绅与道教 ……………………… 38

第二章　道教老学思想的嬗变 ……………………………… 58
　　第一节　汉唐道教老学思想的发展 …………………… 59
　　第二节　唐代诸家注老旨趣之分判 …………………… 64
　　第三节　宋代道教老学内向与外化 …………………… 70

第三章　宇宙论的多向度发展 ……………………………… 78
　　第一节　老君创世的政治化 …………………………… 79
　　第二节　元气生化的仙道化 …………………………… 86
　　第三节　本迹有无的思辨化 …………………………… 96
　　第四节　道生德畜的理想化 …………………………… 107

第四章　心性论对重玄学的解构 …………………………… 115
　　第一节　重玄的多重意蕴 ……………………………… 116
　　第二节　有无双遣至空无 ……………………………… 126
　　第三节　心寂境忘玄道至 ……………………………… 132
　　第四节　忘言契道以明理 ……………………………… 138

第五章　道性论对生命观的重构 …………………………… 144
　　第一节　众生皆有道性 ………………………………… 144

第二节　从形神到性命 ……………………………………… 153

第三节　道性与生命观 ……………………………………… 161

第四节　从清静到清净 ……………………………………… 167

第六章　修道论的内在化转变 ……………………………… 181

第一节　仙道多途论 ………………………………………… 181

第二节　修道即为修心 ……………………………………… 192

第三节　得道在于了悟 ……………………………………… 198

第七章　唐末五代道教仙学的演进 ………………………… 206

第一节　对道气论的新解读 ………………………………… 207

第二节　从外丹向内丹转变 ………………………………… 216

第三节　杜光庭与钟吕内丹道 ……………………………… 239

第四节　仙学演进中的斋醮科仪 …………………………… 253

第八章　宋辽金道教的新走向 ……………………………… 283

第一节　宋辽金新道派的涌现 ……………………………… 284

第二节　神灵信仰体系再确立 ……………………………… 317

第三节　内丹心性学的蓬勃发展 …………………………… 336

第四节　倡以道为本的三教融合 …………………………… 345

第五节　从经国理身到护国安民 …………………………… 355

后　记 ………………………………………………………… 370

导　言

　　"唐宋变革"是指由唐入宋时中国社会在生产方式、政治体制、科举制度、商品经济、宗教文化、军事组织和外交政策等领域出现了许多新变化,其中一些"巨大的变革"经历若干时间的发展,最后固定下来,致使唐和宋具有不同的时代性质和文化风格。有关"唐宋变革"问题虽然早已有人提出①,但自 20 世纪初由日本京都大学教授内藤湖南(1866—1934)进行具体论证后才受到人们的广泛关注。近百年来,人们从思想史、政治史、经济史、法律史、社会史和学术史等方面对"唐宋变革"的动因、路径、结果进行旷日持久的研究与讨论,提出了许多精彩纷呈的观点,取得了令人瞩目的成果,并基本达成了一个共识,即承认唐宋之际的历史进程发生了一个巨大的变革,这个变革对中国社会的诸多领域都产生了潜移默化的影响。如果说,唐宋变革论是 20 世纪国际学术界提出的对中国"中古"向"近世"转变过程中出现的各种"巨变"的原因与结果的概括与总结,那么,值得研究的是,这种转型是否及如何体现在中国传统宗教——道教——的历史进程中?

　　唐代是道教走向繁荣的时期,虽然面临着各种挑战,但因得到统治者的支持,一度位于儒佛道三教之首,并通过官方或民间途径逐渐向周边国家传播。在王公贵族、嫔妃公主、朝野名流学者信道入教成

---

　　①　南宋史学家郑樵(1104—1162)在《通志》卷二十五《氏族略一·氏族序》中就指出,唐宋之间在官吏选拔、婚姻缔结方面曾出现一些根本性变化:"自隋唐而上,官有簿状,家有谱系。官之选举必由于簿状,家之婚姻必由于谱系。""自五季以来,取士不问家世,婚姻不问阀阅。"(中华书局 1986 年影印万有文库本)后来,清初顾炎武(1613—1682)在《日知录》中更从氏族之乱、婚姻之变、"豪民"向"田主"转变等方面进行了论述。

为社会风尚时，道教的教义理论和艺术形式也得到全面提升，长生成仙信仰的流行和宫观建设的迅速发展，促进了斋醮仪式的规范化和经戒法箓传授的制度化。在唐玄宗开元年间，国势强大和文化繁荣，道教发展也至于极盛，但随之而来的"安史之乱"使唐王朝在藩镇割据、战乱动荡和经济下滑中由盛转衰，接下来又是唐末黄巢起义、唐朝灭亡、五代纷争、北宋建立、靖康之变、南宋建立等一系列历史事件，中国的政治中心由长安到开封再到临安。宗教的传播离不开具体的时空背景和地域文化，随着唐宋王朝更替、政治中心迁移，道教在这一历史进程中走出怎样的发展道路？道教传播中心的地域转换是否成为推动唐宋道教转型的重要因素？促进唐宋道教转型的动因机制何在？道派的演变如何展示了唐宋道教的转型？从信仰、思想与修道实践上看，唐代道教与宋代道教之间究竟出现了哪些根本性的变化？这些变化对中国道教乃至中国传统文化的发展带来了哪些影响？这将成为本书所要探讨的主要问题。

近百年来，唐宋变革论作为一种有关唐宋历史的解释框架，吸引了众多学者的目光，也给我们的唐宋道教研究带来多方面的启发和思考。当年，内藤湖南（1866—1934）从社会史的角度，对唐宋之际的历史发展而导致的文化分野作了说明："唐和宋在文化的性质上有显著差异：唐代是中世的结束，而宋代则是近世的开始，其间包含了唐末至五代一段过渡期。"①这一历史分期说是以六朝隋唐贵族政治和宋代君主独裁政治两种政体为核心来展开论述。从政治上看，唐代贵族政治的式微到宋代君主独裁的出现，人民从贵族手中得到解放；从科举制上看，唐代科举意在测验人的品质和文艺水平，到宋代科举成为产生官吏的主要途径；从农民的地位上看，唐初人民虽直属于国家管理，但其身份犹如贵族的佃农，中唐实行两税法替代租庸调制，土地私有化使人民可以摆脱贵族的束缚，到宋代时人民虽仍由国家直辖，但中间没有了贵族，租佃制取代农奴制，农民可自由处置自己的土地；从经

---

① ［日］内藤湖南著《概括的唐宋时代观》，载《日本学者研究中国史论著选译》，中华书局1992年版，第10页。

济上看，唐代虽然铸造了开元通宝等钱币，但实物经济还是十分流行，自宋代开始，货币经济非常盛行，可见，唐宋处在实物经济结束期和货币经济开始期的交替之际；从学术上看，在唐中叶以前，经学注重家法师承，著述大多以义疏为主，原则是疏不破注，到了唐中叶，疑古之风盛行，对经典重新注疏时，注重经义而不重训诂，这种建立一家之言的做法到宋代极度发达，学者自称从遗经中发现千古不传的遗义，全部用本身的见解去作新的解释，成为一时风尚①。另外，兵制、法制、官制和艺术等领域也都出现了一些新变化。在各种变化中，土地私有化和用货币进行自由贸易一向被认为是"唐宋变革"的重要标志。内藤湖南根据经济、政治和学术的波动来观察历史发展趋势，提出"上古（ancient）-中古（medieval）-近世（modern）"的"三段说"的中国历史分期法：上古到东汉中期为"上古"时代，以东汉中期到西晋为第一个"过渡期"；从东晋南北朝到唐代中期为"中世"时代，以唐中期到五代末为第二个"过渡期"；从宋元开始至明清为"近世"。

　　内藤湖南用政治、经济和学术之总和的广义文化定义作为"唐宋变革"的标尺，以说明唐宋之间在文化性质上有着明显的差异，"唐宋时代"这个惯用语是没有意义的，因为两者之间存在着一个"过渡期"，这就是"五代十国"。内藤湖南用"三段"、"两过渡"的说法来描述中国历史曲折发展的动态进程，尤其是将唐宋之际中国社会发生的重大变革作为中国近世的动因，将宋代作为"近世的起点"的看法，有助于人们从纷如乱麻的史实中把握要领，为中国历史研究提供了一条新的方法和思路，近百年来吸引了众多学者的目光，也为我们的唐宋道教研究架构了一种历史参照。然而，运用"唐宋变革"理论来分析道教如何在唐宋时期打破传统思维方式的制约而在理论与实践上的实现转型发展，尚有待于进一步展开，这既牵涉到对唐宋道教历史走向的基本把握，也对今天正在开展的做好中华优秀传统文化的创造性转化与创新性发展具有重要的借鉴意义。

---

　　①　［日］内藤湖南著《概括的唐宋时代观》，载《日本学者研究中国史论著选译》，中华书局1992年版，第10—18页。

内藤湖南虽然提出中国历史从"中古"过渡为"近世"是发生在唐宋之交,但并没有正式提出"唐宋变革"这个概念。后来其弟子宫崎市定(1901—1995)才将"从中古变为近世"的观点发扬光大,并用"唐宋变革"称之。起初,宫崎市定并不完全赞成内藤湖南的观点,但后来在自己的宋史研究中,逐渐认同了唐代和宋代是存在着鲜明差异的不同历史时期,并在《东洋的近世》一文中将中国历史与欧洲历史相比照,以社会经济史和民族变迁史为径路,用"民族-国家"视野中出现的"资本主义精神"来阐释宋代所具有的"近世"特征,提出中国是世界上最早进入现代化的国家,中国由中古向近世的转化,发生在公元十世纪的唐宋之间:"宋承五代,政治的统一同时也是经济上国内市场的再统一。……五代各国的国都虽然失去作为政治中心都市的意义,却作为商业都市继续存在,特别是唐代以来运河沿线出现的商业都市,更进一步发展,用蓄积财富的方法,促使近世的文化发达。这种事态,必然导致宋代社会不得不倾向于走向一种资本主义的统治。"①这个所谓的"唐宋变革"是人类由古代社会向现代社会转变的最为重要的标志,也揭开了现代人类社会的第一次大转变和大转型的序幕。

作为日本中国史研究中最有影响的学者,宫崎市定通过对内藤湖南的"唐宋变革"进行重新评价,开辟了一些新的研究领域,比如商品经济在唐代出现并逐步发达对宋代经济的影响、焦炭冶铁为制造业提供了能源和技术;还以为,大运河和海洋交通开拓了横断亚洲的南北海陆两大干线的东端,将中国与世界环绕起来,"中国由此不再是东西交通终点的死胡同,而成为世界循环交通路的一环"②。文化上的自由使学者们具有了不同往日的学术视野等。20世纪70年代宫崎市定又著《从部曲发展到佃户——唐宋社会变革的一个侧面》,通过研究在庄园中服徭役的"部曲"如何得到解放而成为身份相对自由的"佃户",提出促成"唐宋变革"的关键是生产关系的变更带来的社会变

① [日]宫崎市定著《东洋的近世》,载《日本学者研究中国史论著选译》,中华书局1992年版,第168页。

② [日]宫崎市定著《东洋的近世》,载《日本学者研究中国史论著选译》,中华书局1992年版,第166页。

化。他认为，这些政治、社会和经济上的巨大转变从中唐至宋初就已出现，不仅早于欧洲类似的发展三至四个世纪，而且从其在中国及东亚的影响看，它们发生后，再经历若干时间的发展，最后固定下来，开启一个新的时代。这种"唐宋变革"论成为日本京都史学派的一个代表性观点："中国的近世始自宋代，不是始自西方的到来，亦即中国含有土生土长的近代化种子，但因各种缘故，已先在日本开枝散叶。"此观点在二十世纪出现时虽隐含着日本文化优越论的政治目的，但其中所提出的"中国含有土生土长的近代化种子"的观点，将"唐宋变革"作为中国古代社会向近代社会转变的重要标志，却是治唐宋史者必须注意的问题。

内藤湖南和宫崎市定的研究侧重点虽有不同，但都通过六条主线来展示唐宋时代发生的因贵族政治衰退、商业经济发展和平民文化兴起而导致的根本性转变：政治体制；统治阶级的构成，权力的取得和分配；社会组织和阶级的形成和流动；经济的自由化、商业化，新的生产关系和交换方式；文化特性和价值观念；国际关系等①。这六条主线所构成的"唐宋变革"的主要面向也概括了唐宋道教所立足的社会环境以及进行转型的动因机制。

后来，欧美学者将这一唐宋变革论称为"内藤假说"，并认为其表面上讨论的是中古和近世的分期问题，其实却内涵着两个理论预设：其一是把历史发展理解为朝向"现代性"演进的不同阶段；其二，他们断言在西方影响中国之前，中国历史就按照与西方历史相同的演进阶段在发展，而且这些演进阶段具有历史普遍性②。暂且不论这种用历史目的论来评价"内藤假说"的看法是否合理，但这一假说本身却以丰

---

①　台湾学者柳立言认为，这六条主线的确是中国历史甚至是世界历史的根本问题（参见柳立言著《宋代的家庭和法律》，上海古籍出版社 2008 年版，第 10 页）。

②　美国学者包弼德看来，内藤湖南和宫崎市定"都持有一个历史的目的论观点，认为历史的终点就是现代性的实现。"但对照中国唐宋历史的实际发展状况，他又认为："宋代标志着独裁的增长，这在内藤对唐宋转型的阐释中是核心内容，因为它解释了为什么中国事实上没有实现现代化。宋代以后中华帝国体制的独裁，解释了为什么进步的社会、经济和文化变化没有持续按照一种走向现代性的方式发展。"（［美］包弼德著《唐宋转型的反思——以思想的变化为主》，刘东主编《中国学术》第 3 辑，商务印书馆 2000 年版，第 66 页）

富的资料和独特的思路,克服了世界史研究中的"欧洲中心论"的问题①,展示了中国的唐宋文化在古代世界文化中的先进性,有助于人们从纷如乱麻的史实中把握要领。

"唐宋变革"作为有关唐宋历史一种解释框架,给予后来学者以多方面的启发和思考,也引发了许多的争议,如台湾学者柳立言所说:"当京都学者在八十多年前提出唐宋变革的问题时,他们对'变革'、'唐宋变革'和'唐宋变革期'等主要用语都有相当清楚的意旨:'变革'是指根本或革命性的改变;'唐宋变革'是指中国历史从中古变为近世的一个变革,它把唐宋断裂为两个性质不同的时代,唐是中古之末,宋是近世之始;'唐宋变革期'就是指中国历史从中古变为近世这个变革所经历的过渡期或转型期,起点在八世纪的中唐,终点在十世纪的宋初,它一方面结束了一个旧的文化形态,另一方面开启了一个新的文化形态。"②唐与宋分属于两个不同性质的历史时期。"所谓'变革',不是说一般性的变化,而是指'转型之变'(Transformation-Change)、'根本之变'。"③在笔者看来,唐与宋之间的朝代更替不仅表现在国号由唐变宋,皇室由李姓变为赵氏,首都由长安改为开封再而临安,更反映了中国文化发生了由贵族向平民、由西北向东南、由门阀政治向科举政治、由出将入相向重文轻武、重农抑商向农商并重等重大转变,造成了社会政治、经济和文化等领域的结构形态、运转模型以及人们的思想观念发生了从一个形态转变为另一个形态的"根本的改变"或"巨大的变化"。对此,既可用"革命"来加以界说,也可用"转型"来加以概括。

在唐宋之间,哪些是同质性的因袭和延续,哪些是异质性的突破或断裂等问题,这成为二十世纪日本史学界热烈讨论的问题,但无论是"唐宋变革"、"唐宋之变",还是后来的"唐宋转型",词语表达虽然不同,但其中都蕴含着"变化"的意思。这种通过新文化形态取代旧文

---

① 参见[日]谷川道雄著《"唐宋变革"的世界史意义——内藤湖南的中国史构想》,《魏晋南北朝隋唐史资料》,第 23 辑,2006 年。

② 柳立言著《何谓"唐宋变革"?》,《中华文史论丛》2006 年第 1 期,第 146 页。

③ 柳立言著《何谓"唐宋变革"?》,《中华文史论丛》2006 年第 1 期,第 136 页。

化形态之"巨大的变革"所引发的中国社会性质的变化,是"具有划时代意义的各项重大演变"①,它们推动着中国社会率先由"中古"向"近世"迈进的,自然又不能与一般的变化相提并论,既可用"革命"来加以界说,也可用"转型"来加以概括。即使是变革之后趋于平稳的宋代社会,因保留着变革之后的新特征而与前代有着"质"的不同。时至今日,如何证明"唐宋变革"这一假说已不再是学者们的主要任务,更重要的是,如何以这一假说为突破口,通过探究"唐宋变革"来深化对中国古代社会经济、政治、法律、宗教等历史演进轨迹和内在脉络的理解与把握。在这个意义上,这种源自于"唐宋变革"而出现的唐宋转型说,因包含着对事物变化的动因机制、结构形态、文化模式和人们观念的根本性转变过程的认识,也可帮助我们突破传统道教研究中的藩篱,以更广阔的视野和更精深的理论,为唐宋道教的转型研究提供了一个理论进路、历史论域和开放视野。

第一,宫崎市定从庄园中服徭役的"部曲"如何得到解放而成为身份相对自由的"佃户",提出促成"唐宋变革"的关键是生产关系的变更带来的社会变化;科举制度消除了贵族世袭制,为选拔人才开放了通道。这些观点可促使我们去研究唐宋道教的弘道主体——道士身份的变化,尤其是这些变化对促进唐宋道教的转型有何影响?

第二,宫崎市定提出,"中国含有土生土长的近代化种子",以强调"唐宋变革"后的中国文化在当时世界文化中的先进性。尤其是宋朝作为近世的开端,其显著的标志是推动了地方社会的政治自治、文化自觉和经济发展。后来,英国学者约翰·霍布森(John M. Hobson)在其著《西方文明的东方起源》中遵循京都史学派的"唐宋变革"论,提出了"东方化的西方"②这一不同凡响的观点,把古代东方民族推到了

① 邱添生著《唐宋变革期的政经与社会》,台北文津出版社 1999 年版,第 204 页。

② 他提出,欧洲历史发展的每一个重要转折点,在很大程度上都是通过"成功地吸收了东方的资源组合"(如思想、技术和制度等)而完成的。这样的资源组合主要是通过伊斯兰世界的桥梁从东方传到西方的。"东方促进东方化西方崛起的第二个方式就是欧洲帝国对东方资源的掠夺。"([英]约翰·霍布森著《西方文明的东方起源》,山东画报出版社 2009 年版,第 269 页)由于欧洲人攫取了诸多东方资源,如土地、劳动力和市场,才率先发展起来的。

世界历史发展进程的最前列,打破在西方崛起论中占主流的"西方中心论"。中国在"唐宋变革"后率先进入近代社会,取得的多方面成果惠及了西方文明的发展。那么,这种因商品经济和交通运输的发展而孕育的"近代化种子"对推动唐宋道教转型又起着怎样的作用?

第三,美国学者包弼德(Peter K. Bol)所著《斯文:唐宋思想的转型》,使用了"转型"一词,通过"描述在唐宋思想生活中价值基础的转变"①来探讨宋代理学或道学兴起的重要原因,以为"唐宋的思想、文化转型有三个显著的特征。首先,从唐代基于历史的文化观转向宋代基于心念的文化观。……第二,从相信皇帝和朝廷应该对社会和文化拥有最终的权威,转向相信个人一定要学会自己做主。……第三,在文学和哲学中,人们越来越有兴趣去理解万事万物是如何成为一个彼此协调和统一的体制的一部分"②。文化上的自由使宋代文人具有了不同往日的学术独立性。国家权力、地方利益和民众需求之间的互动,将地方精英的思想取向与生活态度凸显出来,宋代文人从心性论出发高扬人的主体性,对道教仙学理论与修道实践又有何影响?

"唐宋变革"是中国古代社会向近代社会转变的重要标志,成为日本京都史学派的有关中国史的分期问题的代表性观点,但受到东京学派,又称"东京文献学派"的批评③。前田直典(1915—1949)率先发表《东亚古代的终结》对内藤学说进行了判析,从社会社会经济史提出唐

① [美]包弼德著《斯文:唐宋思想的转型》,江苏人民出版社2001年版,第3页。

② [美]包弼德著《唐宋转型的反思:以思想的变化为主》,刘东主编《中国学术》第3辑,商务印书馆2000年版,第78页。

③ 二十世纪初,日本社会盛行着"脱亚入欧"的思潮,学术界围绕着科学与史学、汉学与国学的讨论此起彼伏,以白鸟库吉、津田左右吉等为首的"东京学派"主张吸收西方近代科学史的研究方法,在以往日本汉学研究的基础上,以"日本中国学"为文化语境,以"疑古"为致思路向,通过对中国"儒学"及日本古典史书"记纪"(《古事记》和《日本书纪》的并称)的质疑,形成了对古文化进行"批判"的东洋史学体系,又称"东京文献学派"。京都学派的代表性人物狩野直喜、内藤湖南和桑原骘藏等对汉学都有着深厚修养,他们希望能够跳出东京学派的理路来认识和理解中国学问,故主张不从自我出发,不受地域和时代的限制,而是把中国就作为中国来理解,以关注学问中的那些超越于民族文化而具有普遍性的"真精神"。这种学术倾向在汉学研究中表现为承认中国学术的主体性,重视对中国文献的收集与考证,强调对中国文化进行实地考察和广泛接触,以朴实的学风追求学术研究的科学性(孙亦平著《福永光司中日文化视野下的道教观初探》,台湾《哲学与文化》2012年第5期)。

末是古代社会的终结。西嶋定生(1919—1998)在《东亚世界的形成》中提出著名的"东亚汉字文化圈"理论时,也批评了内藤湖南那种单线型的历史发展模式。他们的观点又被以堀敏一、周藤吉之为代表的东京学派发扬。东京学派认为,唐代并非是"中世"的终结而是"古代"的终结,宋代并非是"近世"的开端而是"中世"的开端,因此,"在日本的中国史学界,1945 年前是唐宋并称,而今天则是把宋元放在一起看待,这已经成为通识"①。这也提醒我们,如果过于拘泥于京都学派提出的"唐宋变革"的时间段,过于拘泥于他们的研究论域、思维框架和具体观点,容易导致将复杂的唐宋道教作简单化处理。这需要我们在研究中不要简单地以"唐宋变革"为尺子进行直线式的裁剪,而应根据唐宋道教发展的实际情况进行具体分析。

如果说"唐宋变革"是指由唐入宋时中国社会的政治、经济和文化等领域出现了许多新变化,使形成的一些"巨大的变革"经历若干时间的发展,最后才固定下来。那么,"唐宋变革"中出现的人文化、平民化、世俗化的发展趋势,不仅潜移默化地影响到中国社会的诸多领域及中国历史的发展进程,也波及到中国道教的发展。虽然在北宋时期,帝王还通过"天书下降"、由朝廷出资在各地修建天庆观等做法来发挥道教的"神道设教"的作用,但随着新道派在大江南北传播,以士绅为主导、崇拜地方神明的道观或香会兴起,使宋代道教具有了不同于唐代道教的新特征,并促使道教转向地方社会发展,与民间文化的关系越来越近。然而,推动唐宋道教转型的动因机制何在? 从信仰、思想与实践上看,唐代道教与宋代道教之间发生了哪些根本性的变化? 这些变化对道教发展带来了哪些影响? 唐宋道教的转型是否与"唐宋变革"同步? 由此展示了有关唐宋道教转型的复杂性,使之至今还是一个亟待深入研究的领域。

"唐宋变革"有广义和狭义之分。广义的唐宋时期主要包括四个历史阶段:唐朝、五代十国、北宋和南宋。从唐朝建立到南宋灭亡(618—1279)这个跨越了 662 年的时间段中,王朝的更替导致了政治

---

① 张广达著《史家、史学与现代学术》,广西师范大学出版社 2008 年版,第 58 页。

中心的地域转换,而且也推动了生产方式、政治体制、科举制度、商品经济、宗教文化、军事组织和外交政策等一系列变化。狭义则指中唐至北宋初年大约两百多年的唐宋变革期,其中"安史之乱"这一导致唐朝由盛而衰的事件占有起点性的位置。如果说,社会历史的转变还是一种外在的显性表征,那么,中唐之后思想界基于对传统经典的重新解释中出现的不重训诂而注重经文的微言大义的怀疑精神和创造精神,以及追求自性清静的心灵觉悟所导致思想观念和价值基础的转变,则潜在地成为唐宋道教转型的内驱力。

从中国道教史上看,唐宋道教是发展到鼎盛转而衰微的时期,也是道教在面临着各种挑战的境遇而进行自我改革的时期。然而,在这个跨越数百年历史发展中,道教以什么样的思想为引领?大约在何时、什么状态下出现了哪些异质性的突破而导致转型?长期以来,学界对此众说纷纭。

有的认为,唐玄宗开元、天宝年间发生的"安史之乱",对唐代道教的发展产生了重要影响。唐王朝建立后,国家对于意识形态与宗教信仰的控制也不断强化,既利用道教祈福禳灾法术来安邦定国,也利用道教清静无为思想作为治国理身之道,还利用道教的神仙方术以保自己荣华富贵、长生不死。古老道教中那些巫术传统、反叛意识被逐渐改造,更多地迎合着王公贵族及士大夫的思想趣味和精神爱好,成为上层社会和主流思想所接纳的思想资源。道教的组织、仪式、思想和道术,最终屈服于国家认可的主流意识形态与伦理道德。唐王朝运用国家权力对道教进行管理,包括对道教宫观的建立和道士人数的控制,对祭奉老子为核心的道教节日的规模、范围和行事的规定,对道教经典注释和推广等等,使道教不仅成为"合法性宗教",而且成为贵盛一时的"皇族宗教"。这种做法在唐玄宗开元、天宝年间进行大规模的崇奉道教时达到了高潮,但随之而来的"安史之乱",既使唐朝历史分为前后两期,也成为唐朝社会由盛而衰的转折点。与此时代背景相联系,那些推动唐宋道教转型的因素也开始悄然萌芽。

有的认为,五代是道教神仙思想发生演变的时期。日本学者洼德忠(1913—2010)认为:"五代时期无论从政治史,还是社会史方面来看,均属由唐到宋的过渡时期,从道教史上看亦可这么说。"①五代时,国家分裂,民族纷争,战争频起,流民出现,社会动荡,许多原本奉行儒学的士大夫因保全性命以度乱世而进入道教,一些有思想的道士通过革新道教教义,或通过修习方术,和通过斋醮科仪来弘道,促进道教思想和修道实践上进行了一系列改革,导致了唐宋之际道教神仙思想的演变,"五代前后道教的神仙思想所发生的种种变化,事实上就是对前代神仙思想的否定,当然这一否定过程是逐渐的、缓慢的,渐次发展于唐末到宋初这段历史时期"②。唐末五代道士身份的改变,导致了道教与儒家思想的深层融合,通过讲述人人皆可修道成仙的故事,塑造了一批具有鲜活个性的神仙形象,通过增加神仙的道德化、人性化色彩,从宗教信仰的角度促进了道教仙学的转型。

还有的认为,唐宋道教转型的萌芽虽在唐代已生发,但具体表现应当是在北宋与南宋之间,这是政局演变和精英思想观念变化的结果。1974年,美国宋史研究学者刘子健(1919—1993)出版了《中国转向内在》一书,以士大夫对自身的关注成为主题,引入"唐宋变革"的理论,第一次将北宋与南宋分为两个时期进行研究,认为中国两宋之间出现了转型,导致南宋开始在社会、思想等方面逐步转向内在。这一研究奠定了美国讨论唐宋变革问题的基本领域是围绕着士绅③群体而展开的。美国汉学家郝若贝、韩明士都持此观点,在海外汉学界拥有广泛影响。他们认为:"北宋至南宋之间中国精英的关注点与自我观念经历了一个大转变:大体而言,其兴趣从国家转向地方领域。这个变革不仅标志着宋代,也是整个中国历史的新纪元。"④韩明士还以

① [日]窪德忠著《道教史》,上海译文出版社1987年版,第179页。
② 任继愈主编《中国道教史》,上海人民出版社1990年版,第450页。
③ 美国学者费正清最早提出"士绅"(gentry)这一概念,认为唐宋以后,由于门阀士族的衰败以及科举制确立,在"士"的基础上又出现了"绅"这样一种特殊的社会群体。"中国的士绅只能按经济和政治的双重意义来理解,因为他们是同拥有地产和官职的情况相联系的。"(费正清著《美国与中国》,世界知识出版社2008年版,第33页)至今,围绕着"士绅"(gentry)的社会身份、政治地位、经济条件、学术影响、活动范围等问题,学界已进行了热烈的讨论。笔者认为,从唐宋道教的转型来看,"士绅"阶层的出现意义重大。
④ [美]韩明士著《道与庶道:宋代以来的道教、民间信仰和神灵模式》,江苏人民出版社2007版,第3页。

宋元时期江西抚州华盖山的三仙信仰、道教天心派为例，运用人类学的方法来探讨道教神灵模式如何从官僚模式转为庶民模式。随着士族精英的地方化，道教在北宋和南宋之间有着一条明显的分界线，北宋道教主要是继续隋唐以来以符箓道法为主体的旧传统。南宋以后，随着精英地方化的发展趋势，以内丹炼养为主体的平民化新道派相继产生，传统符箓道教或逐渐衰落，或通过吸收新道法而呈现出丰富多彩的面貌。

若参照有关"唐宋变革"起讫时间上限与下限的讨论，来看待这些不同的看法，笔者认为，唐宋道教的转型也有广义和狭义之分。广义的"转型"是指道教在从唐朝建立到南宋灭亡这一长达六百多年的唐宋时期中，因社会政治、经济和文化的变迁，尤其是知识思想的解释权从唐代贵族过渡到北宋的官僚精英、再过渡到南宋的地方精英，而导致了道教的神灵信仰、教义理论、修道实践、传播方式等方面出现一些根本性的变化，可称为唐宋道教转型的变革期。狭义的"转型"是指唐末五代宋初时的一些学者型道士通过对道教思想的再诠释而推进教义理论与修仙实践的内在化转向，又称为唐宋道教转型的关键期。关键期中最具有代表性的人物是唐末五代"道门领袖"杜光庭。

杜光庭（850—933）在精通道教理论与实践的基础上，对《道德经》作了极为详尽的注释，上承唐代道教注重心性论、重玄学之遗风，建构了博大精深的道教哲学理论体系，下开以清静之心修道成仙之先河，接续着钟吕内丹道，开启了宋代道教仙学发展的新理路。杜光庭既是唐代道教理论的集大成者，也是继陆修静、张万福之后道教斋醮科仪的集大成者。作为唐宋道教跨时代发展的关键性人物，杜光庭一生撰集修订的斋醮科仪仅《道藏》中就保留了十多种，近两百卷。金允中的《上清灵宝大法》卷四十记载："广成先生编集斋科之时，身居翰苑，任兼执正，朝廷典籍，省府图书，两街道官，二京秘藏，悉可指索，皆得搜扬。所以著书立言，各有经据，天下后世，无不遵行。"①杜光庭还会通上清经箓与正一法箓，将道教斋醮科仪的程序——表奏、词章、疏

---

① 《道藏》第31册，第625页。

启、颂赞、咒语、发愿文等——规范化、艺术化，使修道者有法可依，有章可循，开启了中古经教道教向近世法箓道教的转型之路，是其后宋元道教新发展的重要开拓者。

杜光庭思想在唐宋道教的转型中起到了承上启下的重要作用，但他也仅是一个代表性人物而已，在他之前，有一群唐代道士，尤其是成玄英、李荣、司马承祯、王玄览等，提出了丰富多彩的道教思想并贯彻于修道实践中。在他同时或稍后，谭峭《化书》提出了世界根源于"虚"，最终复归于"虚"的修道成仙的思想，以钟离权、吕洞宾为代表的钟吕内丹道阐述了对道教仙学的新认识与新解读，陈抟的《无极图》提出了"顺以生人，逆以成仙"的还丹理论和"玄牝之门、炼精化气、炼气化神、炼神还虚、复归无极"等五个修炼阶段及仙道境界，奠定了内丹学的基本框架。在他之后，有北宋道士张伯端在《悟真篇》中提出"人人本有长生药"，倡导"金丹之道，性命兼修，是为最上乘法"①的修炼理论。唐末宋初，外丹迅速地衰落下去，内丹逐渐成熟与完善起来，推动了宋代以后道教仙学发展的新走向。

宋代道教在延续唐代道教理论精致性的同时，又出现了一些根本性的转变。例如，随着唐末五代内丹心性学的兴起，追求自性清静的心灵觉悟，修炼人体中的精气神复归于大道，宋代道教仙学思想和修道实践出现了内在化转向。在北宋帝王的支持下，道教神灵谱系中既出现了一批"护国安民"的英雄神，也因商品经济和手工业的发展而出现一批行业神。北宋时，以道法为中心新符箓派将内丹与符箓、斋醮与法术相结合，提倡道体法用说，在使"雷法"成为集各种道术之大成者的同时，也推动了融合新旧符箓诸派的正一道在南方的兴起，促进中古经教道教转向近世法箓道教。南宋金元时，北方出现的全真道在三教融合的思潮下，接续着钟吕内丹道的传统倡导"性命双修"，以"真功真行"相号召，以"全真而仙"为宗教理想，促进了道教仙学从追求长生不死转向了复归于人的生命本真。全真道与正一道并列为中国道教的两大道派，共同走上了民众化、民俗化和道术化的道路，喻示

---

① 《历世真仙体道通鉴》卷四十九，《道藏》第 5 册，第 383 页。

着唐宋道教转型的完成，并对元明清道教的发展产生了深刻的影响。

因此，本书将以历史唯物主义为指导，借鉴近百年来国际汉学界有关"唐宋变革"论的研究成果，将道教的发展置于唐宋社会的政治、经济、文化中加以考察，尤其是将狭义的"转型"研究与广义的唐宋道教全方位的历史变化联系起来，于"延续"与"变革"的互动中，来比较唐代道教与宋代道教之异同，对唐宋道教转型的来龙去脉作出学理上的分析，以期更好地说明唐宋道教既与中国历史同步发展的普遍性，也有以"道"为基本信仰来展现自己的个性特征和发展道路的特殊性。唐宋道教将中古道教发展推向巅峰，又开拓元明清道教发展的新路向，其转型对中国道教乃至中国传统文化的发展所产生的影响一直持续到今天，这就使得唐宋道教的转型研究有了一个当代的视角。

唐宋道教的转型是动态而复杂的，其诠释模式也不能是单一的，正如卡尔·波普尔（Karl Popper, 1902—1994）所说："科学的目的是：为一切使我们感到需要解释的东西找出令人满意的解释。"①因此，我们在借鉴"唐宋变革"的研究框架时，还需要结合着历史文献、道教经典和考古发现等，采用比较研究的方法，从信仰、思想和实践等多层面对唐宋道教转型的动因机制、基本特点、历史过程和正负效应给出具有说服力的诠释。这对于了解道教在整个中国传统文化中的历史地位及其作用，特别是在当前二十一世纪的思想文化的多元整合中的地位、影响及其发展前景，推动传统文化的创造性转化与创新性发展，使之成为有益于当代中国社会发展的文化之根与精神之魂，都具有重要的理论意义与实际价值。

---

① 《科学知识进化论》，三联书店 1987 年版，第 157 页。

第一章　唐宋道教转型的
动因机制

　　初创于汉代的道教,在魏晋南北朝时期因受到儒学、玄学和佛教等多种文化的滋养,在理论上逐渐走向成熟。进入唐代以后,道教又因得到了统治者的高度重视与大力扶植而成为"皇族宗教"。有学者甚至认为,"在唐皇朝近三百年的统治中,道教始终得到扶植和崇奉,道教的地位处于儒教和佛教之上,居三教之首"[①]。在统治者的支持下,道教思想也进入了多向度的繁荣发展期,所结出的累累硕果为唐宋道教的转型奠定了丰厚的理论基础。正如傅斯年所说:"岂知汉唐两代民族颇殊,精神顿异,汉与周秦甚近,而与唐世甚远,唐与宋世甚近,而与南朝甚远,此非以年代言也,以历朝所以立国,所以成俗之精神,察之然后知其不可强合。今吾断言曰,自陈以上为'第一中国',纯粹汉族之中国也;自隋至宋亡为'第二中国',汉族为胡人所挟,变其精神,别成统系,不蒙前代者也。……就统绪相承以为言,则唐宋为一贯,就风气异同以立论,则唐宋有殊别。然唐宋之间,既有相接不能相隔之势,斯惟有取而合之。"[②]最能代表中华文化气象的汉唐两朝因民族文化的差异而精神风气相距甚远,而唐宋之间统绪相承,有"第二中国"之称,但若仔细分辨,却可见唐宋之间的风俗政教存有殊别。这种殊别若落实到道教,那就值得研究,即:唐代道教有怎样的新发展,又面临着怎样的挑战,这种发展与挑战为唐宋道教的转型提供了怎样的

---

　　① 任继愈主编《中国道教史》,上海人民出版社 1990 年版,第 245 页。
　　② 傅斯年著《中国历史分期之研究》,载其著《史料论略及其他》,辽宁教育出版社1997 年版,第 196 页。

动因机制。换言之,唐代道教是如何在前代取得的文化成果的基础上,在回应各种挑战的过程中,通过对各种不同思想的融合与吸收来进行理论创新,从而继往开来并转型发展的?

第一节　唐代道教的多向度发展

唐代是道教发展的繁荣期。此时的道教在统治者的支持下,成为唐王朝的皇族宗教,社会地位大大提高,道教长生成仙信仰的流行和宫观建设的迅速发展,促进了道教斋醮科仪的规范化和经戒法箓传授的制度化。在朝野名流学者信道、入道成为社会风尚之时,道教的理论水平和艺术形式也随之得到了全面的提高。就在唐玄宗将唐王朝的发展推向"开元盛世"后不久,天宝十四年(755)发生的"安史之乱"成为唐王朝由盛而衰的转折点。"安史之乱"结束后,在中国北方社会出现的各自为政的藩镇割据使中央王朝已无力控制地方。尤其是中唐时期颁行的"两税法"使门阀贵族领衔的身份制几乎在所有的社会领域中走向解体,代之而起的是流动性极强的新体制,导致了非身份制平民化社会的出现,所开启的"唐宋变革"的新局面,也影响到道教呈现出与社会发展相适应的诸种变化,不仅是由鼎盛而下降,而且出现了多向度发展。

唐代道教以对太上老君的信仰为核心建立起了比较系统的理论体系。唐王朝是从崇拜老子而发展为尊崇道教的,随着老子被奉为唐王朝的"圣祖",《老子》等道家经典著作也被尊为"真经"。就连身为皇帝的唐玄宗也按捺不住对《老子》的兴趣而亲自注疏《道德真经》,并颁发到各地的道教宫观。他还下令全国,无论士庶皆应家藏一本《道德经》。据《资治通鉴》卷二百一十四记载,开元二十五年(737)唐玄宗下诏"置玄学博士,每岁依明经举。"实行"道举"制度①,从而调动了人们研习《老子》的热情。在皇帝的带动下,社会各界人士纷纷注老谈庄,道士们更是注重道教理论建设,各类道书也随之大量涌现。

---

① 道举,指道教的科举。《旧唐书·礼仪志》记载与《通鉴》有异,云开元二十九年(741),唐玄宗诏两京及诸州各置玄元皇帝庙一所,并置崇玄学。其生徒令习《道德经》及《庄子》、《列子》、《文子》等,每年准明经例举送。

需要说明的是,初创于东汉末年的道教,虽然在当时就造作了一些道书,提出了道教的基本教义和信条,以凝聚民众,传播信仰,但毋庸置疑,这些教义和信条是零碎、简单、粗俗的。魏晋南北朝时期,随着道教由下层社会向上层社会传播,一些具有较高文化素质的士人进入道教。当时一些著名的道士如葛洪、顾欢、陆修静、寇谦之、陶弘景等人造作道书,整理散乱在民间的道经,总结炼制丹药的经验,制定道教的斋醮科仪。通过他们的努力,不仅改变了道教与皇权的紧张关系,而且推动了道教向义理化、贵族化方向的发展。但这个时期的道教著作大多弥漫着浓厚的神学色彩而缺乏缜密的理论思维,因而给人以粗陋之感,在佛道之争中受到了佛教徒的激烈批评。北周僧人道安在《二教论》中就指出,道教无论在理论上,还是在实践上都背离了老庄精神,说:"老氏之旨,盖虚无为本,柔弱为用;浑思天元,恬高人世;浩气养和,得失无变;穷不谋通,达不谋己。此学者之所以询仰余流,其道若存者也。若乃练服金丹,餐霞饵玉,灵升羽蜕,尸解形化,斯皆尤乖老庄立言本理。"[①]在道安看来,道教希望通过服食金丹而达到长生不老、羽化登仙的做法,与学者们一向推崇和景仰的老庄道家倡导的虚无为本、柔和为用的人生态度迥然有别。佛教人士通过"尊道抑仙",既批评了神仙道教努力在天人合一的思维框架下于炼养修道方术上的种种探索,也从宗教信仰与哲学理论的角度表达了对老庄道家自然无为思想的认同。

随着唐代道教社会地位的上升,如何汲取了佛教中更为思辨的玄理和精致的思想,建立起系统而完整的道教理论体系就成为道士们的努力方向,从而出现了一大批学者型的道士,如孙思邈、成玄英、李荣、孟安排、王玄览、司马承祯、吴筠、李筌、杜光庭等,他们或吸收佛教的理论学说与思辨方式来著书立说,或通过注释老庄来重新发挥道教的长生成仙思想,或对道教教义进行系统阐述,或对道教的斋醮科仪进行规范性的总结。他们创作了大量的道书,提出了许多新的概念术语,以哲学的辩证反思为方法所建构的教义学体系,使道教内部也出现了各具特色的道派或学派,如天师道、重玄派、上清派、灵宝派、升玄

---

① 《广弘明集》卷八,《大正藏》第 52 册,第 139 页。

派、太玄派等,不仅使唐代道教理论水平达到了一个新的高度,也为唐宋道教的转型奠定了理论基础。

在唐代的各道派中,由于以江苏句容茅山为本山的上清派的道品最高,故社会声望也最高。上清派宗师王远知(509—635)早在唐高祖登基之前,就善于窥测政治风向的变化。他经常出入宫廷,建醮传道,备受礼遇。在开创了唐代上清派道士积极参政之先例的同时,为适应大一统的唐王朝的需要,他将道教茅山宗的法箓由江南传播到了北方。唐代帝王也对上清派道士格外垂青,多次诏请著名上清派高道王远知、潘师正、吴筠、司马承祯、李含光、应夷节、冯惟良等人入京,探玄问道,从而大大提高了上清派的社会声望。上清派具有重视道教理论建设,重视炼气存思之术,重视经箓传授,重视符箓召神驱鬼等特点,表现出的圆融精神、开放精神和进取精神从不同的方面推动了唐代道教思想和实践的发展①。

据初步统计,唐代新出的道书已达千卷之多。杜光庭在删定《太上黄箓斋仪》时专门谈到,"玄宗著《琼纲经目》,凡七千三百卷"②。而他在《录异记》中则写道,在长安富平县北定陵后通关乡西女学洞内,"龛内有道经数万卷,皆置于柏木板床之上。有一石人俯首凭案而坐,形如生人"③,这里的"数万卷"可能是夸大之词,但唐代是道书创作的高峰期,也是规模宏大的《道藏》的形成期,因而有大量道书的存在,这则是事实。唐末,黄巢起义对京城长安的冲击,使道教经书,焚荡之

---

① 日本学者小林正美试图用一种更加规范和客观的理论叙述来重新建构和书写唐代道教史,以区别于以往的"旧范式道教史",进而推动"新范式道教史"研究。他在《唐代的道教与天师道》一书中,对道教组织、道士位阶制度以及天师道的受法教程与道士法位之间的关系进行考察后,针对唐代道教存在着多种道派,而主流是上清派(茅山派)的传统看法提出异议,认为:"唐代的道教是天师道的出家道士和在家信徒所信奉的天师道的'道教',唐代的道教教团只是由天师道的道观和道士构成,唐代道士的法位都基于天师道道士的位阶制度,天师道的'道教'在唐代遍及中国各地等。"(齐鲁书社 2013 年版,第 47 页)笔者虽然很欣赏小林氏的"新范式道教史"的研究思路和方法,但对照唐代上清派的传播与发展仍然认为,若将唐代道教简单地概括为天师道,是否符合唐代道教各道派并存发展的实态,还是需要审慎考察的。

② 《太上黄箓斋仪》卷五十二,《道藏》第 9 册,第 346 页。

③ 《录异记》卷六,《道藏》10 册,第 873 页。

余，十无二三，且散乱无章。杜光庭不仅承担起搜集、整理道经的工作，而且还撰写了许多内容各异的道书，这为他成为唐代道教思想的集大成者奠定了基础。

从唐代道教的修道实践上看，魏晋神仙道教所倡导的服食金丹以求肉体长生之风吹到唐代时达到高潮。唐代的许多皇帝和王公贵族因信奉道教，向往长生成仙，而迷恋服饵丹药，甚至积极支持道士们研制丹药。唐代涌现出了许多以擅长采药制丹而闻名一时的道士，如孙思邈、陈少微、张果、楚泽先生、金陵子、梅彪、沈知言等，他们对炼丹术的实际践行与理论总结，使外丹术、黄白术在原有的基础上得到了极大的发展，以至于学术界常称唐代为"道教外丹术的'黄金时期'"①。

"唐代丹道术士在炼丹器物设备、药物种类、药剂分量、用药处置、合炼产物等各个方面，都取得了新进展。这一时期的炼丹术实践达到了前所未有的深度和广度。很多炼丹实践成果在古代化学史上具有重要意义。"②随着唐人对炼丹的热衷，丹药的种类也在逐渐增多，据梅彪《石药尔雅》记载，唐代用于炼金或炼丹的药物多达一百五十多种③。除了魏晋时期人们广泛采用的金石铅汞等矿物性药物之外，唐人还将植物性和动物性的药物加入丹方之中以减少矿物的毒性。五花八门的药物大大地丰富了丹方的种类。《石药尔雅》的"诸有法可营造丹名"就记载了七十多种有名称、可制作的丹方。"诸丹中有别名异号"就有二十四种。"论诸大仙丹有名无法者"，即有丹方而无法制作也有二十八种。"显诸经记中所造药物名目"中则记载了一百一十种炼制金丹方法的名目④。由此可见，唐代炼丹术发展盛极一时。

虽然道教的外丹术具有以阴阳五行说为核心，以天地自然变化为

---

① 　任继愈主编《中国道教史》，上海人民出版社 1990 年版，第 391 页。

② 　牟钟鉴、胡孚琛、王葆玹主编《道教通论——兼论道家学说》，齐鲁书社 1991 年版，第 588—589 页。

③ 　《道藏》第 19 册，第 62—66 页。

④ 　《道藏》第 19 册，第 64—66 页。

参照,以服食丹药而达到长生不死为旨归的理论特色,但由于炼丹的药物种类繁多,来自于不同产地的同一种药物也会具有不同的特点,在采用什么药物来做炼丹的原料等问题上,人们在实践中形成了不同的看法。因此,在唐代道教中,依据不同的药物而采用不同的炼丹方法,就出现了不同的炼丹流派,有传统的以丹砂和黄金为主要原料的金砂派,它既重视炼金丹,也重视黄白术,其内部还有主砂和主金之分;有逐渐兴起的以铅汞大药为主要原料的铅汞派,其内部也有主铅和主汞之别;还有以硫汞合炼而成神丹的硫汞派。丹道的三大流派之间既相互斗争,以为自己是正宗而攻击别人是异端,又相互影响,相互吸收①。唐代道教内部丹派的林立反映了炼丹术兴盛。与炼丹术盛行的同时,炼丹的理论也得到了总结。"这一时期外丹术著作的主要特点是:专题性论著增多;总结性文献增多;所积累的古化学知识极为丰富,有不少成就居于当时世界的领先地位。"②

　　然而,由于服食丹药会带来一些负作用,甚至还会危及人的生命,因此,随着道性论的盛行,道士们开始转向从传统的内修术中寻找长生成仙的新理路。从罗浮山道士青霞子苏元朗提出"归神丹于心炼"的思想,通过推天道以明人事来阐发并推进了道教内丹的发展,到唐末五代时钟吕内丹道的兴起,杜光庭在外丹向内丹转型的过程中,对性命双修的论证,在理论上起到了一定的促进作用。因此,唐末宋初是道教丹学的重要转型期,这期间,外丹迅速地衰落下去,内丹逐渐成熟与完善。汉代问世的《周易参同契》经过了长时间的沉寂后,五代时才开始受到重视,其独特的内养思想开后来道教内丹学之先河,这与当时道教对重玄学和外丹道的批判性的理论反思是联系在一起的③。

---

　　① 牟钟鉴、胡孚琛、王葆玹主编《道学通论——兼论道家学说》,齐鲁书社1991年版,第584—621页。

　　② 卿希泰主编《中国道教史》第二卷,四川人民出版社1996年版,第490页。

　　③ 孙亦平著《从〈周易参同契〉看易学在道教中的传播与影响》,《周易研究》2011年第2期。

　　唐代道教在统治者崇道政策的影响下,修建宫观①也进入了一个高潮期,而道教宫观经济的兴起又为道教的进一步发展提供了物质基础。杜光庭于中和四年(884)在《历代崇道记》中写道,唐朝“从国初已来,所造宫观约一千九百余所,度道士计一万五千余人,其亲王贵主及公卿士庶或舍宅舍庄为观,并不在其数”②。可见,唐代宫观在数量上增长很快。唐代宫观一般称为“观”,一些规模宏伟且又经常受到帝王敕封的则多称为“宫”。唐代长安新建道观四十座,其中有很多是王室嫔妃公主、公卿大臣舍宅捐献的,可见他们信奉道教的热情。以皇城为中心出现的道教宫观群,既是盛唐文化的象征,也是道教官方化和皇族化的写照。如果说,长安道教是城市道教发展的典型,那么,唐代宫观的代表性建筑却是散于全国各地的供奉太上老君的宫观,如西京长安和老子故里亳州真源县的太清宫、东都洛阳的太微宫、天下诸州的紫极宫和玄元观,并在天下名山中建立了道教特有的人间仙境——洞天福地。杜光庭所撰《洞天福地岳渎名山记》第一次系统地介绍了道教仙境,依次囊括了仙山、五岳、十大洞天、五岳镇海、三十六靖庐、三十六洞天、七十二福地、二十四化等仙境在地理空间上的分布和变化,从一个侧面揭示了道教所构想的神仙所居住的名山胜境,既是道教所宣扬的“通天之境”,也是道教所理想的仙境在人间的生动体现,更是一幅生动的唐代道教的传播地图。

---

　　① 道教的庙宇本称道观,是道士修行、供奉祭祀神灵、进行斋醮祈禳仪式的宗教活动场所,也是道教作为一种社会实体的具体体现。东汉末五斗米道创立,道官祭酒的家中专设“静室”作为道民奉道静思悔过的地方。静室也称为治。为了统领道民,五斗米道设置了一些不同等级的治所,其中直属于张天师的就有二十四治。魏晋时期,随着道教传播地区的扩大,道观建筑在各地的兴起,不同地区的道观有了不同的称呼。巴蜀地区的陈瑞道团称之为“传舍”,流播于江南地区的于君道称之为“精舍”,而“李宽所奉道室,名之为庐”(《抱朴子·道意》),上清派宗师许迈建精舍于余杭悬雷山而往来于茅山,“放绝世务,以寻仙馆”(《晋书·许迈传》)。南北朝时,道教内部进行了改革,促进了道教向官方化、上层化的方向发展。在统治者的支持下,南北天师道开始在都邑中修建道馆,例如,南朝刘宋皇帝在金陵为陆修静修建崇虚馆,齐朝有兴世馆,梁朝有朱阳馆,北朝有魏太武帝为寇谦之修建有五层重坛的道场,北周有通道观、玄都观等。这些道观的出现为唐代道教的发展奠定了物质基础,提供了活动场所。

　　② 《历代崇道记》,《道藏》第 11 册,第 3 页。

　　那些由皇帝赐以国家财产而修建的道教宫观，一般由供奉神灵的殿堂、斋醮祈禳的坛台、讲经诵经的房间、道士生活的居室等组成，形成了比较固定的建筑格局。"唐代以后，受到佛教寺院的规范化影响，中国宫观建筑的程式更为严格。据道经记载，当时的宫观格局大致为位于南北中轴线上的观门、坛、天尊殿（堂）、讲经堂等主要建筑与中轴线东、西两翼的若干院、房、楼、阁等供道士女冠焚香静念、修道斋戒的附属建筑。"①唐代道教的宫观大都是仿造皇宫的建筑形式，特别表现出富丽堂皇的皇家气派，据成书于隋唐之际《三洞奉道科戒营始》中"置观品"记载，"置兹灵观，既为福地，即是仙居，布设方所，各有轨制，凡有六种：一者山门，二者城郭，三者宫掖，四者村落，五者孤迥，六者依人。皆须帝王营护，宰臣修创，度道士、女冠住持供养"②。唐代道教依神圣与世俗的理念，将宫观内部分为清净与污秽两个空间。清净的空间以殿、堂、院、楼、阁台的建筑形式，承担着供奉天神、举行仪式、道士修行及居住等功用。清净的空间中又营造出更为神圣的空间环境，如精思院和天尊殿供奉着道教的至高神灵，以展现道教信仰的神圣性与超越性。污秽的空间则以"坊"为名，包括有净人坊、骡马坊、车牛坊、俗客坊、十方客坊、碾硙坊等，其主要功用在于承担宫观的世俗杂务。在道观中，清净与污秽的空间彼此对立，绝不允许混淆与连通，是希望能够为在此修道者提供一种不同于凡俗的生活条件："出家之人，务存清素，远弃骄奢，须从俭省。所居之处，皆不得华丽靡曼，床席器玩，并须敦朴，不得同俗，使内外开通，表里无拥，不得以帘幔帷幌而自隐藏其绳床。凡拂、如意、香炉、法具，常安左右。凡诸非法器服玩弄，皆不得畜。此道士之重戒。"③宫观的建筑格局表达了道教以清静无为的生活态度追求得道成仙的生命理念。众多宫观的建立不仅为道教的发展提供了活动场所，而且它的殿堂建筑、神像塑造、法器制作又在客观上刺激了道教绘画、雕塑、书法等艺术形式的发展。例如，唐代著名的雕塑家杨惠之，给东都玄元观老君庙泥塑的神仙像，"奇巧

---

①　段玉明著《中国寺庙文化》，上海人民出版社 1994 年版，第 145 页。

②　《洞玄灵宝三洞奉道科戒营始》卷一《置观品》，《道藏》第 24 册，第 745 页。

③　《洞玄灵宝三洞奉道科戒营始》卷一《置观品》，《道藏》第 24 册，第 747 页。

精严,见者增敬"①,为宋代道教继承并发扬光大。

唐代道教宫观的建设既得到了皇家的支持,也有民间百姓的积极参与。唐太宗就曾于皇宫内建内道场,道士徐昂"贞观九载(635),被召入京。太宗嘉而悦之,于内道场供奉。"②内道场是设于皇宫禁内的宫观,有永久性和临时性之分,主要供皇家接待高道隐士开展宗教活动的场所。那些供奉于宫中内道场的道官被称为"内供奉"。高宗崇道礼佛,将道士叶法善留于内道场:"道士叶法善,括州括苍县人。自曾祖三代为道士,皆有摄养占卜之术。法善少传符箓,尤能厌劾鬼神。显庆中,高宗闻其名,征诣京师,将加爵位,固辞不受。求为道士,因留在内道场,供待甚厚。"③从此,来自于江南道教世家的叶法善在宫中内道场及景龙观等皇家道观中供职,期间陆续受封为国师、大洞三景法师、金紫光禄大夫、鸿胪卿等称号,以道士身份获得了极高的社会地位。唐玄宗崇信道教,经常在内道场礼拜祈醮,歌舞祭神,甚至还在庆兴宫专设合炼院,亲自飞丹合药,使内道场活动盛极一时。直到唐末,宫中的内道场依然存在,杜光庭在长安时曾担任"上都太清宫内供奉"④一职,掌管殿廷供奉之仪。杜光庭来到蜀地后,又于各地广建宫观,将自己全副精力开展弘道活动,吸引当地百姓前来参与,推进了道教在地方社会的传播与影响。

唐王朝还不断地从经济上给予道教宫观以支持,从而促进了道教宫观经济的兴起,为道士们的修道生活提供了经济保障。按照唐制,国家在分给农民口分田的同时,也给道士同样的待遇。"凡道士给田三十亩,女冠二十亩,僧尼亦如之。"⑤道士可与百姓一样分得口分田。唐王朝除了给道士口分田之外,还经常赏赐田地、财物和奴婢给一些著名的宫观,这也是唐代道教能够走向鼎盛的经济基础。由于各地经

① 《太平广记》卷二百一十二,中华书局1961年版,第1627页。
② 胡楚宾撰《大唐润州仁静观魏法师碑并序》,载陈垣编纂《道家金石略》,文物出版社1988年版,第65页。
③ 《旧唐书》卷一百九十一《叶法善传》。
④ 杜光庭撰写的《广成集》就署名"上都太清宫内供奉应制文章大德赐紫杜光庭撰"(《道藏》第11册,第231页)。
⑤ 《唐六典》卷三。

济发展不平衡,道教宫观的性质会因地域文化的不同而存在着一些差异,但唐朝对僧道实行授田制,也使道教宫观可以拥有大量的田产,在经济上能做到自给自足,从而发展成为一种社会经济实体。有的宫观甚至还在所在地开展商贸活动。例如,杜光庭在《道教灵验记》中所记载的唐末五代时在四川成都道教宫观周围出现的"蚕市"[①],就是依托道教节日和进行重大法事活动时形成的商贸集市。这种集市性的经济活动既增加了宫观的经济收入,更扩大了道教信仰在地方社会的影响力,但也悄然地将原本属于"方外"的道教宫观和道士置于世俗社会的经济活动中。在外界社会和道教自身的合力驱动下,唐代道教中出现的入世参与经济活动的倾向,在客观上也改变着道教本有的追求清静修道的出世精神。因此,约束道士行为的戒律清规和道门管理制度也应运而生。

随着道教宫观在各地如雨后春笋般地出现,为了便于管理,在统治者的支持下,唐代道教依据道士的职司来规定道士的称号,通过订立赏善罚恶的戒律而建立起比较严密的道门管理制度,使道教宫观逐渐具有了教会式[②]的特征。唐代道教规定,宫观归"三纲"——上座、观主、监斋——管理,观内众多的道士则有不同的职司。"道士修行有三号:其一曰法师,其二曰威仪师,其三曰律师。其德高思精谓之炼师。"[③]为了维护道门的纲纪,唐玄宗在开元二十五年(737)七月曾下令:"道士、女冠宜隶宗正寺,僧尼令祠部检校。"[④]并在开元二十九年(741)规定:凡道士女冠有犯依俗法者,须按"道格处分",所在州县官吏一律不得擅行决罚,"如有违越,请依法科罪"[⑤]。在建立道门管理

---

① 据《道教灵验记》卷十《乾元观四天神王验》记载,"成都乾元观在蚕市,创制多年,倾因用军,焚毁都尽"(《道藏》第 10 册,第 832 页)。

② 胡孚琛、吕锡琛《道学通论——道家、道教、仙学》中说:"中国道教经过唐代的国教化阶段,道教同国家的上层建筑融为一体,成为国家机器的有机组成部分。隋唐道教经戒法箓的传授制度日趋完备,科律的严整,斋醮仪式的健全,体现了教会式宫观道教的特点。"(社会科学文献出版社 1999 年版,第 321 页)

③ 《唐会要》卷五十《尊崇道教》。

④ 《旧唐书》卷九《玄宗本纪》。

⑤ 《全唐文》卷十四《停敕僧道犯罪同俗法推勘敕》,上海古籍出版社 1990 年版,第一册,第 66 页。

制度的过程中,道教宫观内部所特有的为约束道士言行,防止其"恶心邪欲"、"乖言戾行"的戒律起着重要的作用。从生活于唐玄宗时代的长安玉清观道士朱法满撰《要修科仪戒律钞》[1]、太清宫道士张万福[2]所撰的《传授三洞经戒法箓略说》和《三洞众戒文》中可见,唐代道教的戒律已比较完备。张万福在《三洞众戒文》中对戒的意义,以及如何持戒、各种戒之间的区别和差等都作了比较系统的介绍,并规定,信道者从起信、箓生到上清道士有不同的道品,所受的戒目也应不同:

　　(初信戒)始起心入道,受三归戒。箓生五戒、八戒。在俗男女无上十戒。新出家者初真戒。

　　(正一部)正一弟子七十二戒。男官女官老君百八十戒。

　　(太玄部)清信弟子天尊十戒、十四持身品。五千文金钮太清阴阳戒。太上高玄法师二十七戒。

　　(洞神部)洞神三道要言、五戒、十三戒、七百二十戒门。

　　(升玄部)升玄内教百二十九戒。

　　(洞玄部)灵宝初盟闭塞六情戒、中盟智慧上品大戒、大盟三元百八十品戒。

　　(洞真部)上清智慧观身三百大戒。[3]

　　张万福对戒律的重视以及对戒条的规定都直接影响到了杜光庭。杜光庭在编撰《道门科范大全集》时强调,"以戒为师,无陷邪教"[4],并让人"先受十戒,然后行道",认为只有持戒之后才能"静心闲意,坐起卧

---

　　①　朱法满(?—720)所撰《要修科仪戒律钞》作为一部讲述道教经戒传授的道书,收录唐之前道书中有关科仪戒律的内容,并对唐代道教斋醮科仪和戒律清规进行了较为细致的说明(《道藏》第6册,第922—1002页)。

　　②　张万福(生卒年不详),又称张清都。唐玄宗时,被授大德称号,并亲为金仙、玉真二公主授道箓,为三洞高功法师。张万福以整理道教斋醮科仪见长,从理论和实践上,健全了道教的斋醮科仪。今天《道藏》中还保留着张万福整理的《三洞众戒文》、《三洞法服科戒文》、《太上洞玄灵宝三洞经诫法箓择日历》、《无上黄箓大斋立成仪》、《洞玄灵宝三师名讳形状居观方所文》、《洞玄灵宝无量度人经诀音义》、《醮三洞真文五法正一盟威箓立成仪》、《传授三洞经戒法箓略说》等文。

　　③　《三洞众戒文》,《道藏》第3册,第396页。

　　④　《道藏》第31册,第946页。

息,不离仪格,天真欢悦,列名上清,可谓得道方寸之门"①。杜光庭所制定的道门科范不仅集唐代道教之大成,而且为后来道教各派所共同遵从。

唐代道教还建立起了统一的更加规范化的法箓②传授制度。唐代道教内部道派林立,南方主要有上清派,其内部也有两大传承谱系:一是茅山宗,二是南岳天台派③、灵宝派、天师道龙虎宗,北方主要有楼观派等。在道派林立的情况下,各道派之间虽然有各自的传承法系,但按传授经戒法箓来区分道士的道阶品次和道位高低则是大家共同遵行的法则。"道教法箓创始于正一,兴盛在上清。"④据出现于宋代的《三洞修道仪》记载,唐代道教已有"三洞科格,自正一至大洞凡七等。箓有一百二十阶,科有二千四百,律有一千二百,戒有一千二百,仍以四辅真经以佐之,为从凡入圣之门,助国治身之业"⑤。唐代道教的法箓有一百二十阶,数百种文图,形成了洞神、洞玄、洞真三洞法箓,而正一盟威箓则为三洞法箓之基础。这样,唐代道教的法箓就形成了上下有序的品位。初入道者必须先受诸戒,再领受正一法箓,才有资格通过祈祷和上章等宗教仪式来召请由道气化生出的众多的官将吏兵由天而降,用符咒为人治病消灾,去祸解厄,惩罚恶人,收鬼伏邪;再次是受灵宝箓,以精通斋醮仪式;最后受上清箓,成为"上清玄都大洞三景弟子无上三洞法师",这才达到最高法位⑥。因此,授箓与传经、戒、符经常是糅合为一的。

① 《道藏》第31册,第828页。

② "箓通常指记录有关天官功曹、十方神仙名属、召役神吏,施行法术的牒文。它是道教教法中的重要部分,所以,道教中又称之法箓。"任继愈主编《中国道教史》,上海人民出版社1990年版,第340页。

③ 陶弘景所创上清派茅山宗其后分化为两支:潘师正一支和王轨一支。到茅山第十四代宗师韦景昭时,这两支合为一系。司马承祯初创南岳天台派后就去北方传道,薛季昌则力弘天台道旨,后传田虚应,田虚应则传冯惟良、徐灵府、陈寡言等三人。冯惟良有弟子应夷节、叶藏质和沈观。叶藏质先应夷节升化。杜光庭就是应夷节门下的弟子。南岳天台派后来分为三支:冯惟良、闾丘方远一支、杜光庭一支和徐灵符一支。茅山宗与南岳天台派后在茅山第十九代宗师王栖霞时又重新合二为一(参见孙亦平著《杜光庭与天台山道教》,《浙江社会科学》2003年,第6期)。

④ 任继愈主编《中国道教史》,上海人民出版社1990年版,第389页。

⑤ 《道藏》册32册,第166页。

⑥ 参见施舟人(Kristofer M.Schipper)著《论敦煌文书所见的道士法位阶梯》,载[日]池田温编《讲座敦煌》第4册《敦煌与中国道教》,东京大东出版社1983年版,第342页。

杜光庭不仅对正一法箓的内容与授受程序做了详细的介绍,使修道者有法可依,有章可循,而且还根据实际需要,将正一法箓与上清经箓融会贯通。在《太上三五正一盟威阅箓醮仪》中,杜光庭曾介绍了正一盟威阅箓醮仪的实施程序和主要目的,并在上清派存思术的基础上,强调人只有通过持戒才能运用法箓使"心神开悟,通达玄微,上仙都太上神明,上灵官中宫六阴六阳成身吏各十二万人,出主为臣某调理阴阳,延年保命,成身合道,通神接真"。天上之神下降到人体之内,成为身中之神,身中之神为人调理身心,从而达到"灭祸禳灾,驱除鬼贼"①的目的。上清经箓中的这种存思术简便易行,运用到天师道的正一法箓中,配合着动静有序的宗教礼仪,在一定程度上满足了人们希望能够自我拯救的心理需要,也使唐代道教法箓制度更加完备。结果是,"唐代道教各派间没有形成不可逾越的派别之分,但有严格的品位阶级"②。这就为唐代道教内部打破各道派之间的门户之别,建立统一的次序奠定了基础。

为了配合唐王朝"神道设教"的需要,唐代道教还制定出了一系列规范化的斋醮科仪,以培养信徒的宗教感情,发挥道教以道化人的社会功能。斋醮科仪既是道教进行宗教活动的重要方式,也是吸引道众的重要手段,因此而有"道家所先,莫近乎斋"③的说法。斋指清洁身口意的活动。醮指上章祭祀神灵的活动。《正一威仪经》说:"醮者,祈天地神灵之享也。"④"杜广成(光庭)先生删定《黄箓散坛醮仪》,以为牲牷血食谓之祭,蔬果精珍谓之醮。醮者,祭之别名也。"⑤供斋醮神,是道教特有的一种求福免灾的宗教仪式。道教的斋醮仪式复杂而有序,大致为设坛、上供、祝香、升坛、念咒、发炉、降神、迎驾、礼忏、赞颂、复炉、送神等,需要许多道士一起配合进行。在作法过程中,道士先要向神报出自己的生辰和法位,然后才奏乐、散花、踏禹步、唱步虚

---

① 《道藏》第 18 册,第 285 页。
② 任继愈主编《中国道教史》,上海人民出版社 1990 年版,第 389 页。
③ 《无上黄箓大斋立成仪》卷一,《道藏》第 9 册,第 378 页。
④ 《道藏》第 18 册,第 257 页。
⑤ 《无上黄箓大斋立成仪》卷十五,《道藏》第 9 册,第 464 页。

词、绕香炉转、祈祷拜神等依次进行。整个仪式隆重肃穆,其目的在于通过集体性的崇拜活动来表达对道教信仰对象的感情,希望得到神的佑护而禳灾祈福,兼利天下。

唐代时,老子被奉为唐王朝的"圣祖"。为了使尊祖之风万世流传,唐朝皇帝不仅在全国大兴老君庙等宫观,而且在宫观中积极举行祭老活动。在三元日和皇帝诞生日,宫观中还要举行斋醮仪式以为帝王长寿、国家安康而祈祷。同时,斋醮也被广泛地运用到道教活动的各个方面,凡道士诵经、书符、合药、炼丹、存思、礼拜、济度等都必须先行斋醮。据《旧唐书·礼仪志》记载,以崇道闻名的唐玄宗特别崇尚斋醮,他曾"于大同殿立真仙之像,每中夜夙兴,焚香顶礼。天下名山,令道士、中官合炼醮祭,相继于路。投龙奠玉,造精舍,采药铒、真诀、仙踪,滋于岁月",不仅令天下名山宫观的道士、道官合炼醮祭,而且还鼓励道士制作醮曲。据《新唐书》记载,唐玄宗曾命道士司马承祯制《玄真道曲》、茅山道士李含光制《大罗天曲》、工部侍郎贺知章制《紫清上圣道曲》等,后来他还亲自谱写了《霓裳羽衣曲》、《紫微送仙曲》等斋醮乐曲,并令太清宫的道士们演奏①。天宝十年(751),他还在内道场亲自教道士步虚声韵。

随着唐代诗风大盛,魏晋的玄言诗、游仙诗在唐代斋醮仪式中也演化为步虚词、青词等新文体;佛教的偈颂则演变出了道教的咒颂。这些词、颂大多为五言或四言韵文,以诗化的形式表现出来。这种以歌、舞、诗、乐穿插其中的斋醮科仪极大地增强了道教信仰的精神感染力。唐代道教斋醮科仪的兴盛既与皇帝的支持有关,也与道士们积极参与相联。唐代道教中所出现的场面宏大、如仪如律的斋醮科仪真正表现出了皇族宗教的风范。同时,唐代道教还积极利用斋醮仪式进行宣教活动,例如,将《道德经》、《南华经》、《度人经》等奉为醮坛上所诵念的经本,由高道宣讲其义理,这又从根本上提升了斋醮科仪的内涵。

唐代道教的多向度发展,使之具有了"皇族宗教"的气象,也潜在地推进其向世俗化方向转型。当王朝统治进入国家统一强盛时,往往

---

① 《新唐书》卷二十二《礼乐志》。

会以主流意识形态为标尺对各种宗教进行规范化的管理,使之成为彰显统治者"神道设教"权威的"合法性宗教"。据史料记载,盛唐时对道教的管理越加细致,涵盖了道教宫观的数量、道团组织的管理、授箓道士人数的多少、选择阅读哪些道经、道教节日的规模和仪程等方面。在皇家的支持下,作为道士修道拜神场所的道教宫观表现出多样性的社会功能:既以显灵、降灵等神异活动为朝廷提供神圣依据,或通过斋醮科仪来为国家祈福消灾、求雨止旱、逐鬼驱瘟,还作为解决社会危机的一种方法,为百姓提供一种放松心情、修道养生的清静去处,把原来的山林道教发展为都市道教。都市中道观不仅是道士的修道场所,更是文人和道士交往游憩的会所。因为文人、道士乃至平民的积极参与道教宫观的活动,既扩大了道教的政治影响力,也加强了对日常生活世界的参与度,使原本强调以得道成仙为基本信仰而带有出世性和超越性的道教因成为皇族宗教或官方宗教而在朝廷行政制度的管理下逐渐世俗化,这是唐代道教转型研究中一个值得探讨的问题。

第二节　唐代道教所面临的挑战

唐代既是道教发展的繁荣时期,也是道教在面临各种挑战的过程中开始进行转型的时期。促进道教发生转型的原因是多方面的,从道教外部来看,不同宗教与文化之间的竞争,特别是佛教与儒学对道教的批评,对道教构成了严峻的挑战;而中唐发生的"安史之乱"导致了唐王朝出现由治而乱、由盛而衰的变化,再加上异族侵略、诸侯纷争、农民起义、经济危机、社会动乱,这一切不仅极大地改变了中国古代社会的历史进程,而且也深刻地影响到了被奉为"皇族宗教"的道教的发展方向。从道教自身来看,道教理论本身存在着许多很难克服的内在矛盾,服食金丹以求肉体长生的实践也带来了种种弊端,这些往往使道教在儒佛道三教之争中处于比较被动的地位。道教在理论与实践两方面所面临的挑战,都对唐代道教的发展形成了巨大的刺激,也促使道教寻找新的发展方向。

一些道教思想家从道教理论建构上形成了自己的特点——这就

是回归到传统中去寻找理论创新的资源：复归到先秦老庄思想中寻找其立论的理论根据；继承和发扬道教的上清经法和正一法箓的传统；将兴起于南北朝、发展于唐代道教中的道性论贯彻到自己的道教理论建构中，从而将寻求得道成仙的外在依据转化为回归人的内在生命本真中寻求精神超越；吸取儒学、玄学和佛教思想中可推动道教发展的理论动力。道教思想家们正是通过对各种不同思想文化要素的融会贯通，才能够承上启下，在回应唐代道教所面临的各种挑战中将道教思想的发展推向了一个新境界、新高峰。

通过唐代的三教之争，也许可以更好地看到唐代道教在理论和实践上所面临的挑战以及唐宋道教的转型对这些挑战的回应，也可以更好地理解道教思想在其中所起的重要作用。值得注意的是，唐王朝在开国之初，为了加强思想文化上的统治，就对儒佛道三教采取了分别利用的态度，一方面确立了儒学的正统地位，另一方面又以佛、道为官方意识形态的重要补充，推行三教并用的宗教政策。因此，在唐代思想意识形态领域中，儒佛道逐渐形成了三教鼎立的局面①。三教之间既相互吸收，相互融通，也因存在着差异而争论不断。道教在与儒、佛的论辩中，其理论与实践中所内蕴的矛盾也一再被揭露出来。这些内在矛盾随着唐末五代社会政治危机的出现而对道教的发展构成了激烈的挑战，这些挑战也就成为促进道教转型发展的时代课题。

从理论上看，道教虽然在创立之初就致力于理论建设，但直到唐代，道教在理论上仍然存在着许多内在的矛盾，这些内在矛盾往往有着深刻的历史根源，故解决起来也比较棘手。从历史上看，现存最早的一部道经《太平经》在继承老子之道和阴阳五行思想的基础上，运用神道设教的方式，宣扬兴国广嗣之术和天人合一、善恶承负和长生不死等思想，将"太平世道"树立为理想目标以吸引生活在社会下层的广大民众。《太平经》虽以"致太平"作为贯串全书的一条线索，但内容十分庞杂，理论

---

① 洪修平著《中国佛教文化历程》，江苏教育出版社 1995 年版，第 297 页。

上也"杂糅了相互矛盾的论点","甚至不时出现破绽"①。

稍后的《老子想尔注》将"道"作为五斗米道的信仰目标,并提出"道"就是"一","一散形为气,聚形为太上老君"②。"道"并非是一个抽象的概念,"道设生以赏善,设死以威恶"③,能以生死对人的行为进行赏罚,从而成为一种约束民众行为的道德戒律,"仙士畏死,信道守诚,故与生合也"④。《老子想尔注》作为五斗米道祭酒宣讲《老子》的注释本,还没有形成简明扼要的理论体系。

直到东晋葛洪的《抱朴子》倡导"其唯玄道,可与为永"⑤的哲学思想,对得道成仙的可能性与现实性进行理论论证,道教才建立起比较系统的理论体系。葛洪在《抱朴子内篇》中虽然通过张扬"玄道"的超越性、神秘性,从本体论上对神仙信仰进行了理论论证,批驳了当时社会上流行的"仙人无验"的说法,但葛洪将神仙的内涵定位在肉体不死,"若夫仙人,以药物养身,以术数延命,使内疾不生,外患不入,虽久视不死,而旧身不改,苟有其道,无以为难也"⑥。从此思路出发,葛洪不仅从理论上通过对形神关系、气物关系、物类变化等问题做了论证,以强调肉体永存的可能性,而且对如何得道成仙也作了具体的、可操作性的论述。葛洪认为,如果将肉体永存作为个体生命超越的先决条件,那么,人变成仙就只是一个采用什么方法来炼形的问题。由此出发,葛洪提出了"假求于外物以自坚固"⑦的看法,认为要超越生命的局限,使肉体永恒存在,就要行气炼养,或服食金丹。于是,在《金丹》篇中,葛洪对金丹的制作过程,从药物的品种、剂量、比例,到炼制的方法都做了详细的说明。但是,即使是葛洪这种看起来头头是道的仙学理论,其中也存在着一个很难克服的内在矛盾——无限之道与有限之

---

① 王明著《论〈太平经〉的思想》,载《道家和道教思想研究》,中国社会科学出版社1984年版,第131页,第133页。

② 饶宗颐著《老子想尔注校证》,上海古籍出版社1991年版,第12页。

③ 饶宗颐著《老子想尔注校证》,上海古籍出版社1991年版,第25页。

④ 饶宗颐著《老子想尔注校证》,上海古籍出版社1991年版,第25页。

⑤ 王明著《抱朴子内篇校释》,中华书局1985年版,第1页。

⑥ 王明著《抱朴子内篇校释》,中华书局1985年版,第14页。

⑦ 王明著《抱朴子内篇校释》,中华书局1985年版,第71页。

肉体的分裂。

南北朝时期,道教受儒家的善恶观念及佛教的佛性论思想影响,开始出现了注重从人的心性层面追求超越的倾向,力图通过建构道性论来克服这种内在矛盾。例如,南朝道士臧玄靖①、宋文明②等人都认为人心中有道性,这是人得道的基本前提。"得道之所由,由有道性,如木中之火,石中之玉。道性之体,冥默难见。从恶则没,从善则显。……恶则乖道,多善则合真,合真则道性显,乖道则道性没也。"③道性本无善恶,但它"从恶则没,从善则显",其隐显是由人的思想与行为的善恶所决定,因此,恶则乖道而迷其本性的是凡人,善则合真而悟其本性的便是仙人。这样,要追求生命的超越,关键就要在心性上下功夫,通过为善去恶的道德修养,使本来隐没的道性发扬光大。从修心即为从善去恶以复归道性的逻辑出发,宋文明自然得出了一切含识皆有道性,皆能成道果,而木石之物只有物性而没有情识,不知善恶,没有道性,故不能证得道果的结论。"夫一切含识皆有道性,何以明之?夫有识所以异于无识者,以其心识明暗,能有取舍,非如水石,虽有本性,而不能取舍者也。既心有取,则生有变。若为善则致福,故从虫兽以为人;为恶则招罪,故从人而堕虫兽。人虫既其交拔,则道性理然通有也。"④宋文明运用"义疏"的形式对道性论进行的深入讨论,特

---

① 臧玄靖,亦名臧靖、臧矜、臧竞、玄靖法师,字道宗,号"宗道先生"。南朝梁陈之际人,曾与梁武帝的"国师",他"识洞幽微,智深玄妙,宣风黄道,作训紫宸",故深得帝王的礼重。陈宣帝(569—582年在位)曾在建康建玄观迎宗道先生居之。臧玄靖著有《道德经疏》四卷、《道学传》一卷(参见《茅山志》卷二十二,《道藏》第5册,第639页)。

② 宋文同,字文明,南朝吴郡(今江苏苏州人)人。据《太平御览》卷六六六《道部》引《老氏圣纪》曰:"梁简文时,文明以道家诸经莫不敷释,撰《灵宝经义疏》,题曰谓之《通门》。又作大义,名曰《义渊》。学者宗赖,四方延请。长于著撰,讷于口辞。"杜光庭在《道德真经广圣义·序》中说:"法师宋文明作《义泉》五卷。"这里,杜光庭为避唐高祖李渊之讳,而改《义渊》为《义泉》。据日本学者大渊忍尔所编《敦煌道经·目录编》(东京福武书店1978年版)介绍,敦煌经卷中S.1438号《道教义》为宋文明的《道德义渊》卷上之残文,敦煌经卷P.2256号和P.2861号为《通门论》卷下之残文。

③ 敦煌经卷S.1438号《道教义》,黄永武主编《敦煌宝藏》第10册,台湾新文丰出版公司1981年版,第641页。

④ 敦煌经卷S.1438号《道教义》,黄永武主编《敦煌宝藏》第10册,台湾新文丰出版公司1981年版,第642页。

别反映了他力图运用道性来弥合无限之道与有限之肉体的分裂,这在客观上促使道教仙学开始了由"假求于外物以自坚固"转向通过"认识自我之性"来达到对生命本真的复归。

盛行于北周的《升玄内教经》①更清楚地"反映了南北朝末年道教从飞升、丹药修炼、度人升天,转向以心性修养为主的追求超越性的升玄的转变,从小乘到大乘,从外教到内教的转变"②。《升玄内教经》认为,神仙道教所主张的"服药道(导)养,有二利益,然不能得终离苦难,一可延年益寿,二可遏制淫色,使不放逸,虽有此利,而假非真",故此为小乘之行,"虽寿百千万岁,犹复转轮,还生五苦八难之世,终不能得升入无形,与道合德"③。就是说,遵循"服药道养"的方法,虽然能够使人长寿,但最终仍不能达到"升入无形,与道合德"的境界。由此出发,《升玄内教经》提出,"至得道者,皆是内行具足,非为药也。若药能令人得道者,世人学仙者莫不服药,而不尽得道者,皆是内行不足,故汝等勿疑。至真无上要言,若人不信,是经而得道者,终无有是。"④可见,该经的主旨在于强调,得道成仙的最高境界并不是通过服药以追求肉体永存,而是以精神超越为旨归的"升玄"。

《升玄内教经》不仅将心性修炼作为人能够得道成仙的重要途径,而且还将这种方法称之为"内教":"所谓内教者,真一妙术,发自内

---

① 《升玄经》的全称为《太上洞玄灵宝升玄内教经》,撰人不详,约出于南北朝。《洞玄灵宝三洞奉道科戒营始》中著录的《升玄经》原本为十卷(《道藏》第24册,第758页)。但现存《道藏》中有《太上洞玄灵宝升玄内教经中和品述义疏》为该经的第七卷《中和品》的注疏(《道藏》第24册,第706—720页)。从内容文字看,似为唐人的作品。日本学者大渊忍尔所编《敦煌道经·目录编》著录敦煌经卷中有唐代《升玄经》残抄本18件。万毅先生认为,"敦煌遗书中发见《升玄内教经》唐人写本21件,可部分弥补原书之阙佚"(《敦煌本〈升玄内教经〉解说》,载陈鼓应主编《道家文化研究》第13辑,北京三联书店1998年版,第267页)。另外,在《无上秘要》、《大道通玄要》等二十多种佛道经典中保留了此经的佚文。日本学者山田俊根据上述资料编撰了《稿本升玄经》,恢复了该经的部分篇卷的原貌。

② 姜伯勤著《敦煌艺术宗教与礼乐文明》,中国社会科学出版社1996年版,第297页。

③ 敦煌经卷P.2445号《太上洞玄灵宝升玄内教经》卷二,黄永武主编《敦煌宝藏》第120册,台湾新文丰出版公司1981年版,第483—484页。

④ 敦煌经卷P.2445号《太上洞玄灵宝升玄内教经》卷二,黄永武主编《敦煌宝藏》第120册,台湾新文丰出版公司1981年版,第484页。

心,行善得道,非从外来。"①"内教"所强调的是升玄体道的要诀在于辨析真道,通过穷理尽性,认识真道是超乎有无、生灭、来去,是不一不异的。"夫真道者,无不无,有不有,生不生,灭不灭,去不去,来不来,贤不贤,圣不圣,一不一,异不异,能觉两半者,岂不体之乎?"②这里,《升玄内教经》运用"两半"③的概念来引导人们去观照世间万法皆为虚幻,无一真实的道理,然后由向外追寻转而返归自我,以人的内心自觉作为修道成仙的依据。这种将修道成仙的依据由外物转向人的内在心性的做法显示了道教仙学旨趣的转型。

与《升玄内教经》同时或稍后,道教中还出现了一批以假托太上老君或元始天尊与奉道修仙者的相互问答方式而宣扬道教义理的道经,如《本际经》、《真藏经》、《海空经》、《本相经》④等。这些道经不仅有

---

① 敦煌经卷 P.2445 号《太上洞玄灵宝升玄内教经》卷二,黄永武主编《敦煌宝藏》第120 册,台湾新文丰出版公司 1981 年版,第 483 页。

② 敦煌经卷 P.2560 号《太上洞玄灵宝升玄内教经》卷六,黄永武主编《敦煌宝藏》第122 册,台湾新文丰出版公司 1981 年版,第 120 页。

③ 两半,本为道教的说法。《太平经》中有"两半共成一"的说法,指道在化生万物的过程中,阴阳二气各出"半力"共成一体,以描述事物都是由阴阳和合而成的。《升玄内教经》所说的"两半"是指矛盾双方相互否定后所达到同一,是重玄学的一个重要范畴,意在让人通过"非有非无"的方法而直契道体本身,与后来孟安排《道教义枢》吸取佛教的思想,用"两半义"来说明众生识业的生成和烦恼的障碍的意思也不相同(参见《道教义枢·两半义》,《道藏》第 24 册,第 820 页)。

④ 《本际经》,全名《太玄真一本际经》,据唐释玄嶷《甄正论》云:"《本际》五卷,乃是隋道士刘进喜造,道士李仲卿续成十卷。"《道藏》中只残存第二卷《付嘱品》,但在敦煌出土文献中却保留了许多此经的抄本。据日本学者大渊忍尔《敦煌道经·目录编》著录,敦煌遗书中有唐代《本际经》抄本 102 件,经整理校勘,基本上可以恢复原书十卷的旧貌。可见,该经是隋唐时期的作品,而且在敦煌道经中,"占百分之二强,与其他道经抄本相比,它占压倒优势"(日本学者福井康顺等监修《道教》第二卷,上海古籍出版社 1992 年版,第 168 页)。但据万毅先生研究,"敦煌遗书中已经发现的《本际经》写本达 108 件之多,几乎占已发现的敦煌道教写经数量的四分之一,今散藏于世界各地公私藏家手中"(《敦煌道教文献〈本际经〉录文及解说》,载陈鼓应主编《道家文化研究》第 13 辑,北京三联书店 1998 年版,第 481 页)。敦煌本的《本际经》尾记皆注明抄写于初、盛唐时。这一现象反映了《本际经》在唐代就受到了人们的高度重视,甚为流行。1960 年,吴其昱先生在巴黎发表了《太玄真一本际经》十卷本影印本,并著《本际经》引论(吴其昱著《敦煌汉文写本概观》,《道教文献》,载[日]池田温编《讲座敦煌》第 5 册《敦煌汉文文献》,东京大东出版社 1992 年版,第 76—78 页)。近几十年来,《本际经》也受到了国际学者的高度重视,围绕着该经发表了许多研究成果(参见姜伯勤著《论敦煌本〈本际经〉的道性论》,载陈鼓应主编《道家文化研究》第 7 辑,上海古籍出版社 1995 年版,第 222 页)。(转下页)

与《升玄内教经》相类似的追求精神超越的倾向①，而且还大量地吸收了佛教般若中观学的思想，以重玄体道的方式来阐述道性。如《太玄真一本际经》卷四《道性品》中言：

> 言道性者，即真实空，非空不空，亦不不空。非法非非法，非物非非物，非人非非人，非因非非因，非果非非果，非始非非始，非终非非终，非本非末，而为一切诸法根本。无造无作，名曰无为。自然而然，不可使然，不可不然，故曰自然。悟此真性，名曰悟道。

这种带有重玄学意蕴的道性论逐渐发展成为唐代道教思想的主流。虽然南北朝隋唐道教中出现的重视道性论、运用重玄学的理论取向意味着道教在仙学理论上正在由魏晋神仙道教的注重技术与知识的运用转向对形而上之理论的探讨，但由于其并未能完全跳出追求肉体成仙的窠臼，因而仍然没有能够从根本上解决无限之道与有限之肉体之间的矛盾。因此，在初唐开展的三教之争中，佛教徒还是像过去那样揪住道教理论中的内在矛盾，特别是肉体成仙的荒谬性，从不同的角度进行了批评攻击，通过揭露道教理论中的内在矛盾，来说明道教的粗俗性、简陋性和不完善性。这样，对理论的关注，就使佛道之争逐渐从过去的教派利益之争转变为义理之辨。这种义理之辨一方面揭示出了道教在理论上所具有的内在矛盾，另一方面也促进道教积极地通过理论探讨来克服自身的矛盾，从而使理论转型

（接上页）《真藏经》，全称为《无上内秘真藏经》，撰者不详，约出于南北朝末至隋唐之际。原书十卷，分为十三品，现存于《道藏》之中，敦煌抄本 P.2467 中有该经八卷。该经假托元始天尊在灵解山与诸仙人的相互问答，系统地阐述道教的修道理论，讲述"真藏"的妙义。

《海空经》，全称《太上一乘海空智藏经》。唐玄嶷《甄正论》云："自唐以来，即有益州道士黎兴、澧州道士方长，共造《海空经》十卷。"可知，该经为唐初道士所造，现存有《道藏》本十卷，敦煌道经中有该经的抄本残卷 9 件。该经假托元始天尊与海空智藏菩萨等人的问答来演说道教义理，论述"海空智藏"的要义。

《本相经》，全称《太上妙法本相经》，约出于南北朝末或隋唐之际，撰人不详。原书有二十三卷，现《道藏》本仅残存三卷。据日本学者大渊忍尔《敦煌道经·目录编》记载，敦煌遗书中有唐代《本相经》抄本残卷 12 件。该经假托天尊与辩夫及外道之人的相互问答来阐述道教的义理和斋戒法术的要旨。

① 日本学者山田俊就认为，《本际经》继承了《升玄内教经》的"真一"思想并有所发展（参见《道教"真一"思想探源——从〈升玄经〉到〈本际经〉》，载萧萐父、罗炽主编《众妙之门——道教文化之谜探微》，湖南教育出版社 1991 年版，第 140 页）。

逐步展开。

据史籍记载，初唐的佛道之争十分激烈，因帝王的参与还曾出现过两次高潮：一次发生在唐高祖武德年间至唐太宗贞观年间，主要是围绕着傅奕反佛及佛道先后问题而展开；另一次发生在唐高宗显庆年间，主要是围绕着道教义理问题而展开。佛道之争大多以朝廷辩论的形式进行。从辩论的论题中，不仅可以见到道教理论内在矛盾的具体表现，而且也可以见到道教所面临的来自于社会、政治、经济及宗教的压力，所以，我们可由此来探寻促进唐宋道教思想产生转型的动因。

唐代第一次大规模的、激烈的佛道之争是以傅奕上疏主张崇道反佛为导火线而掀起的。唐初，太史令傅奕"先是黄巾，深忌缁服，既见国家别敬，弥用疚心"，在武德四年（621）向唐高祖李渊上《废省佛僧表》，说明道教有益于治国，适合国情，而佛教来到中土后，"妖胡滋盛，太半杂华"，广置伽蓝，劳役工匠，剥削民财，危害国家。他特别列举了佛教的十一条罪过，以说明佛教不适合中国的国情①。针对傅奕的反佛言论，佛教徒法琳等则向唐高祖上书《对傅奕废佛僧事》进行反驳。后来，法琳又专著《破邪论》以逐条破斥傅奕的反佛言论。时又有沙门释明概作《决对傅奕废佛僧事并表》等文对傅奕的反佛言论进行了批驳，对傅奕进行人身攻击，对道教进行诋毁。武德七年（624），唐高祖亲临国子学令徐文远讲《孝经》，沙门惠乘讲《般若经》，道士刘进喜讲《老子》。傅奕再次上疏皇帝以说明佛教害政。这时，释明概又著《决对论》反驳傅奕的观点。

傅奕先后曾七次上疏破斥佛教，对唐高祖的思想产生了很大的影响。武德八年（625），唐高祖召集百官及"五都才学，三教通人"宣诏"老先，次孔，末后释宗"。在排定了三教位序之后，唐高祖又令道士李仲卿宣讲《老子》。皇帝本欲以这种方式来抬高道教的地位，但佛教徒对此心中不服。胜光寺僧人慧乘就在这次集会上，围绕着"道法自然"

---

① 关于傅奕上疏反佛的情况，可参见《旧唐书》卷七十九《傅奕传》、《广弘明集》卷十一《箴傅奕上废省佛僧表》、《全唐文》卷一百三十三收录的傅奕的《请废佛法表》等资料。

的命题开始向道士发难,通过揭露道教理论本有的内在矛盾来宣扬佛教比道教更优越。道士李仲卿在辩论中失败,乃于一年之后发表《十异九迷论》以辨析佛道之间的十种"差别",并指出佛教具有九种"迷惑"。道士刘进喜则作《显正论》批评佛教"弃义弃亲,不仁不孝",并进一步显扬道教的特点。李仲卿、刘进喜的著作均已佚,只是在法琳的《辩正论》中还保留了部分内容①。

从表面上看,傅奕等人的反佛言论依然沿袭了南北朝以来的"夷夏论"、"三破论"和"化胡说"等思路,批评佛教"窃人主之权,擅造化之功,其为害政,良可悲矣"②,并没有太多地涉及义理,但他对佛教的激烈排斥所引发的佛道之争却开始向比较义理的优劣高下的方向展开,这种转变在唐太宗时代表现得尤为突出。

唐太宗即位后,就强调"朕今所好者,惟在尧、舜之道,周、孔之教,以为如鸟有翼,如鱼依水,失之必死,不可暂无耳"③,认为在儒佛道三教中,只有儒家的纲常名教最适合以血缘关系为纽带建立起来的封建宗法制的需要,最能为现实的政治和伦理道德提供理论依据。但出于政治上和宗教上的需要,他又对道教十分重视,贞观十一年(637),特下《道士女冠在僧尼之上诏》,指出"朕之本系,起自柱下",奉老子为祖先,认道教为本家,强调李家王朝与道教的亲缘关系,宣称自己是"神仙之苗裔"来抬高自己的门第,神化自己的政治统治,他下敕颁布《令道士在僧前诏》:"自今以后,斋供行立,至于称谓,其道士、女冠可在僧尼之前。"④,由此而导致了佛教徒的强烈不满。"时京邑僧众,咸诣阙庭上表",批评道教"妄托老君之后,实是左道之苗"。最后,由法琳代表佛教徒向皇帝陈述了佛教的意见。虽然法琳在陈述意见时把道教与老子割裂开来,但这种批评本身仍然触怒了唐太宗。法琳差

---

①　参见《大正藏》第 52 册,第 175—187 页。
②　《旧唐书》卷七十九《傅奕传》。
③　《贞观政要》卷六《慎所好》,上海古籍出版社 1978 年版,第 195 页。
④　《唐大诏令集》卷一百一十三。道宣在《集古今佛道论衡》卷丙中也记载了此事,见《大正藏》第 52 册,第 382 页。

点儿为此丢了性命①。唐太宗的三教观一方面抬高了唐代道教的政治地位,但另一方面也加深了佛道之间的对立与争论。

贞观二十一年(647),唐太宗在支持玄奘法师翻译佛典的同时,还希望能够向天竺传播华夏文化,于是就敕令玄奘法师与蔡晃、成玄英诸道士共同将《老子》译为梵文。由于佛道双方意见不一而在译事过程中产生了一些分歧,主要是:第一,蔡、成诸道士主张用佛教的《中论》、《百论》思想来理解《老子》,但玄奘却认为,"佛教道教,理致天乖,安用佛理通明道义?"第二,成玄英根据"佛陀言觉,菩提言道"而主张把"道"译为"菩提"(Bodhi),玄奘则认为,在佛教中,"菩提言觉,末伽言道",坚持将"道"译为"末伽"(Marga)而将其理解为通向涅槃解脱的途径与方法。第三,由于他们所采用的译本是《老子河上公注》本,蔡晃主张将河上公序一并译出,玄奘则认为,这个主张"叩齿咽液之序","同巫觋之淫哇,等禽兽之浅术",是"东夏老庄所未言也,若翻老序,彼必以为笑林"。由于佛道在以上这些问题上的分歧,最终译事未成②。此次译事中的分歧与争论,从表面上看都是一些具体的问题,但这些分歧却暴露出了道教与佛教相比在理论上的弱势和佛教对道教之术的不屑。因此,道教在政治上的优势并没有能够阻碍佛教对道教的批评,这种批评随着佛道之争的深入展开,就直接触及了道教理论上的内在矛盾。

唐高宗是一位"归心佛、道,崇尚义理"③的帝王,他从显庆三年到龙朔三年(658—663)在两京内殿召集了七次僧道论辩④,由此而导致

① 据《法琳别传》记载,唐太宗曾对法琳说:"汝所著《辩正论·信毁交报篇》言,念观音者临刀不伤。既有斯灵,朕今赦汝,七日之内,尔其念哉!"七日之后,便派人前去,要用刀试试法琳念观音"有何灵验"。这时,法琳聪明地回答说:"琳于七日以来,唯念陛下。"为什么不念"观音",唯念"陛下"呢?因为"今陛下子育群品,如经即是观音,既其灵应相符,所以唯念陛下"。虽然法琳用这样的奉承赢得了唐太宗的一些好感,唐太宗就此赦了法琳的死罪,但仍然改判他流放益州。后来,法琳死于流放途中。

② 参见道宣《集古今佛道论衡》卷丙,《大正藏》第52册,第386—387页。

③ 道宣《集古今佛道论衡》卷丙,《大正藏》第52册,第391页。

④ 据道宣《集古今佛道论衡》记载,参加讨论的道教人士有黄赜、李荣、方惠长、张惠元等;佛教人士有会隐、神泰、慧立、义褒、灵辩、子立等。他们都是学有成就的人(参见《大正藏》第52册)。

了唐代第二次佛道之争的高潮。这次争论的显著特点就是围绕着道教义理——道生万物义、道体与道物义、道与言义、老子名义、凡圣思道义、因缘义、六洞义、本际义等——展开的。唐高宗的目的是想通过共谈名理，以促进佛道之间的相互启发。于是，他亲临现场进行观看，甚至以轻松调侃的方式来进行点评，使众人"解颐大笑"的同时化解了争议过程中的紧张气氛。佛僧与道士"共谈名理，以相启沃"，在客观上却使道教理论中本有的内在矛盾被进一步揭露出来。这些内在矛盾主要表现在以下几个方面：

第一、道与自然的关系。这个问题其实从唐高祖时就被提了出来，但一直到唐高宗时仍然困惑着道教。武德八年（625），唐高祖在宣布"老先，次孔，末后释宗"的三教位序后，就令道士李仲卿宣讲《老子》，僧人慧乘曾围绕"道法自然"向李仲卿发难：

> （慧乘）先问道（士）云："先生广位道宗，高迈宇宙，向释《道德》云：上卷明道，下卷明德。未知此道更有大此道者，为更无大于道者？"答曰："天上天下唯道至极，最大更无大于道者。"难曰："道是至极最大，更无大于道者，亦可道是至极之法，更无法于道者？"答曰："道是至极之法，更无法于道者。"难曰：《老经》自云：'人法地，地法天，天法道，道法自然。'何意自违本宗，乃云更无法于道者？若道是至极之法，遂更有法于道者，何意道法最大，不得更有大于道者？"答曰："道只是自然，自然即是道，所以更无别法能法于道者。"难曰："道法自然，自然即是道，亦得自然，还法道不？"答曰："道法自然，自然不法道。"难曰："道法自然，自然不法道，亦可道法自然，自然不即道。"答曰："道法自然，自然即是道，所以不相法。"难曰："道法自然，自然即是道，亦可地法于天，天即是地。然地法于天，天不即地，故知道法自然，自然不即道。若自然即是道，天应即是地。"①

李仲卿提出"唯道至极"，以强调老子之"道"为天下最高最大，因此道教应排名在先。慧乘则利用《道德经》中"人法地，地法天，天法道，道

---

① 《集古今佛道论衡》卷丙，《大正藏》第52册，第381页。

法自然"一句中的四个"法"字的含蓄用法而提出,如果从文意上去理解,那么,人、地、天、道本是不同的,越往后层次越高。若将"人法地"理解为"人效法大地","地法天"理解为"大地效法天的运行",那么,也就可推论出"道法自然"即是"道效法自然",从而把"道"与"自然"对立起来,得出"道不是自然"、"自然比道高"的结论!其实,"自然"并不是与宇宙中"四大"——道、天、地、人——相并列的存在,而是指事物本来的样子,即"道"本身。虽然李仲卿以"道法自然,自然不法道"、"自然即是道,所以不相法"来加以回应,但慧乘的责难指出李仲卿在解释"道法自然"时所存在的内在矛盾,从理论上消解了"道"的至上性。据道宣记载,李仲卿在慧乘不断地追问下陷入了"周慞神府,抽解无地,怃赧无答"①的境地。李仲卿对此耿耿于怀,他于一年之后专门发表《十异九迷论》以辨析佛道之间十种"差别",指出佛教的九种"迷惑"。另一位道士刘进喜则作《显正论》进一步显扬道教的特点。但是,他们仍然没有能够从理论上讲清"道"与"自然"的关系。针对李、刘反佛扬道的思想,佛教僧人法琳专作《辩正论》八卷十二篇,试图从根本上来加以破斥。法琳从道与自然关系的内在矛盾中又引申出了道的有待无待、道的有知无知、道的有形无形、道是否具有智慧等问题②,对道教理论进行攻击。

唐高宗显庆三年(658),大慈恩寺僧人慧立与东明观道士李荣在辩论"道生万物"义时,又延续了法琳的思路对道与自然的关系问题进行了讨论。同年冬,唐高宗在"雩祈雪候"时内设道场,令僧人义褒与东明观道士李荣对论,由论"本际义"又谈到了"道法自然"的问题:

> 有道士李荣立"本际"义,褒问曰:"既义标本际,为道本于际,为际本于道邪?"答曰:"互得。"又问:"道本于际,际为道本,亦可际本于道,道为际原?"答:"亦通。"又并曰:"若使道将本际

---

① 《集古今佛道论衡》卷丙,《大正藏》第 52 册,第 381 页。

② 《辩正论》卷六云:"纵使有道,不能自生。从自然生,从自然出,道本自然,则道有所待。既因他有,即是无常。故老子云:人法地,地法天,天法道,道法自然。王弼云:言天地之道并不相违,故称法也。自然无称,穷极之辞。道是智慧灵知之号,用智不及无智,有形不及无形。道是有义,不及自然之无义也。"(《大正藏》第 52 册,第 537 页)

互得,相反亦可,自然与道,互得相法。"答曰:"道法自然,自然不法道。"又并:"若道法于自然,自然不法道,亦可道本于本际,本际不本道。"(李)荣既被难,不能报,浪嘲云:"既唤我为先生,汝便成我弟子。"褒曰:"对圣言论,申明邪正,用简帝心,刍荛嘲谑,尘黩天听,虽然无言不酬,聊以相答:我为佛之弟子,由以事佛为师,汝既称为先生,既应先道而生,汝则斯为道祖。"于是忸怩无对,便下座。①

本际,意为根本究竟之边际,常用来指真理之根源或万物之根本②。原为印度外道如安荼论者用来讨论事物本源之起始。后来,佛教也经常使用"本际"一词来说明本体之究竟,如《中阿含经》卷十《本际经》中的"本际"之义就为"真理的根据"、"万物的根本"。道教《本际经》所说的"本际"则具有本体与本源双重的含义③。刘进喜、李仲卿所造的《本际经》曾力图运用重玄学的方法,通过重新阐述"道法自然"来发展道教理论,它提出:"言道性者,即真实空。非空不空,亦不不空……而为一切诸法根本。无造无作,名曰无为。自然而然,不可使然,不可不然,故曰自然。悟此真性,名曰悟道。"④这里运用重玄学的方法,强调道的本性是自然而然,回避了道与自然孰为本的问题,不再把"道法自然"理解为"道"效法自然,这在一定程度上确实推进了道教理论的发展,但另一方面,由于道教尚未能很好地将佛教的"双非"理论融会贯通,反而使本来简单的问题更加复杂化。因此,当李荣依据《本际经》立本际义,本来是要探讨道本体与道本源的问题时,又被义褒联系道与自然的关系加以诘问,一下子无法圆满地加以解释,最后只得"忸怩无对"地下座了。有人认为,初唐佛道二教围绕

---

① 《续高僧传》卷十五《唐京师慈恩寺释义褒传》,《大正藏》第 50 册,第 547—548 页。

② 参见《佛光大辞典》,书目文献出版社 1989 年影印本,第 1974 页。

③ 姜伯勤著《论敦煌本〈本际经〉的道性论》,载陈鼓应主编《道家文化研究》第 7 辑,上海古籍出版社 1995 年版,第 232 页。

④ 敦煌经卷 P.2806 号《太上洞玄灵宝升玄内教经》卷四《道性品》,黄永武主编《敦煌宝藏》第 124 册,台湾新文丰出版公司 1981 年版,第 264 页。

着"道法自然"问题的论争,至唐玄宗注疏《老子》提出"妙本"说①,才得到了最终的解答②。但实际上,如果纵观唐代道教思想发展史,就可见在唐玄宗之后,道教学者包括杜光庭仍然在继续探讨并完善"道法自然"问题。

第二、道与万物的关系。唐高宗龙朔三年(663)道士方惠长开《老子》经题时,受到了佛教徒灵辩的诘难:"道为物祖,能生万象,以何为体?"方惠长答曰:"大道无形。"难曰:"有形可有道,无形应无道。"答:"虽复无形,何妨有道。"难曰:"无形得有法,亦可有形是无法,有形不是无,无形不有道。"答:"大道生万物,万法即是道,何得言无道。"难曰:"象若非是道,可使象外别有道。道能生于象,既指象为道。象外即无道,无道说谁生。"答:"大道虽无形,无形之道能生于万法。"这里,方惠长在论辩中,一会儿从本源论的角度强调道为万物之祖,一会儿又从本体论的角度强调"万法即是道",那么道与万物究竟是什么关系呢?本源就等同于本体吗?对此,灵辩进一步质疑:"道能生万法,万法即是道。亦可如母能生子,子应即是母?"灵辩还尖锐地指出,"前言'道为万法祖',自违彼经教。老子云:'无名天地始,有名万物母。'母祖语虽殊,根本是一义,道既是无名,宁得为物祖?"方惠长虽然曾与黎兴合造了《海空经》十卷,在当时算是比较有理论造诣的道士了,但在灵辩的追问下,最终却"又无答"③。这情形实际上乃是当时道教理论不完善的真实反映。如何使道与万物的关系理顺就成为唐代道教理论建设的重要任务之一,也是杜光庭在《道德真经广圣义》中极力要回答的问题。

第三、纯善之道与现实之恶的关系。唐高宗显庆三年(658)四月,东明观道士李荣与大慈恩寺僧慧立进行了辩论。李荣以"道生万物"

---

① 唐玄宗说:"道法自然,言道之为法自然,非复仿自然也。若如惑者之难以道法效于自然,是则域中有五大,非四大也。"他进一步说:"虚无者,妙本之体,体非有物,故曰虚无。自然者,妙本之性,性非造作,故曰自然。道者,妙本之功用,所谓强名,无非通生,故谓之道。幻体用名,即谓之虚无自然道尔。寻其所以,即一妙本,复何所相仿法乎?则知惑者之难,不诣夫玄玄键矣。"(《唐玄宗御制道德真经疏》卷三,《道藏》第11册,第768页)

② 卢国龙著《中国重玄学》,人民中国出版社1993年版,第211页。

③ 以上引文均见《集古今佛道论衡》卷丁,《大正藏》第52册,第393页。

立义，慧立诘难曰："先生云'道生万物'，未知此道为是有知，为是无知？"李荣答曰："《道经》云'人法地，地法天，天法道'，既为天地之法，岂曰无知？"慧立难曰："向叙道为万物之母，今度万物不由道生。何者？若使道是有知，则惟生于善，何故亦生于恶？据此善恶升沉，丛杂总生，则无知也。"又说："既而混生万物，不蠲善恶，则道是无知，不能生物，何得云天地取法而为万物之宗始乎？"[1]慧立的诘难从表面上看是要李荣回答"道是有知还是无知"的问题，实际上却牵涉到纯善之道与现实之恶的关系。慧立认为，如果道是有知的，那么，从逻辑上推，现实世界的一切事物都应当是道有意识的创造，纯善之道就应当惟生于善，但在现实生活中却是有善亦有恶，这种现实中有善有恶的现象，佛教可以从"众生业力所感"来加以解释，强调善恶"皆自业自作，无人使之"，而道教从"道生万物"出发实在是难以对此作出解答。根据现实生活中的"善恶升沉，丛杂总生"，就可见道应当是无知的。但无知的道，就不可能生物，又如何能成为"万物之宗"呢？李荣站在道教信仰的立场上，当然要坚持道是至善的，这才能为修道提供终极的依据，但他又必须正视现实之恶的存在，那么，有知的纯善之道与现实之恶是怎样的关系呢？对此，李荣不可避免地陷入了两难之境。实际上，这场饶有兴味的义理之辨直接关涉到了道教教义本身在面对现实人心时是否具有说服力的问题。

第四、道与言的关系。唐高宗龙朔三年（663）六月，李荣又根据《升玄内教经》立"道玄不可以言象诠"义而开讲道论。但佛教徒灵辩则认为这个题目本身就是一个悖论：既然道绝言词，玄理本寂，不可用思虑、情智、言语来度量，那为何还要开题议说呢？李荣答曰："玄虽不可说，亦可以言说，虽复有言说，此说无所说。"[2]他本想沿用魏晋玄学"得意忘言"的方法来强调在理解了言语所表达的道理后，就可以抛弃语言的形式，直契道之本义，但由于他的立义采用了"不可以"的词语，反而使自己陷入了被动。虽然李荣急中生智地说出了"玄道实绝言，

---

① 《集古今佛道论衡》卷丁，《大正藏》第52册，第387—388页。
② 《集古今佛道论衡》卷丁，《大正藏》第52册，第394页。

假言以诠玄,玄道或有说,玄道或无说,微妙至道中,无说无不说"等富有思辨性的话语,但被灵辩一言道破说"此是《中论》龙树菩萨偈",从而被扣上了"窃菩萨之词,作监斋之语"的帽子①。灵辩进一步责难:"玄理是可诠,可使以言诠。玄理体是不可诠,如何得言诠?"虽然李荣以"晓悟物情,假以言诠,玄亦可诠"②来回答,但他并没有明白玄理是可以言说的,而玄理体是不可言说的道理,因此,针对灵辩的诘难"玄体不可诠,非诠不得诠"时,李荣只好又是"不能答"。道与言的矛盾直接关系到人类的精神是否能够触及作为终极实体的道的问题。换言之,如果人的言语无法确切地描绘窈冥恍惚之道,那么,道是否就会处于人类的精神视域之外呢? 如果是,那么修道者又如何来体悟那超言绝象之道呢? 因此,道与言的关系既成为唐代重玄学着力探讨的理论问题。

　　第五、无限之道与有限之肉体的关系。唐高宗显庆二年(657)六月,道士李荣立"六洞义",拟以佛法"六通"为言来宣扬道教神仙思想③。李荣以"洞"言"通"。僧人慧立在向李荣询问了六洞的名数后诘问道:"夫言洞者,岂不于物通达无拟义耶?"并追问:"老君于物得洞以不?"李荣答曰:"老君上圣,何得非洞。"慧立又进一步问道:"若使老君于物通洞者,何故《道经》云:'天下大患莫若有身,使我无身,吾何患也?'据此则老君于身尚碍,何能洞于万物?"④慧立指出,老君"于身尚碍",又如何能够通达万物呢? 换言之,按照道教的说法,老君即是道,当然于物通达无碍,但老君又有身体,而有身体即有碍,连身体都不能通达,又怎能通达万物呢。这里,既对老君的上圣地位提出了质疑,也以道教信仰的老君为例揭示出了道教的无限之道与有限之肉体的矛盾。

---

①　《集古今佛道论衡》卷丁,《大正藏》第 52 册,第 394 页。

②　《集古今佛道论衡》卷丁,《大正藏》第 52 册,第 394 页。

③　佛教所说的"六通"也称"六神通",是指通过修持禅定所得到的六种神秘力量:一神足通、二天眼通、三天耳通、四他心通、五宿命通、六漏尽通。道教借鉴佛教的说法,也提出了修道者所能得的六种神通:一目通,二耳通,三鼻通,四舌通,五身通,六心通(参见《道门经法相承次序》,《道藏》第 24 册,第 798 页)。

④　《集古今佛道论衡》卷丁,《大正藏》第 52 册,第 389 页。

以上争论情况,大都是由佛教徒的记载而保留下来的,因而其中表现出了佛教对道教的一些偏见和佛教徒站在佛教立场上的扬佛抑道的情绪,但从所争论的问题来看,则确实都是道教亟待发展和完善的重要理论问题。

唐高宗时期的佛道之争基本上是在比较宽松的环境中进行的义理之辨。在辩论过程中,佛、道双方都有意地通过"杂嘲"对方来讨好皇上,据载,"每嘲,上皆垂恩欣笑"①。这与唐高祖时傅奕崇道排佛而导致的佛道之争的严峻气氛是截然不同的。这次义理之争从一个侧面反映了大唐帝国文化的繁荣,以及佛道二教理论竞相发展的趋势。但不可否认,当时道教的理论在佛教的挑战下显得相对薄弱,有时还暴露出了理论上的内在矛盾。然而,佛道二教的这种义理之争没有能够继续下去。这是因为武则天出于政治的需要而崇佛抑道,多次下令禁止二教之间往来论辩,这就使得长安的二教之争逐渐沉寂下来。虽然其时还有僧人玄嶷②造《甄正论》三卷,以滞俗公子与甄正先生问答的形式来指责道教经书教法皆为伪妄,但其中表现出的宗教门户之见超过了理论上的争论③。

安史之乱以后,以廷辩方式展开的佛道之争很少再有理论研讨的意义,大都只是成为一种仪式或礼节。这从一个侧面表明,到唐玄宗时,儒佛道三教经过相互论争,共探义理,融通汇合已成潮流。在这种的形势下,三教之间的思想交锋越加淡化④。但从另一个方面来看,这也反映了随着佛道融合的深入以及道教重玄学与道性论

---

① 《集古今佛道论衡》卷丁,《大正藏》第 52 册,第 394 页。

② 值得注意的是玄嶷的经历。玄嶷幼入道门,才通经法,黄冠之侣推其明哲,出类逸群,本为洛阳道士,曾任洛阳大恒观主,号杜乂炼师。后来,武则天登基,崇佛抑道,开释教革命之阶,他乃"愿反初服,向佛而归",成为佛教徒,甚至还担任洛阳佛授记寺寺都,并作《甄正论》三卷扬佛抑道(赞宁撰《宋高僧传》卷十七,中华书局 1987 年版,第 314 页)。

③ 《甄正论》借甄正先生之口说,道教"虽有三十六部,咸是伪书。徒称三洞,俱非实录。玉字金书伪中生伪,银函瑶格虚内构虚。紫笔之名,既矫词而妄立。朱韬之说,亦假饰而空题。语事似惑庸情,摭实足为虚妄。且道家经教云是天尊所诠,教主毕竟不存,明经无主可说,说经无主自晓伪端"(《甄正论》卷上,《大正藏》第 52 册,第 560—561 页)。

④ 参见罗香林著《唐代三教讲论考》,载《唐代研究论集》第四辑,台湾新文丰出版公司 1992 年版。

的出现,道教也通过理论建设而在不断地完善自己并逐渐消弭自身理论中存在的内在矛盾。事实上,佛教对道教理论所提出的挑战有时恰恰成为道教思想的理论增长点,因为几乎每一次论辩都有预先设定的话题,而无论是话题的选择,还是围绕着话题所展开的论争,都会促使道教重新思考自己的立场、观点和方法。从一定意义上说,佛教的挑战从反面对消弥道教理论上的内在矛盾起到了积极作用。

从道教实践上看,魏晋神仙道教所推行的炼丹术在唐代帝王的支持下得到了新的发展,同时,它的弊端也逐渐暴露出来。由于丹药的主要成分是"金银铜铁锡谓之五金,雌雄硫砒名曰四黄,朱汞硼硇硝盐矾胆命云八石"①,这些化学物质本身就有毒性,有的甚至还有剧毒,因此,许多希望通过服金丹以成仙的人,"不悟金丹并诸石药,各有本性,怀大毒在其中,道士服之,从羲轩已来,万不存一,未有不死者"②。服用金丹不仅不能延长生命,有时反而会损害肌肉、破坏神经、改变性格、加速死亡。唐代许多帝王也不能幸免。例如,唐太宗在贞观二十二年(648)命天竺方士耶罗迩婆婆研造延年之药,第二年就因服胡僧制作的长生药患暴疾而毙命。唐宪宗"季年锐于服饵,诏天下搜访奇士",他不听谏官之言,服食了道士柳泌的丹药。元和十五年(820),唐宪宗丹毒发作,"日加燥渴","帝燥益甚,数暴怒,责左右"。宦官陈弘志等人担心会因此而被杀,乃先下手为强,将唐宪宗杀死。时年,唐宪宗才四十三岁③。唐穆宗上台后,即命人将道士柳泌等杀死,但不久自己却又陷入道士所编织的长生不死的美梦之中,开始服饵金丹④。据清代赵翼《廿二史札记》卷十九《唐诸帝多饵丹药条》考察,太宗、宪宗、穆宗、敬宗、武宗、宣宗等皇帝的死都直接与服食金丹有关。皇帝

① 《太古土兑经》,《道藏》第 19 册,第 387 页。
② 《云笈七签》卷六十四《金丹诀》,《道藏》第 22 册,第 448 页。
③ 清·赵翼著、王树民校正《廿二史札记校正》上册,中华书局 1984 年版,第 398 页。
④ 《旧唐书》卷十六《穆宗本纪》。

尚且如此，王公大臣、文人雅士因服食金丹而亡者更是不胜枚举①。由此可见，道教所宣扬的"白日飞升"，常常只是因服食了金丹中的剧毒物质而导致迅速死亡而已。

服食丹药即可长生成仙的美梦在实践中步步破灭，那么，上清派所倡导的存思行气又如何呢？存思行气虽然可以帮助人们强身健体，延年益寿，但最终并不能达到道教徒所向往的肉体永存的目的。僧人法琳在《辩正论》中批评道教时，也曾分析行气并不能保持肉体永存的道理。他说："案《生神章》云：'老子以（玄）元始三气，合而为一，是至人法体。精是精灵，神是变化，气是气象。'如陆简寂、臧矜、顾欢、诸揉、孟智周等《老子义》云：'合此三气，以成圣体。'又云：自然为通相之体，三气为别相之体。检道所宗，以气为本。"他特别指出南朝的五位著名道士依据神仙道教所宣扬的行气术，不过是沿袭着传统的"道者气也，保气则得道，得道则长存"的思路而来的，但"考三气之内，有色有心，既为色心所成，未免生死之患，何得称常？君子曰：'原道所先，以气为体。'何以明之？"②气乃至色和心，都是形而下的存在，本身都有阴阳消长，生灭变化，故难逃生死之患，永存不死如何可能？僧顺法师在《答道士假称张融三破论》时也对道教的"道者气"的思想进行了反驳，他说："道若是气，便当有聚有散，有生有死，则子之道是生灭法，非常住也。"③如果道是气，便应该有聚散变化，那么，道本身也就有生有灭，不可常住。这样，从理论上看，那些以"保气"为要旨的修道

①　唐代文学家韩愈不仅勇猛反佛，而且也深刻地揭露了道教金丹术的危害。他在《故太学博士李君墓志铭》中写道："余不知服食说自何世起，杀人不可计，而世慕尚之益至，此其惑也！……薪不死，乃速得死，谓之智，可不可也。"韩愈特别列举了七位因服食丹药而早亡的高官：工部尚书归登、殿中御史李虚中、刑部尚书李逊、刑部侍郎李建、襄阳节度使工部尚书孟简、东川节度御使大夫庐坦、金吾将军李道古。这是他眼见自己熟悉的人因服金丹而亡，心痛之余而写下的肺腑之言。然而，就在韩愈写下此文一年后，白居易在《思旧》中记载："退之（韩愈）服硫黄，一病讫不痊；微之（元稹）炼秋石，未老身溘然；杜子（杜牧）得丹诀，终日断腥膻；崔君（崔玄亮）夸药力，经冬不衣棉；或疾或暴夭，悉不过中年。"不仅形象地展示了当时文学士人对服食丹药的热衷，即使是韩愈也未能例外，而且也理智地揭露了丹药对人的身体的极大危害。

②　《辩正论》卷六，《大正藏》第 52 册，第 536 页。

③　《弘明集》卷八，《大正藏》第 52 册，第 53 页。

术也就不可能从根本上解决人的长生不死问题,学仙最终难免于一死。佛教徒的观点可说是击中了上清派存思行气术的根本要害。

道教在实践中的诸种弊端和肉体长存的虚幻性,不仅使道教的炼丹术招致了社会舆论的强烈批评,而且也直接影响到了道教的生存与发展。因为,炼养修道不能使人成仙,就会从根本上动摇道教信仰的核心——得道成仙。这个问题的严重性就促使道教积极地在实践上进行改革,寻求发展的新路径。

今天,当我们翻开唐代一些著名道士如成玄英、李荣、王玄览、司马承祯、吴筠、李筌、杜光庭等人的著作,就可以发现,虽然追求生命超越,进入得道成仙之境还是他们的宗教目标,但是他们已不像魏晋神仙道教那样执著地追求肉体长生。例如,当有人针对道教的无限之道与有限之肉体的内在矛盾而责难曰:"道本无象,仙贵有形,以有契无,理难长久,曷若得性遗形者之妙乎?"上清派道士吴筠就回答道:"夫道至虚极也,而含神运气,自无而生有。……是以炼凡至于仙,炼仙至于真,炼真合乎妙,合妙同乎神。神与道合,即道为我身。所以升玉京,游金阙,能有能无,不终不殁。何为理难长久乎?"①吴筠借助了传统道教的精气神三关锻炼的思路——炼凡成仙(即炼精化气)、炼仙成真(即炼气化神)、炼真合妙(即炼神合道)——架起了沟通有无、形神之间的桥梁。值得注意的是,吴筠在传统的"精"、"气"、"神"这三个连环概念的基础上,突出了"神"的作用,强调含神运气,神与道同,使"神"成为下连形体精、气,上升超越之道的中介。这不仅从根本上改变了葛洪以"药"作为沟通形与神的中介,修正了上清派只注重存思行气的方法,而且突出了人的精神在修道中的地位与作用。唐代道教将修道、修仙归结为炼形修性,重新回归到老庄的追求精神超越的理想之境上来,这就导致了"心斋坐忘"、"即心是道,即道是心"、"悟心真一"等用语在唐代道教中比比皆是。而"神"、"心"等概念的凸现,则表明道教仙学产生了根本性的变化,即通过修炼人体内部的精、气、神以达到"形神俱妙",逐渐取代了肉体长生说。

---

① 《宗玄先生玄纲论》,《道藏》第23册,第681页。

　　但从历史上看,这种转型并非是一蹴而就的,唐代道教仙学中就呈现出不同的发展倾向:有的注重服饵丹药,继续保持追求肉体长生成仙的老传统,例如,陈少微撰《大洞炼真宝经修伏灵砂妙诀》就详细讲解了炼丹及服食的方法,并宣扬"每日清晨东向,服一丸,服至此紫霞妙砂丹后,倏忽则含形而轻举,驾飞龙游于十天八极之外,岂不优游之哉?"①有的既讲肉体成仙,又讲精神不死,表现出新旧交融的性质,例如,司马承祯认为:"身与道同,则无时而不存;心与道同,则无法而不通。"②还有的则反对传统的肉体成仙说,提倡在修心养性上下功夫,将得道成仙归结为心性的彻悟、精神的解脱,例如,成玄英就吸收了佛教中观学"双遣双非"的思辨方法,认为宇宙万象乃至人的身体皆为虚幻,因此,"善摄生人,忘于身相,即身无身,故无地之可死也"③。人如果能了悟到这一点,就能做到"外无可欲之境,内无能欲之心,心境两忘,故即心无心也"④,在精神上达到"与道为一"的境界,从而"不复生死"。这些不同的倾向表现出道教正在进行变革。由此可见,道教实践上的诸种弊端是导致唐宋道教出现转型的重要原因之一。如果说这种转型在理论上主要表现为由注重对本体论、重玄学、心性论的探讨转向内丹心性学,那么,在实践上又主要表现为由外丹转向内丹,其结果是导致了对神仙内涵作出了新的解释。

　　内丹以人体内部的精、气、神为基础,以天人同构为思维框架来认识人的生命现象,将自然看作是一大宇宙,将人体看作是一小宇宙,试图从"修丹与天地造化同途"⑤出发,通过效法天地自然来解决人的生死问题。虽然内丹也采用了外丹的名词术语和基本的修炼进路,但两者的根本区别则在于,外丹是指用炉鼎烧炼丹砂等矿石药物而成的、服之能使人"长生不死"的丹药;内丹则是指以身体为炉鼎,修炼精、

---

① 《大洞炼真宝经修伏灵砂妙诀》,《道藏》第 19 册,第 21 页。
② 《坐忘论·得道》,《道藏》第 22 册,第 896 页。
③ 唐·强思齐纂《道德真经玄德纂疏》卷十四,成玄英疏,《道藏》第 13 册,第 474 页。
④ 唐·强思齐纂《道德真经玄德纂疏》卷一,成玄英疏,《道藏》第 13 册,第 366 页。
⑤ 五代·彭晓著《周易参同契分章通真义·序》,《道藏》第 20 册,第 131 页。

气、神而在体内结丹,丹成则人可"成仙"①。外丹着重探讨的是物理现象,以物理变化规律来比拟人的生命现象;内丹则着重认识人的生理和心理现象,特别重视人的精、气、神在修炼中的主导作用。正如唐代道书《通幽诀》②所言:"气能存生,内丹也;药能固形,外丹也。服饵长生,莫过于内外丹。"③内丹仍然是围绕着道教得道成仙的信仰而展开的,它虽然采用了外丹的理论和术语,但强调的却是修道不必外求,只需反身内求,以"不灭的心性"作为修仙之本,认为"夫仙者心学,心诚则成仙。道者内求,内密则道来矣。夫真者修寂,洞静则合真。神者须感,积感则灵通也。常能守此,则去仙日近矣"④。这种以心灵的觉悟、精神的自由作为神仙的根本特质的看法,既标示出与葛洪为代表的丹鼎派的分歧,也彻底改变了建立在外丹基础上的道教仙学对长生不死的理解,直接促进了唐宋道教的转型。

内丹在中晚唐的生长发育既受到易学的影响,又承继了道教老学的传统,还受到佛教心性论的启发和儒家伦理道德的滋润。正是在儒、佛、道、易多种文化要素的融会中,内丹才在五代北宋以后发展成为道教理论与实践的主流。因此,内丹的出现既与道教在实践中出现的种种弊端相关,也与道教紧紧地追随中国哲学由宇宙本体论推进到心性论的理论发展趋势相联。

随着内丹的兴起,道教中出现了一批注重于内丹修炼的道士,如唐代的刘知古、吴筠、罗远公、叶法善、张果、陶植等,以及唐末五代的崔希范、钟离权、吕洞宾、施肩吾、彭晓、陈抟、刘海蟾、谭峭等,他们远承东汉魏伯阳《周易参同契》的模拟自然的修炼理论,近继罗浮山道士苏元朗"归神丹于心炼"⑤的思想,通过推天道以明人事来阐发并推进了道教内丹的发展。唐末五代是道教丹学的重要转型期,这期间,外丹迅速地衰落下去,内丹逐渐成熟与完善。对于道教内丹的兴起与发

---

① 李养正著《道教概说》,中华书局 1989 年版,第 294 页。
② 《通幽诀》是出于唐代的道书,主言外丹而兼及内丹,较早地明确区分了内丹与外丹。
③ 《道藏》第 19 册,第 155 页。
④ 《上清紫精君皇初紫灵道君洞房上经》,《道藏》第 6 册,第 547 页。
⑤ 《罗浮山志》,载《古今图书集成·博物汇编·神异典·神仙部》。

展,过去,人们一般比较重视研究钟离权、吕洞宾、陈抟、刘海蟾、张伯端、王喆等人的思想与实践,尤其重视研究华山道士陈抟的《无极图》在道教内丹学成长过程中所起的奠基性作用,而基本上忽视了几乎生活于同时代的"道门领袖"杜光庭的思想。这一方面与陈抟的《无极图》所提出的"顺以生人,逆以成仙"的还丹理论和所发明的"玄牝之门(得窍)→炼精化气、炼气化神(炼己)→五气朝元(和合)→取坎填离(得药)→炼神还虚(脱胎)"等内丹修炼的五个阶段或境界,从而奠定了内丹术的基本框架有关,另一方面,也与杜光庭的道教思想主要是以注疏《老子》的方式呈现出来,而没有对内丹的理论与实践做出系统而具体的说明相联。

但实际情况是,生活在唐末五代的杜光庭在继承前人思想成果的基础上,既回归传统,又有所创新,在回应各种挑战的过程中,站在哲学的高度,通过注疏《老子》而对道教理论体系进行建构,沿袭并发展了唐代道教仙学的"修道即修心,修心即修道"的理路,故而对内丹学的发展起到了积极的推动作用。杜光庭明确地反对服食金丹,他通过对儒、玄、佛思想的吸收融会,以"心"来沟通人与道的关系,并以此来说明有限之人与无限之道之间虽然差距很大,但并非二分殊绝,因为天下没有无道之物,万物形异而道同。善任道者存道体,顺道用,摄动复静,返情归性,性虚合道,就可达到得道成仙的最高目标。这种思想不仅主张众生皆有道性,人人皆可成仙,而且在逻辑上促使人们从人体内部寻找长生成仙的根据,在客观上推动了以追求肉体飞仙的外丹向执著于精神升玄的内丹转化。

从唐代道教的多向度发展和所面临的挑战看,在唐玄宗统治时期,道教发展至极盛,但755年发生的"安史之乱"历时七年零两个月,可谓"渔阳鼙鼓动地来,惊破霓裳羽衣曲",不仅对唐代社会造成了严重破坏,而且也波及到道教的发展。"安史乱天下,至肃宗大难略平,君臣皆幸安,故瓜分河北地,付授叛将,护养孽萌,以成祸根。乱人乘之,遂擅署吏,以赋税自私,不朝献于廷。效战国,肱髀相依,以土地传子孙,胁百姓,加锯其颈,利怵逆污,遂使其人自视犹羌狄然。一寇死,一贼生,讫唐亡百余年,卒不为王土。"①尤其是"安史之乱"所造成的藩镇割据成为唐朝由盛而衰的转折点,"由是祸乱继起,兵革不息,民坠涂炭,无所控诉,凡二百余年"②。社会动荡,兵革不息,土地兼并,流民四起,使大唐帝国的社会性质逐渐发生了变化,也推动道教进行自我革新以寻求转型发展之路。

第三节　唐宋帝王、士绅与道教

宋代道教与唐代道教之间虽有统绪相承,但因政教风俗各异而又出现殊别,其原因是多样而复杂的。从政教关系上看,唐宋帝王的政治权力与道教之间形成了一种支配与服从的关系。虽然"安史之乱"后,鉴于唐玄宗崇道失国的教训,后来的唐代帝王对道教的态度已有微妙变化,且各不相同,但在"神道设教"思想的指导下,仍将道教作为推行其政治教化的一种特殊的工具。经过五代分裂,北宋建立后,宋代帝王仍然利用道教神灵的权威来进行政治统治,但无论是"神道设教"的内容,还是崇道方式都有了宋文化的特色。内藤湖南曾选取君主、贵族和人民这三个不同的社会阶层作为分析"唐宋变革"的基本进路,尤其是从科举制培养的人才素质的变化——唐代科举意在测验人的品质和文艺水平,到宋代科举成为产生官吏的主要途径——来探讨知识群体的文化倾向对社会历史发展的影响,由此将唐代作为"中古"时代的终结,将宋代视作"近世"的开始的。虽然内藤湖南的中国历史分期说,曾被东京学派批评为单线型的历史发展模式,但这种通过科举制度来寻找推动社会历史变化的动因的做法,既是后来唐宋变革研究中颇受关注的议题,也是探讨唐宋道教转型的动因机制时不可回避的问题。

如果联系唐宋道教的转型来看,"无论历史的结局如何,人们总是通过每一个人追求他自己的、自觉预期目的来创造他们的历史,而这

---

① 《新唐书》卷二百一十《藩镇魏博列传》。
② 《资治通鉴》卷二百二十《唐纪三十六》。

许多按不同方向活动的愿望及其对外部世界的各种各样作用的合力，就是历史"①。在中晚唐帝王的带领下，虽然以士大夫为核心的精英和散布于各地的平民百姓各有"自己的自觉的预期目的"，但因帝王、士大夫（包括有文化的道士或隐士）和平民三个不同社会阶层的互动关系而形成的"合力"，在推进唐代贵族门第消融与宋代新士绅阶层的兴起、地方精英逐渐取代贵族精英的同时，也推动着唐宋道教信仰、思想和实践出现了从一种形态逐渐向另一种形态的缓慢转变。

先从唐代帝王对道教的态度看，"安史之乱"之后的历代帝王表面上还将道教作为本朝的皇族宗教加以尊奉，但利用道教进行国家治理的态度由热情转为冷淡，而敬鬼神、慕长生、服仙药的喜好却大大加强。唐肃宗为祈福避祸，任用为晚年唐玄宗开展祠祭神仙活动的王玙为宰相。为求唐肃宗身体健康，王玙乃奏请"遣女巫分行天下，祈祭名山大川。巫皆盛服乘传而行"②。据说，这些盛服而行的女巫吸引了地方少年随之同行，造成了不良的社会影响。唐宪宗以后诸帝则沉溺于服食丹药以求成仙中不能自拔。如唐宪宗听信方士柳泌及僧人大通的异说，因服食金丹而暴亡；唐穆宗以饵金石而致死；唐敬宗听从道士刘从政、孙准、赵归真等人的奏请，派遣方士前往江南及天台山等地采药并求访仙人；唐武宗即位后，也因志学神仙，好长生之术，召道士赵归真、刘玄靖、邓元起入宫修金箓道场，筑望仙观，在南郊再建望仙台，终日祈祷，期待神仙的降临。当时唐朝面临着藩镇割据、回鹘入侵、财政困难、佛教寺院经济过度兴盛而损害国库收入等问题，唐武宗在崇道的同时又任李德裕为宰相对佛教进行抑制，尤其是在会昌五年（845）下诏灭佛来增加户口、充实国库，佛教受到严重打击，历史上有"会昌法难"之称。灭佛后第二年，年仅二十七岁的唐武宗就因服食金丹而中毒身亡。宣宗即位后又下令复兴佛教。如果说，唐武宗灭佛还是为挽救唐王朝的政治经济利益，那么，崇道则是延续着追求个人长生的老套路了。

---

① 《路德维希·费尔巴哈和德国古典哲学的终结》，《马克思恩格斯选集》第四卷，人民出版社 2009 年版，第 302 页。
② 《旧唐书》卷一百三十《王玙传》。

　　再从道士对推动唐代道教发展来看,到唐僖宗时,唐王朝的衰落削弱了长安道教在全国的统领地位,在帝王的支持下,一些高道在推动道教发展中作用就显得格外醒目。唐僖宗即位的第二年,黄巢领导的农民大起义爆发。唐僖宗急于挽救唐王朝的颓势,乃求助于圣祖老子,崇奉道教,多次下诏赐封道士①。据《历世真仙体道通鉴》记载,杜光庭就是由礼部尚书集贤殿大学士郑畋②推荐进京的。杜光庭于唐懿宗咸通年间(860—874)应九经举,"赋万言不中,乃奋然入道,事天台道士应夷节"③。杜光庭在考试中,才情勃发,赋洋洋万言,以表达自己独到的经国治世之理念,但由于种种不得而知的原因,他没能中第。这"奋然"两字,特别表达了杜光庭入天台山为道士时的一种毅然决然的心情。杜光庭拜应夷节为师开始学道,并成长为南岳天台派道教④的重要传人。杜光庭来到长安后,不仅将南方道教传入,而且以弘传道教为己任,利用"朝廷典籍,省府图书,两街道官,二京秘藏",致力于整理道经,著书立说,特别是以"广"唐玄宗注疏《道德经》"圣义"之名义撰写《道德真经广圣义》,整理编集道门科范,期望以教义思想的创新和规范化的斋醮科仪来维护唐代道教的正统性和神圣性,因而受到唐僖宗的重视而被赐予"麟德殿文章应制"的官职,并担任"上都太清宫内供奉"⑤。太清宫因供奉太上老君是一所具有唐王朝宗庙性质的道观,是朝廷进行宗教祭祀的场所。作为长安太清宫的紫衣道士,杜光庭还具有"内供奉"的头衔⑥。杜光庭因唐僖宗的封官赐爵而成为

---

　　① 参见《混元圣记》卷九,《道藏》第 17 册,第 872—874 页。

　　② 郑畋对道教十分崇敬。杜光庭撰《道教灵验记》卷三有《郑畋相国修通圣观验》,讲述的就是郑畋因梦神仙而受命修缮宁州真宁县通圣观之事(参见《道藏》第 10 册,第 811 页)。

　　③ 《道藏》第 5 册,第 330 页。

　　④ 杜光庭既属于茅山上清派道士,也是天台山道教的重要传人。司马承祯初创南岳天台派后就去北方传道,薛季昌则力弘天台道旨,后传田虚应,田虚应则传冯惟良、徐灵府、陈寡言等三人。冯惟良有弟子应夷节、叶藏质和沈观。叶藏质先应夷节升化。杜光庭就是应夷节门下的弟子(参见孙亦平著《杜光庭与天台山道教》,《浙江社会科学》2003 年第 6 期)。

　　⑤ 杜光庭撰写的《广成集》就署名"上都太清宫内供奉应制文章大德赐紫杜光庭撰"(《道藏》第 11 册,第 231 页)。

　　⑥ "内供奉是对在皇帝左右供职的人的一种称呼。"(《简明古代职官辞典》,书目文献出版社 1987 年版,第 52 页)

朝廷御用的宗教职业者,在唐末时获得了相当高的社会地位,以至于被法国学者傅飞岚称为"宫廷道士"①。

这些宫廷道士在弘传道教的同时,也努力为当朝政治的合法性提供宗教论证。杜光庭在长安出入宫廷,在向王公贵族传教的同时,还以夸张的笔法撰写了《历代崇道记》,记述了自周穆王以来历代帝王崇奉道教,建观开度道士之事,以为帝王崇道提供历史依据。同时,他还通过帝王崇道而获得灵验之事来宣扬道教具有协助朝廷治国安邦、稳定民心的社会功能,希望以此来提醒统治者继续给予道教以大力的支持,由此还得到了"弘教大师"称号。但杜光庭在长安的这种弘道生活并未能继续下去。880年十一月,黄巢起义军一举攻入了洛阳,不久又破潼关,入长安,从根本上动摇了有着两百多年历史的唐王朝的统治。十二月,唐僖宗在掌权宦官田令孜的挟持下出离长安,第二年七月来到成都,改年号,是为中和元年(881)。杜光庭于"中和初,从驾兴元,道游西县"②。故现在一般认为,杜光庭是随僖宗避黄巢之难一同入蜀,遂留成都的③。光启元年(885)初,黄巢起义失败,唐僖宗即将返回长安。杜光庭向皇上"奏置玄元观",获得允诺,由此开始在蜀地继续传教弘道的生涯。

再从士大夫对推动唐代道教发展来看,如果说,中唐之前的道士奉道学仙是为了求得长生不死,追求生命的超越,那么,晚唐五代时,一些参加科举却应举不第、转而走入道门的士人,或以传教弘道来辅助帝王治理天下,或期望于乱世中修身自保,或期望以学得道术来拯救民众。如果说,"应九经举不第"的杜光庭是以传教弘道来辅助唐僖

① "杜光庭在僖宗登基不久,约于公元 875 年便被召入宫,于此亦开展了他作为宫廷道士的一生。"(傅飞岚著《道教视野中的社会史:杜光庭(850—933)论晚唐和五代社会》,香港文星图书有限公司 2001 年版,第 2 页)

② 《历世真仙体道通鉴》卷四十《杜光庭》,《道藏》第 5 册,第 330 页。

③ 其实,有关杜光庭入蜀时间,学术界多有争议,笔者认为,杜光庭可能曾三次入蜀:第一次是在丙申年(876)之前;第二次是在中和元年(881)随唐僖宗入蜀;第三次则是在光启二年(886)再次随唐僖宗从驾兴元,后留在了蜀地,主要是在青城山度过了后半生的悠悠岁月(孙亦平著《杜光庭评传》,南京大学出版社 2005 年版,第 79 页)。

宗以及前蜀皇帝王建治理天下的典型,那么,郑遨①、李道殷、罗隐之则是于乱世中修身自保的代表。据《旧五代史》卷九十三及《新五代史》卷三十四《郑遨传》记载,生活于唐末五代的诗人郑遨于唐昭宗时举进士不中,见天下已乱,遂入少室山为道士。后听说华山有仙药,乃迁徙居华阴,种田自给,写下许多咏道诗来表达清闲修道的生活态度②。郑遨隐于华山,远离动乱的中原社会,与李道殷、罗隐之相与为友,于宫观之外隐居修道,以切磋修道术为乐:"与道士李道殷、罗隐之友善,世目以为三高士。遨种田,隐之卖药以自给,道殷有钓鱼术,钩而不饵,又能化石为金。遨尝验其信然,而不之求也。"③这些隐修者的立身行事反映了道教自性清高精神,故世人将他们称为"三高士"。唐明宗时,召郑遨为左拾遗,后晋高祖时召为右谏议大夫,皆不应,遂赐号逍遥先生,故《旧五代史》作者赞之曰:"唯玉羽之贞退,云叟之肥遁,足可以柅奔竞之风,激高尚之节也。"④这种不求世俗功名利禄、于山林优哉游哉修道以求长生的做法出现后逐渐改变了唐代道士所倾向的住宫观修道、出入宫廷以传教的弘道方式。

还有一些名人学士进入道门后,发扬儒家文化中的修齐治平精神,以内儒外道为特点不断塑造出在社会中建功立业的新型神仙形象。例如,"八仙"中的钟离权和吕洞宾就是兼具入世性与修道性的神仙代表。据说,吕洞宾修道成功后,身体能呈现出各种变化,他行走天下,预知吉凶,乐于施舍,扶危济困,以道术来拯救民众,这种神仙所洋溢的"度尽天下众生"的精神,特别契合中下层文人学士的生活理想。以钟离权、吕洞宾为代表的"八仙"在唐末五代时的民间社会影响日盛又反映了道教神仙形象的入世化转向。

唐朝灭亡后,中原大地上继续着诸侯纷争的局面,连绵的天灾人

① "郑云叟,本名遨,云叟其字也,以唐明宗庙讳,故世传其字焉。"(《旧五代史》卷九十三《郑云叟传》)

② 在《全唐文》卷八百五十四至八百五十五录存了郑遨的十七首诗,但多与杜光庭诗相混,可见其思想与杜光庭相似(清·彭定求等编《全唐诗》第8册,中州古籍出版社2008年版,第4314—4317页)。

③ 《新五代史》卷三十四《郑遨传》。

④ 《旧五代史》卷九十三《郑云叟传》。

祸,四起的兵荒马乱,尖锐的民族矛盾,相继而来的五代十国①是中国历史上最动荡、最分裂的时期,也是上承唐朝余韵,下启宋朝风范的过渡时期。北宋欧阳修在修五代史时慨叹五代的混乱时说:"五十三年之间,易五姓十三君,而亡国被弑者八,长不过十余岁,甚者三、四岁而亡。"最令人难过的是人心的败坏而导致社会伦常失范:"五代之乱,君不君,臣不臣,父不父,子不子,至于兄弟、夫妇人伦之际,无不大坏,而天理几乎其灭矣。"最典型的事例就是"臣弑其君,子弑其父,而搢绅之士安其禄而立其朝,充然无复廉耻之色者皆是也"②。政治混乱又与经济下滑同行,五代十国为了维护政权统治,需要收取大量的赋税,百姓不堪忍受而逃避,或背井离乡,或遁入庙门。佛教寺院往往成为那些不满社会现实,又不愿承担捐税者的躲避之处,再加上佛教信徒中风行烧身、炼指等自残行为,既降低了社会劳动力的人数,也有违社会伦理道德规范,因此,各政权对佛教大都采取了限制政策而对道教比较宽容。

据史料记载,五代帝王中崇尚道教者主要有后唐庄宗李存勖、后晋高祖石敬瑭、后周世宗柴荣。十国帝王中的前蜀主王建、吴王杨行密、吴越王钱镠、闽主王延钧、南唐主李昪也欣赏道教。这些帝王除炼丹服药以求长生之外,特别通过修建道观、礼重道士、造像铸钟、建醮投龙、抄写道经等方式来广修功德,既求长寿无穷,更祈内外归心、社稷久安,促进了道教在分裂动荡社会中仍然持续发展。

后唐庄宗李存勖(885—926)虽是沙陀人,但却酷爱道教,定都洛阳后,不但召道士程紫霄入内殿讲论,而且还任命会炼金丹的道士豆卢革为宰相。后唐明宗李嗣源(867—933)继位后,曾下令禁止私度僧尼和新建寺院,但却在都城洛阳大力修复道教宫观,推行崇道政策。后周世宗柴荣(921—959)作为五代时期比较有作为的统治者,在都城汴京(今河南开封)采取崇道抑佛的政策。他即位不久,鉴于寺僧的泛

---

① 五代是相继出现的后梁、后唐、后晋、后汉、后周五个更迭政权。五代之外相继出现的十个割据政权,即前蜀、后蜀、吴、南唐、吴越、闽、楚、南汉、南平(即荆南)、北汉,称为十国。

② 《欧阳修全集》卷六十《本论》,中华书局 2001 年版,第三册,第 862 页。

滥影响了国家的赋税兵役,步唐武宗的后尘,于显德二年(955)对佛教进行了沙汰,"敕天下寺院,非敕额者悉废之。禁私度僧尼,凡欲出家者必俟祖父母、父母、伯叔之命。惟两京、大名府、京兆府、青州听设戒坛。……是岁,天下寺院存者二千六百九十四,废者三万三百三十六,见僧四万二千四百四十四,尼一万八千七百五十六"①。后周世宗为立监采铜铸钱,又规定悉毁民间铜器、铜佛像以铸钱,对佛像也进行大规模的清理。后周世宗灭佛是五代最有影响的一次事件,也是中国历史上著名的"三武一宗"灭佛事件之一。后周世宗在灭佛的同时,为了表示认同汉文化又尊重道教,曾召道士陈抟"问以飞升、黄白之术",并欲拜以谏议大夫,陈抟却回答说:"陛下为天子,当以治天下为务,安用此为!"②以方外之士的态度固辞不受而回华山隐修。但后周世宗还是常派人前去问候,并赐以帛、茶等物,这种对道士的礼敬宽容态度也推动了道教在都城汴京的传播。

道教所宣扬的清静无为治天下理念,迎合了处于乱世之中的统治者治理天下的需要,这也是五代道教依然能够流行的文化土壤。与郑遨同时的亳州太清宫道士张荐明,少以儒学游河朔,后去为道士,通老子、庄周之说。后晋高祖石敬瑭也是沙陀人,在称臣契丹,推翻后唐,建立后晋政权,割让燕云十六州给契丹后,为了更好地统治国家,却慕黄老清静之教。天福四年(939)九月召张荐明问:"道家可以治国乎?"对曰:"道也者,妙万物而为言,得其极者,尸居衽席之间可以治天地也。"高祖大其言,延入内殿讲《道德经》,拜以为师。张荐明闻宫中奏时鼓,曰:"陛下闻鼓乎?其声一而已。五音十二律,鼓无一焉,然和之者鼓也。夫一,万事之本也,能守一者可以治天下。"高祖善之,赐号通玄先生。为大力推行《道德经》,令张荐明"以道德二经雕上印板。命学士和凝别撰新序,冠于卷首,俾颁行天下"③。

王建于907年九月以成都为都城,自称皇帝,建立蜀国,史称前蜀。王建在政权的组合中充分利用了唐朝的人才优势,"善待士,故其

---

① 《资治通鉴》卷二百九十三《后周纪二·世宗显德二年》。
② 《资治通鉴》卷二百九十三《后周纪四·世宗显德三年》。
③ 《新五代史》卷三十四《张荐明传》。

僭号,所用皆唐名臣世族"①,这就使得蜀地文化在相当程度上延续了唐王朝的贵族文化,尤其是宫廷文化的传统。唐王朝崇道,王建对道教也十分重视,封杜光庭为上柱国、蔡国公、金紫光禄大夫、户部侍郎、左谏议大夫,又赐号"广成先生",这就大大提高了杜光庭在蜀国中的社会地位。杜光庭作为蜀国主要的政治参谋,虽为青城山道士,实则位居人臣,故人称"山中宰相"。在王建统治时期,杜光庭既运用道教对新王朝统治的合法性进行论证,同时也利用统治者的支持在蜀地开展各种弘道活动,以充分地发挥他久蓄的"扶宗立教"之志,希望在相对安宁的蜀地以重振道教的雄风,尤其是使青城山成为"神仙之窟宅"而逐渐繁荣起来。青城山上保留到今天的古老宫观——长生观、常道观、建福宫、上清宫和祖师殿——的历史中都可以寻觅到当年杜光庭活动的足迹,也可见其推动着走下"国教"神坛的道教在地方社会持续发展。

随着五代十国的分裂,长安不再是王朝的都城,后梁称大安府,后唐、北宋称京兆府。随着五代政治的多中心化,经济和文化发展重心逐渐向南方迁移,长安也不再是全国道教活动的中心。"五代道教的最大特点是,流传各地的道教由于同地方各色各样的民间信仰相接触,逐渐庶民化了。唐代国家道教摇身一变,将教法的重点移向了依靠咒法谋求治病、驱邪、除灾、役鬼等现世利益。在这一时代,闽(福建)地道士谭紫霄等人异常活跃,他们通过体验掌握了张天师的'天心正法',画符驱使鬼神和为人治病,此外。专门济生利民的玉皇、许真君、吕(洞宾)祖等成为有势力的神,成为宋代以后庶民信仰的对象,渐渐崭露头角。"②在社会动荡的年代,人们心中普遍存在着焦虑和不安,道教的神奇法术和斋醮科仪所具备的教化功能,对于统治者重建地方秩序,帮助民众走出战争的阴影都具有特别的作用。这不仅为唐宋道教的转型提供了社会心理基础,而且也促进了道教向地方社会的传播且与民间信仰的交融发展。

无论是五代政权,还是散在各地的十国割据势力,在权力的角逐

---

① 《新五代史》卷六十三《前蜀世家》。
② [日]福井康顺等监修《道教》第一卷,上海古籍出版社 1990 年版,第 49 页。

中,其政治统治的合法性往往需要借助宗教来为之提供神圣性论证。南方的吴越、后蜀、南唐等统治者大多热心佛教,但对道教也表现出相当的关心,有的为道士修建道观,有的亲自为道经作注疏。再加上"五季之乱,避世宜多",流民问题日益严重,南方社会因相对安定,也吸引了人们前来定居。一些道士在求得修身自保的同时,还积极为统治者建言献策。罗隐(833—909)曾与《太平经钞》的作者闾丘方远(?—902)①一起讨论"致太平"之策,后以黄老思想为指导而著《谗书》②、《太平两同书》③等,既批判社会现实,又希望能够为处于乱世中的统治者提供一套"太平匡济术"。黄巢起义爆发后,罗隐避乱隐居九华山,直到五十五岁才出山,归依吴越王钱镠,历任钱塘令等官职。后来的吴越王钱元瓘、钱俶也继承了这种既尊佛教、亦奉道教、优礼道士的做法,带动一些士大夫与道士交往,甚至舍身入道,舍宅为观,使道教在南方民间社会得到广泛流传。

但还是有一些士人在唐朝灭亡后,选择与新朝廷不合作。《嘉泰吴兴志》卷十八《事物杂志》"三仙石壁"条记载:"五代时高士韩必、吴崧有道,能炼金丹,钱王遣罗隐招之,二人隐入石壁中。"④时任镇海节度使的吴越王钱镠,急于招徕有道之才,不仅招道士钱朗"师事之"⑤,

---

① 唐末道士闾丘方远十六岁即通经史,二十九岁遇大丹于左元泽,后来又跟随仙都山刘处静学修真出世之术,三十四岁受法箓于天台山玉霄宫叶藏质。他在动荡社会中,将《太平经》节录为简明读本,取名为《太平经钞》,期望为世人提供一种致太平之术。当时,吴越王钱镠为笼络高道,于余杭大涤洞访问闾丘方远,特别"筑室宇以安之"。

② 鲁迅在《南腔北调集·小品文的危机》中称:"唐末诗风衰落,而小品文放了光辉。但罗隐的《谗书》,几乎全部是抗争和愤激之谈。"(鲁迅著《南腔北调集》,译林出版社2014年版,第143页)可见,罗隐对现实社会强烈不满。

③ 《宋史》卷二百零五《艺文志》有"罗隐《两同书》二卷",同书同卷又有"吴筠《两同书》二卷",可见两书乃是异书同名。《郡斋读书志》卷十二收录罗隐《两同书》云:"隐谓老子养生,孔子训世,因本之著内外篇各五,其曰《两同书》者,取两者同出而异名之意也。"(宋·晁公武撰、孙猛校证《郡斋读书志校证》,上海古籍出版社1990年版,第524页)

④ 浙江省地方志编纂委员会编著《宋元浙江方志集成》第6册,杭州出版社2009年版,第2808页。

⑤ 据《历世真仙体道通鉴》卷四十五记载:道士钱朗"归隐庐山,情谵好道,师东岳道士徐钧,得补脑还元服炼长生之术。昭宗世,钱塘彭城王钱镠,慕朗得道长年,乃迎就钱塘,师之。时朗已一百五十余岁,童颜轻健"(《道藏》第5册,第360页)。

还派遣罗隐招韩必、吴崧前来，但他们坚持山林修炼，不事王侯，高尚其事，保持了道士隐居修道的传统。

再从平民的对道教的推动情况看，"安史之乱"后，唐王朝开始由盛而衰，社会中的流民问题日益突出。《唐会要》卷八十五《逃户》曾专门对流民问题做了记录，唐肃宗宝应元年（762），北方社会"百姓逃散，至于户口，十不半存。今色役殷繁，不减旧数，既无正身可送，又遣邻保祇承，转加流亡，日益艰弊"①。因饥馑而流亡的百姓形成一股流民潮，向长江以南，尤其是湖广越闽一带相对安宁的地区迁移。为增加财政收入，唐德宗时，杨炎奏请实行一年两次以征收金钱为主的两税法，以替代以人丁为依据征收谷物布匹等实物为主的租庸调制。朝廷逐渐失去有效控制户口及田亩籍账的能力，农民可自由处置自己的土地，贵富豪强乘机进行土地兼并，苦于赋税压力的百姓再次纷纷流亡，以至于"天下残瘁，荡为浮人，乡居地著者，百不四五"②。这些流动人口成为佛僧道士的主要来源。在内藤湖南看来，土地私有化和用货币进行自由贸易是"唐宋变革"的重要标志之一。

这些"废田流徙"的流民③不事生产，到处游走，飘忽不定，走到哪里，就将他们的宗教信仰、生活方式和文化习俗带到哪里。为了控制流民现象，早在唐高祖武德七年，就始定律令，尝试建立邻保制度："乡四家为邻，五家为保。在邑居者为坊，在田野者为村。村坊邻里，递相督察。士农工商，四人各业。食禄之家，不得与下人争利。工商杂类，不得预于士伍。男女始生者为黄，四岁为小，十六为中，二十一为丁，六十为老。每岁一造计账，三年一造户籍。"④后来，这种邻保制度作为基层社会的控制单位在有的地区已经发展为乡村行政区划，客观上促进了道教与地方民间信仰的合流。到五代时，随着五代十国政权的

① 《唐会要》卷八十五《逃户》。
② 《旧唐书》卷一百一十八《杨炎传》。
③ 流民是一个复杂的社会群体，甚至包括士农工商等四民，但主要是指丧失土地而无所依归的农民，这是流民的最原始的意义（参见池子华著《流民问题与社会控制》，广西人民出版社 2001 年版，第 4 页）。
④ 《旧唐书》卷四十八《食货上》。

更替,有的政权已有安抚流民的措施,如,后晋规定,"如归业者,切在抚安,其浮寄人户,有桑土者,仍收为正户"①。同时,南方浓厚的文化氛围也吸引了具有一定文化知识的儒士、高道、佛僧南下,有的走入道门后,往来于山林和都市、民间和官场,聚众传道,使道教的传教方式由过去致力于向上层社会而转向地方百姓认可的运作模式,使得五代道教与社会秩序的稳定这一政治大局紧密联系起来。

五代入宋,中国社会经历了一场换血式的大变动后,北宋王朝在战火中建立起统一的王权政治,结束了唐末五代四分五裂的政治局面,使中国又归于统一。宋朝所制定的政治方略和外交政策对唐宋道教转型具有特别的影响,推动着道教的发展进入一个新时期。由于幽云十六州被后晋皇帝石敬瑭割让给辽国后,对宋朝防御北方游牧民族南下造成了极大的被动。因此,宋朝建立伊始,统治者面对着内忧外患的社会现实,特别是尖锐复杂的民族矛盾。在寻求治国良方时,宋朝往往以唐朝盛世为样本,举凡礼仪、朝会、职官、选举、边防、外交,乃至宗教政策,无不引唐朝为典据,以求兴致太平。宋朝统治者积极弘扬道教也是承袭唐制的一种表现,但却有宋代社会的特定内涵。宋太宗认为,"国家若无外忧,必有内患,外忧不过边事,皆可预防,惟奸邪无状,若为内患,深可惧也"②,将宋朝的治国原则概括为"守内虚外",不仅导致了宋初政治体制的根本性变革,也影响宋代道教的发展走向。

北宋科举考试一改唐代主要是测试人品和才艺水平的做法,而是作为培养官吏的主要途径。通过科举入仕的白衣秀才成为国家政治的知识精英中坚力量,"其升入政治上层者,皆由白衣秀才平地拔起,更无古代封建贵族及门第传统的遗存。故就宋代而言之,政治经济、社会人生,较之前代莫不有变"③。科举制培养了一批忠诚且温顺的士大夫:"宋代以后的新贵族士大夫阶级,有如羊一样顺从天子,避免

① 宋·王溥编《五代会要》,上海古籍出版社 1978 年版,第 320 页。
② 宋·李焘《续资治通鉴长编》第二册,中华书局 1979 年版,第 719 页。
③ 钱穆著《理学与艺术》,罗联添编《国学论文选集》(第三版),台湾学生书局 1985 年版,第 395 页。

了中世那种因有力的大臣篡夺皇位所引起的政局混乱"[1]。士大夫在社会地位不断提高,成为社会主体——士农工商四个阶层——之首,不仅导致宋代的社会阶层出现了新变化,也致使社会群体大致分为两个阶层:一是由士农工商组成的人数众多的平民阶层,一是以获取功名的士绅或官僚为代表的精英阶层。只有那些身家清白的读书人[2],才能参加朝廷举办考试,考取后即可从政为官,通过"学而优则仕"而成为参与国家事务管理的社会精英。宋代是一个以寒门知识分子为主体的士绅阶层崛起的时代,故宋人"多不复以氏族为事",更表现在"婚姻不求门阀"的婚姻观已成社会风尚,改变了唐代的门阀政治格局和固化的社会分层结构,这使士庶子弟有了公平竞争的机会,在客观上也促进了宋代社会结构,从东汉延续至唐末五代以贵族为主体的门第社会转变为由这些"知识+权力"的社会精英为主导的科举社会。

但这两个阶层并非截然分开。精英阶层通过科举考试可以不断吸收平民阶层中的卓越人才,发展出一个以士绅文化为支撑、渗透于朝野且具有很大流动性的官僚集团。宋代帝王运用科举制度作为选拔官吏的主要途径,导致了士绅阶层出现。士绅可上通朝廷,下达地方社会,他们建构地方文化,既为朝廷找到管理地方的位置,也为地方文化更多地融入国家的整体生活方式开通了道路。士绅这一特殊社会群体在所谓的"地方化转向"[3]中,承担着宋王朝与平民社会联系的

---

① [日]宫崎市定著《东洋的近世》,载《日本学者研究中国史论著选译》,中华书局1992年版,第197页。

② 钱穆先生对此曾作解释:"所谓读书人,必须是身家清白者方得应考,工商子弟在摒除之列,因为工人商人是谋利的,农民的子弟则可以参加,因为农民是谋生的。读书人考取从政以后,仍然不许经商业办工厂,须专心为国服务,不得谋利;从政退休以后,或耕种或教读。所以科举社会是耕读传家,士农打成一片的社会……这种社会也可以说是平民社会,大家一律平等,要为个人谋利的便为个人谋利,不为个人谋利的便读书应考。"(钱穆著《唐宋时代文化》,载宋史座谈会编辑《宋史研究集》第三辑,编译馆中华丛书编审委员会1966年版,第2页)

③ 陈雯怡认为:"北宋到南宋有一'地方化'(localized)的转变,成为近二十余年来宋史领域中影响颇著的'变革'理论。尽管学者对于是否真有一'地方化'的现象,或此一'地方化'的实际历史意义尚有争议,大体上仍承认南宋有一愈来愈庞大的地方士人群体(精英阶层),以及愈来愈大量与地方相关的记载。"(参见其著《〈吾婺文献之懿〉:元代一个乡里传统的建构及其意义》,《新史学》第20卷第2期,2009年6月版,第46—47页)

中介角色,维系着朝廷与地方的城镇乡村在文化上的统一性。皇帝掌握中央进行最后裁决的最高权力,如宫崎市定指出:"中国近世的君主独裁是指君主做最后裁决的政治形式,所有的政务由官僚反复斟酌草案,其后由大臣反复审查,最后拿到天子处请求裁决批准。"①其下的官僚集团包括朝廷的宰相大臣、地方的官僚权贵和因地方自治兴起而散布于各地的知识精英,这一具有特定时代内涵的新社会群体的形成,使宋代形成了所谓的帝王与士绅共治天下的政治格局。

从宋太祖利用道士的符命来神化自己为真命天子,到宋太宗幽州之败后广建道观、度道士、设道场、修道藏②、优待道士女冠,掀起了一次次的崇道狂潮,再到宋真宗因"澶渊之盟"向辽国纳币屈辱求和后,又借道教频频假造天书下降,行封禅之事,以镇服四海,夸示戎狄,甚至仿效唐王朝奉老子为先祖的做法,在道教中另立赵玄朗为圣祖,故而道教史上有"宋初崇道,始于宋太宗,盛于宋真宗时"③的说法。北宋崇信道教的深层原因是长期以来形成的"天无二日、国无二主"的大一统的中华天下观在"澶渊之盟"后受到了强烈冲击。在全新的东亚世界格局中,尤其是面对着辽国也以继承秦汉文化传统来建构自己的政治合法性的情势下,宋朝再像唐朝那样建立世界帝国的政治目标已行不通了。在国家意识形态危机日益加深的情况下,宋真宗于咸平四年(1001)四月十三日发布《论贤良方正制策》,云:"顷自李唐既往,朱梁已还,经五代之乱离,见历朝之陵替。岂以时运之所系,教化之未孚耶?或者为皇家之驱除,开我朝之基祚耶?是宜考载籍之旧说,稽前史之遗文,务释群疑,咸以书对。"④正是听从大臣的建言,真宗才效仿秦皇、汉武泰山封禅的做法,通过不断开展国家级的"东封西祀"运动,既以"文化竞争"来"夸示外国",以缓解外交上的紧张关系,又用重塑

---

① ［日］宫崎市定著《东洋的近世》,载《日本学者研究中国史论著选译》,中华书局1992年版,第168页。

② 宋太宗学习唐玄宗编《开元道藏》的做法,诏令翰林学士徐铉和王禹偁收集约七千多部道经。宋真宗大中祥符五年(1012)封张君房为著作佐郎,先后整理编修了《大宋天宫宝藏》及《云笈七签》。这对于宋代道教都是重大的文化建设。

③ 任继愈主编《中国道教史》,上海人民出版社1990年版,第464页。

④ 曾枣庄、刘琳主编《全宋文》第11册,上海辞书出版社2006年版,第21页。

富有民族色彩的道教神灵来提升本国臣民的忠诚之心,在宋辽之争中恢复或强化赵宋政权统治中国的权威性与合法性[①]。道教作为中国传统宗教的代表,成为北宋政权进行"神教设教"的有力工具之一。全国道教的中心由唐朝长安转移到宋朝开封后,宋太宗禁止民间私建宫观,开封府的道教宫观是在朝廷指导下修建的,其政治意义要大于宗教意义,展示了宋代道教所特有的官方道教气派。

从道教传播的区域看,在宋真宗统治时期,南方因远离战区,相对安定,北方道教开始向江南扩散。据《宋会要辑稿》记载,宋真宗天禧五年(1021),道士19606人,女冠731人,其中东京道士、女冠959人,京东560人,京西397人,河北364人,河东229人,陕西467人,淮南691人,江南3557人,两浙2547人,荆湖1716人,福建569人,川陕4653人,广南3079人[②]。这里使用的具体数字不一定准确,但南方道士的人数明显要多于北方道士,反映了宋代道教活动中心从中原逐渐向江南转移,为南方新道派的兴起提供了人才条件这样一种现象。

宋仁宗(1010—1063)亲政后,对道教的态度出现转变。宋仁宗在位几十年间,宽厚待民,知人善用,促进了国家经济繁荣,社会安宁,科学技术和文化事业都得到很大的发展,崇道狂热暂时消停。宋代虽然继承唐制,但"唐代之两税,是资产税。宋代之二税,是土地税。两者虽均夏秋二季征收,形式上相同,而性质则不同"[③]。随着两税法实施,江南各地的佃农如要移居他处,必须经田主同意并出具证明才算合法。宋仁宗天圣五年(1027)颁布准许南方佃农退佃迁移的法令,又称天圣令[④],提供了佃户退佃和迁居的自由,这不仅推进了货币交易及

---

① 有关北宋的"东封西祀"运动与澶渊之盟的关系,参见何平立著《宋真宗"东封西祀"略论》,(《学术月刊》2005年2期,北宋在东亚文化圈中的政治方略和外交政策对唐宋道教转型的影响是值得深入研究的课题。

② 舒大刚总编纂《宋会要辑稿》第16册,上海古籍出版社2014年版,第9979页。

③ 陈安仁著《中国近世文化史》,上海古籍出版社2014年版,第42页。

④ "江、淮、两浙、荆湖、福建、广南州军,旧条,私下分田客非时不得起移。如主人发遣,给与凭由,方许别住。多被主人抑勒,不放起移。自今后客户起移,更不取主人凭由,须每田(年)收田毕日,商量去住,各许稳便,即不得非时衷私起移。如是主人非理拦占,许经县论详。"(《宋会要辑稿》食货一之二四《农田杂录》)

商品经济的发展,使私有财产权得到确立,而且使平民从束缚在土地上的制度下解放出来而可自由迁移,由此也带动了道教在民间社会的传播。

当宋王朝达到鼎盛时,动乱的苗头也悄然萌芽,改革的呼声日益高涨。科举制既给宋代士人出仕为官、获得功名的机会,也造成官僚队伍的繁冗丛沓,官场上腐败现象日益严重。范仲淹在《答手诏条陈十事》提出建立新政的设想时,开篇即言:"臣闻历代之政,久皆有弊,弊而不救,祸乱必生。何哉? 纲纪寝隳,制度日削,恩赏不节,赋敛无度,人情惨怨,天祸暴起。……我国家革五代之乱,富有四海,垂八十年,纲纪制度,日削月侵,官壅于下,民困于外,夷狄骄盛,寇盗横炽,不可不更张以救之。"①宝元二年(1039),宋夏战争爆发,外患日益严重,到庆历二年(1042)时,北宋朝廷为旷日持久的战争耗去了大量的兵力物力,财政上的困难日显。这年,北宋史上轰动一时的"庆历新政"在范仲淹的领导下开始付诸实施。他们以天下为己任,以期通过再振"祖宗之法"而进行的锐意改革放弃了太宗、真宗"复兴唐代贵族文化"的社会理想。内藤湖南曾选取君主、贵族和人民这三个不同的社会阶层作为分析"唐宋变革"的基本因素。他认为,从君主层面看,宋仁宗以后,放弃太宗、真宗"复兴唐代贵族文化"的企图,而致力于推进唐朝中期开始萌芽的以士族为代表的新文化走向成熟②。余英时也指出,在宋仁宗时代,士大夫兴起了一个超越汉唐、回归三代的运动,并在"三代"理想的号召下,提出了对文化、政治和社会进行大规模革新的要求③。这不仅有了一年四个月"庆历新政",也构成后来宋神宗时"王安石变法"的思想背景。"庆历新政"最后因朋党之争而夭折,但这段时间却成为后世士人心目中的思想之"盛世",更推动了宋朝中期开始萌芽的新文化走向"成熟期"。最典型的是欧阳修(1007—1072)领导的新古文运动,上承中唐韩愈、柳宗元倡导的回归汉唐质朴文风

---

① 丁守和主编《中国历代治国策选粹》,高等教育出版社1994年版,第339页。

② [日]内藤湖南著《中国史通论》上册,北京社会科学出版社2004年版,第394—398页。

③ 余英时著《朱熹的历史世界——宋代士大夫政治文化的研究》,三联书店2004年版,第198页。

的古文运动,下批晚唐五代宋初出现的浮艳文风,将范仲淹倡导的政治经济上的革新精神带进文学创作领域,不仅扭转了当时文坛的不良风气,而且随着宋朝政治上向外追寻建立世界帝国的理想被抛弃,提倡走内省道路,促进了北宋的学术范式从汉唐之学向宋代理学的转型,最终形成了一场影响深远的文化变革运动。

北宋中期出现的改革思潮看似与道教很远,但实际上却成为促进唐宋道教转型的一种思想力量。当北宋新政、变法相继失败后,归隐道教也成为宋代士人的一种人生选择。例如,"唐宋八大家"之一的苏轼(1037—1101)从小就深受家乡四川眉州道教文化的熏染,"八岁入小学,以道士张易简为师"①,曾在眉山天庆观读书三年。嘉祐二年(1057)苏轼与苏辙同登进士后,其文深得欧阳修的赏识,成为新古文运动的积极实践者。苏轼一生经历的仁宗、英宗、神宗、哲宗、徽宗五朝,正是北宋朝廷因社会文化繁荣的背后隐藏着政治经济军事危机而进行变法之时。苏轼在官场的升降浮沉中不仅遭遇着人生的坎坷,更感受到民众的日常生活和信仰世界。熙宁二年(1069),宋神宗支持新任宰相王安石变法,苏轼因与王安石政见不合而自请外任,相继去杭州、密州、徐州等地任职,因深入民间了解百姓疾苦后,又转而赞同一些新变法条例。元丰六年(1083),苏轼调入汴京,因司马光的重用而得到快速升迁,但又因与司马光政见不一,被视为属王安石变法派而遭受各种政治压力。苏轼受父亲苏洵、弟弟苏辙等家人的影响②,曾潜心阅读《道藏》而笃信道教,修炼道教气功。在汴京期间,苏轼多次在诗文中表达了崇尚道教,希望隐居嵩山隐修的思想:"先君昔爱洛城居,我今亦过嵩山麓。水南卜宅吾岂敢,试向伊川买修竹。"③不久,苏轼自求外放,相继去杭州、颍州、扬州、定州任知州,宦游期间,不断江南访道问师。今天,位于茅山元符宫东南处林间山崖间的华阳洞,其洞口上端石刻的"华阳洞"三个约一米见方的大字,相传为苏轼的手

---

① 宋·苏轼撰、王松龄点校《东坡志林》卷二,中华书局1981年版,第47页。

② 钟来因认为:"苏辙学道教气功,早于苏轼,他是苏轼的气功教师。"(钟来因著《苏轼与道家道教》,台湾学生书局1990年版,第10页)

③ 宋·苏轼著、邓立勋编校《苏东坡全集》,黄山书社1997年版,第255页。

迹。王水照先生曾说："宋代士人的身份有个与唐代不同的特点，即大都是集官僚、文士、学者位于一身的复合型人才。"①宋代士人中出身于地方社会普通家庭，经过科举考试，以才华能力而受到北宋统治者封官加爵，做大官的人数较多。他们大多以儒学为安身立命之本，又出入于佛老之间，因旧法与新法的政治斗争而导致的官场沉浮，使他们更易于用道教的自然无为精神和延年长生的修道术来调整自己。北宋中期后，嵩山中的隐逸者和修道者人数激增，反映了当时的社会精英来道教中寻求安身立命之道，这不仅为道教的发展提供了知识性人才，也将儒学重视内省与心念的文化观带入了道教之中。

北宋末年，以风流天子著称的宋徽宗在一些崇道大臣的诱导下，企图用道教神灵来提振民心，于是宣扬天神降临，在全国广建宫观，诏令天下搜访有道之士，朝廷统一设置道学，传授道经与赞颂科仪，一批南方学人因文字功底和学术素养较高，经过科举考试而进入道官行列，这对扩大宋代道士的数量和提升道士的文化素质起到了积极作用。宋徽宗的崇道活动达到了登峰造极的地步，他任用宠信神霄道士王文卿、林灵素，自封"教主道君皇帝"，使道教贵盛一时，几成国教。究其原因有二：一是宋徽宗个人信仰上的喜好；二是面对外族入侵的压力，他希望那些雷法道士可以道术来承担"护国安民"的"国师"重任，仍然表现出一种带有民族主义色彩的政治诉求。

就在北宋统治者采用各种方法期望将道教打造成本朝的官方宗教时，一些有文化或有官职、又活动于朝野的士绅进入道教后，却开始依照自己的理想进行创教活动。宋代的士绅既延续唐代士大夫所具有的知识结构，也具备了左右社会舆论的活动能力。他们将原来持有的儒家或佛教思想带入道教。与唐代道教相比，北宋道教中有更多的儒释二教色彩，这为后来南宋全真道的问世提供了条件。因此，宋辽金新道派涌现的内因是以士绅为代表的活动于民间社会的地方精英对道教进行的创新性改革，外因则是最高君主和豪强贵族对道教的扶植与利用。

---

① 王水照著《宋代文学通论》，河南大学出版社1997年版，第27页。

文化是维系民族的纽带,每一种宗教文化都有其民族的归属,当一个族群发生迁徙时,其文化会随之产生空间上的移动。靖康之变后,宋徽宗的第九子赵构在应天府(河南商丘)即位,改元建炎,是为宋高宗。因北方政局不稳,建炎三年(1129),宋高宗来到南方,以原为地方政权吴越国(907—978)的临安(今浙江杭州)为都城,扩建原有宫殿,增建礼制坛庙,建立南方政权,史称"南宋"。

南宋(1127—1279)偏安江南,其疆土面积只有北宋的五分之三,与西夏、金、辽、大理并峙,早期面临北方金国的威胁,与金朝东沿淮水(今淮河),西以大散关为界,形成了继南北朝之后中国历史上又一次南北分治的局面,后期则有蒙元的不断侵略。在这种民族矛盾十分尖锐的形势下,南宋却维持了153年的统治,这与统治者在政治、经济、科技和文化上方面进行的改革有关。宫崎市定曾用"民族-国家"视野中出现的"资本主义精神"来阐释宋代所具有的"近世"特征,提出中国是世界上最早进入现代化的国家。中国由中古向近世的转化,发生在唐宋之际。"宋承五代,政治的统一同时也是经济上国内市场的再统一。……五代各国的国都虽然失去作为政治中心都市的意义,却作为商业都市继续存在,特别是唐代以来运河沿线出现的商业都市,更进一步发展,用蓄积财富的方法,促使近世的文化发达。这种事态,必然导致宋代社会不得不倾向于走向一种资本主义的统治。"① 尤其是通过疏浚河湖,开设道路,提升农业技术,发展商业和手工业等,使南宋成为中国历史上经济发达、文化繁荣、科技发展、对外开放程度较高的一个王朝。

中国政治、经济和文化的南移也影响到道教的发展。宋高宗仓皇南渡后,虽然一直抱有收复中原之心,但经济上和军事上的实际困难,又使南宋朝廷中一方面弥漫着悲观失望、消极颓唐的情绪,另一方面,也涌现出岳飞、文天祥这样的民族英雄。正是这种两端的情绪,使南宋统治者既希望利用道教神灵来振奋民族精神,也认同道教的柔弱不

---

① [日]宫崎市定著《东洋的近世》,载《日本学者研究中国史论著选译》,中华书局1992年版,第168页。

争的隐逸之道,安心偏安于江南。江南美丽的自然环境和温湿的气候条件,培养着皇亲贵族、文人学士追求于自然中陶冶性情、享受生活的人生态度,可谓"山外青山楼外楼,西湖歌舞几时休。暖风熏得游人醉,直把杭州作汴州"。南宋人尽管还在江南温柔乡中醉生梦死,但心头时刻笼罩着由恐惧与抑郁编织的阴影,于是,需要借着神灵信仰来壮胆,靠着道术或法术来撑腰,道教仍然受到重视。

南宋伊始,宋高宗吸取北宋崇道而灭亡的教训,不再像真宗、徽宗那样狂热崇道,但由于军事实力较为软弱、政治上较为无能,又不断受到金人的侵袭,仍希望于道教神灵的护佑,以求消灾免难,保国延祚。因此,北宋道教中那些带有时代特征的新神灵,如玉皇大帝、赵玄朗、真武大帝、吕祖、崔府君等也作为皇室保护神而得到崇祀。在南北对峙的局面下,南宋道教虽得到统治者的扶植,仍然得以继续发展,但与北宋道教相比又有着明显的不同。"宋代的道教,在北宋和南宋之间有很明显的区别。北宋的道教基本上是沿袭隋唐以来的旧传统,以道法为主体;南宋以后,旧道教有所衰落,以炼养为主的全真道和南宗等新道派相继产生,使道教的发展出现了丰富多彩的局面。"①尤其是新道派的涌现,显示了道教作为中国传统宗教相当快速地适应了社会政治、经济、军事和文化等方面的变化。

在远离战区的南宋都城临安府,御前宫观与民间道观都得到迅速发展,吸引了许多道士相继前来进行传道活动,全国道教的活动中心转换到江南地区。据《咸淳临安志》卷十三《行在所录·宫观》记载,当时临安有十大御前宫观,即太乙宫、西太乙宫、万寿观、佑圣观、开元宫、龙翔宫、宗阳宫、四圣延祥观、宁寿观、显应观等②。御前宫观是直接由皇家派人管理的祭祀皇家先祖或道教神仙的宫观,具有显赫的皇

---

① 任继愈主编《中国道教史》,上海人民出版社1990年版,第464页。

② 《咸淳临安志》第五册,台湾成文出版社1970年版,第53—160页。有关十大御前宫观,史料记载不同,可能是一种统称,例如,宋代吴自牧《梦粱录》卷八记载御前宫观有东太乙宫、西太乙宫、佑圣观、显应观、四圣延祥观、三茅宁寿观、开元宫、龙翔宫、宗阳宫"(三秦出版社2004年版,第104—120页)。而同书卷十五《城内外诸宫观》则说:"在城宫观,则以太乙、万寿为首。余杭洞霄次之。……今摭宫观在杭者,除御前十宫观外,编次于后。"(三秦出版社2004年版,第226页)可供参考。

家文化气质。另外,京城及畿县的民间道观也在不断增多,《咸淳临安府》还记载了当时临安有道观 58 座,但也有人统计,"南宋定都杭州后。道观迅速增至 80 多所"①。道观的建筑的空间格局、宗教物品的摆设、神像的艺术风格以及道士的入住方式已有一些南方文化的新特点。

但若细细研究,就可见南宋道教的发展却是一波三折。南宋初年,宋高宗一方面延揽羽流,常去宫观参拜道教神灵,但另一方面为了筹措军费而滥卖度牒、紫衣和师号。据李心传《朝野杂记》卷二十五记载,建炎三年(1129)知枢密院事张浚赴陕西"以便宜印造绫纸度牒,鬻之川陕京西,以助军用"。绍兴八年(1138),南宋定都临安后,更是通过大卖度牒来解决财政问题:"绍兴中,军旅之兴,急于用度,度牒之出无节。上户和籴所得,减价至二三十千。时有'无路不逢僧'之语。"②在道士人数由此大量增多后,朝廷又于绍兴年间停颁度牒近二十年,并征收僧道免丁税。据统计,到绍兴二十七年(1157),"有僧二十万,道士才万人"。道士人数与北宋末年相比又大大减少。

南宋又通过建立起复杂而完整的宫观、道冠职官管理体系,严格限制道士出家,尤其是接续北宋的传统,设立"宫观官"来加强对道教的管理。宋代官制中有一种管理道教宫观事务的祠禄官,祠禄官又分内祠(在京宫观)与外祠(在外诸州府宫观岳庙)之别。大中祥符四年(1011)十一月,北宋朝廷专以宰相兼玉清昭应宫使,此为设宫观官之始。其后,又将宫观官分为提举、提点、管勾(南宋称主管)三等。这些"宫观官"本无官品,又无职事,由于未到退休年龄,平时居家中,是可优享奉禄的祠禄官。在北宋前期,大多由那些从宰相、执政、从官、内侍及武臣等官职上退下的人来兼任,称为宫观使、宫观副使、判官、都监等。宋神宗在熙宁、元丰年间进行改革,安排一些持不同政见的官员来担任祠禄官,表面上是"养贤优老",实际上则有点贬黜之意味。到南宋后期,民间道观的管理模式进入皇家宫观中,促进了皇家宫观向民间道观的转变。

---

① 林正秋著《杭州道教史》,中国社会科学出版社 2011 年版,第 4 页。
② 宋·赵彦卫《云麓漫钞》卷四,上海古典文学出版社 1957 年版,第 52 页。

第二章　道教老学思想的嬗变

　　道教思想杂而多端，但老子思想却始终是道教思想的基础与核心。虽然从魏晋南北朝至隋唐，道教内部一直存在着一种贬低老子、唯重三洞的倾向，但随着唐王朝将老子奉为圣祖，"朝廷上的道教，最有影响的道团的信仰，全社会的意识，都认为道教的核心崇拜对象是老子及其《道德经》"①。唐宋时的道教思想家大多通过注释《道德经》五千言来阐述或发挥道教思想，形成了所谓的"道教老学"的诠释模式，以递嬗演变的发展脉络展现了唐宋道教信仰与思想的演变。在唐宋时出现的各种注老著作中，特别值得注意的是杜光庭的《道德真经广圣义》有一篇《序》，其中不仅详细记述了从汉至唐历代六十余家《道德经》注疏本，而且对历代注疏本的名称、作者、卷数及宗旨意趣作了独到的分析与评价，实际上是对汉唐道教老学作了一个全面的总结。由于杜光庭对汉唐老学的总结是他思想发展的基础，因此，要研究杜光庭思想及其在唐宋道教转型中所起的作用，首先也应该追本溯源，厘清从汉代到唐代几百年间道教对老子思想的诠释和发挥。只有在老学思想的演进中，才能从历史与逻辑的层面上把握杜光庭思想出现之必然性及其基本特点，既可以展现汉唐老学思想通过注疏方式而曲折发展的基本理路，也可以阐明杜光庭是如何在评判前人注老的宗旨意趣的基础上，在自己的《道德真经广圣义》中别立新解，将道教哲学推向了一个新的理论高度，从而为唐宋道教老学思想的转型提供了理论准备。

---

① 任继愈主编《中国哲学发展史（隋唐）》，人民出版社 1994 年版，第 360 页。

第一节　汉唐道教老学思想的发展

如果回视历史就可见,在先秦诸子百家中,对后世影响最大的是儒道两家。在道家著作中,影响最大的无疑是老子《道德经》。虽然道家作为一个学派在汉代以后就日趋衰微,但其思想却通过一代代学人对老庄等道家著作的注疏与诠释而保存了下来,并对中国文化产生了深远的影响①。唐宋时期出现的众多的《道德经》注疏都以原典为立论之本而对老子思想进行各抒己见的发挥,既促进了唐宋道教老学思想的发展,也为推动唐宋道教的转型提供了理论依据。

需要指出的是,道教在创立之初,就将《老子》五千言奉为立教之本,从太平道首领张角"奉事黄老道"②,到五斗米道的张修"使人为奸令、祭酒,祭酒主以《老子》五千文,使都习,号为奸令"③,并出现了祭酒宣讲《老子》的注本《想尔注》。这样,崇拜老子和《道德经》不仅成为早期道教信仰的主要内容,而且在历史发展过程中,老子、《道德经》和道教构成了三位一体的关系,以至于在历史上人们经常将"老学"视为道教思想的同义语④。如果说,"老学是在老子思想基础上形成的一种思想体系"⑤,那么,在唐代时,道教老学又是通过怎样的注疏和诠释而获得持续发展的理论动力的呢?

杜光庭的《道德真经广圣义》的《序》中有一份记载甚详的《道德经》诠疏笺注目录,可以给我们有益的提示。由于这份目录对汉唐历代六十余家注老著作的情况作了基本总结,因此,虽然篇幅较长,仍引用如下:

> 此《道德经》自函关所授,累代尊行,哲后明君,鸿儒硕学,诠

---

① 汤一介先生在《论魏晋玄学到初唐重玄学》一文中就提出:"注重历代对《老子》、《庄子》注释,是全面了解中国哲学发展的至关重要问题。"(载陈鼓应主编《道家文化研究》第 19 辑,北京三联书店 2002 年版,第 21 页)

② 《后汉书》卷七十一《皇甫嵩传》。

③ 《三国志》卷八《张鲁传》注引《典略》。

④ 牟钟鉴著《走进中国精神》,华文出版社 1999 年版,第 96 页。

⑤ 熊铁基、马良怀、刘韶军著《中国老学史》,福建人民出版社 1997 年版,第 518 页。

疏笺注六十余家,则有《节解》上下(老君与尹喜解)、《内解》上下(尹喜以内修之旨解注)、《想尔》二卷(三天法师张道陵所注)、河上公《章句》(汉文帝时降居陕州河滨,今有庙见存)、严君平《指归》十四卷(汉成帝时蜀人,名遵)、山阳王弼注(字辅嗣,魏时为尚书郎)、南阳何晏(字平叔,魏驸马都尉)、河南郭象(字子玄,向秀弟子,魏晋时人)、颍川钟会(字士季,魏明帝时人)、隐士孙登(字公和,魏文、明二帝时人)、晋仆射太山羊祜(字叔子,注为四卷)、沙门罗什(本西胡人,符坚时自玉门关入中国,注二卷)、沙门图澄(后赵时西国胡僧也,注上下二卷)、沙门僧肇(晋时人,注四卷)、梁隐居陶弘景(武帝时人,贞白先生注,四卷)、范阳卢裕(后魏国子博士,一名白头翁,注二卷)、草莱臣刘仁会(后魏伊州梁县人,注二卷)、吴郡征士顾欢(字景怡,南齐博士,注四卷)、松灵仙人(隐青溪山,无名氏年代)、晋人河东裴楚恩(注二卷)、秦人京兆杜弼(注二卷)、宋人河南张凭(字长宗,明帝太常博士,注四卷)、梁武帝(萧衍注《道德经》四卷,证以因果为义)、梁简文帝(萧纲,作《道德述义》十卷)、清河张嗣(注四卷,不知年代)、梁道士臧玄静(字道宗,作疏四卷)、梁道士孟安排(号大孟,作《经义》二卷)、梁道士孟智周(号小孟,注五卷)、梁道士窦略(注四卷,与武帝、罗什所宗无异)、陈道士诸糅(作《玄览》六卷)、隋道士刘进喜(作疏六卷),隋道士李播(注上下二卷)、唐太史令傅奕(注二卷,并作音义)、唐嵩山道士魏征(作《要义》五卷,为太宗丞相)、法师宗文明(作《义泉》五卷)、仙人胡超(作《义疏》十卷,西山得道)、道士安丘(作《指归》五卷)、道士尹文操(作《简要义》五卷)、法师韦录(字处玄,注兼义四卷)、道士王玄辨(作《河上公释义》一十卷)、谏议大夫肃明观主尹愔(作《新义》十五卷)、道士徐邈(注四卷)、直翰林道士何思远(作《旨趣》二卷、《玄示》八卷)、衡岳道士薛吉昌(作《金绳》十卷、《事数》一卷)、洪源先生王鞮(注二卷,《玄珠》三卷,《口诀》二卷)、法师赵坚(作《讲疏》六卷)、太子司议郎杨上善(高宗时人,作《道德集注真言》二十卷)、吏部侍郎贾至(作《述义》十一卷,《金钮》一卷)、道士车(玄)弼

（作疏七卷）、任真子李荣（注上下二卷）、成都道士黎元兴（作《注义》四卷）、太原少尹王光庭（作《契源注》二卷）、道士张惠超（作《志玄疏》四卷）、龚法师（作《集解》四卷）、通义郡道士任太玄（注二卷）、道士冲虚先生殿中监申甫（作疏五卷）、岷山道士张君相（作《集解》四卷）、道士成玄英（作《讲疏》六卷）、汉州刺史王真（作《论兵述义》上下二卷）、道士符少明（作《道谱策》二卷）、玄宗皇帝所注《道德》上下二卷（《讲疏》六卷），即今所广疏矣。①

如果我们考之于史籍，就可见杜光庭所记载的《道德经》诠疏笺注目录无论在种类上，还是在卷数上，都超过了后来出现于宋代的《旧唐书·经籍志》和《新唐书·艺文志》，也比明版《道藏》中所收录《道德经》注疏要多。明版《道藏》的"太玄部"主要收录的就是老子《道德经》以及注疏《道德经》而形成的道书，大约有五十余种，三百多卷。这是我们今天能够看到的情况②。这说明随着时间的流逝，许多注老著作因种种原因而佚失了。但这份《道德经》诠疏笺注目录透露出的许多信息为我们研究唐宋道教的转型提供了重要资料，例如：

第一，杜光庭所记载的六十多家注经者具有复杂的身份。其中有三分之二是道士，余下的三分之一，有隐士，如严君平、孙登等；有佛教僧人，如鸠摩罗什、佛图澄、僧肇等；有玄学家，如王弼、何晏、郭象等；有官吏，如傅奕、魏征、贾至等；还有梁武帝、梁简文帝、唐玄宗这样的一代君王。这说明，推动汉唐老学思想发展的主力是道教学者。道教学者对老子之道进行宗教性诠释以作为道教信仰的理论依据无疑成为汉唐老学思想发展之主脉。同时，具有各种社会身份和文化背景的人参加到注老解老的队伍中，又显示出注疏《道德经》并非是道教的专利。

第二，杜光庭指出汉唐历代六十余家《道德经》诠疏笺注具有不同的指归意趣。"所释之理，诸家不同；或深了重玄，不滞空有，或溺推因果，偏执三生，或引合儒宗，或趣归空寂。莫不并探骊室，竞掇珠玑；俱

---

① 《道德真经广圣义·序》，《道藏》第14册，第309页。
② 参见朱越利著《道藏分类解题》，华夏出版社1996年版。

陟钟山,争窥珪瓒。"①杜光庭认为,这与《道德经》本身包含众义,内容十分丰富,从而为后人的注疏留下广阔的阐释空间有关。他说:

> 《道德尊经》,包含众义,指归意趣,随有君宗。河上公、严君平,皆明理国之道;松灵仙人、魏代孙登、梁朝陶隐居、南齐顾欢,皆明理身之道;符坚时罗什、后赵图澄、梁武帝、梁道士窦略,皆明事理因果之道;梁朝道士孟智周、臧玄静,陈朝道士诸糅、隋朝道士刘进喜、唐朝道士成玄英、蔡子晃、黄玄颐、李荣、车玄弼、张惠超、黎元兴,皆明重玄之道;何晏、钟会、杜元凯、王辅嗣、张嗣、羊祐、卢氏、刘仁会,皆明虚极无为、理家理国之道。此明注解之人意不同也。②

从杜光庭显示的"注解之人意不同"这一文化现象中,可见汉唐老学中形成了道家派、道教派、玄学派、佛学派、重玄派等不同的流派,这是由历代注老者从自己特定的知识背景和文化视角出发,根据自己的理解而通过注疏来呈现《道德经》的"指归意趣"而造成的。杜光庭进一步指出,"注解之人意不同"并非是随意的发挥,而是与当时中国思想文化发展中出现的"诸家禀学立宗不同"相联系的,说:

> 又诸家禀学立宗不同:严君平以虚玄为宗;顾欢以无为为宗;孟智周、臧玄静以道德为宗;梁武帝以非有非无为宗;孙登以重玄为宗。宗旨之中,孙氏为妙矣。③

杜光庭特别采用了"虚玄"、"无为"、"道德"、"非有非无"、"重玄"等名词术语来分判各家立宗之旨趣,在客观上展示了汉唐老学在理论上多向度发展的实情。

　　第三,从杜光庭的《道德经》诠疏笺注目录中可见,吸取道家、玄学、儒学、佛教等思想来诠释《道德经》已构成了汉唐老学思想发展的

　①　《道德真经广圣义·序》,《道藏》第14册,第310页。
　②　《道德真经广圣义》卷五,《道藏》第14册,第340—341页。
　③　《道德真经广圣义》卷五,《道藏》第14册,第341页。需要说明的是,初唐道教学者成玄英也有类似的说法:"夫释义解经,宜识其宗致。然古今注疏,玄情各别。而严君平《指归》以玄虚为宗;顾征君《堂诰》以无为为宗;孟智周、玄静以道德为宗;梁武帝以非有非无为宗;晋世孙登'托重玄以寄宗'。虽复众家不同,今以孙氏为正。"(《道德经开题序诀义疏》,敦煌经卷P.2353)杜光庭在此可能参考了成玄英的说法。

一种学术特色,只不过"禀学立宗"之倾向各有不同罢了。从唐代三十多家的老学著作中可见,其思想中呈现出的各种异质文化的相互碰撞与融合之特色,在客观上成为促进唐宋老学思想繁荣与发展的动因。

第四,杜光庭所记载的六十余家《道德经》诠疏笺注目录是以唐玄宗所注《道德》上下二卷为终结,这一方面反映了他对唐朝最高统治者的敬仰,另一方面,也隐含着中唐以后出现的各种注疏《道德经》著述或多或少地具有了不同于中唐之前的理路。杜光庭所作《道德真经广圣义》是接着玄宗疏而来的,着重于通过"广圣义"来发扬"圣教",期望能够重返传统,但实际上却开出了新理路,尤其是通过对人的"心"、"性"、"情"、"识"等概念来探讨修身理国之道,这种从人的内在意识追寻超越的内在理路,反映出唐宋道教思想发展的新理路。

但需要说明的是,《道德经》注疏卷帙浩繁,撰者众多,杜光庭的记载难免有纰缪疏误。例如,对孟安排等个别注疏者的生活年代把握得就不够准确,对松灵仙人、王弼、何晏、钟会、郭象、孙登等人注疏的名称和卷数也未能标明。另外,还有个别注疏者的身份也值得再推敲,例如,杜光庭认为,隐士孙登"字公和,魏文、明二帝时人",而生活在杜光庭之前的成玄英就有"晋世孙登云'托重玄以寄宗'"[①]的说法,认为孙登是晋时人,蒙文通先生则考证说:"杜以孙登为魏人,殆疑为与嵇(康)、阮(籍)同时居苏门之孙登,此为大谬。注《老》之孙登乃东晋人。"[②]究竟如何,因缺少资料佐证,学术界至今仍有争议[③],需要作进一步研究。这些都要求我们在引用杜光庭的著录时必须详加明辨。

---

① 敦煌经卷 P.2353 号成玄英《道德经开题序诀义疏》,黄永武主编《敦煌宝藏》第 119 册,台湾新文丰出版公司 1981 年版,第 546 页。

② 《道教史琐谈》,《中国哲学》第 4 辑,北京三联书店 1980 年版。

③ 例如,卢国龙先生沿续蒙文通的思路而断言杜光庭"误将曹魏时的隐士孙登当成了晋朝的重玄孙登"(卢国龙著《中国重玄学》,人民中国出版社 1993 年版,第 2 页)。但韩国学者崔珍皙先生又提出了不同看法,他在《对于孙登问题的一个浅见》一文中说:"杜光庭不可能把东晋孙登误认为'魏代孙登'有两个主要的原因。其一,杜光庭在对隐士孙登的附注中明确地说:'字公和,魏文、明二帝时人。'其二,杜光庭把孙登的'宗趣指归'看作'明理身之道',这与孙登向嵇康强调'保身之道'实乃一脉相通也。"(陈鼓应主编《道家文化研究》第 19 辑,北京三联书店 2002 年版,第 132 页)

第二节 唐代诸家注老旨趣之分判

杜光庭在《序》中详载汉唐《道德经》注疏目录的目的并非是要作经籍志，而是要在梳理老学发展之理路的基础上，凸显各种注疏"所释之理，诸家不同"，通过对各家宗旨意趣的分判而将唐玄宗的注疏奉为圭臬，从而为自己撰写《广圣义》提供一种理论依据。这就决定了他的注疏必然要反映汉唐老学思想如何通过注疏的方式而曲折发展。如果我们将杜光庭的这篇《序》文所提供的《道德经》注疏目录放到中国思想文化发展的历史背景中钩沉索隐，就可以看到言简意赅的《道德经》从汉代始就受到了"哲后明君，鸿儒硕学"们的喜爱，由"累代尊行"而推动了老学思想持续而多向度的发展。

从历史上看，道教在创立之初就奉老子为教主，与老子思想结下了不解之缘。"东汉以来，《老子》一书注本繁多，仅在道教徒中流行的，就有《老子河上公章句》、《老子想尔注》、《老子五千文》、《老子节解》等。"①有关这几本书的作者及创作的年代，至今学界仍是众说纷纭。但值得重视的是，杜光庭明确指出了它们的作者，是为一家之说，可供参考。

杜光庭认为，汉代出现的《道德经》注本《河上公注》②和《老子指归》在"指归意趣"上具有共同特征，就是"皆明理国之道"。这就凸显出汉代老学注重治世理国的特点。但同时，杜光庭又进一步指出两书之间的差异："蜀严道德沉冥，言其识量深厚，玄德隐微，非常俗之所知"，因俗人难以理解，故未得广传；而《河上公注》二卷"以为道德尊经并包万法，围制三才，理国理家之宗，修身修道之要，无所不摄，无所不周"③，既注重理国理家，又有利于修身修道，从而与道教的终极理

---

① 王卡著《〈老子道德经序诀〉考》，载《世界宗教研究》1983 年第 3 期。
② 唐代陆德明在撰写《经典释文·叙录》时，著录《河上公注》四卷，并叙述了该书的来历，但却谓其作者"不详其名"。后刘知几提出《河上公注》为伪书以来，关于《河上公注》的产生年代和作者，可谓众说纷纭，至今未有定论。
③ 《道德真经广圣义》卷一，《道藏》第 14 册，第 311 页。

想不谋而合。杜光庭一语道出以理国修身为指归是《河上公注》的重要特点,因此他认为,"河虽或略,亦足明其至妙"①。

而在早期五斗米道中,比较流行的是《老子想尔注》。《老子想尔注》虽以老子为旗号,但从道教的基本宗旨出发,曲解《老子》,自立教义,以为建构道教信仰提供理论论证。杜光庭明确指出,早期五斗米道造作的、并奉为道徒必读之书的《老子想尔注》为"三天法师张道陵所注",具有"述修身"的特点②。

杜光庭对汉代比较流行的一些注老著作的指归意趣的看法虽为一家之言,但由此却显示出道家思想向道教的过渡是将"道"之内涵由学术转向宗教,其契机就是对"修身"炼形的重视。而最早促成这一转化的直接原因则是对《道德经》所进行的宗教性诠释。在这种转化过程中,道教老学也随之而诞生。道教老学是道教学者站在信仰的立场上,用道教的得道成仙的思想来诠释《道德经》而逐渐形成的一门学问。这种诠释不仅将老子的哲学之道演化为宗教之道,而且也为道教的创立与持续发展奠定了思想和信仰基础。

杜光庭又列举了魏晋南北朝时期的注老著作。他指出"松灵仙人、魏代孙登、梁朝陶隐居、南齐顾欢,皆明理身之道",而玄学家何晏、王弼、郭象和钟会的注老著作的"指归意趣"是"皆明虚极无为、理家理国之道"。这就展现出魏晋时期的道教与玄学从不同的角度发挥《道德经》义旨而形成了两大学派。

从玄学的角度来看,无论是何晏著《道德论》、王弼著《老子注》和《老子指略》倡导的"以无为本",钟会《老子注》提倡的"有无相资,俱不可废",还是郭象融会老庄而提出的"独化于玄冥之境",以他们为代表的魏晋玄学主要是融合儒道而发展了老庄道家的自然人生论,因而被称作新道家。特别是王弼的《老子注》倡"贵无论"而开魏晋玄学的"虚极无为"之先风,对后世影响极大。它与《河上公注》一起,成为自古以来最受重视的《道德经》注本。

---

① 《道德真经广圣义》卷一,《道藏》第14册,第311页。
② 《道德真经广圣义》卷一,《道藏》第14册,第310页。

　　从道教的角度看,随着魏晋玄学在江南的盛行,东晋时期,江南地区出现了以造作经书、传授经法为首务的道教经箓派和以追求烧炼服食丹药而达到长生不死之境的道教丹鼎派。经箓派由上清、灵宝和三皇三大经系组成,它在创立之初曾力图抛开《老子》而借鉴佛教教义创立自成一体的道教信仰体系,因此,在经文中出现了贬低《老子》、抬高自身的倾向,而最终也没有把《老子》收入三洞经书之中。以葛洪为代表的丹鼎派则明确地认为,"五千文虽出老子,然皆泛论较略耳。其中了不肯首尾全举其事,有可承按者也。但暗诵此经,而不得要道,直为徒劳耳,又况不及者乎?至于文子庄子关令尹喜之徒,其属文笔,虽祖述黄老,宪章玄虚,但演其大旨,永无至言。或复齐死生,谓无异以存活为徭役,以殂殁为休息,其去神仙,已千亿里矣。岂足耽玩哉?"①葛洪不仅认为《老子》"泛论较略",不宜修仙,而且认为《庄子》等道家之书所倡导的"齐生死"的精神与道教的神仙之旨差异千里。

　　当时道教中出现的明贬老庄、暗学佛教的做法,虽然促进了道教从依附老庄思想中独立出来而自创理论体系,但其理论体系的基点仍然是依据道教的得道成仙思想而对老庄作宗教性的发挥。当时一些著名道士都力图以"理身之道"来诠释《道德经》义旨,以期使之与道教所追求的炼形成仙的终极理想相契合。炼形成仙既是道教信仰的核心,也是道教解决人的生命问题时所提出的一个美好理想。道教为了实现这一理想而发明了种种道术,希望以技术性的方法来无限地延长人的生命。问题在于,人虽然可以采用种种方法来延长生命,但人有生必有死,这是不以人的意志为转移的客观规律。道教丹鼎派企图"假求于外物以自坚固"来无限地延长生命,这就在客观上使无限之道与有限之肉体的矛盾凸显出来。

　　随着佛教理论的发展和宗教势力在中土的扩大,南北朝时,社会上出现了沙门道士激烈交锋、相互弹射的局面。佛教对道教的肉体长生说大加攻击,并特别指出道教得道成仙的理想与老庄思想的相违背,认为:"若乃练服金丹,餐霞饵玉,灵升羽蜕,尸解形化,斯皆尤乖老

---

①　王明著《抱朴子内篇校释》,中华书局 1985 年版,第 151 页。

庄立言本理。"①道教这才逐渐意识到,托神所造作的道书虽然种类繁多,卷帙庞大,但巫觋之术弥漫,理论上难以精圆,真正能够与佛教相抗衡的,还是具有浓厚思辨性的《道德经》。

值得注意的是,佛教在批评道教的同时,却在悄悄地吸取着中国传统文化。这是因为佛教在两汉之际传入中国后,就面临着一个如何适应中土社会的精神与文化需要的问题。佛教的中国化,"从思想理论上看,大致可以概括为佛教的方术灵神化、儒学化和老庄玄学化等三个方面"②。在佛教中国化的过程中,内蕴着中国传统文化精神而极具思辨性的《道德经》引起了佛教徒的广泛关注。杜光庭打破了宗门之见,不仅记载了佛教高僧鸠摩罗什、佛图澄、僧肇等人的《道德经》注疏,而且还指出这些注疏的主要特点是"皆明事理因果之道",简要地概括了佛教徒注老的指归意趣。据《旧唐书·经籍志》中记载,鸠摩罗什有《老子注》③。而罗什的弟子僧肇早年"志好玄微,每以庄老为心要"④,但僧肇是否曾注有《道德经》四卷,学术界至今还有争论。汤用彤先生通过考证就认为,"所谓肇公之《老子注》,同是伪书也"⑤。但僧肇的代表作《肇论》一书具有浓厚的老庄化色彩却是无可置疑的事实。此外,杜光庭还将虔信佛教的梁武帝萧衍的《道德经注》和梁简文帝萧纲的《道德经述义》与佛教徒注老著作的宗旨意趣归为一类。杜光庭的这些记载显示出佛教徒在推进中国佛教发展时,自觉与不自觉地对中国传统文化的吸收与依附。这种以佛解老的思路不仅给老学发展带来了方法论上的启迪,而且提醒道教去珍视自家宝藏。

---

① 《广弘明集》卷八,《大正藏》第 52 册,第 139 页。

② 洪修平著《禅宗思想的形成与发展》(修订版),江苏古籍出版社 2000 年,第 2 页。

③ 宋·李霖集《道德真经取善集》中收有鸠摩罗什所注的《老子》十余条(载《道藏》第 13 册)。汤用彤先生查《取善集》中所引鸠摩罗什注文义,认为其中"颇有可注意之思想,如注'大盈若冲'句曰'空而能正曰冲',又如注'以其不争,故天下莫能与之争'句曰'心形既空,孰能与无物者争',又如注'复归于无极'句曰'……若能去智守愚,动与机合,德行相应,为物楷式,显则成行,隐复归道,道本不穷,故成无极。一是智慧无极,二是慧命无极'。这些思想都或与佛教般若思想有关"(《汤用彤学术论文集》,中华书局 1983 年版,第 408 页)。

④ 《高僧传》卷六《僧肇传》。

⑤ 《汉魏两晋南北朝佛教史》,中华书局 1983 年版,第 235—236 页。

当南北朝道教兴起改革浪潮时,北魏道士寇谦之托太上老君之名而造作《老君音诵诫经》作为改革的理论依据。南朝宋朝道士陆修静在搜集道经,建立三洞体系,对道教进行自我改革以求更新发展时,也重新回视老子,著有《道德经杂说》①,以提升道教的理论水平。这样,如何融合各种道书之教义而建立一个以老子思想为核心的经教体系就成为当时道教理论发展的重心。

在南北朝道教理论探讨之风日盛的氛围中,通过诠释《道德经》来发挥道教义理就顺理成章地成为道教的一种重要的学术形式。在当时众多的道教流派中,比较重视阐释《道德经》义理的有太玄派,而灵宝派也把目光转向了《道德经》。"灵宝派、太玄派的动向促进了隋代重玄派的成立,对于《道德经》在唐代被尊崇的情势的形成,也给予了有力的影响。"②据杜光庭记载,"梁朝道士孟智周、臧玄静,陈朝道士诸糅,隋朝道士刘进喜,唐朝道士成玄英、蔡子晃、黄玄赜、李荣、车玄弻、张惠超、黎元兴,皆明重玄之道。"这就呈现了一个历史事实,南朝道教中出现了以"重玄之道"注疏《道德经》的思潮,这一思潮发展到初唐很快进入了高潮。杜光庭在《道德真经广圣义·序》中就记载了臧玄静《道德经疏》四卷、孟安排《道德经义》二卷③、孟智周《老子注》五卷等颇具重玄学意味的著作。所谓"重玄",语出《道德经》第一章"玄之又玄,众妙之门"。"重玄之道"通过道体论、道性论两个思想主题和一个双遣兼忘的方法来形容"道"的幽冥玄远的状态④,标示出当时的道教希望通过吸取佛教"非有非无"的中观思想来注释老庄,以促使道教思想发生转型——从注重探索、实践形而下之术,转到建构形

① 此书早已佚失,杜光庭也没有记载。今天我们虽然已无从详知该书的内容,但透过书名,还是可知该书大概是依据《道德经》而发的议论。

② [日]砂山稔著《道教与老子》,载[日]福井康顺等监修《道教》第二卷,上海古籍出版社1992年版,第28页。

③ 杜光庭认为孟安排为大孟,是南朝梁代人。朱法满编《要修科仪戒律钞》卷十五云:"大孟先生,讳景翼,字辅明。"(《道藏》第6册,第993页。)陈国符先生据此认为孟安排应为南朝道士孟景翼(参见《道藏源流考》上册,中华书局1963年版,第2页)。近年来,随着对孟安排编集的《道教义枢》研究的展开,现在学界一般认为,孟安排应为唐代人(参见王宗昱著《〈道教义枢〉研究》,上海文化出版社2001年版,第1—3页)。

④ 卢国龙著《道教哲学》,华夏出版社1999年版,第242页。

而上之道,从而促进道教从人的内在心性中去开拓生命超越的新理路。这就为道教老学理论在唐宋时期的转型与繁荣奠定了理论基础。

唐代道教之所以大规模地注疏和研究老庄,与唐王朝的倡导分不开。唐王朝尊奉老子,将《老》、《庄》、《列》、《文》等道家著作升格为"经",甚至规定"道士通《道德经》者,给地三十亩"①,以经济为导向来促进道教学术的繁荣。据《旧唐书》记载,唐太宗不仅令颜师古考订、统一儒家《五经》的文字字义,而且还令傅奕和魏征注《老子》。据杜光庭记载,傅奕"注二卷并作音义",魏征"作《要义》五卷",都反映了唐太宗对《道德经》的重视。唐高宗在仪凤三年(678)下诏:"自今以后,《道德经》并为上经,贡举人皆须兼通。"②唐玄宗不仅让道士司马承祯刊正《老子》的文句,而且自己还亲自为《道德经》作注,颁令天下士人奉读,甚至将其列为崇玄馆的教材,建立道举制度。这样,注疏《道德经》在唐代成为由官方发起的一项文化运动。杜光庭记载的书目中唐代注疏就有三十家,又以"玄宗皇帝所注《道德》上下二卷(《讲疏》六卷)"为终结,这绝不是偶然的。

杜光庭在辨析诸家"指归意趣"之后,并没有站在道教的立场排斥异说,而是以一种十分开放的心态来对待之,认为各家学说"莫不并探骊室,竞掇珠玑",都是探究《道德经》奥秘之成就。但杜光庭着力强调的是,"横亘古今,独立宇宙,虽诸家染翰,未穷众妙之门,多士研精,莫造重玄之境"③,认为在各家各派之中,孙登开创的重玄学的义旨最为精妙,"孙登以重玄为宗。宗旨之中,孙氏为妙矣"④,而唐玄宗依"重玄之道"所作的《道德经》注疏,则代表了以重玄学注老的最高水平。杜光庭的这种观点实际上表明,内蕴丰富的汉唐老学是他撰写《道德真经广圣义》的文化背景与理论基础。正是这种比较开放的心态,为宋代道教老学的发展奠定了一个良好的基础。

---

① 《集古今佛道论衡》卷丙,《大正藏》第 52 册,第 386 页。
② 《旧唐书》卷二十三《礼仪志》。
③ 《道德真经广圣义》卷一,《道藏》第 14 册,第 310 页。
④ 《道德真经广圣义》卷五,《道藏》第 14 册,第 341 页。

第三节 宋代道教老学内向与外化

如果说唐玄宗的《道德经》注疏①标志着官方对老学思想的一个阶段性总结,那么,杜光庭的《道德真经广圣义》则是对唐玄宗"圣义"的进一步发挥。虽然杜光庭所记录的《道德经》注疏目录只到唐玄宗的注疏为止,但如果我们再考之于唐玄宗之后的注老著作及其他史料,仍然可以见到唐代老学思想阶段性发展的全貌,以及注老诸家宗旨意趣的进一步丰富化对杜光庭思想所产生的影响。

唐初统治者出于治理国政的需要,首先推行"明理国之道"的《河上公注》,傅奕和魏征的注本都是以《河上公注》为依据,着重阐发《道德经》中经邦治国的思想,这是唐代老学的第一个阶段。随着唐代佛教的兴盛,道教运用佛教中观学"非有非无"的方法来注老,佛道的融合提升了唐代老学的思辨水平。第二个阶段的代表作就是成玄英的《道德经疏》和李荣的《道德真经注》,他们将颇具思辨色彩的重玄学推向了高潮。第三个阶段以唐玄宗的《道德经》注疏为代表,强调内以修身,外以治国,用重玄学的方法进一步发挥《河上公注》的精神。杜光庭将唐玄宗的《道德经》注疏奉为注老的最高典范,称之为"冠九流而首出,垂万古而不刊"②,故其后出现的一些注老著作就没有收录。第四个阶段,注老著作的指归意趣呈现出多向度发展的趋势:有的讲"清心养气、安国保家之术",如李约《道德真经新注》③,不仅否认道教的肉体长生不死之说,而且对"寿"字进行了新的诠释;有的将修身理国扩大到用兵之道,如王真《道德经论兵要义述》④;有的放弃以佛解老,转而以儒解老,如陆希声《道德真经传》⑤引用唐代儒家的"性情"思想去注《老子》,将老子之道归结为"性情",从而塑造出一个披上儒

---

① 《唐玄宗御制道德真经疏》十卷和《唐玄宗御注道德真经》四卷,见《道藏》第 11 册。
② 《道德经广圣义·序》,《道藏》第 14 册,第 310 页。
③ 《道藏》第 12 册。
④ 《道藏》第 13 册。
⑤ 《道藏》第 12 册。

服的老子;还有的依据清静无为思想来讲理身理国,如强思齐的《道德真经玄德纂疏》①。第五个阶段以唐末杜光庭的《道德真经广圣义》为代表。杜光庭以唐玄宗《道德经》注疏为文本而总结前人的注老思想,在汇集、评判各种老学思想的基础上别立新解,使《道德真经广圣义》成为唐代老学思想的集大成著作②。

那么,杜光庭是如何在评判前人注老的宗旨意趣的基础上,在自己的《道德真经广圣义》创作中别立新解,从而将道教老学研究推向了一个新的理论高度的呢?

理论的发展首先在于方法上的创新。从注老的方法上看,杜光庭不仅对各家的注老方法做了总结与发展,而且在他以道教的理念进一步发挥唐玄宗《道德经》注疏的义理时,既沿用老庄的思维方法,又引玄学之思辨,还采用佛教之中观来诠释老子之道,融合儒佛道三教来发挥道教之学。例如,他以"本迹"、"理教"、"境智"、"人法"、"生成"、"有无"、"因果"等"七义"来通释"道德义",强调"以上七义,互相交络,二而不二,一而不一,是知道德为正体"③,其中就包含着浓厚的玄学和佛学的色彩。他对老子的思想所做的独到阐发,其论证之详细,引文之丰富,使《道德真经广圣义》成为唐代各《老子》注本中篇幅最大、内容最丰的著作。特别是,他站在道教的立场上,在玄学与佛学中寻找道教可资借鉴的理论资源,自觉地将融会各种思想作为自己进行理论创新的方法,才使自己成为唐代老学思想的集大成者。

从注老所依据的文本看,杜光庭采用了唐王朝认定的标准注本,即"从创业到开元年间的《河上公注》和其后的《玄宗注疏》"④,这是别有深意的。版本的选择是为了更好地表达他对老学义旨的理解和

---

① 《道藏》第 13 册。

② 关于唐代老学思想的发展,学者们曾做过一些研究,如李申先生提出唐代老学思想发展的"四阶段说"(参见《唐代的〈老子〉注疏》,载《道家文化研究》第 2 辑,上海古籍出版社 1992 年版,第 304 页),日本学者中岛隆藏《从现存唐代〈道德经〉诸注看唐代老学思想的演变》对唐代老学思想演变的情况也作了梳理(载《宗教学研究》1992 年第 1—2 期)。

③ 《道德真经广圣义》卷五,《道藏》第 14 册,第 338 页。

④ [日]中岛隆藏《从现存唐代〈道德经〉诸注看唐代老学思想的演变》,载《宗教学研究》1992 年第 1—2 期。

发挥。《河上公注》在《老子》注本中成书较早,影响较大,成为后世比较通行的《道德经》注本,也是唐玄宗注老和杜光庭写作《道德真经广圣义》所采用的文本。《河上公注》"主要内容是以汉代流行的黄老学派无为治国、清静养生的观点解释《老子》经文。天道与人事相通,治国与治身之道相同,二者皆本于清虚无为的自然之道"①。然而在唐初时,《老子》注疏应当采用什么注疏本还曾引起过争论。开元七年(719),唐玄宗特别向臣下询问《道德经》注疏本应采用河上公注本还是王弼注本。《史通》的作者刘知几在比较了两者的优劣之后认为"王弼所著,义旨为优",主张推行王弼注本,而《史记索隐》的作者司马贞则认为,由于《河上公注》"小足以修身洁诚,大可以宁人安国"②,既具有养神修身的作用,又具有安邦治国的政治价值,故更优。这一争论的结果当然是司马贞的意见占了上风。但唐玄宗既不满王弼注,也不满《河上公注》,杜光庭写道:"圣旨叹,道德隐奥之文,上下玄妙之趣,未有了达解释之人,自蜀严、河公之后,注疏者去圣越远。"③于是,唐玄宗亲自作注,让近臣做疏释。从开元二年(714)到二十三年(735),花费了二十年的时间才得以完成。这样,唐代虽然出现了众多的《老子》注本,但真正有影响的主要是两个本子,即《河上公注》和唐玄宗的注疏本。这两个本子的共同特点是都将经国理身奉为圭臬,而后者又熔儒佛道三教为一炉。杜光庭正是通过对这两个文本的义释来进行理论创新的。

从注老的宗旨意趣上看,杜光庭是通过凸显"经国理身"的思想来推动道教理论更新发展的,因此,他特别推崇唐玄宗的注疏,这其中除了有推崇皇旨的意图外,更与他赞赏玄宗皇帝以"修身理国为宗"的解经倾向有关。杜光庭说:

> 躬注八十一章,制疏六卷,内则修身之本,囊括无遗;外即理国之方,洪纤毕举。宸藻遐布,夺五云之华;天光涣临,增两曜

---

① 王卡点校《老子道德经河上公章句·前言》,中华书局,1993 年版,第 8 页。

② 《唐会要》卷七十七《论经义》。

③ 《道德真经广圣义》卷一,《道藏》第 14 册,第 311 页。

之色。①

杜光庭在唐末动荡社会中,既强调通过修身养性以得道升玄,又十分向往一种合道而太平的理想社会。他沿着唐玄宗的思路,对"经国理身"做了进一步的阐释。他的"经国"思想中所表现出来的济世利人的精神,在金元时期兴起的全真道的"真行"中得到了充分的体现,而他从"身国同构"出发,将"理身"作为"经国"之本,主张通过"返本复性",即回归人的内在的"真性"来寻求超越之途,强调"性命双修",又促进了唐宋道教的理论转型,推动道教追随中国哲学发展的趋势而完成了本体论向心性论的过渡,从而为宋代道教老学的新走向开拓了道路。因此,"杜光庭的《道德真经广圣义》既是对玄宗老学的继承,同时也有较大的发展,其'广'的成分甚重"②。杜光庭正是通过总结老学的发展而为自己建构道教思想理论体系奠定了基础。

经历了五代十国的分裂内乱,北宋王朝在战火中建立起统一的王权政治,但统治者不得不面对着内忧外患的社会现实,特别是尖锐复杂的民族矛盾来寻求治国良方。若对照历史就可见,宋代帝王对道教的信奉与尊崇并不在唐王朝之下。尤其是在理学兴起、儒学复兴的文化氛围中,除了通过道教神灵来神化自己祖先的政治意图外,宋代皇帝不像唐代那些崇道皇帝对个体长生成仙有着那么强烈的追求,但希望道教能够发挥"护国保民"奇异功能却比唐朝来得更强烈。正是基于期望道教神灵能够辅佐治国的要求,宋代帝王一方面把黄老清静无为思想作为治国的理念,如宋太宗定下清静无为治国的基调,为后来历代皇帝所遵行;另一方面,又希望借助于道教的符箓斋醮来召神遣将以本民族神灵保佑赵宋王朝基业长存。据道书《混元圣纪》记载,淳化二年(991),宋太宗"遣内侍李守伦、李廷训、罗怀中等下两浙军州选择良才,重新修建亳州太清宫。自是凡水旱必遣使祈祷,屡有感应。三年(992),帝尝诵老子《道德经》,谓侍臣曰:'清净致治,黄老之深旨

---

① 《道德真经广圣义》卷一,《道藏》第 14 册,第 310 页。

② 熊铁基、马怀良、刘韶军著《中国老学史》,福建人民出版社 1995 年版,第 284 页。

也,朕当力行之'"①。后来,宋真宗率朝臣朝谒太清宫时,颁布"尊五千之训,安亿兆之民"②旨命,在尊崇《老子》的同时也大力弘扬道教。

宋代时,注释老子《道德经》的人数比之前代明显增多,据严灵峰《老子宋注丛残》记载:"宋人之解《老子》者,百三十余家。"③但据"查考有关著录,宋代的《老子》之注者和研究者为七十八家,元代的注述者则有二十九家。他们的著作及研究成果并没有全部保存到今天,现今所存宋代的《老子》注本,其完整者只有宋鸾、陈景元、吕惠卿、司马光、张氏、苏辙、陈象古、宋徽宗、江澂、章安、邵若愚、时雍、员兴宗、李霖、寇才质、吕祖谦、吕知常、葛长庚、彭耜、赵秉文、董思靖、李嘉谋、林希逸、范应元、李道纯、刘辰翁、赵至坚、李荣二十八家而已(包括金代)"④。从保留到今天的宋代注老著作可见,注释者的身份一如唐代,除了皇帝、大臣、官吏之外,主要是儒士、佛僧和道士。其中,道士女冠的注老著作,主要有陈景元《道德真经藏室纂微篇》十卷⑤、曹道冲《老子注》二卷、达真子《老子解》、刘骥《老子通论语》二卷、彭耜《道德真经集注》十八卷、董思靖《道德经集解》四卷、张冲应《老子解》、张灵应《老子或问》、白玉蟾《道德宝章》一卷、范应元《老子道德经古本集注》二卷等。

由于《道德经》以抽象之"道"来阐述自然、社会和人类的存在,"甄别其旨,析为八十一章,章著二字,以训一章之义,曰体道、曰养身、曰安民之类是也"⑥。这种将"道"作为宇宙规律、万物变化的法则,宣扬道无所不在,并从治国理身的角度来加以论述,处处体现并闪耀的东方智慧特别适合宋辽金并存时期,统治者大力倡导民族大融合、文化大交汇的社会理想。宋徽宗对《道德经》极其推崇,他不仅亲自注释,还根据臣下的奏议,把自己的《御解道德真经》作为科举考试的参

① 《道藏》第 17 册,第 876 页。

② 《犹龙传》卷六《御制朝谒太清宫颂并序》,《道藏》第 1 册,第 37 页。

③ 严灵峰著《老子宋注丛残》,台湾学生书局 1979 年版,自序。

④ 熊铁基、马良怀、刘韶军著《中国老学史》,福建人民出版社 1997 年版,第 317 页。

⑤ 《道德真经藏室纂微篇》原为二卷,《正统道藏》析为十卷,有《道经》五卷、《德经》五卷,载于洞神部玉诀类。

⑥ 元·杜道坚撰《玄经原旨发挥》卷下,《道藏》第 12 册,第 772 页。

考书。"重和元年(1118)八月戊午,朝散郎新知兖州王纯奏,乞令学者治御注《道德经》,间于其中出论题。"①宋徽宗立即批准了奏议。另据《宋史·徽宗本纪》,"重和元年秋八月,辛酉,诏颁《御注道德经》。"八月戊午为八日,辛酉为十一日。可见,宋徽宗在批准奏议三天之后就下诏向全国颁行。上有所好,下必甚焉。宋徽宗对《老子》的重视与推崇,进一步推动宋代道教老学的发展。

从宋代道教老学思想上看,上自帝王卿相,下至高道大德,皆以"道"为本,不拘一家,吸收儒佛思想对《老子》进行诠疏笺注,各抒己见地阐发玄旨,不仅在文本形式上出现了专论、注释和诗颂等多样化的风格,而且也促进了宋代道教在教义上形成融合儒佛道三教的趋势。宋末元初道士杜道坚(1237—1318)曾从时代角度来说明老学思想的发展特征:"道与世降,时有不同,注者多随时代所尚,各自其成心而师之。故汉人注者为'汉老子',晋人注者为'晋老子',唐人、宋人注者为'唐老子'、'宋老子'。"②每一个注释老者都有自己所理解的"老子",不同时代的注老著作与思想倾向也具有不同的特征。正是通过富有时代气息的注释,才推动了道教老学思想的不断发展。

若将宋代与唐代注老之旨趣进行比较,就可见,宋代道士一方面通过对老子之"道"的本体化及心性化的诠释,既表现出更为浓烈的生命关怀精神,也为以"性命双修"为主旨的内丹学的兴起提供理论依据,由此推进了道教思想的内在化转向;另一方面,从"身国同构"的思想出发,宋代道士着重发挥老子思想中的"治国安民"乃至"护国保民"的思想,由此又推进了道教思想对于维护朝政的外在化作用。这使宋代道教老学思想有了鲜明的时代特征,"唐代解《老》之家颇重成(玄英)、李(荣),而宋代则重陈景元,于征引者多,可以概见。此风会之一变也。"③北宋道士陈景元(1024—1094)曾师事天台山鸿蒙子张无梦。据《高道传》载,张无梦曾入华山与刘海蟾、种放结方外友,事陈

---

① 宋·杨仲良撰《皇宋通鉴长编纪事本末》,黑龙江人民出版社 2006 年版,第 2133 页。

② 元·杜道坚撰《玄经原旨发挥》卷下,《道藏》第 12 册,第 773 页。

③ 蒙文通著《校理陈景元〈老子注〉、〈庄子注〉叙录——附论陈碧虚与陈抟学派》,载《蒙文通文集》第六卷《道书辑校十种》,巴蜀书社 2001 年版,第 710 页。

抟先生,多得微旨。陈景元从张无梦处得老子心印,乃隐逸于江淮间,以琴书自娱,后著有《道德真经藏室纂微篇》,"撷诸家注疏之精华,而参以师传之秘,文义该赡,道物兼明,发挥清静之宗,丕赞圣神之化"①,成为宋代著名的道教老学家。

从内在化转向看,陈景元之学是综合了无梦之老学和希夷之微旨而来。陈抟之学传之周敦颐、邵雍、刘牧,开宋明理学之河,其《无极图》从"顺以生人"、"逆以还丹"的理论来探究生命的起源、寻找延年益寿之方,也为道教内丹修炼提供了径路、次第和境界。蒙文通特别指出:"陈抟(希夷)之学传入周、邵、刘牧,为《太极》,为《先天》,为《河图》、《洛书》,尽人皆知,若希夷全为象数之学;周子于二程,其学若不相同,后人不免以至二程始为理学之正。此论亦深。至及余校碧虚《老子注》,观其所常用之词语,所常用之经传文句,及其思想旨要,则全同于二程,乃与周、邵之文不类。由碧虚之书,然后知二程之学实为希夷之传;周、邵之书拘格于文体(周、邵用文言,二程用语体),不能尽其微意,遂若二程过之耳。以碧虚《老子注》校之理学而研究之,于其同处可以见陈抟之精髓,于其异处亦可见儒道终有辨,分析其异同而批判其得失,此道教史一大事。"②近年来,随着学界对道教与宋代理学研究的不断推进,张伯端在陈抟与周敦颐之间所起的中介作用也受到关注。从另一个角度说明,宋代学者通过心性论而关注人的生命存在,不仅开出宋代道教老学发展之新径路,而且在修道方法上推动了内丹的兴盛。这种性命双修的内丹修炼既为全真道所奉行,也推动南方道教吸收内丹学说来充实、改造古老的符箓咒术,出现了以"内炼成丹,外行符法"的"雷法"来劾召鬼神为特征的新符箓派。

从外在化作用看,如何把老子的自然之道与儒家修齐治平思想相结合,具体落实到治国之道上来,也是宋代道教老学着力探讨的问题。如曾获宋度宗(1265—1274)召见的辅教大师杜道坚,在阐述"有物混成"章时指出:"人能仰观俯察,近取远求,由地而知天、知道、知自然,

① 薛致玄撰《道德真经藏室纂微篇开题科文疏》,《道藏》第13册,第730页。

② 蒙文通著《道教史琐谈》,《中国哲学》第4辑,三联书店1980年版,第319页。

取以为法,内而正心诚意,外而修齐治平,以至功成身退,入圣超凡,殁身不殆,是则可与此道同久也已。"①社会人事治理所要遵循的法则是儒家的修齐治平之道。这既将老子思想中的治国思想放大出来,也加强道教老学与儒家思想的圆融性。尤其是,南宋道士注老时多借鉴程朱理学,使儒道相润,互为影响,这成为宋代道教思想发展的新理路。

①　《道德玄经原旨》卷二,《道藏》第 12 册,第 735 页。

第三章　宇宙论的多向度发展

在包弼德看来,唐宋思想的转型,首先,是意义和价值的宇宙依据发生了变化,从"天"到"理";其次,是意义和价值的历史基础也发生了变化,从"上古"作为证明,到"心灵"或"观念"作为依据。因此,当一部分儒士越来越倾向于追寻终极的"理"和内在的"心"的时候,那些"在政治层面真正起作用的、外在的现实主义策略和制度,逐渐在意识或观念中被认为是次要的价值,被置于次要的位置"①。这种由外而内的致思路向变化,也是唐宋道教思想转型的径路。"道"是老子哲学中的一个最重要的概念,也是道教哲学的理论基础。但是,当我们细究唐代的注老著作或道书时,就可见其中对"道"的诠释存在着两种不同的倾向:一种是从对"道"的信仰出发,把"道"人格化,宣称"大道之身,即老君也,万化之父母,自然之极尊也"②,将太上老君视之为"道"的化身,奉之为创造宇宙、主宰万物的最高神灵;另一种则是延续了汉魏以来以"元气"为宇宙本原的传统,以"气"解"道",宣扬"大道元气,造化自然"。对"道"的这两种不同解释,道教宇宙论中也表现出了两条不同的线索:一是从神学上提出带有神谕启示特点的宇宙神创说,以彰显"道"的主宰性、神圣性与超越性;一是从哲学上建构了以"道气"为本的宇宙生成论,力图对宇宙世界以及人的生存做出一个根本性的解释,以为人的修道实践提供依据。这两条线索相互交涉,在共同构成了道教宇宙论的基本特色的同时,其实也推动了道教思想家

---

① 葛兆光著《古代中国的历史、思想与宗教》,北京师范大学出版社 2006 年版,第 244 页。
② 《道德真经广圣义》卷二,《道藏》第 14 册,第 316 页。

越来越倾向于将终极之"道"与人的内在之"心"联系起来,促进了唐宋道教思想文化从向外追寻转向了内在体悟或内在修炼。

第一节　老君创世的政治化

宇宙是如何起源的? 是通过超自然的途径"被创造"出来的,还是通过自然的途径演化而来的? 天地万物和人产生发展的依据是什么? 天地人之间是什么关系? 对宇宙的本源和发展变化的原因的追问是所有民族文化创生的基点。童年的人类尽管思维能力十分低下,但生存的需要却驱使他们自觉或不自觉地对与人密切相关的宇宙自然现象进行猜测与想象,不断地创造出五花八门的关于宇宙起源的神话、诗歌和传说。这些多少带点神秘性、先验性和荒诞性的神话、诗歌和传说,却为后来的宗教宇宙观的创生提供了丰富的文化资源。"在人类意识的黎明时期,宗教是人的宇宙观的主要棱镜,几乎是人解释世界的唯一手段。"①虽然不同的宗教都建构了自己独具特色的创世说,但至今为止,"创世问题"仍然是人类尚未彻底解决的宇宙之谜。有什么样的创世说就会有什么样的宇宙论和人生论,也就会有什么样的宗教解脱论,这似乎是人类思维逻辑发展之必然。在各种宗教的宇宙起源说中,最著名的莫过于《圣经·创世记》了。道教虽然并没有像基督教那样生动而明确的宇宙神创说,但在探讨、追述宇宙与人的起源以及人与天地万物的关系时,也提出了自己带有神谕特点的老君创世说,以表达一种对宇宙起源的看法。

唐代道教大力宣扬了太上老君创世说。如杜光庭说:"太上老君乃阴阳之主首,万神之帝君,元气之父母,天地之本根,先王之师匠。"②将老子神化为宇宙的创世主,这并非是杜光庭的首创。道教在创立之初就有神化老子的倾向,并将其视为宇宙的创造者。五斗米道所出的道经《老子想尔注》就明确提出:"一者,道也。……一在天地

---

① ［美］丹尼尔·贝尔著《资本主义文化矛盾》,北京三联书店1989年版,第29页。
② 《道德真经广圣义》卷二,《道藏》第14册,第318页。

外,人在天地间,但往来人身中耳。……一散形为气,聚形为太上老君。常治昆仑,或言虚无,或言自然,或言无名,皆同一耳。"①强调"一"就是"道","道"散形为气,聚形就成了栩栩如生的太上老君。后来道教中盛行的"一气化三清"的说法,可能就是由此思路通过想象而形成的。这种将道、气与老子的化身太上老君相联系的做法,深受汉代哲学中流行的元气论的影响,其对老子神性的界定是建立在元气神格化的基础之上的,这显然与基督教所信仰的全智全能的上帝有所不同,反映了中国人"观物取象"的思维方式:即使是塑造高高在上、虚无而微妙的神灵,也还是希望通过某一具体的东西来进行。这种思维方式为道教在宇宙观上形成宇宙神创说与宇宙生成论这两条不同倾向的发展线索埋下了伏笔,也为杜光庭在唐末动荡年代再次为提升道教信仰的神圣性而建构道教的宇宙神创说提供了思路和依据。

有人认为,"以学术为重心的中国宗教——释道两教不承认神灵创世,虽然他们也认为人生是虚无、苦难和罪恶,但他们并不认为这虚无、苦难和罪恶是人与神对立的结果,而是人们没有勘破那宇宙和人生之因缘和合成阴阳交感的本质"②。如果考察一下道教史,就可见事实并非如此。道教的宇宙观中始终存在着神创说这条发展线索。

事实上,道教发展到魏晋时期,就已建立起了自己独特的宇宙神创说,这主要体现在传为西晋王浮所作的《老子化胡经》和东晋葛洪的《枕中记》等道书中。饶宗颐先生在《论道教创世记》一文中通过对敦煌文献的分析和出土文物的考证认为,"道教经典本无所谓《创世记》的专著,对于人类的原始,道教徒所造的宇宙论,自来却非常关心。道教起于蜀中,汉人传说第一位开天辟地的人物盘古氏,最先竟始出现于四川",而西晋道士王浮参照佛书所造作的《化胡经》,"特别是第十卷多言及荒古创世之事,可能即出自《盘古传》",其中提到了一些类似于希伯来之《创世记》中的富有代表性的观念,例如在"第十一变词"中提到了"选择种民"、"洪水神话",以及类似于挪亚的"伏羲",而

① 饶宗颐著《老子想尔注校证》,上海古籍出版社1991年版,第12页。
② 顾伟康著《论古代中国淡薄的宗教观念和发达的宗教存在》,载《上海社会科学院学术季刊》1992年第1期。

"伏羲和女娲是汉人心目中人类的开端",这反映了人类思维方式的某种相似性。饶先生据此认为,"自王浮而后,道教经典撰述花样多端,层出不穷,逐渐有类似创世之说,间亦吸收盘古神话,如道书《元始上真众仙记》引《真书》"①。

这里提到的《元始上真众仙记》一卷,又题为《葛洪枕中书》,或称《枕中记》,柳存仁先生很重视此书,认为它可视为道教的创世记②。此书虽题为葛洪撰,但实为后人的伪托,应是六朝上清派的著作③。书中假托葛洪之口,叙述了葛洪于罗浮山夜遇玄都太真王下降授之以《真书》的事。《真书》中借用了传统的盘古开天地的神话,表达了道教类似于创世说的观点,认为:"昔二仪未分,溟涬鸿濛,未有成形,天地日月未具,状如鸡子,混沌玄黄。已有盘古真人,天地之精,自号元始天王,游乎其中。"④这里,只是把盘古称为"真人",并加号为"元始天王"而已,正如饶宗颐先生所说:"这则是道教化的盘古。"⑤需要注意的是,《枕中书》的创世之神是元始天王而并非太上老君,这不仅反映了六朝时期南方道教在信仰上的特点,而且为后来道教确立"三清"为道教的最高神奠定了基础⑥。然而,从"道"即"老子"的思想出发,太上老君在道教神创说中一向具有重要地位。这些都为杜光庭倡导的太上老君神创说提供了基本素材。

道教所信仰的神灵绝不是一种抽象意义上的存在,它必须在与自然、社会和人生的关系中表现出来。因此,道教在论述太上老君存在的同时,必然要涉及到其属性以及与宇宙万物的关系。南北朝时,道教中就出现了专门讲述太上老君如何从无到有创造宇宙天地万物乃至于人的道书——《太上老君开天经》。经中说,在混沌未分、天地未辟之时,"唯吾老君,犹处空玄,寂寥之外,玄虚之中,视之不见,听之不

①　陈鼓应主编《道家文化研究》第16辑,北京三联书店1999年版,第1—3页。
②　柳存仁著《道教史探源》,北京大学出版社2000年版,第6—13页。
③　参阅任继愈主编《道藏提要》,中国社会科学出版社1991年版,第121页。
④　《元始上真众仙记》,《道藏》第3册,第269页。
⑤　饶宗颐著《论道教创世记》,载陈鼓应主编《道家文化研究》第16辑,北京三联书店1999年版,第6页。
⑥　王卡著《元始天王与盘古氏开天辟地》,载《世界宗教研究》1989年第3期。

闻。若言有,不见其形;若言无,万物从之而生"。这样一个无声无形犹如处于"空玄"状态的太上老君,实际上就是《道德经》中的核心观念"道"的化身。太上老君创世时,由"虚空而下,为太初之师,口吐《开天经》一部,四十八万卷,一卷有四十八万字,一字辟方一百里,以教太初。太初始分别天地清浊,剖判溟涬鸿濛,置立形象"。然后到九宫之时,老君下为师,再口吐《乾坤经》,创造天地,"清气为天,浊气为地",阴阳"在天成象,日月星辰是也;在地成形,五岳四渎是也;在人成生,心肝五脏是也。"①太上老君的创世是一个漫长的过程,经历了"洪元"、"混元"、"太初"、"太始"、"太素"、"混沌"、"九宫"、"元皇"等阶段。人类社会也经历了三皇五帝,以及夏商周三王的统治。太上老君在每个世代都变化下降,传经授法,治理天下,不仅劝民专修善道,而且还教民造火冶炼、种植采药、造房做车、织布制衣等生活技能,从而推动了人类社会的发展②。

如果说,哲学起源于对事物背后普遍本质的探求,那么,宗教则起源于对信仰对象背后的普遍本质的概括。当道教将老子奉之为太上老君,老子也就从人转化为"道","道"然后再从理性的最终根源、形而上学的最高思想转化为宗教的崇拜对象。杜光庭正是以此为基点来建构老君创世说的。

杜光庭对老子的描绘虽然主要是继承了前人的说法而并无太多的创新,但他进一步将以往关于老子的种种神化加以系统化,使老君创世说更为生动而富有神圣性。这种老君创世说不仅具有一定的说服力,而且更能打动人心,从而更好地迎合了唐末五代社会崇拜老子的风尚。

首先,杜光庭运用文学手法对老子的出身作了神话般地生动描述。杜光庭将老子的母亲神化为"圣母元君":"圣母元君者,乃洞阴玄和之气凝化成人,亦号玄妙玉女,为上帝之师。""老君乘日精,驾九

---

① 《太上老君开天经》,《道藏》第 34 册,第 618 页。李养正先生认为,"道教的创世纪,以《太上老君开天经》讲得最为集中,最为清楚"(《道教概说》,中华书局 1989 年版,第 225 页)。

② 参见《太上老君开天经》,《道藏》第 34 册,第 618—619 页。

龙,氤氲渐小,如九色弹丸,自天而下,托孕于元君之胎。"圣母未婚而孕,与基督教的圣母玛利亚何其相似。元君怀孕八十一年后,"因攀李树而生诞于左胁","元君以其生而白首,故号老子"。老子出生后即能行走,"左手指天,右手指地,言曰:'天上天下,唯我独尊,世间之苦,何足乐闻'",这与佛教对释迦牟尼的神化又是十分雷同。老子"诞于左胁,时有九龙自地涌出,腾跃空中,吐水而浴老君焉"。"老君既生,能行九步,步生莲花,以乘其足,日月扬辉,万灵侍卫,即指李树曰'此余姓也',遂为李氏。"①杜光庭在《道德真经广圣义》卷二"释老君事迹氏族降生年代"中也有相类似的、更为详尽的说法②。杜光庭搜集了民间各种关于老子的传说而加以系统化,运用丰富的想象和夸张的笔法,为历史上原本只是"任周藏室之史"的老子披上了一层神秘的面纱,使之升华为道教的集道、神、人三位一体的神灵——太上老君,正如德国哲学家费尔巴哈在描述基督教所信仰的上帝的本质时所言:"上帝是人格,但他却又应当是上帝,应当是普遍的存在者而不是人格的存在者。"③从这一点看,太上老君的本质与基督教信仰的上帝又十分相似。

其次,杜光庭对老君的创世降迹行教的功绩、应显变化的灵异作了阐述。他说:"太上老君降迹行教,远近有四:其一历劫禀形,随方演化,即千二百号,百八十名,散在诸经,可得征验矣;其二此劫开皇之始,运道之功,孕育乾坤,胞胎日月,为造化之本,为天地之根,播气分光,生成品汇,自五太之首,逮殷周之前,为帝王师,代代应见。……其三老君以商阳甲之代,降神寓胎,武丁之年,诞生于亳,即今真源县九龙井太清宫是其地也,或隐或显,潜化群方。……其四将化流沙,与尹喜期会于西蜀青羊之肆,示现降生。"④在老子降迹的四大功绩中,第二项无疑具有创世的意义。因为,如果宇宙的发生有一个绝对的开端,时间就会有边际,那么,时间如何开始? 又如何结束? 也就成为一

---

① 以上引文见《墉城集仙录》卷一,《道藏》第 18 册,第 165 页。
② 参见《道德真经广圣义》卷二,《道藏》第 14 册,第 316—324 页。
③ ［德］费尔巴哈著《基督教的本质》,商务印书馆 1984 年版,第 280 页。
④ 《道德真经广圣义》卷一,《道藏》第 14 册,第 309 页。

个不可回避的"宇宙开端"问题。在时间的起点上,杜光庭不仅极力塑造了一个超在之神太上老君作为宇宙的造物主,而且还进一步强调了太上老君于无中创造了道教的三十六天:"既分诸天,即以三十六天,滓阴之气,下为三十六地,每天立一天帝,每地立一地皇,七十二君同禀命于老君矣。"①太上老君在创天造地之后,还创造了日月星辰、风雨雷云、四时寒暑、人伦礼仪等,因此,"老君乃天地之根本,万物莫不由之而生成"②。这种说法似乎就是《圣经·创世记》中"起初,上帝创造天地"的"中国化"之翻版。但杜光庭强调太上老君本是由"道"与"气"凝聚而成的,同时又通过"道"与"气"自然而然地化生宇宙,"大道元气,造化自然,强为之容,即老君也。虚无为体,自然为性,莫能使之然,莫能使之不然。不知其所以然,不知其所以不然,故曰:自然而然"③。这与基督教的创世说又有了显著的差异。

　　第三,杜光庭以解释老子的名号为由,强调老子不仅是圣人,而且也是神灵,不仅创世,而且化导世俗。"老子,即太上老君也。太上谓证果尊位。"④太上老君是老子的称号,表明老子是至上的神灵。"老君为道化之宗,元弘睿圣之至德,阐微妙无名之道,为强名演畅之词,将以恢振玄风,化导于代,理深义奥,故谓玄言。居万圣之先,故谓元圣矣。"⑤老君是"道"的化身,弘"德"的元圣,既是具有神性的人,也是具有人性的神。杜光庭对老君的各种名号作了汇总,并"就老君位号之中,分为三十,假以解名号之由起"⑥,论述了老君的种种事迹。这三十种名号分别是起无始、体自然、见真身、应法号、启师资、历劫运、造天地、登位统、随机赴感、演上清、传灵宝、出洞神、垂文象、示好生、教陶铸、制法度、作形器、崆峒演道、衡岳授经、江滨应化、姑射宣真、传道德、教理水、述长生、寄胎慧、显降生、彰圣号、明胄胤、兴帝业、册鸿

①　《道德真经广圣义》卷一,《道藏》第14册,第318页。
②　《道德真经广圣义》卷二,《道藏》第14册,第317页。
③　《道德真经广圣义》卷二,《道藏》第14册,第316页。
④　《道德真经广圣义》卷二,《道藏》第14册,第316页。
⑤　《道德真经广圣义》卷一,《道藏》第14册,第311页。
⑥　《道德真经广圣义》卷二,《道藏》第14册,第316页。

名等①。这里,从第一至第九说明了老君所具有的创世神人的特点,"老君挺生空洞,变化自然,智慧无穷,圣德周备。形既莫测,号亦无边。在天为万天之主,在圣为万圣之君,在仙为万仙之总,在真为万真之先,在星为天皇大帝,在教为太上老君"②。从第十以后,则显示了老君如何通过各种应化身来造福于人类,以说明老君先天就具有神性,然后才以"道"来应化众生。由于老君的存在,宇宙才得以开始,万物才得以出现,人类才得以衍生,文明才得以进化,人们修道成仙也才成为可能。

第四,杜光庭从哲学上来说明太上老君具有超验、终极的性质。杜光庭强调,太上老君之所以是宇宙的创造主,与其本身所具有的"无始"、"无因"等超验的特性密切相关。他说:"老君生于无始,起于无因,为万道之先,元气之祖也。无光无象,无音无声,无色无绪,幽幽冥冥,其中有精,其精甚真,弥纶无外,故称大道。大道之身,即老君也。万化之父母,自然之极尊也。"③太上老君在本体上是绝对独立的,他超越了因果规律的束缚,不是任何一种原因所造成的,却又是一切存在的终极原因。太上老君具有自存性,他起于无始,却能够成为宇宙万物的最后根源。太上老君以无为本,但却是"万化之父母"。古希腊哲学家亚里士多德在《形而上学》第一卷第一章开宗明义的第一句话就是"求知是人的本性"④。当人们在向自然求知,追溯事物产生的根源时,根据因果律,必然要在思维逻辑上追踪产生世界的第一因是什么。杜光庭对宇宙神创说的探讨实际上也是在追踪第一因,当他将无始、无因、无象的太上老君作为一切有始、有因、有形的事物的最终根源时,也就必然地、唯一地把产生宇宙万物的第一因落实到了太上老君。这也就与亚里士多德相似,认为最后有一个不带任何物质的形式,即"第一推动者",它就是理性,就是上帝⑤。

---

① 参见《道德真经广圣义》卷二,《道藏》第 14 册,第 316—323 页。
② 《道德真经广圣义》卷二,《道藏》第 14 册,第 317 页。
③ 《道德真经广圣义》卷二,《道藏》第 14 册,第 316 页。
④ 《形而上学》,商务印书馆 1959 年版,第 1 页。
⑤ 汪子嵩等编著《欧洲哲学史简编》,人民出版社 1972 年版,第 20 页。

但杜光庭所描绘的宇宙神创说与《圣经·创世记》又有所不同。在他这里，太上老君只是无声、无形、无象的"道"的化身，"老君乃无生之至精，兆形之至灵也。昔于空洞之中，结气凝真，强为之容。体大无边，相好众备。自然之尊，上无所攀，下无所蹑，处虚空之中，如日月之光也"①。太上老君由"结气凝真"而成，因而他并不像上帝那样亲自动手来造万物乃至于人，但他却能创化宇宙，应世神化，垂世立教，引导人们效法自然，修道成仙。

值得注意的是，杜光庭不但是一个宗教家，因而致力于为道教信仰作论证，而且他也是一个哲学家，因而他也致力于对宇宙世界作理性的探究与思考。杜光庭的宇宙神创说张扬了太上老君的创世，从理论上说，宇宙的本源应当在时空上具有自足性，如果以"道"作为宇宙的最终本原，而"宇宙"正是古代哲学家所指说的无限的时空——"四方上下谓之宇，往古来今谓之宙"②——的话，那么，"道"当然也就是自满自足的，既没有起点，也没有终点；但与此同时，这种理论又暗含着宇宙万物的起源是以某一时间点为开端的，"老君生于万物之首，起于无始之前，经历劫运，甚为久远"③，而"大道吐气，布于虚无，为天地之本始"④，天地又是有本始的。这样，如何解决这两者之间的矛盾，理性地说明无限之道与有限之物的关系，如何更好地说明天地人的本质及其关系，就为杜光庭借鉴前人的道气说而提出宇宙生成论开辟了思路。

第二节　元气生化的仙道化

唐代道教在对老子和道加以神化的同时，仍然继承了传统道教重气的思路，即"大道元气，造化自然，强为之容，即老君也"⑤。这种将

---

① 《道德真经广圣义》卷一，《道藏》第14册，第317页。
② 《淮南子·齐俗训》。
③ 《道德真经广圣义》卷二，《道藏》第14册，第317页。
④ 《道德真经广圣义》卷六，《道藏》第14册，第343页。
⑤ 《道德真经广圣义》卷二，《道藏》第14册，第316页。

"大道元气"神格化为太上老君的思想,反映了道教将自然界的那些能激起人的依赖感的自然现象加以拟人化,使人在对其形成依赖感的同时,又将这些自然现象异化为高高在上的神明的思路。但是,由于"道"本身具有丰富的内涵,而以气解道又是自老子以来道家道教学说的一个重要特色,因此,在唐代道教那里,又通过释老对"道"进行多方面诠释,从而形成了以道气论为基点的内蕴丰厚的宇宙生成论,这成为唐代道教宇宙神创说之外的另一条发展线索。

杜光庭在宇宙神创说之外另外提出一条元气生化的宇宙生成论线索来推进道教仙学的发展,这与他通过诠释老子《道德经》来表达其道教思想也有密切的关系,因为道教宇宙论的基点是老子哲学,而老子哲学的一个重要特点就是破除了神创说而主张自然生成论[①]。老子强调"以道莅天下,其鬼不神"[②],以道为万物之根源,重视万物依赖于气去自生自长而取消了造物主的存在,从而飘溢出无神论的倾向[③]。老子的这种思想对唐代道教宇宙观有着至关重要的影响。杜光庭一方面通过将"道"人格化为太上老君而坚持宇宙神创说,强调太上老君是道教的最高神灵,世界的创造者,是超越于万物之上的主宰者,"老君乃天地之根本,万物莫不由之而生成,故立乎不疾之途,游于无待之场,御空洞以升降,乘阴阳以陶埏,分布清浊,开辟乾坤,悬三光,育群品。天地得之以分判,日月因之以运行,四时得之以代谢,五行得之以相生"[④];另一方面,他又基于对自然界的经验性认识,继承了道教重气的传统而将"道"诠释为"虚无之气",他说:

> 道者,虚无之气也,混沌之宗,乾坤之祖,能有能无,包罗天
> 地。道本无形,莫之能名,无形之形,是谓真形;无象之象,是谓真

---

① 陈鼓应先生就认为:"老子关于宇宙创生的说法,在思想史上也具有重大意义。'道'的预设,破除了神造之说,他说'道'为'象帝之先'(四章),他不给'上帝'留下地盘;他说'天法道,道法自然'(二十五章),人格神的观念在他哲学的园地上销声匿迹;他说'天地不仁,以万物为刍狗'(五章),他这种自然放任的思想,把人从古代宗教迷信的桎梏下彻底地解放出来。"(《老庄新论》,上海古籍出版社1992年版,第37—38页)

② 《老子》第六十章。

③ 陈鼓应著《老庄新论》,上海古籍出版社1992年版,第262页。

④ 《道德真经广圣义》卷二,《道藏》第14册,第317页。

象。先天地而不为长,后天地而不为老,无形而自彰,无象而自立,无为而自化,故曰大道。经云:视之不见,故曰无形。杳杳冥冥,其中有精,混混沌沌,分为阴阳,故为天地也。①

杜光庭从道就是虚无之元气出发,对宇宙世界的本质做出一种普遍性的解释,以说明"道"作为万物之宗祖,虽无形无象却能够无形而自彰,无象而自立,化生出千姿百态、生生不息的大千世界。以上对老子之"道"的两重性的诠释,不仅使杜光庭的宇宙起源论上的两条发展线索相互交涉,而且使杜光庭发展出自己独特的宇宙生成论。

如果说,老子的"道"为"万物之宗"的思想在认识宇宙本源问题上迈出了非常关键性的一步,那么,杜光庭则在诠释老子思想时对道与万物的关系作了进一步具体的论述和说明。《老子》在追寻宇宙的本源时,超越了《易经》、《洪范》以某种具体的元素——阴阳、五行、气——作为宇宙之源的局限,而是把目光投向了更为广阔的空间和更为久远的时间。老子正是在拨开了芸芸万物之异相而概括出其所具有的同一性的基础上,才提出了抽象的道,"道冲而用之或不盈,渊兮似万物之宗"②,并将道作为天地万物赖以存在的普遍依据和内在本质。在此基础上,杜光庭进一步张扬老子的"道先物后"的思想,以说明道与万物的关系。他说:"大道之用,居乎物先。物象未彰,乾坤未辟,而道在其先也。运道之用,施道之功,而后有天地万物也。"③

杜光庭虽然标立了一个超言绝象的"道"作为宇宙的本源,但也看到"道者,至虚至极,非形非声"④,正因为至虚,所以才能不为物所滞碍而永恒常在,是为"常道"。然而,"至虚"的道又如何能生成万物呢? 在杜光庭看来,道所谓的"至虚"并不是不存在,它的无形无象无情恰恰是最真实的存在,是一切存在者之所以存在的最终根源。道的这种"不得指而定名"的无规定性的"恍惚"所体现的意义就在于,道虽然是真实的存在,但它在"无中生有"的创世过程中并不是独立的、

① 《太上老君说常清静经注》,《道藏》第 17 册,第 183 页。
② 《老子》第四章。
③ 《道德真经广圣义》卷二十一,《道藏》第 14 册,第 413 页。
④ 《道德真经广圣义》卷六,《道藏》第 14 册,第 342 页。

不依赖任何事物的。也就是说，"虚无不能生物，明物得虚无微妙之气，而能自生，是自得也。任其自得，故谓之德也"①。这是杜光庭在解释《庄子·天地篇》"物得以生谓之德"时所说的。杜光庭援引《庄子》是要说明，形而上之"道"要创生出气象万千的宇宙世界就必须借助于某一种具体的物质形态来进行活动。

于是，杜光庭就借助于"虚无微妙之气"来沟通形而上之道与形而下之物的联系，以期解决无限之道与有限之物之间的矛盾。他在诠释《老子》的"道生一，一生二，二生三，三生万物"②时，特别注重描绘"独立而不改，周行而不殆"③的"道"如何一步步地借助于"气"而化生出天地人来：

> 道以无形无名，不无不有，自然妙化而生乎一。一者，道之子也。天得以清，地得以宁，人得以长存，万物得以生。故此妙一，修道者守之、抱之、存之、得之，以为证道之根矣。所言一者，即前始气为天也。一生二者，即玄气为地也。二生三者，即元气为人也。所以冲和妙气，生化二仪，凝阴阳之华，成清浊之体。然后人伦毕备，品物无遗，四序调平，五行运象，若交感而顺，则物保其常，或否塞而逆，则物罹其患。④

"道"作为天地万物的最高抽象，是先于具体有形的万物而存在的。"道，通也。通以一气生化万物。以生物故，故谓万物之母。"⑤道以"通"为特性，"通以一气生化万物"，在宇宙演化过程中展现出事物的多样性和特殊性，因此，道并非是单纯的"一"，而是"一"与"多"的统一。在宇宙生成的逻辑起点上，道是无形无名、不无不有的虚极之妙本，而一旦借助于"始气"而为"天"，"玄气"而为"地"，"元气"而为"人"时，此时此刻的"道"就通过"气"而与天地万物及人结成了一种生成关系。"大道吐气，布于虚无，为天地之本始。……天地始无名无

---

① 《道德真经广圣义》卷四，《道藏》第14册，第334页。
② 《老子》第四十二章。
③ 《老子》第二十五章。
④ 《道德真经广圣义》卷三十三，《道藏》第14册，第479页。
⑤ 《道德真经广圣义》卷四，《道藏》第14册，第334页。

氏，然后降迹，渐令兆形，由此而天地生，气象立矣。"①杜光庭认为，"道"的本质主要是通过"气"表现出来的，因而他将道与气合二为一，运用了"道气"的概念。"万物之生也，道气生之，阴阳气长养之。一昼一夜，一阴一阳，更相递代，养育万物。……万物各成其形，非妙道冲和之气，无以生也。虽有寒暑而无道气者，亦殂落矣。二气更为内外，故万物负之抱之，不可离矣。"②这不仅突出了"道气"在造化大自然的过程中的作用，而且也预示了道与气聚合之际，就是宇宙万物的创生之时。

宇宙万物之所以生，就在于"道气"生之，阴阳二气相激相荡而给予其生生不息的活力。天地万物虽然秉有道，但由于落入了具体的形态之中，即为有限。有限即有生死，这是道与万物的根本区别。"万物与人同资于道，道以运气，气以致和，虽有识无情，肖形各异，生之与死，禀受不殊，而道在则能生，道去则为死。"③道无生死而物有生死，所以言生死者，属于形，而不属于道。万物与道合则生，离则死。道是一切事物的总根源。"道之功也，生成不息，运用无穷，秋毫之微，庶类之众，皆资道气，假借而后能生能成。贷，假借于物也。"④由于气的种类繁多，上下贯通，不断变化，从而使宇宙万物既统一于道，又形成了多样性和层次性。"道之深也，无不吞纳，无不制围。圆盖之高，方舆之厚，日月之照，动植之繁，皆道气所育，居大道之内，故为万物之奥。"⑤因此，在杜光庭的思想中，道与气一方面因各具特点而相互区别，另一方面，又通过万物而紧密联系，相互贯通。"元气无形，不可名也。经云，道隐无名，乃生于天地，故曰道生一，一生二，二生三，三生万物。万物者，五行之子孙也；三才者，万物之父母也；道者，三才之祖宗也。"⑥万物没有道就无法生，没有气就不能成，道气乃天地万物的

---

① 《道德真经广圣义》卷六，《道藏》第14册，第343页。
② 《道德真经广圣义》卷三十三，《道藏》第14册，第479页。
③ 《道德真经广圣义》卷四十八，《道藏》第14册，第555页。
④ 《道德真经广圣义》卷三十二，《道藏》第14册，第478页。
⑤ 《道德真经广圣义》卷五，《道藏》第14册，第529页。
⑥ 《太上老君说常清静经注》，《道藏》第17册，第183页。

祖宗。

由于"道气"是宇宙万物的起源和发展变化的动因,故在唐代道教宇宙生成论中有着举足轻重的影响。如果追根溯源,《老子想尔注》中就出现了将道、气视为具有同一性的"道气"概念。

> 道气在间,清微不见,含血之类,莫不钦仰。①

> 道气常上下,经营天地内外,所以不见,清微故也;上则不嗷,下则不忽,忽有声也。②

道气是最根本的,它虽然"清微不见",但天地万物、人的精神和形体都是由它决定的。这种"道气"概念后来在南北朝隋唐道教中被广泛地运用于炼气养生的修道实践中。然而,随着佛道冲突的日益加剧,佛教抓住了道教的"道气"概念大做文章,贬低道教将形而下之气作为至极之道加以崇拜,故而在理论上是难以圆融的低级宗教。佛道二教围绕此进行了一场旷日持久的论辩。例如,僧人法琳在《辩正论》中就以道气关系为突破口,运用佛教理论对神仙道教进行了有理有据的批评,揭开了原先被道士们所珍视的道行其气乃生万物的宇宙生化论和"保气行气"以致长生的修道术的神秘面纱,以说明神仙道教所宣扬的通过"保气而得道"的思想,从理论上讲是行不通的③。佛教的批评在一定程度上击中了道教的要害,危及了道教仙学的理论基础。

这就促使道教进行自我反省,并促使道教吸收佛教思想,在以"气"解"道"的同时也以"理"释"道",力图从形而上的层面上提升自己的理论水平,以至于在唐代重玄学中形成了论"理"的倾向。例如,成玄英一方面使用"道气"概念,提出"专精道气,致得柔和之理,故如婴儿之无欲"④,以为修道成仙提供理论说明;另一方面又强调"道者,虚通之妙理,众生之正性也"⑤,从而赋予了万物存在的根据"道"以"虚通妙理"的含义。他通过对"道"的这一富有佛学意味的概念进行

---

① 饶宗颐著《老子想尔注校证》,上海古籍出版社 1991 年版,第 8 页。
② 饶宗颐著《老子想尔注校证》,上海古籍出版社 1991 年版,第 17 页。
③ 参见《辩正论》卷六,《大正藏》第 52 册。
④ 《道德真经疏》卷三,参见《道藏》第 13 册,第 380 页。
⑤ 唐·强思齐纂《道德真经玄德纂疏》卷十六,成玄英疏,《道藏》第 13 册,第 499 页。

解释,以子之矛抵子之盾,来回应佛教的批评。

因此,在唐代道教中,以"理"释"道"一度流行①。道教以"理"释"道"原是有本可依的,先秦思想家就曾以"理"解"道"②,但由于受到了佛教的刺激,从成玄英、李荣到唐玄宗、杜光庭所说的"理"却被打上了佛教的烙印。例如,有人甚至认为成玄英的"理"在一定意义上就是佛教"涅槃"、"诸法实相"的本体转化③。杜光庭在为唐玄宗疏"及乎穷理尽性④,闭缘息想"作"义"时也借鉴了佛教思想:"穷理者,极其玄理。尽性者,究其真性。玄理真性,考幽洞深,可以神鉴,不可以言诠也。闭缘息想者,随境生欲,谓之缘;因心系念,谓之想。"他们通过以"理"释"道",使飘渺之道一方面落实在具体的事理当中,另一方面又使道融化在人们的经验意识和日常行为之中。杜光庭认为:"穷极万物深妙之理,究尽生灵所禀之性。物理既穷,生性又尽,以至于一也。"⑤只要穷极万物之理,就能究尽人之本性,最终达到与道合一的境界,由此出现了朦胧的"性理合一"的思想萌芽。因此,杜光庭将"理"作为贯通道与物的中介。"夫其道也,极虚通之妙致,穷化济之神功,理贯生成,义诙因果,纵之于已,则物我兼忘;荡之于怀,则有无

---

① 参见李大华的《重玄学说的论理倾向》,载陈鼓应主编《道家文化研究》第 19 辑,北京三联书店 2002 年版。

② 例如,《庄子》提出:"道,理也。"但《庄子》所说的"理"是指行道的具体方法。如庖丁解牛时"依乎天理"就能得乎道,"知道者必达于理"(《养生主》)。韩非子在《解老》中将道与理相联系,说:"道者,万物之所然也,万理之所稽也。理者,成物之文也;道者,万物之所以成也。故曰:道,理之者也。"强调道是万物自然生化的根据,理则是万物体道所显现的各种属性,客观事物因各具其理才得以互相区分。"万物各异理,而道尽稽万物之理。"道是永恒不变的,弘大而无形,虚无而飘渺,故难以认识。理却是可见可识的,并随着具体事物的生灭而变化。由此出发,韩非提出了"缘道理以从事者,无不能成"的认识论命题,强调只要因随万物自然之理,就能通过认识"理"而把握事物的本质。

③ [韩]崔珍哲著《重玄学对宋明理学的影响》,载陈鼓应、冯达文主编《道家与道教:第二届国际学术研讨会论文集》,广东人民出版社 2001 年版,第 334 页。

④ 值得注意的是,"穷理尽性"后来成为宋代儒学最感兴趣的心性哲学的源头之一,朱熹用一个"合"字使性、理联系起来:"穷天下之理,尽人物之性,而合于天道。"(宋·朱熹注、李剑雄标校《周易》,上海古籍出版社 1995 年版,第 160 页)这句语录可为"性理合一"的典型表达。

⑤ 《道德真经广圣义》卷四,《道藏》第 14 册,第 332 页。

双绝。"①道虽然是存在于万物之前的"极虚通之妙致",但它的"穷化之神功"通过"理"却可得以显现,道与万物是以"理贯生成"为中介的,这就用"理"改变了传统道教简单地以"气"为中介的宇宙生成论。

虽然这种以"理"释"道"的思路提升了道教的理论水平,可以在某种程度上弥合道教理论上的内在矛盾,但气化说毕竟是传统道教理论的核心,离开了"气",道教从某种意义上也就失去了其独具的魅力。因此,唐代道教在以"理"释"道"的同时并没有放弃以"气"释"道",而是通过赋予"道气"以新的内涵,既继承了道教重气的传统,强调道通过气化生万物,造化出生生不息的大自然,又以"理"释"道",从而呼应了当时道教理论发展的要求。日本学者麦谷邦夫曾认为:"玄宗的《老子》注、疏和杜光庭的《道德真经广圣义》等再度提出'道'与'气'同一性的主张,返回到道教教义原来的思想基础上去。"②这一看法并不全面,因为杜光庭所说的"道气"已经不是简单地"返回到道教教义原来的思想基础上去",而是经过了"理"的洗礼。

由于"理"不仅存在于万物之中,而且与道圆融为一,使万物的存在变得有意义,这就在根本上提升了道气说的理论水平。在宇宙生化的过程中,"道"作为事物的根本,具有不生不灭、不偏不滞的形而上意义,以"无"而彰显出事物普遍的、必然的和稳定的本质;"气"是事物的外在呈现和表相特征,以"有"来表现千变万化的事物;而"理"则是事物本身的规定性。杜光庭从老子的"有无相生"出发而认为,"气"终不可脱离"道"而自化自生,它仅是"道"的经验存在和具体作用,"理"作为"万物深妙之理",使虚无之道落实到了具体的事物之中。这样,虚无之道就内涵着深妙之理与微妙之气。

唐代道教所建构的道→气→天→地→人的宇宙自然生成图式,既显示了"道"支配下的宇宙是一个不断演化着的宇宙,也说明了宇宙万物都是以道为本,以气为用,以理为则的。万事万物都是由气的激荡

---

① 《道德真经广圣义》卷五,《道藏》第 14 册,第 337 页。
② 《南北朝隋唐初道教教义学管窥》,载《日本学者论中国哲学史》,中华书局 1986 年版,第 278 页。

化合、阴阳的清浊变化而成的,"万物之生也,道德禀之以气,乾坤禀之以形。气禀道德之功,形资天地之化。因寒暑之运,假阴阳之资,以生以成,以终以始。生成终始,斯谓势乎。乾知太始者,始,初也。乾是天,为阳气。万物初得天阳之气而生,坤作成物者。坤是地,为阴气。万物得地阴气而形,既分动植形位,然赖寒暑之气以成其功。然生化之本,皆本于道,岂天地寒暑能生化哉?"①杜光庭在自然—本然的意义上指出,万物不管在具体形态上有多么大的差异,在时间和空间上有多么大的距离,由于"生化之本,皆本于道",运之于气,因此,它们之间都具有某种相关性和相通性,具有相互生发、相互转化的可能性。

通过"道气",唐代道教更好地说明了"道气在天地之前,天地生道气之后"②这样一种"大道元气,造化自然"的宇宙生成过程。"杜光庭综各家所长,提出'道气'范畴,认为在宇宙本原上执著道而无气,容易流于虚无放诞,不合道家精神;执著气而无道,容易混同具体物质形态,不合重玄义旨。只有以'道—气'精神与物质的绝对同一的二元体作为宇宙万象的本原,才能避二端之弊,并进而分析了道、气同一的内在根据,认为道的特性在'通',气的特性在'生',生体现了变化,通体现了规律性。"③道是事物变化的根据,气是按照道的法则进行变化的。如果说,道的特性在于"通",气的特性在于"生"的话,那么,道与气就是绝对同一的二元体。从哲学层面上看,"道气"的主要特征在于构成了有与无的关系,从而成为"造化自然"之源。从神学层面上看,"道气"又是太上老君"通生万物"的工具。"老君将欲明冲和道气,通生万物,历叙得一之妙,以明生化之由。"④

在唐代道教中,"道"既是人格化的神灵、宇宙世界的造物主,又是宇宙万物的最终本源和逻辑发展的起点。自然界既是被有意识地创造出来的,是合乎目的的产物,又是自然造化,纯粹自然进化的结果。

---

① 《道德真经广圣义》卷三十七,《道藏》第 14 册,第 500—501 卷。

② 《道德真经广圣义》卷四,《道藏》第 14 册,第 334 页。

③ 李大华著《略论隋唐老庄学》,载陈鼓应主编《道家文化研究》第 1 辑,上海古籍出版社 1992 年版。

④ 《道德真经广圣义》卷三十一,《道藏》第 14 册,第 463 页。

这种由对"道"的不同解释而造成的矛盾使唐代道教宇宙观的两条发展线索纵横交错成为必然,其中既有对老子的"无中生有"的思想所作的宗教性发挥,又有沿着传统道教元气论的思路强调"道气皆降之,气存则物生"的思想,但在终极本源的"道"那里,相互矛盾的两层含义借助于"气"又融为一体。"生成者,生则为道……道以应气化生万物,以应气为体。"①由此而将道气圆融为一体,让其集本源义、本体义为一身,在宋代道教中得到进一步发挥。

从本源论的层面上看,道气是万物生化之源,"混元以其道气化生,分布形兆,乃为天地。而道气在天地之前,天地生道气之后"②。从本体论的层面上看,道气是万物存在的本体与依据,道遍在于万物,并与万物构成了不即不离的关系。可见,杜光庭在论证大道元气造化出千姿百态的自然界时,既坚持了传统道教崇尚"气"的立场,以符合人们物物相生的思维方式,又满足了道教从"理"的层面上,凸显"道"的规则性和形而上之超越性,以避免佛教的"形而下"之讥。

宇宙神创说与宇宙生成论交织在杜光庭的思想体系中,使其宇宙论表现出了一定的内在矛盾,这其实是唐代道教宇宙观的一种反映。例如,在成玄英眼中,"道"是"虚通之理常湛凝,然非色非声,无名无字,寂寥独立,超四句之端,恍惚希夷;离百非之外,岂独得以言象求?安可以心智测?"③"道"既是神圣之源,也是生化之本,这两个不同的性质却并存于道教宇宙观中,正如罗素所说:

> 研究一个哲学家的时候,……有两件事必须牢记,即一个人的见解与理论只要是值得研究的,那么就可以假定这个人具有某些智慧;但是同时,大概也并没有人在任何一个题目上达到过完全的最后的真理。当一个有智慧的人表现出来一种在我们看来显然是荒谬的观点的时候,我们不应该努力去证明这种观点多少总是真的,而是应该努力去理解它何以竟会看起来似乎是真的。这种运用历史的与心理的想象力的方法,可以立刻开扩我们的思

---

① 《道德真经广圣义》卷五,《道藏》第 14 册,第 338 页。
② 《道德真经广圣义》卷四,《道藏》第 14 册,第 334 页。
③ 敦煌卷子 P.2353 号,成玄英《老子道德经开题序决义疏》第三十二章"道常无名"注文。

想领域；而同时又能帮助我们认识到，我们自己所为之而欢欣鼓舞的许多偏见，对于心灵气质不同的另一个时代，将会显得是何等之愚蠢。①

因此，我们一方面应该揭示出唐代道教宇宙论思想中所表现出来的内在矛盾，另一方面，也应该将其放到唐宋道教思想发展中来加以考察，以了解那种超于日常经验之上的东西"何以竟会看起来似乎是真的"，并推动了唐宋道教在信仰、思想和实践领域中的转型。

第三节　本迹有无的思辨化

对世界统一性基础的探究是哲学思维的基本任务，这种探究大致可以分成两种方式：一种是从生成论的角度来探讨宇宙万物的起源与发展；一种是从本体论的层面来揭示宇宙万物的存在根据和内在本质。如果借用《庄子》的话来说，就是"迹"与"所以迹"的问题。"夫六经，先王之陈迹也，岂其所以迹哉。"②存在，是指事物的陈迹；所以存在，是指事物的本质、真性。道教不仅关注宇宙的生成，万物的存在，而且致力于探讨千姿百态的宇宙万物赖以存在的共同基础究竟是什么。因此，杜光庭对宇宙本体的探讨仍然是以老子哲学为理论基点的。老子哲学是围绕着"道"而展开的，老子之道主要地具有本源的意义，但同时也表达了一定的本体论思想，"道"也可视为是统摄宇宙自然和社会人生的最高本体，而这个"道"是通过有和无得以彰显的。杜光庭正是从老子的有无之道出发来建构起以无为本、以有为迹的宇宙本体论思想的，为唐宋道教思想由外在宇宙回归内在心性的转型提供理论依据。

老子哲学是围绕着"道"而展开的。"道"主要具有本源论的意义，但同时也表达了一定的本体论思想，又是通过有无之辨得以彰显的。"老子以'无'、'有'来指称'道'，用以描绘道由无形质落向有形

---

① ［英］罗素著《西方哲学史》上册，商务印书馆1963年版，第67页。

② 《庄子·天运》。郭象在《庄子注》中对此更有发挥，他说："所以迹者，真性也；夫任物之真性者，其迹则六经也。"（《庄子·天运注》）

质的活动过程。就道的无形质、无限性而言,是'无';就'道'的实存性、含蕴万有而言,是'有';'无'为究极之意,'有'为统摄万有之意。"①如果说,《老子》作为一部原创性的著作,它对有无之道的论证旨在说明宇宙万物原本就是一种以人无法理解和言说的方式存在,可谓"无名天地之始,有名万物之母",而不是刻意要从理性的层面来回答世界的本质究竟是什么,那么,杜光庭在《道德真经广圣义》中建构起以道气论为本的宇宙生成论来为其宗教信仰服务的同时,又沿着重玄学的"有无双遣"的思路,通过对老子"道生一,一生二,二生三,三生万物"的诠释,把宇宙的统一性归之为"道"本身所具有的生命力,视为统摄宇宙自然和社会人生的最高本体。

杜光庭运用有、无概念而对"道"所进行的本体论探究,从某种意义上说,也是一种用哲学范畴来再现宇宙万物的方式。在这种再现方式中,杜光庭所要表达的是对宇宙事物的本然状态和人的本性的认识,由此而标示出道教所认为的唯一正确的人类的生存方式。杜光庭将道视为具有"无形而自彰,无象而自立,无为而自化"②的独立品格的宇宙本体,正是凭借着这种独立品格,"道"才能借助于气而"自无而生有,造化以成形"③,既先天地万物而存在,又成为万物存在的最终理由,并体现在万物之中。就"道"本真的存在形式而言,"道"是"无",具有超越的形上性。由于"物禀道生,道为物本"④,所以,本体之道的"无"又是"无中之有,有中之无"⑤。杜光庭在义疏《老子》"道之为物,惟恍惟惚"时指出:

> 道者,虚无之称也。以虚无而能开通于物,故称曰,道无不通也,无不由也。若处于有,则为物滞碍,不可常通。道既虚无为体,无则不为滞碍。言万物皆由之而通,亦况道路以为称也。寂然无体也,而天覆地载,日照月临,冬寒夏暑,春生秋杀,万象运

---

① 陈鼓应著《老庄新论》,上海古籍出版社 1992 年版,第 70 页。
② 《太上老君说常清静经注》,《道藏》第 17 册,第 183 页。
③ 《太上老君说常清静经注》,《道藏》第 17 册,第 183 页。
④ 《道德真经广圣义》卷三十七,《道藏》第 14 册,第 503 页。
⑤ 《道德真经广圣义》卷十九,《道藏》14 册,第 402 页。

动,皆由道而然,不可谓之无也。及乎穷其动用,考彼生成,岂见
其所营为,岂知其所运化,不可谓之有也。乃是无中之有,有中之
无,不得指而定名,故谓之为恍惚尔。①

就道与万物的关系而言,道"以虚无而能开通于物",是一切存在者所
以存在的终极基础或本体。可见,杜光庭所说的本体并不是像西方哲
学中流行的那种将本体与现象相对立,通过强调本体即现象背后的唯
一实在而否认事物的实在性。例如,康德就夸大现象与本体质的对
立,认为本质是不依赖主体的"自在之物",是先天性的真实存在,但又
处于人们的认识范围以外,是人们无法认识的不可知之物。现象则是
"自在之物"作用于人类的感性、知性和理性,存在于时空中的可知之
物。但是,"人们所感知到的,只是'物自体'的'现象',而不是'物自
体'的本来面貌,不是'物自体'的'本质'"②。康德没有把现象看作
是本质的显现,由此而造成了本体与现象、客体与主体的二元对立。
张岱年先生指出:"印度哲学及西洋哲学讲本体,更有真实义,以为现
象是假是幻,本体是真是实。本体者何? 即是唯一的究竟实在。这种
观念,在中国本来的哲学中,实在没有。中国哲人讲本根与事物的区
别,不在于实幻之不同,而在于本末、原流、根支之不同。"③杜光庭也
像中国古代大多数哲学家那样,通过本根来说本体,"虽认为本根必非
万物中之一物,但不承认本根与物有殊绝的判离。本根虽非物,而亦
非离于物,本根与物之间,没有绝对的对立;而体与用,有其统一"④。
如果以树根与枝叶的关系来形容这种"本体与现象"的统一,那就是,
由树根长出的枝叶在生成之后,仍然需要依赖于树根不断地输送养分
才能得以郁葱繁茂而富有活泼的生命力。

　　杜光庭认为,道通过气化生了万物,在"无中生有"之后,它作为宇
宙万物之根本仍具有一种绝对的统一性,故道无处不在,无处不有,

---

① 《道德真经广圣义》卷十九,《道藏》14 册,第 402 页。

② 汪子嵩、张世英、任华等编著《欧洲哲学史简编》,人民出版社 1972 年版,第 123—
124 页。

③ 张岱年著《中国哲学大纲》,中国社会科学出版社 1982 年版,第 9 页。

④ 张岱年著《中国哲学大纲》,中国社会科学出版社 1982 年版,第 13 页。

"非独人资玄牝运气,乃得长生。天地之大,亦须资道气运养,乃能清宁无改矣"①。同时,"道"作为最高本体并不是绝对的虚空或空无,相反,它犹如不断向枝叶输入养分的树根,是一种具有无限能量的最真实、最根本的存在,并通过"资有以彰其功"②而显示其存在。可见,"道"是形而上之宇宙本体,相对于形而下的现象世界而言,道是"无",故可以长存。"万物从无而生,众形由道而立,先道而后形,道在形之上,形在道之下,故自形而上谓之道,自形而下谓之器。形虽处道器两畔之际,形在器上,不在道也。既有形质,可为器用。故云,形而下者谓之器。夫道者无也,形者有也。有故有极,无故长存。"③作为天地万物的基础,"道"虽以"无"为特性,但这个"无"只是对某种不可直观的抽象存在的笼统把握,并不是真正的"空无",它作为天地万物的内在依据永恒地存在着。

从字源上看,"有"的象形字"𠂤"表示人右手持肉进行祭祀,以求神灵保佑,因表示祭祀活动,故与"又"、"右"、"佑"相通,后衍化为"持有",被用作名词时,一般认为"有"又表达"存在",故英文常用"being"来进行对译。"无"字本身就包含着丰富的内涵。庞朴先生在《说"無"》一文中曾对"无"字进行了专门考察,他认为,古籍中曾有三个"无"字:"亡"、"無"、"无"。如细细究之,它们的本义不同,出现的次序也有先后。最先出现的是"亡"字,其含义为"先有而后无",直接与"有"相对立,是"有"的消失。其次出现的是"無"字,其含义为"似无而实有"。"無"起源于古人通过舞蹈来表现他们与"似无而实有"的神灵的沟通,而主持舞事的人则为"巫"。"巫,祝也。女能事无形,以舞降神者也。"④由此,"巫"、"無"和"舞"音同而形近,但"巫是主体,無是对象,舞是联结主体与对象的手段,巫、無、舞,是一件事的三个方面,因而,这三个字,不仅发一个音,原本也是一个形"⑤,但却具

① 《道德真经广圣义》卷九,《道藏》第 14 册,第 359 页。
② 《道德真经广圣义》卷十二,《道藏》第 14 册,第 370 页。
③ 《道德真经广圣义》卷六,《道藏》第 14 册,第 371 页。
④ 汉·许慎撰《说文解字》,中华书局 1963 年版,第 100 页。
⑤ 载庞朴著《稂莠集——中国文化与哲学论集》,上海人民出版社 1988 年版,第 326 页。

有不同的意义。在这种巫文化的影响下，人们用"無"来说明那些视之不见、听之不闻，无形无象，但又具有神秘性、普遍性、超越性的存在。大约到战国后期，人们才形成了"无而纯无"的绝对空无的概念，用"无"字来表示。庞朴先生认为，"即使按最保守的估计，老子也应是战国中期人。其时，人们尚未达到'无'的认识，因此，《老子》中的'有生于无'的'无'，便不可能是'无之而无'的'无'，而只能是'無'"①。通过对"无"字的考察可见，杜光庭所说的"无"是依据老子的"似无而实有"的"無"字而来的，因此，从表面上看，道是无，但实际上则是有与无的辩证统一。

事实上，就老子之道的本义而言，也应当是有与无的辩证统一。湖北荆门郭店楚墓出土的竹简《老子》也证明了这一点。《老子甲本》②中说："返也者，道僮（动）也。溺（弱）也者，道之甬（用）也。天下之勿（物）生于又（有），生于亡（无）。"③这句论述道与万物关系的句子与通行本《老子》第四十章"天下万物生于有，有生于无"的最大的不同是缺失了一个"有"字，从而显现出"天下之物生于有，生于无"的句式。陈鼓应先生认为："郭店三组竹简《老子》，以甲篇最接近祖本，而它为我们提供的思考空间也最大。其中有四处由于和通行本或帛本在字句上的出入，引发我们对原本《老子》有着不同的认识和诠释。"④这四处之一就是《老子》第四十章论道与万物关系的句子。陈先生认为："虽一字之差，但在哲学解释上具有重大的差别意义，因为前者是属于万物生成论问题，而后者则属于本体论范畴。从《老子》整体思想来看，当以简本为是，而今本'有生于无'之说，显然与第1章'无名天地之始，有名万物之母'无法对应。1章的'无'、'有'是'同

---

① 载庞朴著《稂莠集——中国文化与哲学论集》，上海人民出版社1988年版，第334页。

② 郭店楚墓竹简《老子》被整理者分为甲、乙、丙三组。考古学研究表明，从墓葬形制和器物特征判断，郭店楚墓具有战国中期偏晚的特点，其墓葬年代当在公元前四世纪中期至前三世纪初。荆门市博物馆著《荆门郭店一号楚墓》，载《文物》1997年第7期。

③ 荆门市博物馆编《郭店楚墓竹简》，文物出版社1998年版，第113页。

④ 陈鼓应著《从郭店简本看〈老子〉尚仁及守中思想》，载《道家文化研究》第17辑，三联书店1999年版，第74—75页。

出而异名'地指称道的,而 40 章衍出'有'字,遂导致学者在解释上的困扰。"①由此可见,"有"与"无"是道的一体之两面,它们相互结合共同来指称"道"。但"无"着重在于发明形而上之道体,而"有"则表现为形而下之器用。道体与器用虽然不能分离,但二者却有先后、内外之别。

值得注意的是,2003 年上海博物馆藏战国楚竹书中的《恒先》这篇短文被整理出版后,引起了学界极大的兴趣。仅首章"恒先无有,朴、清、虚。朴,大朴;清,太清;虚,太虚"一句引起的讨论就十分热烈。十多年来,对"恒先无有"进行解读和研究的成果颇丰,有的认为"恒先"是一个词,有的把"恒"与"先"拆分开来进行解读②,有的认为"恒先"是"绝对的先,最初的最初"、"无有:啥也没有,万有皆无"③。但整理者李零先生则将"恒先"看作是一个独立的概念,是永恒创造力的"道"的别名④。李学勤先生从哲学本体论的角度,也认为"'恒先'即大全、太清、太虚,也就是道家的道"⑤。这些影响颇大的观点主要是用"恒先"与"无有"互相界定来加以阐释的。

若换个角度,从"有"来彰显"无有",通过"有无之辨"是否能够在历时性的比较中更好地说明"恒先无有"的哲学意义在于,具有朴、清、虚特征的"恒",是宇宙最先的、最初的存在,称其为"无有",从字面上看,是将之作为"有"的对立面的一个概念?"无有"绝非一无所有,相反万物皆出于其中,故为宇宙万物(有)赖以存在的终极原因,如白奚先生所说:"'恒'是最高的、最初的存在,在'恒'之'先'什么都没有,'无有'就是'恒'的本质特性、本质规定。'恒先无有'就是通过对'有'的否定来突出'恒'的本质特性是'无',以此来确立'恒'作为哲

　　① 陈鼓应著《从郭店简本看〈老子〉尚仁及守中思想》,载《道家文化研究》第 17 辑,三联书店 1999 年版,第 79 页。

　　② 例如,王葆玹先生就认为"恒先无有"应断句为:"恒,先无有。"其意为"恒""先于""无"和"有"(其著《黄老与老庄》,中国人民大学出版社 2012 年版,第 86 页)。

　　③ 庞朴著《〈恒先〉试读》,姜广辉主编《中国思想史研究通讯》2004 年第 2 辑。

　　④ 李零著《说明》,马承源主编《上海博物馆藏战国楚竹书(三)》,上海古籍出版社 2003 年版,第 287 页。

　　⑤ 李学勤著《楚简〈恒先〉首章释义》,《中国哲学史》2004 年第 3 期。

学最高概念的性质和地位。"①笔者认为,"恒先无有"所引发的讨论,从一个独特的角度也展现了有无原本不二,成为超越于任何分别对待之"恒"或"道"的一体之两面。

再分析一下杜光庭的思想,就可看出,他也认为,道的深奥真义或玄妙之处就在于它既是"无",也是"有"。道的这种有与无的辩证统一主要体现在,"无者道之本,有者道之末。因本而生末,故天地万物形焉。形而相生,是生于有矣。考其所以,察其所由,皆资道而生,是万有生于妙无矣。能自有而复无者,几于道矣"②。由于有、无的参与,道与万物之间就不再是简单的由气而物的直线式的因果相生的关系,而且还有一种复杂的本末、体用关系。

本末、体用是典型的中国哲学的本体论范畴。在魏晋玄学中,玄学家往往以本为体,以末为用,从而将本末、体用联系起来。例如,王弼在《老子注》中就认为,"本在无为,母在无名,弃本舍母而适其子(万物),功虽大焉,必有不济"③,强调有形的万物对于无形的本体而言,是第二位的。因此,他又说:"《老子》之书,其几乎可一言而蔽之。噫!崇本息末而已矣。"④王弼用"崇本息末"的思想来表达万物只有依赖于"无"才能显现出自己的尊贵,才能发挥出自己的作用,"万物虽贵,以无为用,不能舍无以为体也。舍无以为体,则失其为大矣"⑤。唐代时,玄学的这种本末、体用思想经过儒佛道三教从不同角度进行的深入阐扬而得到了普遍流行和继续发展,以至于成为唐代哲学的主题之一。如果从道教思想的角度看,成玄英就提出了"即体即用"的"本末一体"的思想:"夫玄道窈冥,真宗微妙。故俄而用,则非有无而有无,用而体,则有无非有无也。是以有无不定,体用无恒,谁能决定

———————

①　白奚著《宇宙万物的始基:"恒"还是"恒先"》,《中国哲学史》2016 年第 2 期。

②　《道德真经广圣义》卷三十二,《道藏》第 14 册,第 472 页。

③　《老子道德经注》第三十八章,楼宇烈校释《王弼集校释》上册,中华书局 1980 年版,第 94 页。

④　《老子指略》,楼宇烈校释《王弼集校释》上册,中华书局 1980 年版,第 198 页。

⑤　《老子道德经注》第三十八章,楼宇烈校释《王弼集校释》上册,中华书局 1980 年版,第 94 页。

无耶？谁能决定有耶？此又就有无之用明非有非无之体者也。"①成玄英强调探讨有无问题的目的在于通过有无之用去认识、明了非有非无之道体的玄妙性，以为人修道提供理论依据。司马承祯又进一步将人心与道体相联系，"夫心之为物也，即体非有，随用非无，不驰而速，不召而至"②，强调从人心着眼，体用有无应当是相即不二的。

　　杜光庭正是在前人思想的基础上，通过有无之辨，对"体用五别"和"本迹二别"作了细细的辨析，进一步深化了对本末体用的认识。他说：

　　　　今于体用门中，分为五别：一曰以无为体，以有为用。可道为体，道本无也，可名为用，名涉有也；二曰以有为体，以无为用。室车器以有为体，以无为用，用其无也；三曰以无为体，以无为用。自然为体，因缘为用，此皆无也；四曰以有为体，以有为用。天地为体，万物为用，此皆有也；五曰以非有非无为体，非有非无为用。道为体，德为用也。又于本迹门中，分为二别：以无为本，以有为迹，无名有名也。以有为本，以无为迹，互相明也。万物自有而终归于无也。夫以玄源澄寂，妙本杳冥，非言象可求，非无有可质，固亦讨论理绝，拟议道穷，而设教引凡，示兹阶级。③

杜光庭提出的"体用五别"实际上就是通过介绍有与无的五种结合方式来显示道与万物之间存在着的体用关系，以说明道不能离物，离物就没有意义，物也不能离道，离道就没有存在的根据。这五种有无关系以一种体用不定的方式所显现出来的意义，如果用哲学话语来说就是，"体"是内在的、最根本的，"用"是"体"的外在表现。杜光庭对"体用五别"的论述也就在一定程度上说明了，既没有离开本体的作用，也没有脱离作用的本体，体用之间无论有怎样复杂的变化都是相即不二的。本体就体现在作用之中，故"无"就体现在万事万物之有迹之中，但本体又不等于作用，"无"也不等于万事万物之有迹。杜光庭还通过

①　清·郭庆藩辑《庄子集释》卷一下《齐物论疏第二》，中华书局1961年版，第81页。
②　《坐忘论·泰定六》，《道藏》第22册，第896页。
③　《道德真经广圣义》卷七，《道藏》第14册，第344—345页。

本迹门中以无为本、以有为迹和以有为本、以无为迹这两种关系来说明了两点：

第一、"道"如何由本降迹而与万物构成了本末关系。"物（此物指的就是道——引者注①）是妙无之本，象为妙有之迹。既从本而降迹，则是道生万法。"②道在从本降迹化生万物之后，就与万物构成了不即不离的本末关系。"本迹者，相生之义也。有本则迹生，因迹以见本，无本则迹不可显，无迹则本不可求。迹随事而立，以为本迹。本者，根也。迹者，末也。"③由此而揭示出了本迹之间存在着的本末关系，以及事物之间之所以存在着千差万别的原因。凡是迹，即为有形，有形即可显象，"随事而立"，即有规定性，故为末。凡是本，即为无形，无形则不可求，却是万物存在的根本依据。这种本末关系强调了万物之间虽然存在着差异，但其共性却是以道为本。

第二、通过"万物自有而终归于无"④，从本迹关系上来说明万物（有）可以通过"循迹归本"复归于本根（无），即回归到其最初的原点（道）上的道理。"循迹归本，则万法复宗于道，言自妙有，却归妙无，无始无终，常生常化矣。"⑤杜光庭从天人合一的思想出发，认为人与天地万物同本于道，人的生成与天地的形成具有相似性。人如果"循迹归本"，就可以自"妙有"而复归于"妙无"，达到与道合一，从而超越生死的局限。这种"循迹归本"的思路为道教的内丹修炼提供了理论依据。

虽然杜光庭通过"本迹二别"展示了"顺化"和"逆反"这两种相反相成的路径，但他更从本体论的角度强调体用本末的统一性，所以他又说："分而为二者，体与用也，混而为一者，归妙本也。"⑥意思是说，本末体用，分而言之，是有无二分，本迹二别。合而论之，"妙本"可以

---

① 唐玄宗在注疏《老子》"恍兮惚兮，其中有物"时说："物者，即上道之为物，谓妙本也。"（《道藏》第14册，第402页）

② 《道德真经广圣义》卷十九，《道藏》第14册，第402—403页。

③ 《道德真经广圣义》卷六，《道藏》第14册，第341页。

④ 《道德真经广圣义》卷七，《道藏》第14册，第345页。

⑤ 《道德真经广圣义》卷十九，《道藏》第14册，第403页。

⑥ 《道德真经广圣义》卷四，《道藏》第14册，第335页。

将有与无、道与物统一起来，使之相即而不离。在宇宙生成的逻辑起点上，道是无形无名、不无不有的虚极之妙本，而一旦借助于"始气"而为"天"，"玄气"而为"地"，"元气"而为"人"时，此时此刻的"道"就通过"气"而与天地万物及人结成了一种生成关系。

这里，杜光庭沿用了唐代道教思想家频繁使用的"妙本"一词来说明"道"的特性①。如果说，成玄英的"'妙本'是从'道'一词中包含的根源性的实在和生成作用两义中，只抽出根源性的实在一义而形成的概念"，那么，唐玄宗《道德真经》注疏中"妙本"这一概念出现了66次，其中有12次是以"虚极妙本"的形式出现的。将"虚极"与"妙本"相联系，反映了"只承认'妙本'才是表达世界根源性的终极存在的唯一概念的明确意识"②。虽然成玄英与唐玄宗所使用的"妙本"有些微差异，但其共同之处都是表达道的"根源性的终极存在"。从中唐以后，道教往往在"清静"的意义上将"妙本"与"心源"相联，以"诸法妙本常清净"③来论述"即心是道"，由此宣扬世间万法莫不以"妙本"为宗，修道即是以清静为宗趣，这种清静非静坐顽空，而是通有无双遣的精神，达到自明本心真性的境界，换言之，体悟清静妙本的过程也就是自明本心的过程。杜光庭在《道德真经广圣义》中，则对唐玄宗的"妙本，道也，至道降气，为物根本，故称妙本"的思想作了进一步的发挥，并用"惟道为本，故云妙本"④来说明"天人万物，含识有情，至于蚑翘动植，未有不资道化功用而有其生也，得不尊之贵之宗于妙本乎"⑤的道理，将"妙本"视为超越于具体"物"之上的"道"。杜光庭以本末概念为基点，通过"至道降气"贯通于天地人，而把宇宙的统一性归之为"妙

---

①　例如，成玄英就多次以"妙本"来说"道"。日本学者砂山稔在《道教和老子》一文中曾提出，"这个妙本，在成玄英的《道德经》解释里，是仅次于'重玄'而受重视的概念，即天地万物的'玄妙本源'的意思"（福井康顺等监修《道教》第二卷，上海古籍出版社1992年版，第35页）。

②　[日]麦谷邦夫著《唐玄宗〈道德真经〉注疏中的"妙本"》，载《世界宗教研究》1990年第2期。

③　《太上玄部妙本清静心经》，《道藏》第1册，第833页。

④　《道德真经广圣义》卷三十七，《道藏》第14册，第500页。

⑤　《道德真经广圣义》卷三十七，《道藏》第14册，第502页。

本"，既表现出浓厚的宇宙本体论的色彩，又通过反本归源最终回归到类似于"恒先无有"所描述的以朴、静、寂为特性的"真道"之境。

　　杜光庭以有无概念为基点而把宇宙的统一性归之为"妙本"，不仅表现出浓厚的宇宙本体论的色彩，而且为贯通天地人并突出人的修道的依据提供了理论基础。由于物象无本，从而不必对万物本源之道孜孜以求，反而应回向心源求索，由"妙本至于无本也"。出现于五代时《大道论》宣扬："虚无者，妙本之体，非有物故；自然者，妙本之性，非造作故；道者，妙本之功用，故谓之通生之道。一虚无，二自然，三道，俱是妙本真性。"①妙本以虚无为体，故不可执著妙本为有物；妙本以通生万物之道为功用，这说明妙本是万事万物的最终根源；妙本以自然为质性，这说明虚无妙本之通生万物又是无迹可求的。这种体极虚无，用则有物的说法展示了万物从无到有的化生过程是自然独化的，并没有一个造化之主宰，从某种意义上又化解了神创说的宗教意蕴，为宋代道教从以道为本的哲学思辨向心性修炼的转型奠定了基础。

　　从总体上看，南北朝道教比较重视炼形炼气的修身。盛唐前后，道性论的有流行，使道教人士在关注修身的同时也出现了"修道即修心"的说法，经过唐末五代道士的发挥，尤其是杜光庭通过有无之辨，以回归"湛寂清静"的"真道"来设定人的修道方向，其中所包含的思想智慧为唐宋道教的转型提供了理论动力。到北宋时，张伯端在《悟真篇》中劝人先修命功，从有为入无为，再由命功而臻于"明乎本心"，通过有无思辨而达到对"无上至真之妙道"的觉悟，将之发扬光大。如《悟真篇》后序云：

　　　　若欲免夫患者，莫若体夫至道；欲体夫至道，莫若明乎本心，故心者道之体，道者心之用也。人能察心观性，则圆明之体自现，无为之用自有。不假施功，顿超彼岸。……此所谓无上至真之妙道也。……黄老悲其贪着，乃以修生之术顺其所欲，渐次导之。"②

---

①　《大道论》，《道藏》第 22 册，第 898 页。

②　《道藏》第 2 册，第 1018 页。

张伯端通过将宇宙的统一性归之为"妙道",用有无关系把身心关联起来,作为修道即为修心的宇宙论依据,这成为宋代道教哲学发展的基本发展方向。

第四节 道生德畜的理想化

如果说,《老子》作为一部原创性的著作,对有无之道的论证旨在说明宇宙万物原本就是一种以人无法理解和言说的方式存在,而不是刻意要从理性的层面来回答世界的本质究竟是什么,那么,杜光庭在《道德真经广圣义》中对老子"道生"、"德畜"思想的阐发,以及对"自然无为"原则的强调,则是为了在天人合一的大框架下进一步完善道教的宇宙观,并以这种宇宙观作为道教探索如何达到修道成仙目的的理论根据。

无论是以"道先德后"为文本结构的通行本《老子》,还是 1973 年长沙马王堆汉墓出土的以"德先道后"为基本次第的帛书《老子》,都反映了老子是以"道生"和"德畜"来说明道与万物之关系的。老子说:"道生之,德畜之,物形之,势成之。是以万物莫不尊道而贵德。道之尊,德之贵,夫莫之命而常自然。"[1]"道"为万物之基,其基本功能在于生养万物。"德"即为"得道","德者,万类之本性也。"[2]可见,老子在对殷周时期"道"的概念进行更新发展的同时,也改革了"德"的内涵,从而为先秦思想实现"哲学的突破"[3]奠定了重要基础。如果说,

---

① 《老子》第五十一章。

② 高亨著《老子正诂》,中国书店 1988 年版,第 8 页。

③ "'哲学的突破'的观念可以上溯至韦伯(Max Weber)有关宗教社会学的论著之中。但对此说最为清楚的发挥者,则当推美国当代社会学家帕森思(Talcott Parsons)。……所谓'哲学的突破'即对构成人类处境之宇宙的本质发生了一种理性的认识,而这种认识所达到的层次之高,则是从来都未曾有的。与这种认识随之而俱来的是对人类处境的本身及其基本意义有了新的解释。"(余英时著《士与中国文化》,上海人民出版社 1987 年版,第 28 页)与"哲学的突破"相近的提法,还有德国哲学家卡尔·雅斯贝斯(Karl Jaspers)在提出他著名的"轴心时代"的新史学观念时所用的"超越的突破"(参见其著《历史的起源与目标》,华夏出版社 1989 年版,第 8—14 页)

"德"在周人那里主要是一个崇高的伦理道德观念①,那么,老子所说的"德"则主要是从哲学的层面强调万物得之于"道",并与"道"构成了一对范畴。若没有"道",就不会有"德"之用;若没有"德",也不能显示"道"的存在和力量。"这个形而上的实存之'道',当它生物成物之时,就开始向下落实,而为成物之'德'。"②形而上之"道"通过从无到有地生化万物而落实到经验世界,作用于宇宙、社会和人生,便是"德"。"既富于德,则合于道。道为德体,则澹寂无为,德为道用,则施行有作。"③可见,"道"为万物能够得以生长之根本,"德"则是道体现在万事万物之中促使其生长变化的品性。道之所以尊,德之所以贵,就在于它们能够顺任自然,"生而不有,为而不恃,长而不宰,是谓玄德"④。道的深远幽渺的德性就是"自然无为"。

受此影响,道教认为,"道以通物,以无为义。德者不失,以有为功。道无则能遣物有累,德有则能祛世空惑"⑤,强调了道与德的区别与联系。道"以无为义"而通于客观世界的万事万物之中,并能"遣物有累",而"德"则"以有为功",以积极顺道发展为要,并能"祛世空惑"。"故离道无德,离德无道,道是德义,德是道义。经云:长短相形是也。"⑥道与德是相互依存,密不可分的,"道德相须,不可散也"⑦。道与德的配合使整个宇宙万物在生灭变化中显现出一种稳定和谐的秩序。

道与德虽然相须不可分,但两者毕竟还是有先有后的,因为"德为

---

① 因为,从历史发展的视域看,在甲骨文、金文中就有"德"字。"从西周到春秋的用法来看,德的基本含义有二,一是指一般意义上的行为、心意,二是指具有道德意义的行为、心意。""在西周文献中已明显地把德作为道德的意义使用,或加形容词以颂美之,或加动词以实现之、彰明之。"(参见陈来著《古代宗教与伦理——儒家思想的根源》,三联书店1996年版,第291页、第296页)可见,"德"在周人那里主要是一个崇高的伦理道德观念,以表明对天意或天道的遵从与实践。

② 陈鼓应著《老庄新论》,上海古籍出版社1992年版,第21页。

③ 《道德真经广圣义》卷二十四,《道藏》第14册,第427页。

④ 《老子》第五十一章。

⑤ 《道德真经广圣义》卷五,《道藏》第14册,第337页。

⑥ 《道德真经广圣义》卷五,《道藏》第14册,第337页。

⑦ 《道德真经广圣义》卷三十,《道藏》第14册,第456页。

道用,故次于道"①。道居先,德居后,与道相比,德是第二位的:"道非德无以显,德非道无以明,道无为无形,故居化物之先,德有用有为,故在生化之后。"②道德合而为一,不可分而为二也。道是万物之本,而德的作用就在于表现了道的存在。"德者,道之用也,道不立则德无以生,德不崇则道无以明。道以虚通为义,德以剋获受名。道能通物,物能得道。物得其所得,故谓之德。"③"德"使道在万物中得以显现,又使万事万物乃至于人都因生命中蕴含着道而有了根基,人更因追求得道而使生命活泼向上。

唐代道教对"道生"、"德畜"的论述,一方面明显地沿袭着老子的思路,以有无释道德,强调道为德之体,德为道之用,两者须臾不可分;另一方面,又对道德的内涵又作了贴近时代需要的阐释。司马承祯发展了老子的"道乃久"、"德乃长"的观点,认为物有生灭,道无生减,德无长短,故应尊道贵德。杜光庭则提出"道德六义"说:"今于道德义中分三门解释。""道三义者,理也,通也,导也。""德三义者,得也,成也,不丧也。"④"道德六义"并非是杜光庭的发明,生活于武则天时代的孟安排编集的《道教义枢》一书中就将"道德义"放在首位,并对"道"与"德"的字义作了认真的梳理,提出了"道德六义":

> 道者,理也,通也,导也。德者,得也,成也,不丧也。言理者,谓理实虚无。……言通者,谓能通生万法,变通无壅。……言导者,谓导执令忘,引凡令圣。……德言得者,谓得于道果。……言成者,谓成济众生,令成极道。此就果为名,亦资成空行。此就因为目。……言不丧者,谓上德不失德,故云不丧也。⑤

《道教义枢》提出"道德六义"是对佛教的批评所作出的回应。这种以"理"释"道"比起以"气"释"道",显然更具有虚玄性、思辨性和超验性,故在初唐一度成为重玄学的重要思想。例如,成玄英就以"理"释

---

①　《道德真经广圣义》卷二十,《道藏》第 14 册,第 409 页。

②　《道德真经广圣义》卷四,《道藏》第 14 册,第 335 页。

③　《道德真经广圣义》卷三十,《道藏》第 14 册,第 456 页。

④　《道德真经广圣义》卷五,《道藏》第 14 册,第 337 页。

⑤　《道藏》第 24 册,第 804 页。

"道"："道者，虚通之妙理，众生之正性。"①认为道是"既无因待，亦不改变"的独立实体，以可借"虚通之妙理"肇生元气，应物施化，尔后化生出阴阳二气、和气、天地人三才的说法，不仅对道教界有着特别的影响，而且也得到了佛教界的认可，从而使原来佛教与道教围绕着道体所展开的争论也逐渐平息下来了②。

这种"道德六义"的思想也为杜光庭所继承。杜光庭根据臧玄静的"道者，通物以无为"的说法，又引用了儒道经典中有关道与德的论述而对"道德六义"说做了进一步的讨论和发挥，并指出"此六义者，互可相通"：

> 所谓理者，理实虚无，言一切皆无，故云道在一切有。解云：理者，兼通善恶。善道亦名道，恶道亦名道，善恶性空，不乖此义。……所谓通者，谓能通生万法，变通无壅。《河上公》云：道，四通也。所谓导者，导执令忘，引凡入圣。《自然经》云：导末归本，本即真性，末即妄情也。德有三义，所谓德者，得于道果。《太平经》云：德者，正相得也。所谓成者，成济众生，令成极道。……所谓不丧者，谓德不失也。故云不丧。《太平经》云常德不丧是也。此六义者，互可相通。《西升经》云：道德混沌，玄妙同也。道中有德义者。《升玄经》云：德等无等，等无等是道也。故云，道有得义，道有成义者。《河上公》云：非但生之，乃复长之成之。道有不丧义者，既言常道，常即不丧也。德中又有理义者。《生神经》云：感应理常。通应既是德，故得有理义也。德有通义者。《河上公》云：德，一也。一至布气，而畜养之。德有导义者，谓有开导之德。《论语》云：道之以德是也。此就通门，则如前解也。但道之言通，通无所通，而无所不通。德之言得，得无所得，而无所不得。故能忘己忘功，生物成物。③

---

① 唐·强思齐纂《道德真经玄德纂疏》卷十六，成玄英疏，《道藏》第 13 册，第 499 页。

② 日本学者麦谷邦夫先生认为："到了七世纪末，'道者，理也，通也'这个定义，不论道教、佛教都予以承认了。这样，原来围绕着'道'体而引起的道佛二教的争论逐渐也就平息下来了。"（《南北朝隋唐初道教教义学管窥》，载《日本学者论中国哲学史》，中华书局 1986 年版，第 276 页）

③ 《道德真经广圣义》卷五，《道藏》第 14 册，第 337 页。

杜光庭的这段论述可视为是对《道教义枢》中的"道德六义"的进一步发挥①。

在杜光庭那里，"道"虽然仍从理、通、导三个方面来加以解释，但却具有了新的含义：（1）从本体论上看，道是理，杜光庭虽然沿用了《道教义枢》的"理实虚无"的说法，但又通过"一切皆无"来强调"道在一切有"。（2）从生成论上看，道是通，能够"通生万法，变通无壅"，但杜光庭更强调"道之言通，通无所通，而无所不通"，以重玄学的"双遣"方法来展示道的强大的生化功能。（3）从修道论上看，道是导，能够"导执令忘，引凡入圣"，但杜光庭又引用《自然经》的"导末归本，本即真性，末即妄情"来说明"导"的具体内涵是引导众生去妄情归真性，从而"引凡入圣"，复归于道。

杜光庭作为一个宗教家，他对宇宙自然的探讨当然不只是为了获得关于宇宙起源和发展的知识，而是为了通过关注"道"如何经由"德"而落实到人的生活层面，以使人领悟道德的"自然无为"之性并将其作为行事的准则。因此，在杜光庭那里，"德"虽然还是《道教义枢》所说的得、成和不丧三种意思，但他又做了进一步的发挥：（1）从宇宙观上看，"德言得者，谓得于道果"，但杜光庭更强调，德具有顺从道而畜养万物的功用，"德为道之用，生畜于物，皆道之动用功尔"②。"德"的这种畜养万物的功用就是"得"。"德者，人之所得是也。夫三才万物资道，妙用各得，生成无不遂性。故谓之德。"③（2）从生命观上看，杜光庭从"德"能够"成济众生，令成极道"的思想出发，认为德与道在人的生命中具有直接的同一性，"道与德有相资相禀之义"④，因此，"顺于道"者，就能成为"有德之人"："道无名也，唯德是显之。德无本也，自道而成之。至人能顺于道，德乃彰矣。故云甚有德之人，唯能顺于道。"⑤从根本上说，得道

---

① 王宗昱先生认为："杜光庭《道德真经广圣义》第五卷实际是综合了成玄英注疏和《道教义枢》并作了进一步发展。他认为道德两个概念是互通的，因此道有德义，德亦有道义。"（《〈道教义枢〉研究》，上海文化出版社 2001 年版，第 63 页）

② 《道德真经广圣义》卷三十七，《道藏》第 14 册，第 502 页。

③ 《道德真经广圣义》卷四，《道藏》第 14 册，第 334 页。

④ 《道德真经广圣义》卷五，《道藏》第 14 册，第 337 页。

⑤ 《道德真经广圣义》卷十九，《道藏》第 14 册，第 402 页。

之人也是一个道德完善之人。(3)从修养论上看,杜光庭在以"不丧"释
"德"的同时,又将"德"作为修道的"道阶"。如果说,"不丧"即"德不
失","德不失"即保有"常道",那么,"正性全德"的过程即为通过"修性
返德",沿着"道阶"攀缘向上的过程。"至德之本,即妙道也。故言修性
返德,自有归无。……正性全德,德为道阶,此乃还冥至道。"①这就为
唐宋道教倡导"修性返德"作为修道之阶提供了理论依据。

　　在分别阐述了"道三义"和"德三义"之后,杜光庭又借用了重玄学
"非有非无"的论证方法来强调"道德六义"之间的"互可相通"关系。因
此,也可以反过来说,道有"德"的得义、成义和不丧义,而德也有"道"的
理义、通义和导义。杜光庭最后得出结论:"道德一体,而具二义。一而
不一,二而不二。"②不可说言有体无体,因为"道者,因生以立称。德
者,从教以言名。道者,德之通。德者,道之功。有德故称道,有道故
称德"③。这就十分清楚地表达了他对道与德相即不离关系的看法。

　　杜光庭进一步指出,相即不离的道与德是万化之本,而道生德畜
完全是一个自然无为的过程,"道德之功,不恃不宰,可谓深玄矣"④。
而道生德畜的自然无为,是由作为万法之根本的"道"的本性所决定
的。"道生德畜为化之本也,一切之法因道而生,故云源也。"⑤杜光庭
还特别运用重玄学的"三一学说"⑥对"道"深加剖析:

　　　　明大道以虚无为体,自然为性,道为妙用。散而言之,即一为

---

① 《道德真经广圣义》卷十九,《道藏》第14册,第403页。
② 《道德真经广圣义》卷五,《道藏》第14册,第338页。
③ 《道德真经广圣义》卷五,《道藏》第14册,第338页。
④ 《道德真经广圣义》卷三十七,《道藏》第14册,第503页。
⑤ 《道德真经广圣义》卷三,《道藏》第14册,第331页。
⑥ 对老子的夷、希、微三义的解读,构成了道教的三一学说。《太平经》对老子的"三
义"进行了发挥:"元气有三名,太阳、太阴、中和。形体有三名,天、地、人。天有三名,日、
月、星,北极为中也。地有三名,为山、川、平土。人有三名,父、母、子。治有三名,君、臣、
民。"(《和三气兴帝王法》,王明编《太平经合校》,中华书局1960年版,第19页)认为天下万
物都可一分为三。三者之间又相须而立,相得乃成,形成一个共同体。这种"三合相通"、
"三统共生"的观念在南北朝至唐代道教义学中发展为三一学说。以三一学说来说明宇宙
本体之真相,成为"重玄学最醒目的标志"(参见李刚著《道教重玄学之界定及其所讨论的主
要理论课题》,载陈鼓应主编《道家文化研究》第19辑,北京三联书店2002年版,第108页)。

三，合而言之，混三为一。通谓之虚无、自然、大道归一体耳。非
是相生相法之理，互有先后、优劣之殊也。非自然无以明道之性，
非虚无无以明道之体，非通生无以明道之用，熟详兹妙，可谓诣于
深玄之关键也。①

"虚无"是道之本，"自然"是道之性，"通生"是道之用。三者之间既相
互区别，又相互联系，散则为三，合则是一。在这里，杜光庭既借用佛
教的有关思辨，强调道之本是超越一切色相、廓然无物的"虚无"，以提
升道的超越性，又以"通生"来说明道与万物的关联性，从而使形而上
的超越之"道"落实到了形而下的器物的层面，更主张道是一种自然而
然的本然状态，以坚持道教的基本立场，而与以"因缘"为标识的佛教
相区别。杜光庭认为，只有明了"道"的一而为三、三而为一的特点，才
能明了"深玄之关键"。

道教认为，道的本性是"自然无为"，而道的这种自然无为之性又
通过宇宙万物自然而然地体现出来："莫能使之然，莫能使之不然。不
知其所以然，不知其所以不然，故曰自然而然。"②"道职生成，天职包
覆，地职厚载，而乾坤之象，着品物之形，列王居其间，行道之化，顺天
之时，法地之宜，民则安静而自理。生化而有常，清静而无扰，合大道
自然之理也"③。从时间上看，"道无古今"，而万物则有始终；从状态
上看，"天道任于自然"，而又"无为而无不为"，"杳冥真道，化育群情，
物有始终，道无今古，常为物本，而道本无为也"④。正是由于天道自
然无为，所以它才能善胜万物："天道任于自然，因无胜负，四时代谢，
不令而行，六气推迁，不言而信，物不违天，则为善胜也。"⑤

如果说，老子的"自然无为"主要是从哲学的层面作了强调，那么，
唐代道教则进一步从宗教的层面来说明，人应该遵循老子的"自然无
为"而进行修道，以达到国泰身安乃至与道泯然相合："老君垂教，以清

① 《道德真经广圣义》卷二十一，《道藏》第 14 册，第 417 页。
② 《道德真经广圣义》卷二，《道藏》第 14 册，第 316 页。
③ 《道德真经广圣义》卷二十一，《道藏》第 14 册，第 416 页。
④ 《道德真经广圣义》卷十九，《道藏》第 14 册，第 403 页。
⑤ 《道德真经广圣义》卷四十七，《道藏》第 14 册，第 551 页。

静为用,无为为宗。清静则国泰身安,无为则道成人化。夫道德无为也,天地成焉,万化行焉,万物生焉。……圣人虚心以原道德,静气以存神明。……理国则忘其所理,修身则忘其所修,洞入虚无,泯然合道。"①

唐代道教关于"自然无为"的思想既是对老子思想的继承和发展,也是对唐代佛道教之间关于道与自然关系问题争论的一个回应。在唐代佛道之争中,道与自然的关系问题屡次被佛教徒提出,并借此来批评道教,认为"道法自然"就意味着道效法自然或道从自然中生,那么,道教所信奉的道哪里还是最根本的呢?例如,佛教徒法琳就指出:"纵使有道,不能自生,从自然生,从自然出。道本自然,则道有所待。既因他有,即是无常。……自然无称,穷极之辞。道是智慧灵知之号。用智不及无智,有形不及无形。道是有义,不及自然之无义也。"②道不能自生,有待于自然,便因"他有"而成"无常"。佛教徒的批评,促使道教学者不断地从理论上来完善自己的学说。成玄英、李荣和唐玄宗都曾运用重玄学的方法来说明道与自然的关系。杜光庭在前人的基础上,进一步强调"道法自然"即道本性自然,并非是道效法自然,他批评那种将道看作是由"自然"派生的观点是曲解了道经之理。他说:"疑惑之人,不达经理,乃谓大道仿法自然,若有自然居于道之上,则是域中兼自然有五大也。"③老子说"人法地,地法天,天法道,道法自然"而又说"域中有四大",并没有加上"自然"而说"域中有五大",显然,"疑惑之人"的看法原本就是不符合老子本意的。因此,杜光庭指出,"以道为自然之子,无为之孙,皆为妄见"④。唐代道教通过强调道与自然无为的合一性,既高扬了道的至高无上性,又说明了修道养生的要旨在于"道法自然,无为清静"⑤。这样,"自然无为"就不仅是杜光庭对道的本性的一种表述,而且也成为他修道思想的一个重要特色,后成为宋代道教的主流思想。

① 《道德真经广圣义》卷三十四,《道藏》第 14 册,第 483 页。
② 《辩正论》卷六,《大正藏》第 52 册,第 537 页。
③ 《道德真经广圣义》卷二十一,《道藏》第 14 册,第 416 页。
④ 《道德真经广圣义》卷二十一,《道藏》第 14 册,第 416 页。
⑤ 《道德真经广圣义》卷二十一,《道藏》第 14 册,第 412 页。

第四章　心性论对重玄学的解构

在唐代,重玄学在道教学者那里被纯熟地运用着,成为道教理论中一股独特的学术思潮,重玄学的思辨方法也成为道教实现精神超越的一种修道手段。杜光庭也曾运用"有无双遣"的重玄学方法来说明主体之人应当如何通过修心、忘言而在当下心境上来实现精神超越。如果说,唐玄宗御制的《道德真经》注疏是重玄学的佳作,那么,杜光庭在推广唐玄宗注疏"圣义"时所作的《道德真经广圣义》在这方面也毫不逊色,以至于有人认为,"杜光庭较全面地清理、总结、吸收了前人的注老成果,又在更为深刻和广阔的程度上吸收了儒家和佛家的思想,将其与道家、道教理论进行贯通融合,通过注疏《道德经》等道家经典的形式,阐发、建构了他的重玄学理论体系"[1]。从表面上看,杜光庭的重玄学思想是零碎而散乱的,并没有建立起一个完整的重玄学理论体系,但他在义疏《道德经》时,像大多数唐代道教思想家那样自觉地运用重玄学的理论与方法来沟通宇宙论和心性论,从而追随唐代道教哲学由宇宙本体论转向心性论的发展趋势,完成了宇宙本体论向以道性论为核心的心性论的转型。同时,杜光庭又以重玄学为中介将心性论与修道论结合起来,使心性论成为修道论的理论基础,从而促进了道教从向外追寻长生之路,回归到从自我心境中来探求如何实现生命的超越。因此,在笔者看来,虽然重玄学是杜光庭思想体系中不可或缺的一个重要环节,但中晚唐时期兴起的道教心性论对重玄学的解构也从一个侧面反映了唐宋道教思想的转型正在步步展开。

---

[1]　胡孚琛、吕锡琛著《道学通论》,社会科学文献出版社 1999 年版,第 222 页。

第一节　重玄的多重意蕴

对重玄学的内涵与性质究竟应当如何界定,学术界至今看法不一:有的称之为"道教'重玄'哲学"①,有的称之为"道教重玄学"②,有的称之为"老学重玄学"③,有的称之为"道家重玄学"④,有的称之为"重玄派"⑤,有的称之为"重玄学派"⑥,有的称之为"重玄宗"——"重玄宗是道教中以'重玄'思想注解《道德经》而闻名于世的一个学派。"⑦种种看法,可谓见仁见智,莫衷一是。这种争论恰恰反映出重玄学本身的复杂性。笔者认为,从重玄学的倡导者来看,既有道家学者,如张志和、无能子⑧,也有道教学者,如杜光庭就指出,在孙登"以重玄为宗"之后,又有"梁朝道士孟智周、臧玄静、陈朝道士诸糅,隋朝道士刘进喜,唐朝道士成玄英、蔡子晃、黄玄赜、李荣、车玄弼、张惠超、黎元兴,皆明重玄之道"⑨。虽然道教学者在重玄学中占大多数,但只要有例外存在,那么,在"重玄学"前无论是冠之以"道家"还是"道教"都不太合适。

从重玄学的内涵来看,重玄学是以"重玄"为宗旨对老子的"玄之又玄"进行的哲学思辨与义理探究,特别是采用佛教的中观学"非有非无"的思辨方法来阐释道体有无、道性自然、性命修炼等问题。重玄学

---

① 任继愈主编《中国道教史》第六章"隋唐道教'重玄'哲学",上海人民出版社1990年版;李大华著《道教'重玄'哲学论》,载《哲学研究》1994年第9期。

② 卢国龙著《中国重玄学》,人民中国出版社1993年版,第3页。

③ 詹石窗著《"老学重玄学"简论》,载《世界宗教研究》1987年第3期。

④ 何建明著《道家思想的历史转折》,华中师范大学出版社1997年版,第13页。

⑤ [日]麦谷邦夫著《南北朝隋唐初道教教义学管窥》,载《日本学者论中国哲学史》,中华书局1986年版。

⑥ 蒙文通著《校理老子成玄英疏叙录——兼论晋唐道家之重玄学派》,载《蒙文通文集》第一卷《古学甄微》,巴蜀书社1987年版,第343—360页。

⑦ 卿希泰主编《中国道教史》第二卷,四川人民出版社1992年版,第171页。

⑧ 何建明先生认为:"中唐张志和、唐末无能子等都阐明重玄之道。"(《道家思想的历史转折》,华中师范大学出版社1997年版,第27页)

⑨ 《道德真经广圣义》卷五,《道藏》第14册,第340页。

既以《老子》为解释对象,也以《庄子》为基本文本。例如,唐人成玄英既作《老子道德经注》、《老子开题序诀义疏》,也作《南华真经注疏》,其中对"重玄"思想都作了精妙的阐发,因此以"老学重玄学"来概括重玄学显然也不周当。从重玄学的学术传承看,重玄学只是在魏晋南北朝到唐宋这段历史时期内,人们比较热衷于采用的一种解释老庄思想的一种思维方法,它虽然形成了一股带有时尚特点的学术思潮,但并没有建立一个严密的学术传承系统,也没有形成有组织形式的道派,可见,用"重玄宗"或"重玄派"来称呼这一学术思潮显然也不太贴切。因此,本书姑且以"重玄学"称之。

极具思辨性的重玄学有着深厚的思想渊源和丰富的理论养料,其中既包括《庄子》"坐忘"、"无心"等心悟思想,又有魏晋玄学有无之辨的哲学精神,还有佛教般若学的有无双遣说和三论宗的中道实相论,同时,它的形成还与"道教灵宝派及道教太玄部经典有关"[1]。可以说,"重玄"一词是综合了以上数种思想与方法来阐释《老子》第一章"玄之又玄"的句义时所形成的一个内蕴极为丰富的术语。《老子》开篇云:

> 道可道,非常道。名可名,非常名。无,名天地之始。有,名万物之母。故常无,欲以观其妙。常有,欲以观其徼。此两者同出而异名,同谓之玄,玄之又玄,众妙之门。[2]

"玄之又玄"是玄妙又玄妙、幽深又幽深的意思,以此来形容道的玄妙和幽深以及道与天地万物的微妙关系。然而,重玄学家诠解"玄之又玄"则另辟蹊径。《太玄真一本际经》提出:"于空于有,无所滞着,名之为玄。又遣此玄,都无所得,故名重玄,众妙之门。"[3]即认为,既不执著于有,也不执著于无,最终连不执著于有无也要遣除,这才叫做重

---

① 李刚著《道教重玄学之界定及其所讨论的主要理论课题》,载陈鼓应主编《道家文化研究》第 19 辑,三联书店 2002 年版,第 103 页。

② 《老子》第一章。

③ 敦煌经卷 P.3674 号《本际经》卷八《最圣品》。强昱先生认为:"《本际经》与大约同时问世的《道门大论》,共同标志着重玄学的诞生。"(《〈本际经〉的重玄学思想研究》,载《世界宗教研究》2001 年第 3 期)

玄,由此而彰显出重玄学最重要的特点就是通过"有无双遣"而达到玄道自至的境界。这样,"重玄"既是一种"有无双遣"的方法,也是一种通过修道所达到的境界。"所谓'重玄',进入了宗教神秘主义的范围,其实质在于通过宗教的摄念调心,由主体去契证'妙本','契入重玄',而达'与道合真'的信仰鹄的。"①重玄学是以"重玄"为宗来阐发道教义理的,它在理论渊源上表现出了两个重要特点:一是受玄学的影响,解庄诠老;二是受佛教的影响,援佛入道。这两者水乳交融般地体现在杜光庭的重玄学之中,复归老庄与采用中道成为杜光庭重玄学的理论基点。

杜光庭在撰写《道德真经广圣义》时,曾对重玄学的形成与发展作了历史回顾。他指出,生活于魏文、明二帝时的孙登是重玄学的开山祖,孙登"以重玄为宗"解释《老子》,奠定了重玄学发展的基石。汉唐注老者有六十余家,其宗旨意趣可归为六宗,其中"孙登以重玄为宗,宗旨之中,孙氏为妙矣"②。这里,杜光庭明显地表现出对重玄学的欣赏。杜光庭还指出,在孙登之后,又有"梁朝道士孟智周、臧玄静,陈朝道士诸糅,隋朝道士刘进喜,唐朝道士成玄英、蔡子晃、黄玄赜、李荣、车玄弼、张惠超、黎元兴,皆明重玄之道"③。通过介绍魏晋南北朝到唐代的老学思想家的《道德经》注疏,杜光庭不仅大致勾勒出重玄学的发展脉络,而且指出在重玄学中还有宗重玄明理身之道和宗道德明重玄之道的差异。杜光庭的这些看法至今仍为人们所重视,以至于有人认为:"最早对道教重玄学作界定的是唐末五代的杜光庭。"④那么,杜光庭又是如何在继承前人思想的基础上,通过注释《道德经》而进一步推动重玄学发展的呢?

重玄学虽然萌芽于魏晋时期,但直到隋代《本际经》的出现才标志着重玄学理论体系的初步建立,后经唐代学者成玄英、李荣、王玄览、

---

① 任继愈主编《中国道教史》,上海人民出版社 1990 年版,第 256 页。

② 《道德真经广圣义·序》,《道藏》第 14 册,第 309 页。

③ 《道德真经广圣义》卷五,《道藏》第 14 册,第 340 页。

④ 李刚著《道教重玄学之界定及其所讨论的主要理论课题》,载陈鼓应主编《道家文化研究》第 19 辑,三联书店 2002 年版,第 91 页。

唐玄宗等人的努力而逐渐兴盛,成为唐代道教哲学中最富有思辨性的部分。虽然有人认为"唐玄宗集诸臣僚道士作《道德经》注疏,则完成了重玄家《老子》学的终结"①,但笔者认为,事实上,唐玄宗喜好重玄学,导致了重玄学的兴盛而并非"重玄家《老子》学的终结",因为在唐玄宗之后,直到唐末,重玄学依然以注老的形式在继续发展。最为典型的例子有两个:一是生活于唐末的道士强思齐所撰的《道德真经玄德纂疏》,二是与强思齐大约同时代的杜光庭所著的《道德真经广圣义》②。

如果读一下杜光庭在前蜀王衍乾德二年(902)专为强思齐的《道德真经玄德纂疏》所作的《序》,就可见强思齐对前人重玄学的总结与发展。杜光庭在《序》中写道,在生前就曾得到唐僖宗宠赐紫衣、后来又受到前蜀高祖王建赐予"玄德大师"称号的强思齐"每探讨幽玄,发挥流俗,期以谭讲之力,少报圣明之恩,手攒所讲《道德》二经,疏采诸家之善者"。在多年讲论《道德经》的基础上,强思齐按照自己对《道德经》不同章节的理解对诸家注疏作了选择,他在历代众多的注老著作中选择了六种,即《河上公章句》、《老子节解》、严君平的《老子指归》、李荣的《老子注》、成玄英的《老子疏》和唐玄宗的《道德真经注疏》,最后以"明皇御注为宗,盖取乎文约而义该,词捷而理当者,勒成二十卷",来阐发"重玄至道"之旨趣。成玄英、李荣、唐玄宗等都是唐代重玄学的主唱者,强思齐通过对他们注疏的汇编并采诸家之善,显然推进了重玄学的发展③。杜光庭也认为,由于该书"揽之易晓,传之无穷,后之学者知强君之深意焉"④,并乐意为之题名《道德真经玄德

---

① 卢国龙著《中国重玄学》绪论,人民中国出版社 1993 年版,第 4 页。

② 李刚先生也曾认为:"重玄派自梁陈以来渐兴,至唐初而达于高峰,宗奉重玄的学者人数也最多,唐天宝以后余绪犹存,直到杜光庭仍主张以重玄之道解老。"(《道教重玄学之界定及其所讨论的主要理论课题》,载陈鼓应主编《道家文化研究》第 19 辑,三联书店 2002 年版,第 92 页)。

③ 何建明先生也曾认为,"强思齐在晚唐努力复兴重玄思辨哲学,首先便体现在他在自觉地接受成玄英、李荣、王玄览、唐玄宗等人所标榜的道家重玄学'双遣'思维方法的基础之上,对唐代前期重玄道体论思想的积极继承和推展。"(见其著《道家思想的历史转折》,华中师范大学出版社 1997 年版,第 148 页)

④ 杜光庭撰《道德真经玄德纂疏·序》,《道藏》第 13 册,第 357 页。

纂疏》。

杜光庭的《道德真经广圣义》所"广"的虽然是唐玄宗的"圣义"，但实际上却包含了对成玄英、李荣、王玄览、唐玄宗、强思齐的重玄学的"接着说"，他在综合前人思想的基础上的创新之处主要表现在：

第一，杜光庭通过解庄诠老而进一步在重玄学中融入了心性论的内容。杜光庭不仅采用重玄学的方法来帮助世俗之人消除偏执，而且还通过弘扬老庄哲学的内在超越精神，以帮助人们在心性上寻找"与道为一"之路。杜光庭一方面运用老子的"正言若反"的否定性思维方式，来帮助人们来理解一切外在的东西都是虚幻的假相，有所执著即有所偏废，只有无所偏执，才能契入中道，"执者失之，但无偏执，自契中道，便入玄妙正观之门矣"①。另一方面，他又吸取了庄子的"无心"、"坐忘"等思想，他说：

> 修道之士，黜嗜欲，臑聪明，凝然无心，淡然无味，收视返听，万虑都冥，然后虚空生胎，吻合自然，观化之初，穷物之始，浩然动息，与道为一矣。②

《庄子·人间世》中有"虚室生白，吉祥止止"的说法，以强调人若能控制欲望，让心处于空虚状态，就能生发出一种清纯白亮的景象，吉庆福祥也就自然降临了。杜光庭这里却用了"虚空生胎"这一颇具内丹意象之词，要人放弃对外物的追求而"收视返听"，回归于内心世界，再通过内不资于心、外不资于物的"凝然无心"的"心斋"功夫，以使心保持寂然不动的状态，一旦心"万虑都冥"，才能进入道教内丹特有的"虚空生胎"的修炼状态，通过与自然节律相合即是达到"与道为一"的境界了。杜光庭通过复归于老庄思想中寻找理论资源，又加以贴近时代需要的理论阐发，使重玄学与心性论有机地结合起来，为道教仙学由外丹向内丹的转变提供理论依据。

第二，杜光庭运用重玄学"有无双遣"的方法来深化玄学谈有论无的哲学思辨，并期望以此来解决无限之道与有限之肉体的矛盾。如果

---

① 《道德真经广圣义》卷七，《道藏》第 14 册，第 346 页。
② 《毛仙翁传》，《全唐文》卷九百四十四，上海古籍出版社 1990 年版，第 4351 页。

说魏晋玄学从王弼的贵无论、裴頠的崇有论到郭象的独化论，都是以有无问题为基点而展开理论探究，都力图建立一种能够统一有与无的理论体系来克服现实生活中名教与自然相背离的矛盾的话，那么，唐代重玄学家成玄英则通过非有非无的方法，来破除玄学家对有与无的执著，"有欲之人，唯滞于有；无欲之士，又滞于无。故说一玄，以遣双执。又恐行者，滞于此玄，今说又玄，更祛后病，既而非但不滞于滞，亦乃不滞于不滞，此则遣之又遣，故曰玄之又玄"①。成玄英用重玄学的方法破除了玄学家对有无的执著之后，又将"道"释为"虚通之妙理，众生之正性"，不仅沟通天人关系，而且为人的"穷理尽性"提供了理论依据。杜光庭站在道教的立场上，继承成玄英的思路，用重玄学的方法继续探讨有无的关系问题。他一方面强调道的非有非无，认为"道之为无，亦无此无。德之为有，亦无此有。斯则无有无无，执病都尽，乃契重玄，方为双绝"②，但另一方面，如果说，玄学家所说的"无"是无规定性的"无"③，那么，杜光庭同时又强调了道对有无的统合，从而在他那里，"无"也就成了"不无之无"，说："道是不无之无，既能理有，亦能理无。"④杜光庭用重玄学的方法将有无辩证地统一起来，进一步深化了玄学的哲学思辨，但他又不像玄学家那样以哲学来关注社会问题，而是依据唐玄宗提出的"法性清净，是曰重玄"⑤的看法，力图通过对有与无的思辨来解决人所面临的无限之道与有限之肉体的矛盾。他从"仙道无不无，有不有"⑥出发，希望破除对有和无的任何执著，以自然无为的态度通过有无双遣以直契重玄。他说："至道自然，亦非有为，亦非无为。故至道自然，湛寂清静，混而不杂，和而不同，非

---

① 唐·强思齐纂《道德真经玄德纂疏》卷一，成玄英疏，《道藏》第 13 册，第 361 页。
② 《道德真经广圣义》卷五，《道藏》第 14 册，第 338 页。
③ 汤一介先生曾认为："成玄英的本体论与王弼的本体论最为显著的不同在于，王弼以无规定性的'无'作为天地万物的本体，而成玄英以有规定性的'理'（虚通之实理）作为天地万物之本体。"（见其著《论魏晋玄学到初唐重玄学》，载陈鼓应主编《道家文化研究》第 19 辑，三联书店 2002 年版，第 17 页）
④ 《道德真经广圣义》卷五，《道藏》第 14 册，第 338 页。
⑤ 《道德真经广圣义》卷二十三，《道藏》第 14 册，第 420 页。
⑥ 《道德真经广圣义》卷五，《道藏》第 14 册，第 338 页。

有非无。凡学仙之士，无以执非，俱无执见，则自达真道。"①由此展现了"有无双遣"在道教仙学中的理论价值。

第三，杜光庭采用了佛教般若学非有非无的中道观，主张以"有无双遣"的方法，建构一条有别于传统道教丹鼎派通过服食丹药以求长生不死的修仙新路径。显然，这不是对佛教般若学中道观的简单运用。在佛教中，"中道"意指脱离"两边"，即两个极端，而走不偏不倚道路的观点或方法。虽然，印度大小乘佛教对"中道"的解释并不一致，但都认为它是佛教最高的"真理"，有时与"真如"、"法性"、"实相"、"佛性"同义②。佛教传入中土后，中国佛学家僧肇一方面接受了鸠摩罗什所传的大乘中观般若学的思想，另一方面又借助于《老子》的有无思想来解释"中道"，著《肇论》而主张非有非无的中道空观③，通过非有非无的双重否定，得意而忘言，以直契中道实相，体悟涅槃之真谛。这种中道空观所包含的有、无、亦有亦无、非有非无等"四句"，乃是为了泯除众生执著于有、无对待的迷执邪见，以凸显真谛的不可言说性，后来成为中国佛教三论宗的中道实相说的基本主旨④。道教重玄学在理论建构中也大量地借鉴了佛教"离四句，绝百非"的思想，建立起自己的中道观。如成玄英在《庄子·大宗师疏》中说："夫道，超此四句，离彼百非，名言道断，心知处灭。虽复三绝，未穷其妙。而三

---

① 《太上老君说常清静经注》，《道藏》第 17 册，第 188 页。

② 任继愈主编《宗教词典》，上海辞书出版社 1981 年版，第 188 页。

③ 僧肇认为，从根本上说，万物因众缘会聚而有，也因众缘离散而无，其有其无，都如梦如幻，毫无真实性可言。万法并无自性，万物也没有内在不变的规定性，故自性空。"欲言其有，有非真生；欲言其无，事象既形。象形不即无，非真非实有。然则不真空义，显于兹矣。"（《肇论·不真空论》，石峻等编《中国佛教思想资料选编》第一卷，中华书局 1981 年版，第 146 页）"有者有于无，无者无于有。有所以称有，无所以称无。然则有生于无，无生于有，离有无无，离无有无。有无相生，其犹高下相倾，有高必有下，有下必有高矣。然则有无虽殊，俱未免于有也。"（《肇论·涅槃无名论》，石峻等编《中国佛教思想资料选编》第一卷，中华书局 1981 年版，第 161 页）

④ 三论宗以"空"立论，强调诸法性空的中道实相说，强调诸法都是因缘和合而生，故没有自性，无自性故性空无所得，但为了引导众生明白而用假名以说有。这样，不离性空而有缘起诸法，虽有缘起诸法，只是假法，故仍无所得，毕竟是空。空，被认为是一切事物的真实本相，是超越有无的中道，即中道实相。吕澂先生认为："三论的立说则更发扬了性空而无碍于缘起的中道精神。"（吕澂著《中国佛学源流略讲》，中华书局 1979 年版，第 312 页）

绝之外,道之根本,所谓重玄之域,众妙之门,意亦难得而差言之矣。"①成玄英所谓的"三绝",乃是"一者绝有,一者绝无,三者非有非无,故谓之三绝也。夫玄冥之境,虽妙未极,故至乎三绝,方造重玄也"②,表达了只有用绝有绝无、非有非无的方法遣除偏执,才能符合"中道"的精神。杜光庭也认为,只有既不执于有,亦不执于无,有无双遣,方能与之言道:"合乎阴阳天地,非无非有,非有非无,无所局滞,始可与言道矣。"③但他虽然采用了"离四句,绝百非"的中道观,却不是对它简单地运用,而是通过将道内置于人心,认为"心之理也,必在乎道"④,强调"明妙道常在,不始不终,了悟玄言,即契中道矣"⑤。由于在"非有非无"的思辨方法中加入了心悟的成分,因此,修仙的路径也就通过重玄学的"有无双遣"的方法,而落实到了复归于了悟"湛寂清静"之真道的心性修炼上来。

　　杜光庭对重玄学的重视也受到了整个唐代道教思想文化发展的影响。从思想发展史上看,重玄学作为唐代道教中具有创新意识的一种学术思潮,其新颖的观点,独特的思维方式,直接促进了道教理论与实践上的变化。唐代道教学者大都运用重玄学的方法来重新阐释人的生命现象,使传统道教所宣扬的肉体成仙说急剧衰落。在这种形势下,杜光庭从重玄学出发,通过宣扬"修道即为修心"来积极促进道教仙学的转型。他强调说:"修心之法,执之则滞着,忘之则失归,宗在于不执不忘,惟精惟一尔。"⑥从追求肉体长生到关注心性修炼,这就促进了道教哲学大踏步地向内丹心性论方向迈进,为唐末五代道教内丹心性论的兴起和在宋代之后迅速发展并主导了道教发展的方向开拓了道路。

　　从政治上看,重玄学之所以在唐代达到高峰,与唐太宗对道教的

---

①　清·郭庆藩辑《庄子集释》卷三上《大宗师第六》,中华书局1961年版,第257页。

②　清·郭庆藩辑《庄子集释》卷三上《大宗师第六》,中华书局1961年版,第257页。

③　《道德真经广圣义》卷三十六,《道藏》第14册,第494页。

④　《道德真经广圣义》卷十九,《道藏》第14册,第404页。

⑤　《道德真经广圣义》卷十九,《道藏》第14册,第403页。

⑥　《道德真经广圣义》卷四十九,《道藏》第14册,561页。

推崇,与唐玄宗全力提倡崇道尊老,要求大家奉读《道德经》,并积极地以重玄学为指导来注疏《道德经》也有密切的关系。唐玄宗注《老》当然不纯是个人喜好,他实际上还希望借助于老子思想来为自己的政治统治服务。唐末时,作为"道门领袖"的杜光庭面对着唐王朝日益衰微的事实,也希望借助于弘扬老子思想来收拢流散的民心,重振社会的纲纪,复兴初唐的太平盛世,因此,他在"广"唐玄宗"圣义"时,也自觉或不自觉地沿用了唐玄宗的重玄思想。重玄学在杜光庭的手中有一定的"神道设教"的政治目的,更是他实现"经国理身"理想的重要理论工具。

从文化交流上看,重玄学的出现与发展,既是多种文化因素融会的产物①,也是道教面对佛教的挑战而奋起反击的结果。杜光庭的重玄思想也深受这样的文化背景的影响。值得探讨的问题是,唐代佛教宗派林立,佛学的内容十分丰富,道教为什么偏偏选用了三论宗所弘扬的般若学中道观? 笔者认为,这既与"中道观"以非有非无的双重否定直契实相的理论特点以及其"破邪显正"的方法在论辩中的作用有关,也与它的文化传播的地域性特点相联。

从重玄学的传播地域看,南朝时,倡扬重玄学的道教学者主要活动在南方的江浙一带。唐初以后,重玄学者主要在长安和巴蜀一带活动。这与佛教般若三论思想的传播地域的流变密切相关。佛教三论宗虽然由僧人吉藏于隋大业年间(605—618)创立于长安,但其宗源则可追溯到古印度。三论宗以古印度龙树的《中论》、《十二门论》和提婆的《百论》为基本经典而得名,又以主张"诸法性空"、"中道实相"为理论特点。后秦时,鸠摩罗什(344—413)将此三论译出,其学经其弟子僧叡、僧肇、竺道生等人弘传,在当时一度成为显学,此为北地三

---

① 汤一介先生就曾从文化融合的角度提出唐初重玄学是道家思想第三期发展的观点。他说:"如果说先秦道家(老子、庄子等)是道家思想的第一期发展,魏晋玄学为道家思想的第二期发展,意欲在道家思想的基础上调和儒道两家思想,那么,唐初重玄学或可以被视为道家思想的第三期,它是在魏晋玄学的基础上吸收当时在中国有影响的佛教般若学和涅槃佛性学以及南北朝道教理论所建立的新的道家(道教)学说。"(《论魏晋玄学到初唐重玄学》,载陈鼓应主编《道家文化研究》第19辑,三联书店2002年版,第21页)这一观点可以帮助我们更好地认识重玄学的特点。

论学。

南北朝时,南朝宋、梁时僧人僧朗从北地南下,来到江南,住在建康(今江苏南京)郊外的摄山大弘三论之学,经其弟子僧诠,再传弟子法朗、慧布、智辩、慧勇等人的传承,三论学在江南一带得以流行①,从而影响到道教学者宋文明、臧玄靖、孟智周等人的思想②。三论宗的创始人吉藏(549—623)生于金陵(今江苏南京),早年主要在江浙一带活动,曾在会稽(今浙江绍兴)嘉祥寺讲经说法,被问道者尊称为"嘉祥大师"。后来,吉藏来到扬州,住慧日寺,与时为晋王的杨广交往密切。隋朝建立后,他移居长安日严寺,完成了"三论"的注疏并著有《三论玄义》、《中论疏》、《百论疏》、《十二门论疏》、《大乘玄论》、《二谛义》等著作,立"破邪显正"、"真俗二谛"等来发挥"中道实相"说,创立了三论宗。

唐初,长安成为三论宗的主要传播地。值得注意的是,此时道教重玄学的一些代表人物如蔡晃、成玄英等也在长安活动。唐太宗时,曾下诏让道士蔡晃、成玄英与佛教唯识宗的创始人玄奘共同合作将《老子》翻译成梵文。蔡晃、成玄英还特别提出,应该引用《中论》和《百论》的思想来对译《老子》。"诸道士等并引用佛经《中》、《百》等论,以通玄极"③,但遭到固守佛教经典原义的玄奘的强烈反对,最终译事未成。从这一事件中可以看到,当时的道教学者对三论思想非常重视。随着唐王朝的日益强盛,长安与巴蜀之间的交流也逐渐增多。据史料记载,唐代的著名道士李荣、王玄览、黎元兴、张君相都是巴蜀人,又都曾在长安和蜀地活动,弘扬重玄学,因此,蜀地也成为重玄学的重镇。唐末,杜光庭先在长安,后又入蜀。他在撰写《道德真经广圣义》对老学思想进行理论总结时,受到地域文化的影响而推崇重玄学也就成为情理之中的事了。

从重玄学的内容上看,如果说,重玄学可以概括为道体论和道性论这两大主题以及展示这两大主题的双遣兼忘的方法,那么,在杜光

---

① 洪修平著《中国佛教文化历程》,江苏教育出版社1995年版,第223页。
② 孙亦平著《摄山三论学派与道教重玄学初探》,《中国哲学史》2014年第1期。
③ 道宣撰《集古今佛道论衡》卷丙,《大正藏》第52册,第386页。

庭那里，虽然"双遣"与"兼忘"的方法经常相联使用，但由于"双遣"本身所具有的辩证特点，故多用于道体论，即通过有无双遣，遣之又遣以至于无为来彰显道之本体；而"兼忘"所具有的修持证悟的特点，则多用于道性论，即通过"兼忘"来泯灭是非，齐一物我，复归于清静本性。杜光庭的重玄学不仅采用了佛教的中道观，而且还大量使用了老庄的名词术语，特别是复归到老庄从人的心境上追求精神超越的思想上。因此，在杜光庭的重玄学中，心境与重玄是不可分离的，这为唐宋道教思想的转型提供了一种内在超越的思路。

第二节　有无双遣至空无

杜光庭不仅运用重玄学"有无双遣"的方法来深化玄学的哲学思辨，以解决无限之道与有限之肉体的矛盾，而且还运用"有无双遣"的方法来彰显道体的非有非无、既有既无的特性，由此而说明道体所具有的超越性和现实性两个层面，并吸取了佛教有关"空"的思想，用"二空俱无"、"非空为空"来深化道教的道体论。

就道体的现实性层面看，杜光庭用"既有既无"来论述道与万物既有本源生成的关系，也有本体的关系，由此而将道与现实之域联系起来。他说："夫道之无也，资有以彰其功，无此有则道功不彰矣。物之有也，资道以禀其质，无此道则物不生矣。"[①]道同时具有"无"与"有"两种基本属性，这是老子思想的本有特征，老子由此而沟通了道与万物之间的关系。"无"是指道本身所具有的无限性与超越性，"有"则是强调虚无之"道"作为万物的本源性和本体性。由此而衍生出的道体有无的问题为后来历代注老家所关注。

汉代哲学中，元气自然论流行，思想家在注释老子《道德经》时，经常采用元气来理解老子所说的"有生于无"，认为元气是一种最原初、最根本的物质，元气分为阴阳二气，阴阳二气的相互运动而产生了天地万物。由于这种宇宙生成论仅局限在现象界考察问题，因而到魏晋

---

① 《道德真经广圣义》卷十二，《道藏》第14册，第370页。

时期,玄学家就不再满足于这种认识,他们注老或偏重于有或偏重于无,力图运用本末体用等范畴深入到事物内部,探究事物之本、万物之性究竟如何。例如,王弼就认为道是无,他说:"道者,无之称也。无不通也,无不由也,况之曰道。寂然无体,不可为象。"①道正因为是没有任何规定性的"无"才能成为有规定性的万物的本体。王弼通过"以无为本"而将老子之道进一步本体化,但他对"无"的过分推崇又引发出人们不同的看法。裴頠在《崇有论》中就认为,"夫总混群本,宗极之道也。"②道作为天地万物的本体并不是绝对的虚无,而毋宁就是万物本身,因为,"至无者无以能生,故始生者自生也,自生而必体有,则有遗而生亏矣"③。"无"不能生"有",只有"有"才能生"有"。如果"无"是空无一物的虚无,那么,这种空无一物的"无"是无法生成万有并成为万有存在的根据的。裴頠对"有"的推崇和对贵无论的批评,导致了玄学中形成了贵无论与崇有论之别。贵无论与崇有论在道体有无的问题上各执一端而难以达成一致,曾遭到时人的批评。孙盛在《老聃非大贤论》中就指出:"昔裴逸民作《崇有》、《贵无》二论,时谈者或以为不达虚胜之道者,或以为矫时流遁者。余以为尚无既失之矣,崇有亦未为得也。"④孙盛认为,无论是"贵无",还是"崇有",都是各执一方,不达圆化之道。据此,唐代道教学者在批评"魏晋英儒,滞玄通于有无之际"⑤时,又希望超出玄学执著于"有"与"无"的对立,而以重玄学的方法来说明道体既是非有非无,又是既有既无的存在,力图在某种程度上消弭长期以来的争论,并凸显出道体有无浑然一体的玄妙性。

杜光庭继承并发展了唐代重玄学家"此则遣于无是无非也。既而遣之又遣,方至重玄也"⑥的思想,不仅以"既有既无"来说明"道"的本

---

① 楼宇烈校释《王弼集校释》,中华书局 1980 版,第 110 页。
② 《晋书》卷三十五《裴秀传》。
③ 《晋书》卷三十五《裴秀传》。
④ 《广弘明集》卷五,《大正藏》第 52 册,第 120 页。
⑤ 李荣撰《道德真经注·序》,《道藏》第 14 册,第 37 页。
⑥ 成玄英撰《南华真经注疏》,《道藏》第 16 册,第 302 页。

源性、本根性,更强调作为本体的道虽然具有超越于一切事物的特征,但却是最真实、最终极的永恒存在。他说:"自上而下谓之降,妙本之道,出乎虚无。虚无之体,清浮在上,欲生化品物,运道神功于妙无之中而生妙有。妙有融化,自上而下,降于人间,兆见物象。妙无为本,妙有为迹。本则澹然常存,迹乃资生运用,由是言之,一切物象,皆由道生,一切形类,皆道之子矣。"①这里,杜光庭既从本源论的角度谈到了"妙无之中而生妙有",以强调道与万物的生成关系同时,又以"妙无为本,妙有为迹"来强调道是天地万物乃至于人的存在的本体,用有无、本迹来说明道是超绝名相的终极本体,以解决"妙本"在"从本降迹"化生万物之后,万物如何继续保持并体现道的本性。杜光庭努力将"道"放到万物之本的位置上,通过强调其妙本之真性,不仅为天地人的存在提供了最终极的依据,而且也为人的存在及修道成仙提供了依据。

就道体的超越性层面看,杜光庭强调道体是"非有非无"的,无可执著、不可言说。他说:"无非有非名为道,道本无形之形,真之能名。德本无象之象,是谓真象。'杳杳冥冥,其中有精,其精甚真。'非无为也。万法俱无,是为空无。空无之道,亦非自然。破此空无,还归于无也。"②只有通过"有无双遣"、不执言象的方法才能彰显道体的超越性,杜光庭说:"道之至也,微妙玄通,不可以有推,不可以无喻,去此之外,不名为道。"③在他看来,任何有为、有执的做法,都是对道的遮蔽。因此,执著有或无,就无法使修道者得道。"世人不能知道,妄动营为,非道营为,必至隳败,或妄于教体,执著有无,不能任以自然。守常知分,有执必失,有为必败,此乃常理也。欲使化理之君,无为则无败。修道之士,无执则无失也。"④这种"有执必失"、"有为必败"的思想是基于杜光庭对道体非有非无之特性的理解,而杜光庭的这种理解,实际上也与他当时对世态人情的看法有关。生活在唐末五代的杜光庭

---

① 《道德真经广圣义》卷十九,《道藏》第 14 册,第 402 页。
② 《太上老君说常清静经注》,《道藏》第 17 册,第 186 页。
③ 《道德真经广圣义》卷十九,《道藏》第 14 册,第 403 页。
④ 《道德真经广圣义》卷四十三,《道藏》第 14 册,第 534 页。

深感"世态纷纶,真心难固,嗜欲牵役,妙道易忘,始从事而立功,忽进退而生惑,亦缘有为、有执,所以败于垂成尔"①。面对纷纷扰扰的世俗世界,面对欲望无边的世人之心,如果采用重玄学"有无双遣"的方法,就能帮助人们彻底破除对世俗的种种执著,走出日常经验性的思考范围。只有不执著,超越分别,才能直契无所不在、所在皆无的真道。

在唐代道教重玄学中,道体既是非有非无,同时又是既有既无,道本身是超越性与现实性的辩证统一。"道者,若执有见有名,即非上德也。本不有不无,不虚不实,应用即有,昧用即无。"②例如,杜光庭在诠释老子的"道可道"时,还通过有无体用来说明道体的这一特性,他说:"标宗一字是无为无形道之体也。可道二字是有生有化道之用也。三字之中,立自体用。体则妙不可极,用则广不可量,故为虚极之妙本也。"③这里,杜光庭通过对"常道"(标宗之道)和"可道"的讨论来说明道具有"虚极"和"生化"两方面的含义,由此而展示了两种对"道"的理解。前者为"向上"一路,通向超越之境,为人修道成仙指明了方向;后者为"向下"一路,联通现实之域,展现了道生万物并为万物乃至人之本的特性④。

这种对道体的理解在很大程度上沿袭了《本际经》的思路,吸收了许多佛教中观学派关于"空"的思想和论证方法。《本际经》中说:

> 所言道者,通达无碍,犹如虚空,非有非无,非愚非智,非因非果,非凡非圣,非色非心,非相非非相,即一切法,亦无所即,何以故? 一切法性,即是无性。法性道性,俱毕竟空,是空亦空,空空亦空,空无分别,分别空故,是无分别,亦复皆空。空无二故,故言其即。⑤

---

① 《道德真经广圣义》卷四十三,《道藏》第 14 册,第 535 页。
② 《太上老君说常清静经注》,《道藏》第 17 册,第 188 页。
③ 《道德真经广圣义》卷六,《道藏》第 14 册,第 342 页。
④ 李作勋著《隋唐道教心性论研究》,贵州人民出版社 2006 年版,第 53 页。
⑤ 敦煌道经 P.3280 号《本际经》卷九《秘密藏品》,黄永武主编《敦煌宝藏》第 127 册,台湾新文丰出版公司 1981 年版,第 284 页。

《本际经》运用"非有非无"的方法来说明,道的体性虽为一切诸法存在的根据,但却是不落两边,超越了一切有无、智愚、凡圣、因果、色心的"毕竟空",这显然大量地借鉴吸收了佛教的思想。但《本际经》又将这种"毕竟空"放到道教的语境中来加以表达,认为道性即是自然,即是"毕竟空"。"道性者即真实空……而为一切诸法根本。无造无作,名曰无为。自然而然,不可使然,不可不然,故曰自然。悟此真性,名为悟道。"①由此而将佛教的"空"与道教的"自然"观念结合起来。

把佛教的"空"与道家的"自然"联系起来的做法在汉代佛经翻译中就已出现了。在东汉译出的《光赞般若经》中就用"自然"来解释"空",认为"一切诸法为无所有,则谓自然"②。如果说,佛教在初传时期是用中国传统的"自然"概念来帮助人理解佛教的"空",那么,唐代道教则是借助于佛教"空"的思辨来发挥"自然"的内涵。《本际经》用"空"来彰显道体的"非有非无"的超越性,又用"自然"来凸显道体的无造无作、自然而然。《本际经》不仅将"自然"视为道体的根本属性,而且将道体与人性联系了起来,认为"悟此真性,名为悟道",从而将悟道视为人通过"非有非无"方法摒弃种种烦恼,在自然而然的无执著状态中恢复人的本来清静之性。《本际经》的这种思想影响了唐代许多道教重玄学家,也成为杜光庭重玄学的主要内容。

杜光庭在注释《太上老君说常清静经》中的"观空亦空,空无所空"时,曾进一步采用佛教的"空"来形容道体的无名无象,无可执著。他说:"空者,真空也。空法之相,乃有二种。有大空,有小空。大空者,无为不为之理。小空者,破有归无,以无为为无,是名小空。此二空俱无,即自然不染正性,乃成真道也。"③杜光庭认为,"空法之相"有"大空"与"小空"之分——小空为遣有,"破有归无,以无为为无";大空为遣无,追求"无为不为之理",但它们仍处于遣有遣无的层次,因此,人需要摒弃小空、大空,由"二空俱无",才能体悟道体本有的"自

---

① 敦煌经卷 P.2806 号《本际经》卷四《道性品》,黄永武主编《敦煌宝藏》第 124 册,台湾新文丰出版公司 1981 年版,第 264 页。

② 《大正藏》第 8 册,第 172 页。

③ 《太上老君说常清静经注》,《道藏》第 17 册,第 186 页。

然不染正性"。

在遣有遣无之后,杜光庭又借注释"所空既无,无无亦无"而强调破斥空无也只是化导众生的一种手段而已。他说:"空者亦非大非小,喻如道性,本无长短,亦无尘垢,悟即谓之真空,不悟谓之假相,非为至道。……道法自然,本无空假。天尊慈悲,乃立空假之相。"①道体本来是没有长短、空假之分的,用"空"来诠释道体真性,乃是一种"善巧方便,随机应化,教导人天,皆归至道"的比喻,实际上,"所说空相,亦非空相,空相是道之妙用,应道用即有,不用即无。非无非有非名为道。道本无形之形,真之能名。德本无象之象,是谓真象。'杳杳冥冥,其中有精,其精甚真',非无为也。万法俱无,是为空无,空无之道,亦非自然。破此空无,还归于无也"②。这样,杜光庭通过"有无双遣"来破此空无,对"二空俱无"也不能执著,从而进一步强调了道体空无所空,无无亦无,不可执著的道理。

杜光庭认为,前面所说的是"空寂之理",但对道体把握还必须通过遣有、遣无又遣中的重玄学方法来破除对有、无、非有非无、亦有亦无等种种执见。这样,杜光庭所说的"有无双遣"就不仅是一种形而上的玄思,一种哲学思考的维度,更是要人从清理自己的日常生活的思维模式和经验习惯入手,以摆脱有为、有执而走出的本性沉沦之困境。"二空俱无"仍然是有所执著,因此还要在此基础上进一步遣滞,这样才能最终彰显"湛然常存"的真道。杜光庭在注释"无无既无,湛然常寂"时又说:"无无者,无执也。虽无执见,归于寂法,寂法亦无,非为寂也,亦非空也,亦非无也。非空为空,谓之真空。非无为无,是无中之法,法亦俱无,归于真寂。真寂亦无,非为无法,不有不无,非空非色,假名称见,化导众生,种种分别,皆为执见,执见既无,名曰自然清静。非为空寂之法,空寂既无,则湛然常存,豁然无碍,即谓之真常之道也。"③这里,杜光庭用"非空为空,谓之真空"进一步排遣了对"二空俱无"的执著。在他看来,先明"空寂之理",再明"空寂俱无",这样就能

① 《太上老君说常清静经注》,《道藏》第17册,第186页。
② 《太上老君说常清静经注》,《道藏》第17册,第186页。
③ 《太上老君说常清静经注》,《道藏》第17册,第186页。

"自然无欲,即成真道"①。

杜光庭作为一名道士,他用"有无双遣"的重玄学方法彰显道体的最终目的还是为了说明修道得道的问题。因此,他在以空诠道的基础上,还将"空"与人的"性命"相结合,从而强调了"有无双遣"的方法在人的修道中的作用。他认为:"空无大小,亦无所去。有著即显,无著即隐。空法之相,即随影而见形,若言无见,即断灭。其法长存,如水似镜,在人之身,掌人之性命。"②人只要用"二空俱无"、"非空为空"的方法来体悟这种"空法之相",就能了悟人本有的道性。他在注释《常清静经》"真常应物,真常得性,常应常静,常清静矣。如此清静,渐入真道,既入真道,名为得道"③时,随顺唐代道教丹学的发展趋势,进一步将道体引入心性,运用重玄学的方法强调修道即是修心。他说:"道性既清静,乃得真性,既得真性,返归于无得之理也。"④他不仅将"清静"作为道性的根本特征,而且用"有无双遣"的方法要求心性清静,认为只有这样,才能得道成仙:"既入真道,名悟修真,炼凡成真,炼真成神。神真者,道也。故与天地同寿,日月齐明,造化万物,故名为得道也。"这样,杜光庭不仅丰富了重玄学的内容,而且推进了道体重玄向道性重玄的演化,并为道教的长生成仙说开出了新的路径。

第三节　心寂境忘玄道至

既然修道就是修心,那么,如何修心? 或者说,如何在主体自心上修道? 这就成为唐代道教思想家关注的另一个重要问题。从老子的"玄之又玄"、"损之又损"的否定思维出发,成玄英、李荣又借助于佛教三论宗的"非有非无"的中道思想而认为,若"不滞之名。有无二心,微妙两观,源于一道,同出异名。异名一道,谓之深远。深远之玄,

---

① 《太上老君说常清静经注》,《道藏》第 17 册,第 186 页。
② 《太上老君说常清静经注》,《道藏》第 17 册,第 186 页。
③ 《太上老君说常清静经注》,《道藏》第 17 册,第 186—187 页。
④ 《太上老君说常清静经注》,《道藏》第 17 册,第 187 页。

理归无滞。既不滞有,亦不滞无,二俱不滞,故谓之玄。"①这种遣有遣无以归非有非无,其实还是有所执滞的,因此,必须"非非有、非非无"、"不滞于不滞",连非有非无也遣尽,才能称为"重玄",因此,李荣说:"三翻不足言其极,四句未可致其源。"②作为一种理论方法,重玄学的核心是遣执去滞,不断地遣除思想偏执,外遣物事,内遣身心,通过"有无双遣"使"心乃合道"。从杜光庭对"有无双遣"的运用中可以看出,他希望依托于重玄学来强调心寂境忘,来建立一种有别于传统道教仙学的思想与修道实践。在他的理论体系中,他的重玄学也成为一种在人的心境上展开的体道、悟道的方法。

唐代道教对境与心关系的探讨,一般并不涉及宇宙的生成或构成问题,而主要是在缜密精妙的重玄学的逻辑思辨中,关注现实之人如何通过"心寂境忘"来泯灭是非,齐一物我,超越生命的局限,以达到"玄道自至"的境界。重玄学的思维方式与内丹学的修道方法相配合,成为促成唐宋道教转型的内在动因。

从境与心的关系上看,境为客观外境,心指主观内心。"心"作为思维主体,在杜光庭那里有着比较复杂的含义,既指主体之人的自我意识,也指人的认知能力,还指人的情感欲望等心理活动,同时,还潜在地具有道性,从而与天地万物之性相通。如,杜光庭认为,心不是静止不动的,而是在"惠照"中不断地反映着丰富多彩的外境,在变动不居中表现出无限的创造性。"心之惠照,无不周偏(遍)。因境则知生,无境则知灭。所以役心用智者,因境而起也。境正则心与知皆正,境邪则心与知皆邪。苦乐死生,吉凶善恶,皆由于此也。故心者,入虚室则欲心生,入清庙则敬心生。万境所牵,心随境散。善之与恶,得不戒而慎之乎?"③杜光庭认为,由于"心之惠照,无不周偏",因此,心境的关系在很大程度上取决于修心的功夫,"心随境散"就是说明"境"对"心"有牵累的作用。既然境对心起着重要的影响作用,使人"因境

---

① 唐·强思齐纂《道德真经玄德纂疏》卷一,成玄英撰《道藏》第13册,第361页。
② 唐·强思齐纂《道德真经玄德纂疏》卷一,成玄英疏,《道藏》第13册,第366页。
③ 《道德真经广圣义》卷二十七,《道藏》第14册,第444页。

则知生，无境则知灭"，如果"役心用智"，那么，心就会随境而转，境邪则心邪，境正则心正。因此，"身心耽着外境，忧苦自生于内"①。

在杜光庭看来，道非有非无，故不可执着，只有在破执之中才能得道。同时，道也在人心之中，只有做到自然无欲，才能自然体道。但世俗之人往往"因境役心"，舍己效人，为物所累，甚至炫耀自己的智慧，破坏了自心的本然状态，从而使自心道性不得显现。他说："世人因境役心，乃至分别，察他人之善恶，考身外之短长，不求所以知而求所以不知，舍己效人，以衒其智。"②当人感于外物，人之智贯穿于心的运思过程中，就会使分别、执着、计较之心渐起，就会破坏本性清静的人心。他强调："性本清静，无欲无营，为物所感，因境生欲，感于外而动于内，得不慎其所感哉。"③本来清静的心感于外而动于内，因境而生出种种欲念，使人内心中净染交织、妄真并存。因此，杜光庭叹息道，"天下每每大乱，罪在好智矣。"④

杜光庭认为，"心"既是众妙之门，又是众恶之本；既是引发人的情感欲望，导致忧苦产生的根源，又是为善去恶以求得道成仙的门径。从这种对"心"的理解出发，杜光庭的重玄学就并不是一种思维游戏，而是一种关涉到人如何修道的问题。正是由此出发，他提出了"心寂境忘"。他说：

> 修复其性，于法不住，行相之中，亦不滞着，次来者修，次修者灭，灭空离有，等一清静，故无心迹可得而见。于内曰心，心既寂矣。于外曰境，境亦忘之。所以心寂境忘，两途不滞。既于心而悟，非假远求。⑤

所谓"寂"，就是寂静；所谓"忘"，就是摒弃、忘却。"心寂境忘"既是修道求道的途径与方法，也是修道的根本之要求，同时也可以说是遣除了内在之心与外在之境种种束缚之后所达到的境界，而这种境界的到

---

① 《太上老君说常清静经注》，《道藏》第 17 册，第 189 页。
② 《道德真经广圣义》卷二十七，《道藏》第 14 册，第 444 页。
③ 《道德真经广圣义》卷六，《道藏》第 14 册，第 343 页。
④ 《道德真经广圣义》卷十七，《道藏》第 14 册，第 392 页。
⑤ 《道德真经广圣义》卷二十三，《道藏》第 14 册，第 421 页。

来是自然而然的,用杜光庭的话来说,是"玄道自至"①。

问题在于,人在修复其性的过程中怎样才能使心不随物转,不随境驰,从而在"于法不住"中做到"心寂境忘"、"玄道自至"呢? 对此,杜光庭运用重玄学的方法,通过诠释《庄子》中的"心斋"、"坐忘"、"无心"等内修思想而做了说明。

首先,杜光庭用"遗其色声,忘其境智"来诠释"心斋"。"心斋"本是《庄子》中的一个重要思想:"若一志,无听之以耳而听之以心,无听之以心而听之以气! 听止于耳,心止于符。气也者,虚而待物者也。唯道集虚。虚者,心斋也。"②这是要人排除心中的杂念,使心志纯一,然后虚以待物。杜光庭则发挥说:"此言心虚则嗜欲无入,神清则玄览无疵。遗其色声,忘其境智。境智忘而玄道自至,色声一而物相尽空,心止于符,气合于漠。此谓之心斋也。"③智,唐玄宗解释为"智者,役用以知物",并认为"智则有所不知"④。杜光庭则不仅用"心斋"的工夫来破除随境而起的攀缘之心和哀乐之情,而且还要在心上遗忘境智。只有在心上通过境智"双忘",才能既不执著于外在之境,也不任用自己的心智,"色声一而物相尽空",从而使"心泰志定,境不能诱,终日指挥,未始不晏如也"⑤。如果境智遗忘不掉,就说明主体之心对外在之境还有所执著。哪怕只要还有一点点执著,都不能契入真道。而只要境智双忘,那么便会"玄道自至"。

其次,杜光庭用"忘身"、"忘心"和"外忘万境,内息一心"来诠释"坐忘",甚至主张要"灭心忘外"。杜光庭说:"坐忘遗照者,安坐忘身之谓也。外忘万境,内息一心,心若死灰,形如槁木。不知肢体之有,不知视听之用,隳肢体,黜聪明,遗形去智,以至于大通。通无不通,泛然无主,此达人之忘心也。"⑥"坐忘"本是指凝神静坐、浑然忘掉物我

---

① 《道德真经广圣义》卷三十九,《道藏》第14册,第514页。
② 《庄子·人间世》。
③ 《道德真经广圣义》卷三十九,《道藏》第14册,第514页。
④ 见《道德真经广圣义》卷二十七引,《道藏》第14册,第444页。
⑤ 《道德真经广圣义》卷八,《道藏》第14册,第352页。
⑥ 《道德真经广圣义》卷十三,《道藏》第14册,第376页。

的精神境界,《庄子·大宗师》说:"堕肢体,黜聪明,离形去知,同于大通,此谓坐忘。"①庄子认为,通过静坐修养,忘掉自己的形体,停止一切思维活动,达到"离形去知",就可以与大道融通为一。庄子的"坐忘"后来成为道教的一种重要的修炼方法。上清派第十二代宗师司马承祯就曾著有《坐忘论》、《天隐子》,吸取佛教天台宗止观并重、定慧双修的思想来发挥庄子的"坐忘"思想。司马承祯说:"坐忘者,因存想而得也,因存想而忘也。……于是彼我两忘,了无所照。"②他不仅强调修身炼气,涵神养心,而且认为长生久视的关键在于"彼我两忘",表现出了上清派道士对重玄学"兼忘"方法的运用。杜光庭既是上清派的传人,也是晚唐重玄学的代表人物,因此,他既用"外忘万境,内息一心"将庄子的"坐忘"阐扬为人应当既不为外境刺激所动,也不为内心物欲所牵,以强调保持淡泊虚无的心境。他还进一步以"灭心忘外"对司马承祯的"彼我两忘"作了扬弃。他说:"修道之士,先除其色,反神照内。次除其尘,灭心忘外。尘者,染之于心,关之于念,即名为尘。故六根所起,则为六尘染。六粗尘净,犹有六细尘染。六细尘净,复有六轻尘染。六轻尘净,方契于道,见于无色,闻于无声,味于无味,入于无形,了于无为,乃谓之证道果也。"③如果说,"外忘万境,内息一心"是让人在坐忘的过程中,抛弃一切意念,既忘外境,又忘内心,那么,"灭心忘外"则要人在排除了对内心外境的执著之后,进一步做到"功行既忘,忘心亦遣,无为之智,了能自明,既达兼忘,吻合于道"④。杜光庭认为,"道"的深义只能心照而无法用言语表达出来:"至道深微,不可以言宣,止可以心照。既因照得悟,其照亦忘。故曰:坐忘遗照,

① 徐复观先生在《中国艺术精神》中认为,庄子所说的"'堕肢体'、'离形',实指的是摆脱由生理而来的欲望。'黜聪明'、'去知',实指的是摆脱普通所谓的知识活动。庄子的'离形',并不是根本否定欲望,而是不让欲望得到知识的推波助澜,以至溢出于各自性分之外。在性分之内的欲望,庄子即视为性分之自身,同样加以承认的。所以在坐忘的境界中,以'忘知'最为枢要。忘知,是忘掉分解性的、概念性的知识活动"(转引之陈鼓应著《庄子今注今译》,中华书局1983年版,第206页)。

② 《天隐子》,《道藏》第21册,第700页。

③ 《道德真经广圣义》卷十二,《道藏》第14册,373页。

④ 《道德真经广圣义》卷三十六,《道藏》第14册,第494页。

此皆大乘之道也。"①只有通过"坐忘"做到"既因照得,悟其照亦忘"的遣之又遣,才能进入无是非、无分别的"玄道"之境。

最后,杜光庭以"心无其心"来发挥庄子的"无心"思想。他在解释《常清静经》"能遣之者,内观其心,心无其心"时说:"圣人设法教人,修道即修心也,修心即修道也。心无所着,即无心可观。既无心可观,则无所用,无所修,即凝然合道。故心无其心,乃为清静之道矣。"②这种"心无其心"主要是通过否定性思维方式"双遣"来实现的。如果追根溯源,《庄子》主张的"虚忘其心"以达到"虚室生白"之境③,可以说是杜光庭的"心无其心"的理论渊薮。庄子所说的"无心",郭象在《庄子注》中解释为:"莫若无心,既遣是非,又遣其遣。遣之又遣之以至于无遣,然后无遣无不遣而是非自去矣。"④主张"无心"就是通过"遣之又遣之以至于无遣"来摒弃一切杂念,使心灵进入一种无思无虑的清寂境界。杜光庭通过强调"心无其心",要人保持"心无所着"的自然清静状态,真正做到"心寂境忘"。

杜光庭所宣扬的"心寂境忘"非常强调一个"忘"字,他说:"摄迹忘名,已得其妙,于妙恐滞,故复忘之,是本迹俱忘,又忘此忘,吻合乎道。有欲既遣,无欲亦忘,不滞有无,不执中道,是契都忘之者尔。"⑤即通过既忘外境,又忘内心,忘之又忘而使人由纷纷扰扰的、令人痛苦不堪的现实世界而进入安详宁静的"心寂境忘"而合道境界。因此,"忘"既成为在心理经验中展开的一种去除有执的重要方法,也成为"玄道自至"的重要前提。包弼德从道学、新儒学的角度探讨了唐宋思想文化转型的三个显著特征之一是"从唐代基于历史的文化观转向宋代基于心念的文化观(主要和道学、新儒学联系在一起)"⑥。其实,若

---

① 《道德真经广圣义》卷四,《道藏》第 14 册,第 333 页。

② 《太上老君常清静经注》,《道藏》第 17 册,第 185 页。

③ 《庄子·人世间》。

④ 西晋·郭象《齐物论注》,清·郭庆藩《庄子集释》第一册,中华书局 1961 年版,第 79 页。

⑤ 《道德真经广圣义》卷六,《道藏》第 14 册,第 344 页。

⑥ [美]包弼德著《唐宋转型的反思——以思想的变化为主》,刘东主编《中国学术》第 3 辑,商务印书馆 2000 年版,第 78 页。

参照杜光庭倡导的"心寂境忘"的修行观,可见其通过对老庄思想的注释也为宋代形成基于心念的文化观而促进唐宋道教转型提供了一种独特的理论进路,而这一点又是过往学者在研究唐宋史时比较忽视的思想盲点之一。

如果从现代心理学的角度来看,合理的遗忘对人保持身心健康是有益的,甚至是必要的。一个人如果不具备遗忘功能,大脑就可能因载承的信息过多而精神负担过重,这不但会使人陷入色声等低级欲望之中而使人身心疲惫,更有甚者,还会使人产生精神分裂。虽然杜光庭所说的"心寂境忘"也许也具有通过遗忘种种痛苦和烦恼以保持大脑的健康,使人的身心得以安然愉快,但他从信仰的角度宣扬的"心寂境忘"并不仅是要人忘记人生的烦恼,更是要人忘掉那些与自己的宗教修行目标关系不大的世俗事务,以保持修行的纯粹性,甚至连自我也忘掉。一旦"心寂境忘"、"玄道自至"时,道教追求的理想之境也就实现了。这种通过层层否定而达到肯定,以直契根本目标的思维方式,构成了杜光庭重玄学的鲜明特征。

第四节　忘言契道以明理

道教所信仰的对象"道"具有不可言说、不可思议的超验性,因而人们通过言语既无法全真地表达它,也无法真正地把握它。对此,杜光庭也作了强调,他说,"非文字能诠,非言句能述。老君曰:道若可献,则臣献于君,道若可传,则父传于子,斯固非可言传也。"[1]言语作为工具性的媒介,其本身的作用是有限的,它可以描述事物及事物之理,但难以诠释超越于具体事物之上的道。"至道高妙,不可言诠,约妙与深,以玄为证,言深妙玄远,以明道体。故谓之玄。"[2]因此,言语在道面前常常显得那么的无能为力。英国神学家约翰·麦奎利就认为:"在许多宗教中,已出现了这种信念:宗教经验中最重要的东西是

---

[1] 《道德真经广圣义》卷四,《道藏》第 14 册,第 333 页。
[2] 《道德真经广圣义》卷三,《道藏》第 14 册,第 324 页。

不能言说的，或者说，撞击着人们宗教生活的实在不同于日常的客观经验，它超越了我们的理解能力，因此我们对它只有沉默。"①但道教并没有完全沉默，道教重玄学的主要特征之一，就是力图运用"有无双遣"的方法通过否定之否定来表达不可言说的道。杜光庭在继承前人的道言之辨的基础上，对于道与言的关系做出了自己独到的解说，从而丰富了重玄学的内容。

杜光庭对道与言的关系的基本看法是："法者，所以诠道也。悟道则忘法。言者，所以观意也。得意而忘言。若滞于法，则道不能通。滞于言，则意不可尽。故令于法不滞，转更增修。于言不滞，旋新悟入。"②即认为，言语教法可以用来诠道、观意，但要悟道、得意则必须忘言、忘法，因为任何言语在超言绝相的"道"面前都会显得苍白无力而不周全，如果人执著于言，则意不可尽；执著于法，则道不能通。只有"于言不滞"，才能"旋新悟入"。

杜光庭认为，一般人并不懂得上述道理，他们"执滞于言教"，结果导致了"失至道之宗"。他说："执滞于言教，则致不通，失至道之宗。迷言教之说，能明筌蹄之用，则无封执之迷，亦无飘骤之害，而彰散润之德。"③杜光庭以《庄子》的"筌蹄之喻"来说明，"言以明理"，因而"教必因言"；但是，如果"执于言"，则"又非教意"了。他说：

> 教必因言，言以明理。执言滞教，未曰通途。在乎忘言，以祛其执，既得理矣。不滞于言，是了筌蹄之用也。筌蹄者，庄子曰："筌者，所以在鱼，得鱼而忘筌。蹄者，所以在兔，得兔而忘蹄。言者，所以在意，得意而忘言。吾安得夫忘言之人而与之言哉。"筌者，以竹为之，取鱼之器也。蹄者，以绳为之，取兔之器也。鱼兔既得，则筌蹄可忘，若执筌蹄，乃非鱼兔矣。若执于言，又非教意矣。④

①　《谈论上帝——神学的语言与逻辑之考察》，安国庆、高师宁译，四川人民出版社1997年版，第13页。

②　《道德真经广圣义》卷十四，《道藏》第14册，第383页。

③　《道德真经广圣义》卷二十，《道藏》第14册，第408页。

④　《道德真经广圣义》卷二十，《道藏》第14册，第407页。

在杜光庭看来，虽然言语的功能就是明理，理必须要借助于言语教法才能得以彰显，但言语教法仅为明理的工具与媒介而不是教法之理本身。言语教法的最终目的在于通过媒介和工具去把握终极之道。若执言滞教，执著于言语，拘泥于文字，那只会离言语所表达的意义越来越远，最终导致人忘记隐于言教背后的"至道"而误入迷途。因此，必须"忘言以祛其执"，才能得理、得意而不失道。

由是，杜光庭通过重玄学的方法进一步发挥庄子学说中的"得鱼忘筌"、"得兔忘蹄"而强调了忘言以契真道，他说：

> 取鱼之器曰筌，以竹为之。取兔之器曰蹄，以绳为之。取鱼则器包其身，故谓之筌，言其可生全而致之也。取兔则绳束其足，故谓之蹄，言可致足而致之也。愚人不知筌蹄可取鱼兔，执筌蹄以为鱼兔，失之远矣。言者，所以宣理，教者，所以告人。道不可无言而悟，因言以宣之。法不可不告而悟，故立教以告之。愚人不知言教所以悟道，执言教以为道，亦失之远矣。夫至虚至静，方能集道，滞言束教，何以契真？至虚以忘言，至静以忘教，不可执矣。[1]

在这里，杜光庭一方面强调，"道不可无言而悟，因言以宣之"，只有采用"以筌取鱼"、"以蹄取兔"的方法，以言语来立教宣道，才能帮助人悟"道"；另一方面，他又强调"执言教以为道，亦失之远矣"，要求人们"得鱼忘筌"、"得兔忘蹄"，不要僵硬地拘泥于言语文字，而应该忘言忘教以契真道。

道作为一种终极性的存在，它既是万物之本，又存在于人的心灵之中，是心灵的一种本真状态。因此，杜光庭在说明应该"忘言契道"时特别强调了心悟。如何心悟？他在解释唐玄宗的"穷理尽性，闭缘息想"时引《周易》的"穷理尽性以至于命"作了发挥。"易云：穷理尽性以至于命。穷者，穷极万物深妙之理，究尽生灵所禀之性，物理既穷，生性又尽，以至于一也。"[2]这里，杜光庭通过把万物之理与众生之

---

① 《道德真经广圣义》卷二十，《道藏》第 14 册，第 409 页。
② 《道德真经广圣义》卷四，《道藏》第 14 册，第 332 页。

性相沟通而把穷理悟道落实到了心性的修炼上来。由于玄理真性不可以言诠,因此,心悟也就必须"闭缘息想"以降伏其心,最终才能"穷达妙理,了尽真性"。他对闭缘息想作了细致的解说:

> 穷理者,极其玄理。尽性者,究其真性,玄理真性,考幽洞深,可以神鉴,不可以言诠也。闭缘息想者,随境生欲,谓之缘,因心系念,谓之想。于此门中分为四别。一曰意随善境而生善欲,谓之善缘。二曰意随恶境而生恶欲,谓之恶缘。三曰心系善念而生善想。四曰心系恶念而生恶想。虽同因境所起,分为善恶。夫初修道者,既闭恶缘,又息恶想,以降其心。心澄气定,想念真正,稍入道分。善缘善想,亦复忘之,穷达妙理,了尽真性。想缘俱忘,乃可得道。故云,穷理尽性,闭缘息想也。①

穷理是穷极万物之理,尽性是究尽生灵之真性。杜光庭沿续道教的传统,以客观世界为大宇宙,以人之一身为小宇宙,从天人合一的思路出发而提出穷万物之理与尽众生本性是彼此联系、相互统一的,对于"考幽洞深"的玄理真性,只可以"神鉴",而不可言诠,因而他强调"闭缘息想"。缘是"随境生欲",指人心随境而生起各种欲望;想是"因心系念",指心产生各种念头。"闭缘息想"就是要人止息各种欲望和念头,以回归人心本来的真性。

值得注意的是,杜光庭在这里运用重玄学而将缘和想依照善、恶"分为四别"而作了解说:善缘、恶缘、善想、恶想。他认为,修道先须闭息恶缘、恶想,以做到"心澄气定,想念真正,稍入道分";然后还应进一步忘却善缘、善想,才能最终穷达妙理,了尽真性。他特别强调了"想缘俱忘,乃可得道"。如果说,闭息恶缘、恶想为遣有,忘却善缘、善想为遣无,那么,在遣有遣无的基础上,"想缘俱忘"就是非有非无,杜光庭通过重玄学的方法使心从向外追求转向了反归于自心。

在杜光庭看来,这种"忘言契道"的心悟是建立在心的直觉之上的,表现为一种以塞兑、闭目而摒弃了种种外来的感觉后所形成的一种特殊的内心体验。杜光庭说:"欲忘言者,塞其兑。兑,口也。言语

理绝,自契忘言矣。欲忘象者,闭其门。门,目也。形象混冥,自契忘形矣。塞兑则辩说不施,固无滞于言教。"①他从塞口忘言、闭目忘象出发进一步将言与道放到心中来加以辩证:"无为之要诀之于心,以言而传斯非道矣。《西升经》云:'道可以心得,不可以言传。'《易》曰:'得理而忘言,得意而忘象。'滞于辩说,非道也哉。"②杜光庭认为,至道存在于人心,如果用形形色色的名言来传道,所传之言就不再是道。道只可用心来悟,却不能以言来传。

　　针对"教必因言,言以明理"而道又不可说的这种"说不可说"的悖论,杜光庭主张,"修身之道,因经而悟理,因悟而忘言,了达妙门,不执言教"③。他强调,"道之要者,在乎得言而忘言,知道而行道。行之既得,教亦俱忘。守一则不烦,无为则不乱,故博于言教者,去道远矣。岂能得玄妙之道兮"④。得道之要就在于得言而忘言,知道而行道。言教虽能帮助人明理悟道,但从根本上说,道是不可言说的,因此,博于言教只会离道愈远,执著于言教只会妨碍悟道。杜光庭还从名与道、本与迹的关系对"说不可说"作了阐释,以引导人摄迹返本、复归于道:

　　　　道显而名立,名立而欲生。此乃有道可言,有名可谓,有欲之机,兴于此矣。是迹从本而生也。若摄迹者,弃欲忘名,复归妙本,于道忘道,于名忘名,是谓还本矣。徇情者,逐欲忘本,以至沦滑,能返乎物初,可与言乎至道矣。⑤

他还借《老子》第一章"名可名,非常名"来加以发挥:

　　　　名者,正言也。标宗一字,为名之本。可名二字,为名之迹。迹散在物,称谓万殊。由迹归本,乃合于道,是知道为名之本,名为道之末。本末相生,以成化也。⑥

①　《道德真经广圣义》卷三十九,《道藏》第 14 册,第 515 页。
②　《道德真经广圣义》卷三十九,《道藏》第 14 册,第 514 页。
③　《道德真经广圣义》卷十二,《道藏》第 14 册,第 371 页。
④　《道德真经广圣义》卷五十,《道藏》第 14 册,第 565 页。
⑤　《道德真经广圣义》卷六,《道藏》第 14 册,第 344 页。
⑥　《道德真经广圣义》卷六,《道藏》第 14 册,第 342 页。

名是用来显道的。道显则名立,名立则人的欲望随之而生。由于道为名之本,名为道之末,因此,要复归于道,不仅要弃欲忘名,而且还要"于道忘道,于名忘名",乃可合于道。

总之,杜光庭的重玄学运用"有无双遣"的方法,通过对心境、言道关系的辩证,以说明主体之人要真正了悟至理真道,就必须通过对有、无的层层否定,最终"既绝俗学,不矜其智,不着有为,不住有法,不止于有,不滞于无,空有都忘,深入玄要矣"①。杜光庭把灭除世俗烦恼视为是"不止于有",将遣除人的心智视为是"不滞于无",强调只有遣之又遣,"空有都忘",才能真正"深入玄要",达到契道的目的,而这都是在修心过程中实现的。一旦心寂境忘,实际上玄道也就会自然而至。这样,杜光庭通过重玄学而引导人们在心境上实现精神超越,也就为道教心性论的重构提供了理论进路。

---

① 《道德真经广圣义》卷十八,《道藏》第 14 册,第 400 页。

第五章　道性论对生命观的重构

　　唐代道教运用重玄学的"有无双遣"彰显了道体，又将普遍绝对的"道"置于人的心中，并将修道落实在了修心上。这样就很自然地将重玄学的思辨转向了对人的生命现象的思考，以探讨道教在创立之初就特别关注的问题：人的生命是如何形成的？人为何生而有异？人的生命是否能够永存？个体的生命如何超越现实的痛苦和生死的局限而契合于生生不息的大道？对这些问题的探讨，不仅使重玄学所追求的"心寂境忘"、"玄道自至"具体落实到了心性炼养上，而且从心性、道性的角度将道与众生联系了起来，通过道性论对生命观的重构，明确地将道教心性论建立在对"道性"的深入探讨上。道性论以认识自我和顺应自然为基本特征，据此而提出了复归于人的清虚自然本性的思想。这种对天道的淡化和对性命的强调在客观上促进了唐末五代内丹心性学的兴起。

第一节　众生皆有道性

　　唐代时，道教哲学的重心已经由宇宙本体论过渡到了以道性论为核心的心性论。心性论是人对自身的认识，是研究人的本质的问题，因此，心性论既与人性论相关，又比人性论涉及的范围更宽泛。虽然唐代道教的心性论仍然沿用老子"致虚守静"、"涤除玄览"的思路和庄子的"坐忘"、"心斋"的认识方法，但它更强调以心体道，并运用重玄学"有无双遣"的方法将修道归为修心，由此而建立起了比较系统的道教心性论。道教心性论是以道性论为中心而展开的。道性是指潜藏在宇宙万物和生命中的潜在性的道,它是一切众生修道的基础①。道性论既从本体论上来证明人与万物在本性上同源于道,又从心性论出发来探讨道性与众生性之间的异同与联系,以为众生提供修道而能够得道的理论依据,这成为唐代道教中一个颇为流行的观点。

纵观道教史,道性由涵摄天、地、人而最终被落实到"一切众生皆有道性",并由此而成为众生修道的基础,经历了一个历史发展的过程。有人认为,"道性思想是南北朝末期以后,道教界开始出现的一个积极学习佛教运动的一部分,这个潮流有两个重要特点,一是对佛教不抱敌意,并大量吸收佛教思想,另一则是借用佛学概念和语言,大举发展道教哲学"②。但如果追根溯源,实际上有关"道性"思想的萌芽在老子提出的"道生万物"、"道法自然",庄子提出的道无所不在,甚至"在蝼蚁"、"在稊稗"、"在瓦甓"、"在屎溺"③的论述中就已初露端倪。就现有资料看,"道性"一词的正式出现,首见于汉代的《老子河上公注》,其中在注释老子"道法自然"时,明确提出了"道性自然,无所法也"④的思想,这里的道性意谓道的本性是自然。其后的《老子想尔注》也使用了"道性"这一概念,提出了"道性不为恶事,故能神,无所不作,道人当法之"⑤的说法,从道性与人性的比较出发,强调道的本性为纯粹的善,故神通广大,无所不能,学道者应当效法之。但这些思想在汉代重"气"的文化语境中并没有得到长足的发展。

魏晋神仙道教在形神关系上追求形体的永固,从而导致了肉体长生成仙说在社会上盛行。以葛洪为代表的神仙道教以"保肉体之真"为目的,以服药养气为得道成仙的根本方法,其他的斋戒、拜神等宗教活动和遵循儒家忠孝仁信等伦理行为,都是围绕着肉体长生而展开的。葛洪那经过玄学洗礼的仙学,不仅为道教建构一种全新的生活方

① 胡孚琛主编《道教文化大辞典》,中国社会科学出版社 1995 年版,第 463 页。
② 陈弱水著《隋代唐初道性思想的特色与历史意义》,载《第四届唐代文化学术研讨会论文集》,台湾成功大学 1999 年版,第 485 页。
③ 《庄子·知北游》。
④ 王卡点校《老子道德经河上公章句》卷二《象元第二十五》,中华书局 1993 年版,第 103 页。
⑤ 饶宗颐著《老子想尔注校证》,上海古籍出版社 1991 年版,第 44 页。

式提供了理论指导,而且也凸显出魏晋神仙道教追求肉体长存的特点。但是,就在各种炼丹术在理论上不断完善发展的同时,其在实践中出现的种种弊端也逐渐暴露出来。服食金丹,不仅不能"假求于外物以自坚固",延长生命,有时反而会损害身体,加速死亡。欲求长生,反而速死,这一惨痛的现实,使人们逐渐认识到肉体成仙的虚幻性,也促使道教寻找新的修道之路,道性问题又重新引起了人们的重视。

随着南北朝道教义学的发展,人们对自身的认识也逐渐深入,对形神关系的理解也日益丰富,这就促使道教仙学也开始朝不同的方向发展。有的继续保持对服食金丹大药的追求,例如茅山道士陶弘景在注重修形养神的同时,仍以"摄养无亏,兼饵良药,则百年耆寿"①为指导而努力炼制丹药,成为继葛洪之后南朝最著名的炼丹家。也有的以斋戒为求道之本、升仙之途,如南天师道的代表人物陆修静强调:"夫感天地,致群神,通仙道,洞至真,解积世罪,灭凶咎,却怨家,修盛德,治疾病,济一切,莫过乎斋转经者也。夫斋直是求道之本,莫不由斯成矣!"②北天师道宗师寇谦之也宣扬"长生至道,仙圣相传,口诀授要,不载于文籍,自非斋功念定通神,何能招致乘风驾龙,仙官临顾,接而升腾? ……诸欲修学长生之人,好共寻诸《诵诫》,建功香火,斋练功成,感彻之后,长生可剋。"③还有的则强调通过内修的方法以求飞仙,如奉《上清大洞真经》和《黄庭经》为主要经典的上清派,就强调通过行气思神之术调整人的身心,来排除种种鬼魅对生命的干扰,以达到长生久视的目的。更值得注意的是,此时的道教还从重视"神"在人的生命中的作用出发而提出了道性观念,并将道性作为成仙之本,例如宋文明、臧玄靖就认为人心中有道性,迷其本性的是凡人,悟其本性的便是仙人,因此,修道的关键就是要在心性上下功夫,从人的心性层面去追求生命的超越。

道教的道性观念的出现深受佛教的影响。在魏晋南北朝时期,随着佛教般若性空理论的发展和涅槃佛性论的盛行,中国佛教逐渐将成

---

① 《养性延命录·序》,《道藏》第 18 册,第 474 页。
② 《洞玄灵宝斋说光烛戒罚灯祝愿仪》,《道藏》第 9 册,第 824 页。
③ 《老君音诵诫经》,《道藏》第 18 册,第 215 页。

佛从对外在的宇宙实相的体认转为对人自身本性的证悟,更突出了众生的自性自度。《涅槃经》提出的"一切众生皆有佛性"的思想,经过晋宋时的僧人竺道生大力阐扬而盛行一时。受当时佛教反本求宗、见性成佛思想的启发,道教学者不仅提出了"道性"说,而且也大力强调一切众生皆有道性,从而通过转换佛教的概念、借鉴佛教的佛性论而建立起了道教的道性论。

南北朝至隋唐,道教中出现了许多深受佛教影响的论述道性问题的道经。例如,约出于南北朝时期的《升玄内教经》就吸取了佛教的思想,以"无所有性"、"法性空"来解释"道性","臣知道反俗,何以故?法性空故"①。"法性空"的概念显然得之于佛教。这里所说的"空"并非是不存在(无),而是说存在的不真实,如僧肇所说的"不真空"。这种"法性空"如落实到道性论上,也就出现了"得其真性,虚无淡泊,守一安神。见诸虚伪,无真实法。深解世间,无所有性"②的思想。而出于隋代的《太玄真一本际经》卷四《道性品》就沿此思路运用重玄学的方法专门论述了道性问题:

> 言道性者,即真实空,非空不空,亦不不空。非法非非法,非物非非物,非人非非人,非因非非因,非果非非果,非始非非始,非终非非终,非本非末,而为一切诸法根本,无造无作,名曰无为。③

这里,道教以吸收了佛教思辨的重玄学"双非"的语调明确地将悟道修仙定位在人排遣一切外在的追求,顺应自然而获得心灵的觉悟上。《海空经》则从佛教的众生平等的思想出发来阐释道性,认为"众生道性,不一不二,究竟平等,犹如虚空,一切众生同共有之"④,强调众生都有成道的可能性。这些都是非常典型的佛教化了的道性论。

在深受佛教影响的同时,道教也吸取了儒家的心性思想来丰富自己

---

①　《道教义枢》卷八《道性义第二十九》所引,《道藏》第 24 册,第 832 页。

②　敦煌经卷 S.107 号《太上洞玄灵宝升玄内教经》卷一,黄永武主编《敦煌宝藏》第 1 册,台湾新文丰出版公司 1981 年版,第 546 页。

③　敦煌经卷 P.2806 号《太玄真一本际经》卷四《道性品》,黄永武主编《敦煌宝藏》,第 124 册,台湾新文丰出版公司 1981 年版,第 264 页。

④　《太上一乘海空智藏经》卷二,《道藏》第 1 册,第 621 页。

的学说。例如,陶弘景在《真诰》中就依据《中庸》的性命观念来释"道",他在引裴清灵《道授》的"见而谓之妙,成而谓之道,用而谓之性。性与道之体,体好至道,道使之然也"时专门作注说:"此说人体自然,与道冥合。所以天命谓性,率性谓道,修道谓教。今以道教使性成真,则同于道矣。"①正是以道为基点而又会通儒佛,道教才建立起了自己的心性学说。

南北朝时主要流行在南方道教中的道性论呈现出许多独具的特点,这些特点都对杜光庭基于道性论而建构的心性论有着重要的影响。综合起来看,这些特点可以概括为如下几个方面:

第一,以"清虚自然为体"来界定"道性"。这不仅规定了道性的本质特征,而且还强调了修心得道就是复归于"清虚自然"的本性。例如,南朝梁道士宋文明在《道德义渊》中对《河上公注》所提出的"道性自然"说作进一步发挥时指出:"论道性以清虚自然为体,一切含识,各有其分。先禀妙一,以成其神,次受天命,以生其身。身性等差,分各有限。天之所命,各尽其极。……今论道性,则但就本识清虚以为言。若谈物性,则兼取受命形质以为语也。"②他一方面指出道性以"清虚自然"为体,从而在本体论的层面将"清虚自然"作为人与万物的共同本性;另一方面,又指出物性在既有道性清虚自然之性的同时,又具有受命的形质。这样,在传统道教的形神双修中就更突出了对心性修炼的要求。杜光庭正是由此而进一步把修道转向了复归于人本有的清静道性。

第二,以"空"释道性。早期灵宝经《太上洞玄灵宝开演秘密藏经》中说:"一切法性,即是无性。法性道性,俱毕竟空。"③这种对道性的诠释明显地受到了佛教般若性空思想的影响。佛教所说的"毕竟空"的本义是指"诸法本无自性",皆由因缘所生,故本性皆空。但道教与佛教的不同之处在于,佛教强调一切皆空,要人不执著;道教则继承老子的归根复命的思想,强调众生只有通过修道去除心中的烦恼污染,才能复归于本来"毕竟空"的道性。这种以"空"释"道性"的结果

① 《道藏》第20册,第516页。

② 敦煌经卷S.1438号《道教义》,黄永武主编《敦煌宝藏》第10册,台湾新文丰出版公司1981年版,第641页。

③ 《道藏》第5册,第900页。

就是改变了传统道教对肉体不死的追求，这对杜光庭把修道定位在修心以追求精神超越上起到了引导作用。

第三，以善与恶来释道性。宋文明曾说："道性之体，冥默难见，从恶则没，从善则显。所以然者，万物之性有三：一曰阴，二曰阳，三曰和。《玄女》云：阳和清虚，阴气滞浊；阳和多善，阴分多恶。故性之多阳，知者多善，（性之）多阴，知者多恶。恶则乖道，多善则合真。合真则道性显，乖道则道性没。"①他以气的变化为中介来说明万物之性有阴、阳、和三种，阳和为善，阴气为恶，道性从善则显，从恶则没，从而说明了现实之人为何同禀清虚道性却有善恶之分的原因。这就为杜光庭强调人应由为善去恶而复归于本来清虚的道性提供了切实可行的进路。

第四，强调一切众生皆有道性。六朝道书《洞玄灵宝本相运度劫期经》就明确提出了"大千之载，一切众生，悉有道性"、"一切众生，得道成仙，号曰世尊"②等说法。南朝道士宋文明也说："夫一切有识，皆含道性，何以明之？夫有识所以异于无识者，以其心识明暗，能有取舍，非如木石，虽有本性，而不能取舍也。既心有取，则生有变。若为善则致福，故从虫兽以为人，为恶则招罪，故从人而堕虫兽。人虫既其交拔，则道性理然通有也。"③宋文明通过对物性、人性、兽性的比较而认为，人类与虫兽虽然皆含有道性，但人可以运用自己的心识，对善恶有所取舍，为善则致福，就可以从虫兽以为人，为恶则招罪，则会从人而堕为虫兽，因此，人性与兽性之别就在于，人具有分辨善恶以及为善去恶的能力，而木石之类只有物性而无心识，故不能取舍。这种思想后来被唐代道教发扬光大。

从历史上看，南朝道教对道性的论述已比较系统④，这在客观上导

---

①　敦煌经卷 S.1438 号《道教义》，黄永武主编《敦煌宝藏》第 10 册，台湾新文丰出版公司 1981 年版，第 641 页。

②　《道藏》第 5 册，第 853 页。

③　敦煌经卷 S.1438 号《道教义》，黄永武主编《敦煌宝藏》，第 10 册，台湾新文丰出版公司 1981 年版，第 642 页。

④　宋文明就在《道德义渊》中将"自然道性"分为六重——序本文、明性体、诠善恶、说显没、论通有、述回变，并进行了比较系统的分析（参见敦煌经卷 S.1438 号《道教义》，黄永武主编《敦煌宝藏》第 10 册，台湾新文丰出版公司 1981 年版）。

致了道性论在当时的盛行,并为唐代道教以"道性"为中心建起自己的心性论奠定了理论基础。随着中国哲学的主题由本体论向心性论推进,唐代的道教学者又从不同的角度丰富了道性论的内容,深化了道性论思想。例如,孟安排编集的《道教义枢》中强调"一切含识乃至畜生果木石者,皆有道性"①,上清派宗师潘师正也明确提出"一切有形,皆含道性"②。这种主张"果木石者"和"一切有形"皆有道性的"无识有性"说既受到佛教的影响,也是道教本身的"道无所不在"的道性论思想发展的结果③。与此同时,王玄览、司马承祯和吴筠等人则在传统道教炼形养命的基础上进一步突出了心、性、神等范畴,通过宣扬净除心垢,返本复性,推动了道教理论向追求精神超越的方向迅速发展。成玄英、李荣等人则通过吸取佛教般若中观学的方法,运用非有非无、非空不空的重玄学方法来辨析"道"与"德"、"道"与"物"、"心"与"神"、"心"与"性"等概念,通过对"无心"的强调,要人保持虚静无为的自然状态。

在唐代道教中,对道性进行比较全面阐述的是孟安排编集的《道教义枢》卷八《道性义》。《道教义枢》④对道性的看法虽然是承《玄门

① 《道藏》第 24 册,第 832 页。

② 《道门经法相承次序》,《道藏》第 24 册,第 786 页。

③ 日本学者麦谷邦夫在谈到道教"无识有道性"的思想时曾指出:"最迟在七世纪后半期的唐高宗朝,'无识有道性'说,以其自身所具有的重要意义,得到了道教教义的广泛的重视和承认。这个教义即便是受吉藏的草木有佛性说的启发而产生的,但从道教方面来说,能够接受这一说教,并能丰富它的内容,使之趋于更加完备的思想理论基础,很明显,应该说是南北朝以来所主张的'道遍在于万物'的道气论。这样,道教方面的'无识有道性'说的明确主张,就比佛教方面的'无识有佛性'说的成立时间约早半个世纪。"(《南北朝隋唐初道教教义学管窥》,载《日本学者论中国哲学史》,中华书局 1986 年版,第 311 页)

④ 《道教义枢》十卷,由唐青溪道士孟安排编集。孟安排在该书的序言中称,《道教义枢》是以《玄门大义》为底本,"芟夷繁冗,广引众经,以事类之",借以"显至道之方,标大义之枢要,勒成十卷,凡三十七条",即道德、法身、三宝、位业、三洞、七部、十二部、两半、道意、十善、因果、五荫、六情、三业、十恶、三一、二观、三乘、六通、四达、六度、四等、三界、五道、混元、理教、境智、自然、道性、福田、净土、三世、五浊、动寂、感应、有无、假实。其中,三乘、四等、四达、六通、六度今已佚,实存三十二条(参见《道藏》第 24 册)。

大义》①而来,但通过总结自《真诰》的思想至《本际经》这一阶段的道性教义②,在学理上深化了道性论,对唐代道教心性论的发展产生了至关重要的影响。

《道教义枢》主要从三个方面对道性作了诠释:一是强调道性乃修道而可以得道成仙的可能性。《道性义》开篇即云:"道性者,理存真极,义实圆通,虽复冥寂一源,而亦周备万物。烦惑所覆,暂滞凡因,障累若消,还登圣果。"③潜在于人心中的道性被世俗的烦恼所障覆,就会使人沉沦于凡尘而不能体道成仙。人只有通过修心炼性,消除障覆,才可以复归于道性,"还登圣果"。这种思想后来为杜光庭的道性论所继承和发展。

二是强调道性的不因不果。"道性以清虚自然为体。……究竟诸法正性,不有不无,不因不果,不色不心,无得无失。能了此性,即成真道。自然真空,即是道性。"④如果说,"道名在果,即指圆极法身,性语在因,谓有得果之性",那么,就会割裂道与性之间的关系,使道性变得不完满了,因为"若道定在果,性定在因,则性非真道,真道非性,何谓众生有道性耶?"对道性的正确理解应当是,"无在而无所不在,在因即因,在果即果,在因即为因性,在果即为果性,且寻道性正理,非有非无,何名何性?"⑤强调道性的不因不果,凸显出了心性修养的重要性。杜光庭正是从此出发来说明道性既是众生得道之因,也是众生成道之果。

三是强调道性有隐显之分。"道性体义者,显时说为道果,隐时名

---

① 《玄门大义》是出现于隋唐时期的一部道书,其主要内容是汇集各种道经道书,故篇幅浩大。据《道藏阙经目录》介绍,《玄门大义》有二十卷。现《道藏》中有《洞玄灵宝玄门大义》一卷,主要阐释道教三乘十二部经的名义,据考为《玄门大义》的残卷。《道教义枢》就是在《玄门大义》的基础上,删繁从简,又增引了部分旧道经和一些新出道经的内容而形成的。孟安排在《序言》中说:"惟《玄门大义》盛论斯致。但以其文浩博,学者罕能精研,遂使修证迷位业之阶差,谈讲昧理教之深浅。今依准此论,芟夷繁冗,广引众经,以事类之,名曰《道教义枢》,显至道之教方,标《大义》之枢要,勒成十卷,凡三十七条。"(《道藏》第 24 册,第 804 页)

② 王宗昱著《〈道教义枢〉研究》,上海文化出版社 2001 年版,第 257 页。

③ 《道藏》第 24 册,第 831 页。

④ 《道藏》第 24 册,第 832 页。

⑤ 《道藏》第 24 册,第 831 页。

为道性。"①人们之所以会认为"道定在果,性定在因",乃是因为他们没有懂得道体是非有非无、无始无终的存在,潜隐时即为道性,显现时即为道果。当众生通过修道而悟得"诸法本性清净",也就归根复命而得到了真实圆满的道果。这种道性的隐显不仅从理论上说明了道性与众生性的区别与联系,而且也论证了众生得道成仙的可能性与必然性,这成为杜光庭论证众生皆有道性、皆能修道成仙的基本依据。

杜光庭在前人思想的基础上特别强调了"一切众生,皆有道性",突出了人的修道的重要性。他指出:"道本自然,无所不入,十方诸天,莫不皆弘至道。普天之内,皆为造化。蠢动含生,皆有道性。若能明解,即名为得道者也。"②含生本是佛教用语,指含有心识的有情众生。杜光庭对此也专门作了解释,他说:"物者,有质可见,总谓之物。该,约也。动者,谓鳞甲羽毛裸虫飞走之属也。植者,谓山川草木之属。有情者,谓有形而有情识者也。无情者,谓有其形而无情识者也。此物之众,拘于亿兆之类,然不得冲和道气所运则不能生,不能成矣。"③他强调以自然为性的"道"是普天之内的造化之本,动物植物、有情无情皆为冲和道气的产物。杜光庭的道性论虽然从强调"道"的神圣性和绝对性出发,张扬了道性的遍在性,但道教毕竟是宗教,其道性理论最终还是为其宗教信仰服务的,具体地说,是为得道成仙作理论论证的,因而其重心最终必然要落实到人的修道成仙上。杜光庭提出"蠢动含生,皆有道性",正是为了突出地强调有形有情识的芸芸众生通过修道而能够成仙的可能性,这就凸现出杜光庭的道性论注重的是人的解脱。

杜光庭对"一切众生,皆有道性"的强调还反映了他力图使道教教义能够适应时代发展的需要。在动荡的唐末五代,理想与现实的冲突使整个社会处于信仰-伦理的危机之中,如何重整道教信仰以适应社会意识形态的需要和人们的精神需要就成为杜光庭十分关注的问题。

① 《道藏》第24册,第832页。
② 《太上老君说常清静经注》,《道藏》第17册,第187页。
③ 《道德真经广圣义》卷三十一,《道藏》第14册,第464页。

杜光庭通过对"一切众生皆有道性"的阐扬而将人的心性问题凸显出来。他说:"一切众生,不得真道者,皆为情染意动,妄有所思,思有所感。感者,感其情而妄动于意,意动于思而妄生于心。人若妄心不生,自然清静。又云,妄动者,亡也。皆亡失其道性。故逐境而感情妄动,其心故不得真道。"①一切众生必须去除感情妄动,才能回归自然清静的道性。这不仅把成仙的主动权放到了每一个人自己的手中,而且也将不变的道性与众生可变的心联系在了一起。他强调,"心灵则道降,道降则神灵,神灵则圣也。神明既圣,即可升也。升者,登也,升登于上界。"②这种从人的内在之心来寻找长生之路的做法,在客观上使道教仙学的内涵产生了根本性的变化,也给生活在动荡时代的人们提供了宗教的寄托和精神的慰藉。既然一切众生皆有道性,那么,人如何通过修道而显扬自心潜在的道性以与玄道相冥合,从而开辟生命的新境界呢? 宋代道教进一步从道与气、性与命的角度,对人的现实生命展开了说明。

第二节　从形神到性命

道教在创立之初,就崇奉贵生,信仰神仙,对人的生命现象表现出了非凡的兴趣。虽然神仙信仰并非道教所创,这一特殊的文化现象的形成,是与生活在远古时代的人们对其生存状况及生命现象的强烈关注联系在一起的,但对"神仙"的信仰和对贵生的重视却发展成为道教魅力四射的特征,也成为唐代道教理论重心之所在。

如果将形神观放到中国传统思想的发展中加以考察,就可见形神说最早源于道家。庄子就曾提出,"神将守形,形乃长生"③,主张形神相即不离才能够保形长生。《吕氏春秋·尽数》则主张:"精神安乎形,而年寿得长焉。"只有让精神不离形体,人的寿命才能长久。由于道家注重养生,而养生之道贵在安神保形,只有形全才能使神旺,因

---

① 《太上老君说常清静经注》,《道藏》第17册,第188页。
② 《太上老君说常清静经注》,《道藏》第17册,第193页。
③ 《庄子·在宥》。

此,形神关系就成为他们探索人的生命现象的一个重要进路,这一做法也为道教所继承。道教主张形神相合而生,形散神离则死,若能永保形神合一,就可至长生不死。但是,执著于肉体的长生,还是追求精神的超越,也就是说,在形神关系中是重神还是重形,却形成了道教长生成仙说中不同的发展倾向。如果说,魏晋神仙道教比较注重追求肉体的永存,那么,从南北朝到唐代道教中则出现了多元化的发展倾向。例如,上清派在注重服食养气,继续保持追求肉体成仙传统的同时,强调神气妙合而成仙,如吴筠撰《形神可固论》,认为神为形主,形为神存,神去身死,要长生久视就必须形神双修,由此提出性全→形全→气全→神全→道全的固形保神的进化次序,最终才能"悟彼众仙妙,超然合至精。凝神契冲玄,化服凌大清。心同宇宙广,体合云霞轻"[1]。司马承祯既讲肉体成仙,又讲精神不死,表现出新旧交融的性质;成玄英则反对传统的肉体成仙说,提倡在修心养性上下功夫,将得道成仙归结为心性的彻悟、精神的解脱,认为宇宙万象乃至人的肉体皆为虚幻,人如果能"虚其心,既外无可欲之境,内无能欲之心,心境两忘,故即心无心也"[2],这样就能在精神上达到与道合一的境界。

唐代道教在宣扬"一切众生,皆有道性"的道性论的同时,也沿袭着传统道教的思路而从形神关系探讨了人的生命问题。人的生命是由禀道受气、得俱形神而来的,因此,只有通过形神双修,才能合道而长生。这种形神观在唐末五代时得到了特别的重视。如杜光庭所说:"世人修道,当外固其形,以宝其有,内存其神,以宗其无,渐契妙无,然合于道,可以长生尔。"[3]这样,形神关系就成为杜光庭论述人的生死以及如何超越生死而达到道教理想境界的根本问题。但值得注意的是,杜光庭所说的形神双修是在对"心"、"道"、"性"、"命"等概念做出比较系统的探究的基础上而形成的,因此,与传统道教所主张的形神双修相比又增加了许多心性论的内容,这主要表现为,将修心炼性与

---

① 唐·吴筠《游仙二十四首》第一首,夏于全集注《唐诗宋词全集》第 23 册,印刷工业出版社 1999 年版,第 157 页。

② 唐·强思齐纂《道德真经玄德纂疏》卷一,成玄英疏,《道藏》第 13 册,第 366 页。

③ 《道德真经广圣义》卷十一,《道藏》第 14 册,第 371 页。

炼气修命结合在一起。

杜光庭在吸收前人形神观的基础上,将"形"与"神"作为一对相联构的概念,主要是用来说明人的生命存在状态以为修道长生提供依据。他从老子的"道大,天大,地大,人亦大。域中有四大,而人居其一焉"①的思想出发,推天道以明人事,在人与天地的联构中来探寻形神关系,以说明人的生命的本质特征。他说:"太极者,形质已具也。形质既具,遂分两仪,人生其中,乃为三才也。"②从宇宙化生之初的原始本源"太极"出发,杜光庭进一步以形质为基点来说明人的生命是由禀道受气、得俱形神而来的,他说:

> 身之生也,因道禀神而生其形。夫神者,阴阳之妙也。形者,阴之体也。气者,阳之灵也。人身既生,假神以运,因气以屈伸,神气全则生,神气亡则死。故形为神之宅,神为形之主,岂可厌而去之耶。且所生我身,大约有三:一曰精,二曰神,三曰气。受生之始,道付之以气,天付之以神,地付之以精。三者相合而生其形,人当受精养气存神,则能长生。若一者散越,则错乱而成疾,耗竭而致亡。不爱此三者,是散而弃之也。气散神往,身其死矣。得不戒而保之哉。此三者能生其身,故曰所生也。③

人因道禀神而生形体,精气神兼备就有了活泼泼的生命。这里,杜光庭在论述禀道受气时又用了传统的"精""气""神"三个概念,认为精气神三要素有机地结合才能构成现实的人。

用精气神来说明人的生命构成,实际上在秦汉时期就流行于医学与哲学中,也是早期道教生命观的基本理论。杜光庭所说的"人当受精养气存神则能长生"的观点,就深受道教现存的最早的一部道经《太平经》的影响。《太平经》认为:"三气共一,为神根也。一为精,一为神,一为气。此三者,共一位也,本天地人之气。神者受之于天,精者受之于地,气者受之于中和,相与共为一道。故神者乘气而行,精者居

①　《老子》第二十五章。
②　《道德真经广圣义》卷六,《道藏》卷14册,第343页。
③　《道德真经广圣义》卷四十六,《道藏》第14册,第549页。

其中也。三者相助为治。故人欲寿者,乃当爱气尊神重精也。"①《太平经》曾花费了大量的笔墨,专门论述了人欲长生久活,就必须爱气尊神重精,使精气神三合于道。如果说,人的生命是由精气神相合而成的,那么,人欲长生久活,就必须守气合神,使精神不离形体。这样,《太平经》实际上又将人的生命分为形体和精神两部分。"人有一身,与精神常合并也。形者乃主死,精神者乃主生。常合即吉,去则凶。无精神则死,有精神则生。常合即为一,可以长存也。"②长生之道的关键就在于如何保持精神的长存并使之与形体相合为一。精气神三要素后被道教奉为构成生命的"三宝",这显然要比用"气"③或用阴阳变化④来说明人的生命的构成要来得深刻。杜光庭吸收了《太平经》的观点,并针对唐末五代时人们的需要而表达了自己的形神观。

首先,他强调了精气神三者缺一不可,认为精气神三者混合于身,才能构成现实的人,精气神同时也就成为人修道长生的基础。他说:

> 三一乃有中之无,三元乃无中之有,以有无相感而为精神气,三者共生于人,故世人得之则生,失之则死。神者,天之阳气所生,人之动静对答,运用计智是也。精者,地之气,百谷之实,五味之华,结聚而成是也。气者,中和之气也,道一妙用降人身中,呼吸温暖以养于人是也。三者混合而成于身,是谓混而为一也。⑤

精气神结合的同时,道的妙用也就降于人身,所以人的修道,虽然是精气神的修炼,或者说是形神的双修,但根本上还是修道而求得道。

其次,杜光庭将人放到与宇宙万物的关系中来加以考察,以说明人的生命与万物相比具有的共通性和独特性。他从《周易》的"三

---

① 王明编《太平经合校》卷一百五十四至一百七十,中华书局 1960 年版,第 728 页。

② 王明编《太平经合校》卷一百三十七至一百五十三,中华书局 1960 年版,第 716 页。

③ 《庄子·知北游》曰:"人之生,气之聚也,聚则为生,散则为死。"以气的聚散变化来说明人的生死现象。

④ 《周易·系辞上》认为"一阴一阳之谓道",《老子》中有"万物负阴而抱阳,冲气以为和",从阴阳的消长变化来说明事物产生发展的根本原因。

⑤ 《道德真经广圣义》卷十四,《道藏》第 14 册,第 379 页。

才"①观念出发而强调天地人是构成宇宙世界的三种要素,"三才"之间以道为中介,既相互区别,又相互联系,处于一种参赞化育的关系之中,共同构成了一个完整而又多姿多彩的宇宙世界。杜光庭认为,道不但运天地阴阳之气来化生万物、沟通天地人"三才",而且通过天地阴阳之气的变化造就出了形神兼备的男人和女人。他说:

> 男者,阳也。女者,阴也。夫人在于母腹之中,受胎之日皆禀天地阴阳之气,以成其形。禀天地纯阳之气者,以成其男。十月之中,常在母左腋下者,男也。禀天地纯阴之气者,以成其女。十月之中,常在母右腋下者,女也。女之水性,极阴之气,故为静也。男之火性,极阳之气,故为动也。动者飞升,上应于天,静者浊滞,下应于地。故云,天尊地卑,乾坤定矣。男尊女卑,阴阳分矣。故曰男动女静。②

杜光庭一方面运用阴阳之气、水火之性、动静之别等来描绘男女在生理上的差异,以说明男尊女卑是由天地、阴阳决定的,另一方面又认为,人作为"三才"之一,与万物相比,最大的差别就在于人有灵智。他说:"人者,三才之中,最灵之智,用天法地,无所不能,亦自妙本分气而生,若失性任情,则离本而湮灭。若修性返德,则得道而超腾。其冲和之气,禀于身中,修之则存,甚真甚信也。"③人与天地万物共存共在而构成了宇宙之全体,但在天地人三才中,只有人才能凭借着自己的灵智,积极主动地参与到天地的造化中去赞天地之化育,"惟道集虚,虚心则道集于怀也。道集于怀则神与化游,心与天通,万物自化于下,圣人自安于上"④。圣人可以尽己之性,尽人之性,尽物之性,使道集于怀而赞天地之化育。人的这种主观能动性是天地万物所不具备的。据此,杜光庭赞叹说:"惟人万物之灵者。"⑤

---

① 三才,又称三材。最早提出三才的是《周易·系辞》:"易之为书也,广大悉备,有天道焉,有人道焉,有地道焉。兼三才而两之,故六。六者非它也,三材之道也。"

② 《太上老君说常清静经注》,《道藏》第17册,第184页。

③ 《道德真经广圣义》卷十九,《道藏》卷14册,第403页。

④ 《道德真经广圣义》卷八,《道藏》卷14册,第353页。

⑤ 《道德真经广圣义》卷三十一,《道藏》卷14册,第466页。

第三,杜光庭从天地人一体同源的思想出发来说明,人如果洞察了宇宙天地间的阴阳变化之道,就可以通过反观自身的形体构造而掌握生死变化的规律。杜光庭认为,道无所不在,气无所不有,生命现象也非人所独有,天地万物与人均禀道受气而来,"万物与人同资于道。道以运气,气以致和,虽有识无情,肖形各异,生之与死,禀受不殊。而道在则能生,道去则为死"①。在杜光庭看来,人与天地万物虽各具个性特点,可谓"有识无情,肖形各异",但从根本上说,它们是同资于道、共本于气的,在本质上是相同的。道遍在于万物,使万物"生之与死,禀受不殊",但唯有人能够仰观俯察,从天人合一的角度来反观自身,从而效法天地之道而长生永存。"王之正也,总二气之柄,居万灵之首,顺阴阳之序,法天地之宜,仰观俯察,顺考古道,清以则天,静以应地,故清静其化,无为其心而斋于三大(指天、地、王)也。此三大皆局于一方之德,无圆通冲用之能,故我妙道,通贯三大而为之主矣。"②杜光庭认为,既然禀道受气是生命之源,形与神又是支撑人的生命的两大支柱,那么,通过把握人体内部精气神的变化并进行修炼,就能形神俱全而得道成仙,长生不死。对此,他曾做过具体的论述,认为:"人之生也,禀天地之气为神为形,禀元一之气为液为精。天气减耗,神将散矣。地气减耗,形将病矣。元气减耗,命将竭矣。故帝一回元之道,溯流百脉,上补泥丸,脑实则神全,神全则形全。形全者,百关调于内,邪气亡于外,髓凝为骨,肠化为筋,绝粹不杂而长生可致矣。"③

第四,杜光庭特别强调了形神的相生相成,并期望通过形神相藉的修炼而自然与道合真。他在强调"保固形神"时曾引用各种道经来加以论证:"故引《西升经》之言,我身乃神之车,神之舍,神之主。主人安静,神即居之,躁动神即去之。又云:神生形,形成神,形不得神,不能自生。神不得形,不能自成。形神合同,更相生,更相成,此事表里相应之道。"④他又引《内观经》来强调形神俱妙以与道合真:"人能

---

① 《道德真经广圣义》卷四十八,《道藏》卷14册,第555页。
② 《道德真经广圣义》卷二十一,《道藏》第14册,第415页。
③ 《道德真经广圣义》卷三十九,《道藏》第14册,第512页。
④ 《太上老君说常清静经注》,《道藏》第17册,第192页。

清静,内修至道,制伏其心。心既安静,其神则生。神生则形固,形固成神。神藉形而成,形藉神而生。形神相藉,安静修功,形固神全。故云形神俱妙,内外相应,自然与道合真也。"①

杜光庭的形神观用传统道教的精气神来加以发挥的同时,又运用了"心神"等概念来说明"制伏其心"的重要性,并从中去寻求实现生命超越的途径。他认为,"气者所以生身也,心之所以总神也"②,而"心神本来清静,皆因世欲之所牵也"③,因此,在形神修炼中,杜光庭特别强调"神"的重要性。他说:"人之生也,皆由于神。神镇则生,神断则死,所以积气为精,积精为神,积神则长生矣。"④认为心既安静,其神则生,神生则形固,形固则神全,最终才能与道相合而突破肉体之身的局限。

杜光庭的形神观在一定意义上也有复归老庄的倾向。老庄思想的理论基点是道,道的含义之一就是生命的根本和源泉。老子《道德经》五千言,虽然没有直接谈论人的生命的起源,但它肯定了人的形神都是由道而来的,"道"是生命的起点和生命的最高境界。从"道法自然"出发,老子强调了"返朴归真",认为"归根曰静,静曰复命",将对人的本真之性——"道"——的复归作为理想境界,因而才有"常德不离,复归于婴儿"⑤等说法。"复归于婴儿"仅是一个形象的比喻,老子借用婴儿作为生命本真状态的象征——自然天真,无知无欲,表示一种有着无限发展潜能的精神状态。因此,"复归"从表面上看是复归到"道"的原始自然状态中去,但实际上这并非是简单的回复,而是指人超越种种外在的束缚而回到心灵的本真之境。

庄子对无形之道如何化生为有形的生命更有具体而细致的解释,《庄子·天地》中说:

> 泰初有无,无有无名,一之所起,有一而未形。物得以生,谓

---

① 《太上老君说常清静经注》,《道藏》第 17 册,第 193 页。
② 《道德真经广圣义》卷二十,《道藏》第 14 册,第 408 页。
③ 《太上老君说常清静经注》,《道藏》第 17 册,第 184 页。
④ 《墉城集仙录》卷一,《道藏》第 18 册,第 167 页。
⑤ 《老子》第二十八章。

之德；未形者有分，且然无间，谓之命；留动而生物，物成生理，谓
之形；形体保神，各有仪则，谓之性。性修反德，德至同于初。同
乃虚，虚乃大。

道→德→命→形→性，这是道从无到有、从形而上到形而下生化万物
乃至人的过程。虽然人从未形到有形的过程中一步步地获得了命、
形、性，但人在形而下之境中，因欲望的无限膨胀而常会失掉自然本真
的赤子之心。庄子从德重于形的观点出发①，认为人的肉体生命总是
有限度的，有生必有死，这是无法抗拒的自然规律，但人可以顺乎自
然，通过修性养生而"终其天年"②。因此，庄子虽也注重"保身"、"全
生"，但并不追求肉体生命的无限延长，而是向往复归于"德至同于
初"的境界。"德至同于初"也就是返归自然之道，达到心灵的自由与
解脱。用庄子的话来说，也就是通过"心斋"、"坐忘"而达到"天地与
我并生，而万物与我为一"③的境界。

杜光庭的形神观是对老庄思想的进一步发挥，他认为："天地万物
皆形而相生者也。理身养神以存形，形可长久；劳形而役神，神将不
守。神因形而生，神从道而禀。神形俱全，可以得道，形灭神游，道何
求哉？"④他不仅主张通过形神双修而得道，而且还强调"道以妙无生
成万物，谓之自然。物之生物，形之生形，谓之因缘。言物之形兆，大
若天地，微若昆虫，皆资自然妙道气化而成，然而因形缘类，更相生，更
相成。修道者，纵心虚漠，抱一复元，则能存已有之形，致无涯之寿。
形与道合，反于无形，变化适其宜，死生不能累，则可谓自有而归无
也。"⑤道以妙无而生成天地万物，人也是资自然妙道气化而成，因此，
人只有纵心虚漠，抱一复元，才能使形与道合，反于无形，而超越于生
死的局限。杜光庭的形神观还为人的生命存在确立了心性本体，在客

---

① 在《庄子·德充符》里，庄子假设了一些形体不全的人，却以德行为贵，以说明德重
于形。
② 《庄子·人间世》。
③ 《庄子·齐物论》。
④ 《道德真经广圣义》卷三十二，《道藏》第14册，第472页。
⑤ 《道德真经广圣义》卷三十二，《道藏》第14册，第472—473页。

观上进一步推动了得道成仙之途从形神并重转向了性命双修。

第三节　道性与生命观

杜光庭认为:"有形之物,有情无情之众,禀冲和道气则生,失冲和道气则死也。"①就人而言,人禀道受气,得俱形神,也就具有了现实的生命,那么,如何使生命得以延续甚至长生不死呢? 杜光庭从得道则生、失道则死的思想出发,进一步探讨了人如何通过修道而实现与道合一。站在道教贵生重生的立场上,杜光庭对人的生死现象给予了深切的关注。在他的著述中所蕴含的对人的生命本质的深刻体认和对生命痛苦的极力排遣,都表达了他希望从人的生命本真——道性——出发来建构人生理想的努力。

万事万物都在经历着一个从生到死的新陈代谢的发展过程,人也不例外。这种"物壮则老"②的自然规律必然导致一个冷酷无情的事实:走向死亡! 一旦人类经验到大量的死亡现象,特别是死亡将剥夺人一生苦心建造、惨淡经营的一切时,这种痛苦的经验积累必然沉淀于人心,促使人自觉或不自觉地去思考、去探索生死的奥秘。人生最大的问题莫过于生死,对与生死相关的人生问题的系统思考形成了许多不同的哲学与宗教,而如何超越有限而走向生命的永恒则构成了许多宗教教义的基本内涵。

道教从创立之初,就特别注重人的生死问题,并积极地从"道"的角度去寻找生命超越之途,力图从理论上和实践上去探索长生成仙的可能性。从葛洪的《抱朴子》到陶弘景的《登真隐诀》,从《黄庭经》到《老子西升经》,道士们发明了种种道术,希望来无限地延长人的生命以夺天地造化之功。魏晋时期盛行一时的神仙道教与社会上士大夫中出现的追寻神仙的热潮相呼应,都表达了时人对生命永恒的热切向往与追求。杜光庭在前人思想的基础上,宣扬"理身者,宝气啬神,气

---

① 《道德真经广圣义》卷三十一,《道藏》卷 14 册,第 466 页。
② 《老子》第三十章。

全神王,形神交固则命纪遐延,斯神仙可致也"①,并对人如何通过"形神交固"来超越生死的局限做出了自己的回答,强调了得道则生,失道则死。

杜光庭认为,人的自然寿命是有限度的,但修道而得道就可以无限地延长寿命,而失道则会大大地缩短人的寿命。他说:"人之生也,天与之算,四万三千二百算,主日也,与之纪,一百二十纪,主年也。此为生人一期之数矣。得金丹不死之道者,则延而过之,无修养之益,有减夺之过者,则不足而夭枉之矣。"②在他看来,人的自然寿命是一百二十岁左右。如果通过修行而获得了金丹不死之道,那么,就可以超过这一寿限,得道而成仙。如果无修养之益,则会缩短寿命,夭枉而死。所以,他又说:"人之死生虽赋以天命,然亦系其所履。君子察其所履而知其寿夭。"③这样,修道的重要性就在对生命有限的悲剧性认识中凸显了出来。

杜光庭既积极地提倡修道养生,以求延年益寿,又主张人应当以明智的态度来对待"死亡"。他认为,生与死是一体之两面,"《阴符》所谓生者死之根,死者生之根,是阴阳相胜之义,终始之机也。"④人只有明白了生与死的辩证关系,才可以在活着的时候以一种超然的心态面对死亡。换言之,得道则生就意味着,只有不执著于延生,才能使"生自延矣"。杜光庭在诠释《老子》"出生入死,生之徒十有三,死之徒十有三"⑤时说:

> 将生不以为乐而安其生,此生之徒也。夫当其生也,不以利欲乱其心,不以厚养伤其性,安于澹默,顺其冲和,则神守于形,气保于神,志和于气,心寂于志,静定其心。如此则不求于延生,生自延矣;不求于进道,道自至矣。

---

① 《道德真经广圣义》卷三十六,《道藏》卷 14 册,第 496 页。
② 《道德真经广圣义》卷二十七,《道藏》第 14 册,第 446 页。
③ 《道德真经广圣义》卷二十七,《道藏》卷 14 册,第 446 页。
④ 《道德真经广圣义》卷三十四,《道藏》卷 14 册,第 488 页。
⑤ 《老子》第五十章。

　　将死不以为忧而顺其死,此死之徒也。达人处世,了悟有无,知道之运化委和,所禀有厚薄。厚于阳和之气者则寿,薄于淳粹者则夭。知寿夭皆由于分,则生死可齐矣。生死既齐则忧乐不入,泰然而身心无挠也。①

杜光庭以有无相生、道之运化、气之厚薄等来消解人对生死的迷情,排遣人对忧乐的执著。他强调,人如果能懂得寿夭皆由于性分决定的道理,就可以齐生死,生死既齐就可以使忧乐之情不入,泰然处之而身心无挠,因此,人完全不必贪生怕死,更不必垂死挣扎,而应当"将死不以为忧而顺其死"。在顺道而行中,由生死可齐自然地达到与道相冥之境。

　　为了进一步论述这个道理,杜光庭特别举了《庄子·至乐》中"骷髅见梦于庄子"的故事来说明,人在活着的时候,还应当通过了达生与死的辩证关系而在心理上摆脱对生命局限的恐惧。他说:"庄子以世人乐生者为生所拘,乐死者为死所系,滞于生死,所以有死有生。唯至人在生无生,不为生之所系,在死无死,不为死之所拘。既而不系不拘,故能无生无死。然而变而生也,不可以止,变而死也,不可以留,但冥契大道,则为达生死尔。"②这里,杜光庭运用重玄学的方法来说明,世人滞于生死,所以有死有生,而只有至人做到了在生无生,在死无死,才能达到无生无死,冥契大道。正因为此,死在"骷髅"的眼中也可以是一种快乐:"骷髅见梦于庄子曰:死,无君于上,无臣于下,无四时之事,泛然以天地为春秋,虽南面而王,乐不能过矣。"③如果说,庄子所说的死是摆脱了人世的种种烦扰后的自得其乐,那么,杜光庭则从道教得道成仙的信仰出发,一方面要人在精神上"了达生死",另一方面还要人通过"修真炼形"以"出死之表"。他说:"其出死之表,长生为期者,在乎修真炼形,可以与语,议其玄要尔。"④由此勾勒出道教与道家在生死观上的根本区别。

---

① 《道德真经广圣义》卷三十六,《道藏》第 14 册,第 497 页。
② 《道德真经广圣义》卷三十六,《道藏》第 14 册,第 497 页。
③ 《道德真经广圣义》卷三十六,《道藏》第 14 册,第 497 页。
④ 《道德真经广圣义》卷三十六,《道藏》第 14 册,第 497 页。

　　道家认为，生命的局限就在于个体之人对生死的忧患和对喜怒哀乐之情的执著，因而才有老子只说长生久视而不言"不死"，也才有庄子妻死"鼓盆而歌"的寓言。但道教则认为，生命的局限在于死，因而希望能通过采用种种方术来延长人的生命，以"出死之表"。但如何"出死之表"？传统道教很重要的一点就是强调肉体不死，但杜光庭从道性论出发进一步认为，生命本身不仅表现为肉体性的存在，而且也表现为一种精神性的存在。因此，如何脱离苦难、摆脱束缚所引发出的人生超越问题，就既包括对肉体有限的超越，也包括对精神束缚的超越。这样就为汲取道家资源来发展道教的长生理想、依道性论而提出心性炼养开启了大门。

　　杜光庭已深刻地认识到，一切有形的生命存在的时空都是有限的。"元精播气，大冶匠形，禀阳和则出生，归阴寂则入死，将明辍死延生之路，丧生趣死之由。"①由于生命是由"元精播气，大冶匠形"而成，都将禀"阳和"而出生，归"阴寂"而入死，因此，只有明了"辍死延生之路，丧生趣死之由"，才能找到超越生死局限的路径。杜光庭说：

　　　　人之生也，参天而两地，与气为一。天地所以长存者，无为也，人之所以生化者，有为也。情以动之，智以役之，是非以感之，喜怒以战之，取舍以弊之，驭努以劳之。气耗于内，神疲于外，气竭而形衰，形凋而神逝，以至于死矣。故曰委和而生，乘顺而死，率以为常也。②

杜光庭将人与天地相比较来说明，人之所以不能像天地那样长存，就在于天地无为，自然任运，而人却积极有为，使气耗于内，神疲于外，最终导致气竭而形衰，形凋而神逝，以至于死矣。因此，他在诠释《道德经》"天下有始以为天下母，既得其母以知其子，既知其子复守其母，没身不殆"③时，极力宣扬守道而得道、得道则生的道理，他说："既知身之所禀，道生我身，即洗心返神，复守其道，无是非之惑，绝声利之尘，

① 《道德真经广圣义》卷三十六，《道藏》第 14 册，第 497 页。
② 《毛仙翁传》，《全唐文》卷九百四十四，上海古籍出版社 1990 年版，第 4351 页。
③ 《老子》第五十二章。

终身行之,道可得矣。"①既然知道人的生命是由禀道而来,那么,人就应该在现实生活中,洗心返神,复守其道,这样就能"无是非之惑,绝声利之尘",坚持如此,人的生命就能因得道而获得超越。

据此,杜光庭还批评了那些执著于生反而失道则死的愚迷之人。他说:"愚迷之人不知生生者不生,化化者不化,以生为乐,以死为哀,畏死贪生,故养生过分,希生乖其道,则反丧其生。"②本来,出生入死是一己之小我的生命旅程,但愚迷之人妄自分离、割裂生死关系,从"畏死贪生"的心理出发而过分地执著于养生,结果反而违背了生命的自然之道,导致了生命力的萎缩,反丧其生。杜光庭认为,这种做法是不足取的。

接下来的一个问题是,既然"一切众生皆有道性",人的生命都是共秉于道,同源于气,本源相同,为什么现实的人来看却又是外形美丑不一,性分贤愚不同,寿命长短有别呢? 杜光庭认为,人之所以有美丑之长相、贤愚之性分之不同,主要是由所受之气的清浊决定的。他说:

> 人之生也,禀天地之灵,得清明冲朗之气,为圣为贤,得浊滞烦昧之气,为愚为贱。圣贤则神智广博,愚昧则性识昏蒙。由是有性分之不同也。老君谓孔子曰:易之生人及万物鸟兽昆虫,各有奇偶,谓气不同。而凡人莫知其情,唯达道德者,能原其本焉。③

圣贤之人得清明之气,故神智广博。愚昧之人得浊昧之气,故性识昏蒙。只有通达道德者,才能明白这个根本的道理。据此,杜光庭强调,道教"设教"的目的就是要让人拨开纷繁的物象世界而深入到生命的本源,以明了人的"气有清浊,性有智愚";同时,"道无弃物,常善救人",智愚之人又皆可修道而成真,他说:"人之生也,气有清浊,性有智愚,虽大块肇分,元精育物,富贵贫贱,寿夭妍媸,得之自然,赋以定分,皆不可移也。然道无弃物,常善救人,故当设教以诱之,垂法以训之,使启迪昏蒙,参悟真正,琢玉成器,披沙得金,斯之谓矣"④。可见,在

---

① 《道德真经广圣义》卷三十七,《道藏》第14册,第503页。
② 《道德真经广圣义》卷三十六,《道藏》第14册,第498页。
③ 《道德真经广圣义》卷八,《道藏》第14册,第352页。
④ 《道德真经广圣义》卷三十二,《道藏》第14册,第473页。

颇具命定论色彩的大框架下,杜光庭强调了道教的"设教"、"垂法"就是要引导人将有限的生命投入到无限的大道之中,以实现生命的超越。

杜光庭指出:"清浊之气生育万物,世人若求长生之道,炼阴为阳,炼凡成圣,皆因清自浊之所生,动因静之所起。清浊者,道之别名也。学仙之人,能坚守于至道,一切万物自然归之。"①由于人的生命是由禀道受气而来的,能坚守至道就意味着可以得道而长生,因此,就生命的发展趋向而言,应当是由道出发而复归于道的过程,或曰自无而显有,又摄迹还本,复归于无的过程。他说:"初则妙本降生,自无而显有,次复摄迹还本,自有而归无。"②这样,就现实的人生来说,就处于一种未完成状态之中,这种未完成状态标示出人生就是一个修道的过程。他说:

> 人之受生,禀道为本,所禀之性,无杂无尘,故云正也。既生之后,其正迁讹,染习世尘,沦迷俗境,正道乃丧,邪幻日侵,老君戒云:修道之士,当须息累欲之机,归静笃之趣,乃可致虚极之道尔。③

这就是说,人的生命以禀道为本,但人所本有的无杂无尘的道性却并不与人性完全同一,因为人出生之后,就受"沉重的肉体"的支配而落入"染习世尘,沦迷俗境"之中,使"正道乃丧"。而由于本来清静的道性隐潜于人性之中,是人的本有之性,因此,人通过修道又可以重归于无杂无尘的"虚极之道",以实现生命的本真,完成真正的人生。所以,杜光庭又说"人能归于根本,是谓调复性命之道"④。

这样,杜光庭就把表征宇宙终极实体的"道"与作为修道者内在的"性"联系了起来。"'道'就是被阐明、体现出来的'性'。'道'与'性'不是两个不相干的东西,而是一个东西的两种状态:自在的状态叫做'性',人人都有;自觉的状态叫做'道',只有'圣人'才有。要使

---

① 《太上老君说常清静经注》,《道藏》第 17 册,第 184 页。
② 《道德真经广圣义》卷十九,《道藏》第 14 册,第 403 页。
③ 《道德真经广圣义》卷十五,《道藏》卷 14 册,第 384 页。
④ 《太上老君说常清静经注》,《道藏》第 17 册,第 184 页。

自在的'性'发展为自觉的'道',要经过'修养'。"①如果说,"性"是从主体之人的角度来显示人的天然禀赋,那么,修道的目的就在于返性复性,而返性复性的过程也就是道性由隐到显的过程,这个过程将通过主体的修性炼心来实现。如果从这个角度来理解"性"的话,"性"就是动态的人生与不变之道的中介与桥梁,同时也是众生能够"返性归元"的现实基础。杜光庭所倡导的道性论就是要引导人们通过修道去情而返归清静的道性,使动态的人生趋向于虚极之道,而修道去情,必须在自心自性上下功夫,这就使他的道性论最终落实到了心性论。

第四节　从清静到清净

　　道教心性论是以道性论为中心展开的,它强调以心体道,并运用重玄学"有无双遣"的方法将修道归于修心。这并不是一种枯燥的抽象理论说教,而是从老子之"道"出发,要为人如何通过身心修炼来实现生命超越提供一种理论说明。近年来对道教心性论探讨一直受到学术界的重视,取得了丰硕的成果,但还存在一些值得研究的问题,例如,在唐代道教心性论中,"清静"与"清净"这两个词就频繁交替出现,有时还会混同使用来论述道教特有的道性论问题。它们是同一个词的不同写法?是偶尔混用使用,还是具有不同的哲学内涵?如果是作者有意为之,那么,又反映出怎样的致思向度?这既关系到道教心性论的内涵、性质与功用,也涉及到唐代道教如何借鉴、吸收儒佛思想等问题。笔者主要以唐末五代道教思想家杜光庭在《道德真经广圣义》中对这两个词的使用为视角,来说明唐代道教与儒佛在心性论上的差异与互摄,不仅使道教心性论中出现了两个不同的致思向度,而且也影响到道教心性论的理论建构与修道实践的具体展开。

　　生命超越如何可能?道教心性论认为,本来清静的道性不仅是宇宙本体的体现,而且还是众生能够得道成仙的根本依据。如杜光庭就说:"道性无杂,真一寂寥,故清静也。玄深不测,如彼澄泉,故湛然也。

寂然不动,无为也。感而遂通,无不为也。无为者,妙本之体也。无不为者,妙本之用也。体用相资而万化生矣。若扣之不通,感之不应,寂然无象,不能生成。此虽无为,何益于玄化乎? ……当在为而无为,以制其动,在无为而为,以检其静。不离于正道,无滞于回邪,可与言清静之源矣。"①这虽是杜光庭对唐玄宗的"道性清静,妙本湛然,故常无为也"②思想的发挥,但他又进一步指出了道性还具有玄深不测、寂然不动、感而遂通、无为而无不为等特性,并由此而将"清静"与"变动"联系起来进行讨论,使成长的生命与清静的道性相联而具有了超越的可能性。因此,杜光庭的心性论虽然以"清静"为标识,以重玄学的"有无双遣"为方法,但其中却充盈着一种生命气息。"学人之心,若能安静,自然无染于尘垢,清静而保固形神。"③他将"心性"的清静作为保固形神以得道成仙的基础,因此而宣扬,人"为得其真道"就应当常守"清静"。"道本无形,莫之能名,得悟之者,唯己自知,善人常能守于清静,即皆为得其真道者也。"④可见,道教探讨心性的最终目的并不是要建构一个关于超验实体和超验世界的学说体系,而是要为人提供一种如何实现生命超越的理论说明。

同时,杜光庭又用"清净"一词来形容道性的性质。他沿用了唐玄宗借用佛教名词"法性"⑤来指称道性的思路,对"法性清净"作了进一步的发挥。他说:

> 法性清净,本合于道。道分元气而生于人。灵府智性,元本清净。既生之后,有诸染欲,渎乱其真,故去道日远矣。善修行之人,闭其六欲,息其五情,除诸见法,灭诸有相,内虚灵台而索其真性,复归元本则清净矣。虽约教法,三乘之行,修复其性,于法不

① 《道德真经广圣义》卷二十九,《道藏》第 14 册,第 454 页。
② 《道德真经广圣义》卷二十九,《道藏》第 14 册,第 453 页。
③ 《太上老君说常清静经注》,《道藏》第 17 册,第 192 页。
④ 《太上老君说常清静经注》,《道藏》第 17 册,第 189 页。
⑤ 法性本为佛教名词,与实相、真如、佛性、涅槃等概念具有同等性质,"佛性、法性、真如、实际等,并是佛性之异名"(吉藏撰《大乘玄论》卷三,《大正藏》第 45 册,第 41 页)。着重事物恒常不变的本质、本体。唐玄宗借用佛教的"法性"来是指称"于诸法中体了真性"(参见《道德真经广圣义》卷二十三,《道藏》第 14 册,第 420 页),又称"正性"、"道性"。

住,行相之中,亦不滞着。次来者修,次修者灭,灭空离有,等一清净。①

这段话虽然是对唐玄宗所说的"法性清净,是曰重玄"的义疏,但其中所包含的"法性"即为道性,通过"返性归元"即可契合本来清净道性的思想,却为个体生命的超越提供了一种理论依据。道性既具有超越性,又具有内在性。超越性是指以清净为本的道性在本质上具有形而上的属性和普遍的广在性。内在性则是指道性可以通过人的"灵府智性"来显现,故强调"一切众生皆有道性"。

道性是人本来就具有的,但由于后天的污染,又需要依靠修道来复归于"元本清净"的道性。这里,杜光庭特别用"清净"一词来说明了道性本有的特征,并将"清净"与"染欲"对立起来,以强调去除染欲、修复其性是"返性归元"的主要进路。道性的"清静"是从动与静的角度上说的,而"清净"则是从净与染的角度上说的,杜光庭运用它们从不同的侧面来说明道性既是"清净"的,又具有"寂静"的本性。如果说,以动静释道性是对老子思想的继承,例如《老子》中有"我无为而民自化,我好静而民自正"(第五十七章)、"清静可以为天下正"(第四十五章)等说法,将"清静"与"无为"相联系,强调清静无为之道是治国的最好方法,那么,以净染诠释道性则在很大程度上受到了佛教的影响,将净、染与心相联系,将去除烦恼客尘的污染作为修道的重要方法,这种修道即为修心的思想成为唐代道教心性论的重要内容。由此可见,杜光庭所说的道性是沿续了唐玄宗融合了佛道两家思想的做法②而形成的一个内涵丰富的道教概念。

原始佛教中就有净染的观念。净,为梵语"Suddha"的意译,指远

---

① 《道德真经广圣义》卷二十三,《道藏》第 14 册,第 420—421 页。

② "唐玄宗在阐发'道性'、'正性'和'法性'的特征时,有时将'清静'之性与'清净'之性合一而用,并没有什么严格的区分界限。……这里不排除有在古代'净'与'静'有时相通用的因素……但更重要的,还是唐玄宗自觉地融合了佛教与道教思想的结果。'清静'与'清净'之间所存在着的一而二,二而一的关系,不仅既说明了'道性'的不同特征,又说明了'道性'不同特征之间的共同性,而且既符合原始道家和道教的'清静'之言,又符合佛教的'清净'之言,这显然是唐玄宗调和佛道观念的一种反映。"(何建明著《道家思想的历史转折》,华中师范大学出版社 1997 年版,第 108 页)

离恶行所致的烦恼,又作清净之义。染,为梵语"Samklesa"的意译,指烦恼污秽之义,又称杂染、染污、不净等。"这在理论上又包括两方面的内容:一是能否解脱,二是如何解脱。这主要表现在佛教对心性的染净,亦即善恶、迷悟等问题的讨论上。"①中国佛教也常用净染来说明心性的问题,如"性者,即是真心染净二性"②,由此不断丰富了中国佛教清净思想的内涵。若就净而言,一是指自性与离垢两种清净:自性清净是从万法皆空出发,强调本来无染清净,是为性善;离垢清净则指远离烦恼之清净,是为修善;二是指心、身、相三种清净:心清净即修学般若不起染心;身清净指心既清净常得化生无染身;相清净为得具足相好庄严身,它们都是通过修善而达到清净无染。若就染而言,其作为烦恼的别称,则可分为三类:一为烦恼杂染,又作惑杂染,是为一切烦恼的总称;二为业杂染,指由身、语、意三业所生的烦恼;三为生杂染,又作苦杂染,指依烦恼及所作之业而受生三界所遭受的种种痛苦。"三界心心所皆成烦恼杂染,由烦恼杂染故而业杂染,由业杂染故而生杂染,由生又起烦恼,循环无端,是曰无始流转。"③如果说,儒家将是否有利于他人或社会作为评判善恶的价值依据,那么,佛教的染净观通过把烦恼称为不净,既说明人生皆苦的原因,也拓展了"恶"的内涵,同时还把净染作为评判自我主体善恶的标准。

但佛教各派对净染的解释却有很大的不同。如大乘佛教基本上采用了"心性本净"的看法,空宗主张用"性空"来解说"心性本净",有宗以"真如"体性清净来说"心性本净"。而佛性-如来藏系的思想,则把"心"与法性、佛性、解脱等联系在一起,做出了新的发挥。这样,早期佛教"假说"为业报与解脱主体的清净心经过与虚构的绝对精神实体佛性-如来藏合而为一,也就具有了精神实体的意义,从而把"心"抬高到了宇宙人生之本体的地位。就人生而言,它是"真我";就万法而言,它是真如、法性;就解脱而言,它又是菩提、法身④。这种思想不

---

① 洪修平著《禅宗思想的形成与发展》(修订版),江苏古籍出版社 2000 年版,第 47 页。
② 慧思撰《大乘止观法门》卷二,《大正藏》第 46 册,第 648 页。
③ 太虚著《太虚佛学》,浙江古籍出版社 2012 年版,第 153 页。
④ 洪修平著《禅宗思想的形成与发展》(修订版),江苏古籍出版社 2000 年版,第 52 页。

仅对中国佛学的影响甚大,也影响到唐代道教心性论的建构。

杜光庭的代表作《道德真经广圣义》是"广"唐玄宗诠释《道德经》之圣义,但他对道性的讨论主要还是站在道教立场上来解释人性问题,因此,他特别关注生活于具体时空中的人是如何被外境事物所牵引而陷于情欲之中,使人心乱其真,从而造成了清净本寂的道性与人的尘世经验的矛盾。杜光庭借用佛教的染净观来说明,人又如何落于经验性的意识之中,执著于外境事物对人心的污染而生起的种种情欲,以及如何用道教信仰来引导陷于情欲之中而"去道日远"的有限个体通过"返性归元"重新回归与道合一之境。所谓"返性归元",就是要抵御外物的引诱,去除内心的欲念,通过"虚心念道"以回归清净的心性之本然。换言之,"返性归元"的重心在于强调众生与其终极本体——道——的同一是依赖于人的主体之心的觉悟来实现的,正所谓"人能觉悟,悟则本性,谓之得道也"①。通过将"道"心性化,不仅使"道"含有了主体之心的意义,而且也使主体之心具有了超越的意义。这种"悟则本性"的说法无疑有着与佛性论相类似的致思路向。

杜光庭对"道性"的讨论是以性与情关系为中心展开的,具体地说,就是落实在如何去情返性、保持道性"元本清净"上,而这种讨论又大量地借鉴了中国古代哲学的性情说并形成了自己独到的见解。

从历史上看,《老子》中没有"性"字,《庄子》内七篇也不谈"性",只有外、杂篇才谈"性"。虽然道家关于"性"的概念出现得比较晚,但实际上,老庄从道生万物的思想出发,都主张人与万物同禀于道,故有共同的自然本性,因此,人不应该用人为的仁义礼智等外在的规范去约束人的自然本性,用人为的方法去损害物的自然本性,而应当让它们各自顺其自然而发展,达到各有所德。"所以老庄之所谓德,亦即他们之所谓性,对自己具体的生命而言,是赋有一种超越的性质。"②老庄所宣扬的这种自然人性论成为杜光庭对"性"的基本看法③。

① 《太上老君说常清静经注》,《道藏》第 17 册,第 189 页。
② 徐复观著《中国人性论史》,上海三联书店 2001 年版,第 370 页。
③ 《庄子》中没有"自然"的名词性用法,但它一般用"天地"等与"自然"内涵等值的词来表示自然世界。

　　杜光庭对"性"的看法中也隐含着儒家思想。儒家的创始人孔子罕言性与天道,在《论语》中,"性"字只出现过两次。一次是孔子自己说的:"性相近也,习相远也。"(《论语·阳货》)另一次是其弟子子贡说的:"夫子之言性与天道,不可得而闻也。"(《论语·公冶长》)虽然孔子并没有明说"性"是什么,但孔子对仁的宣扬,既开辟了后来儒家人性论的致思向度,也奠定了中国文化的基本性格。后来孟子提出性善论,荀子又提出性恶论,性善性恶虽然内涵不同,但却殊途同归地强调了后天教化的重要性,即以仁义礼智等伦理道德规范来引导人们自觉地克制情欲,使人性趋向于善。杜光庭也将去除情欲作为"返性归元"的道德前提。

　　性与情的关系,自先秦以来就有"性善情恶"、"性静情动"等不同的说法。值得注意的是,在湖北荆门出土的郭店楚墓竹简中,有先秦儒家的佚籍《性自命出》,其中显露出了早期儒家心性论具有"尚情"的特点。《性自命出》通过对"道"、"情"、"命"、"性"等概念的论述来说明情与性的关系。"喜怒哀悲之气,性也。及其见于外,则勿(物)取之也。性自命出,命自天降,道始于情,情生于性。始者近情,终者近义。"①这里的"道"是指"人道",即人与人的关系原则,意谓人与人的关系是从建立感情开始的②。庞朴先生由此而认为,简文释"性"为"情",情受到绝大的重视,具有唯情主义的味道③。陈鼓应先生也曾认为,"《性自命出》可以说是仅见的一篇古代尚情之作,这一文化遗产可惜未被后儒所继承"④。笔者认为,《性自命出》一方面释"性"为"情",强调"哀、乐,其性相近也,是故其心不远"⑤,认为人心把内在之

　　①　荆门市博物馆编《郭店楚墓竹简》,文物出版社1998年版,第179页。
　　②　有学者曾对此作如下分析:"道之所以为道,其始近情,即近性,其终则近义。这样的一种道是立人之道,是率性尚情,与仁义相合之道。由性情到仁义,是由内到外的过程。人道合内外之情义,是人之所以为人的根本。"(丁四新著《郭店楚墓竹简思想研究》,东方出版社2000年版,第184页)
　　③　庞朴在《孔孟之间——郭店楚简中的儒家心性论》一文中认为,《性自命出》勾勒出了儒家早期心性说的轮廓(《中国社会科学》1998年第5期)。
　　④　陈鼓应著《〈太一生水〉与〈性自命出〉发微》,载《道家文化研究》第17辑,三联书店1999年版,第407页。
　　⑤　荆门市博物馆编《郭店楚墓竹简》,文物出版社1998年版,第180页。

性引发出来转化为外在的喜怒哀乐之情,因此,心既是性和情的中介,又对二者起着统摄作用;但另一方面,《性自命出》也说"凡道,心术为主"①,因此提出了"闻道反己,修身者也"②,从而将"心术"作为"修身"的基础,将"反己"作为"闻道"的重要环节。杜光庭是否读过《性自命出》不得而知,但他显然没有受到尚情思想的影响,他对性情问题的探讨最终是落实到去情复性上的。当然,从思维途径上看,杜光庭的道性论与《性自命出》的"闻道反己"也有些微相似之处。杜光庭提出的"返性归元"就是基于对人如何在心上去除各种情欲以复归到清净本寂的道性等问题的思考。

从思想上看,杜光庭的道性论还受到了唐代儒家思想家所阐发的人性论的影响。韩愈从孟子、荀子、扬雄关于人性的观点出发而提出了性三品说。他说:"孟子之言性曰:人之性善。荀子之言性曰:人之性恶。扬子之言性曰:人之性善恶混。……皆举其中而遗其上下者也,得其一而失其二者。"③韩愈认为,孟子、荀子、扬雄关于人性的观点都是片面的,因为"性也者,与生俱生也;情也者,接于物而生也。性之品有三,而其所以为性者五;情之品有三,而其所以为情者七"④。他从先天之性出发而将人性分为三品:上品性善,下品性恶,中品可善可恶。与此相应,情也分为上中下三品。韩愈认为,上品之性生来就为善,中品之性可善可恶,故通过修养可以转恶为善,下品之性生来为恶,是不可以改变的,这就否认了一部分人后天修养的可能性。

韩愈的学生李翱则在吸取佛道思想的基础上,在《复性书》中进一步对性情问题进行了讨论。他认为:"人之所以为圣人者,性也;人之所以惑其性者,情也。喜、怒、哀、惧、爱、恶、欲七者,皆为情之所为也。

---

① 荆门市博物馆编《郭店楚墓竹简》,文物出版社1998年版,第179页。

② 荆门市博物馆编《郭店楚墓竹简》,文物出版社1998年版,第181页。

③ 韩愈撰《原性》,载马其昶校注《韩昌黎文集校注》,上海古籍出版社1986年版,第21页。

④ 韩愈撰《原性》,载马其昶校注《韩昌黎文集校注》,上海古籍出版社1986年版,第20页。

情既昏,性斯匿矣。非性之过也,七者循环而交来,故性不能充也。"①
李翱从《中庸》的"天命之谓性"的思想出发,明确地提出每个人都具
有善性,这种善性是人能够成为圣人的依据,但由于人的善性又被"七
情"所扰乱,就像泥沙使清水变混,烟雾使火光不明一样,因此,圣人与
凡人的区别就在于是否能够灭其情、复其性。"妄情灭息,本性清明,
周流六虚,所以谓之能复其性也。"②修道的目的就是通过"弗虑弗思"
来消灭邪情以达到"正思",从而复归于一种寂静不动的神秘境界。
"是故诚者,圣人性之也。寂然不动,广大清明,照乎天地,感而遂通天
下之故,行止语默无不处于极也。复其性者,贤人循之而不已者也,不
已则能归其源矣。"③李翱的"《复性书》是在汉儒性善情恶说的大背景
下,借了佛教思想的架构,利用道家、道教的材料,依循儒家的基本价
值建构一套崭新的儒家心性修养理论"④。李翱借助于佛道心性论的
思想使儒家人性论学说推陈出新,同时,他所提出的"复性论"又反过
来对儒佛道三教思想的发展产生了深远的影响。杜光庭对去除贪欲、
返性归元的强调很自然地就将修道转变为人的内在的心性修养,与李
翱的"复性论"有着异曲同工之妙。

　　需要注意的是,李翱的复性论中存在着内在的矛盾。例如,既然
"性与情不相无",即天赋的性与后天的情共存共在,那么,圣人是否有
惑性之情呢? 再例如,既然"情不自情,因性而情",那么,由善性所发
动并决定的情怎么会有恶的呢? 由此而引出了第三个矛盾:既然"性
不自性,由情以明"⑤,那么,由恶情所体现的内在之性还会是善性

　　① 李翱撰《复性书》上,《中国哲学史资料简编:两汉-隋唐》,中华书局1963年版,第
550页。
　　② 李翱撰《复性书》中,《中国哲学史资料简编:两汉-隋唐》,中华书局1963年版,第
556页。
　　③ 李翱撰《复性书》上,《中国哲学史资料简编:两汉-隋唐》,中华书局1963年版,第
551页。
　　④ 陈弱水著《复性书思想渊源再探——汉唐心性观念史之一章》,载《历史语言研究
所集刊》第六十九本第三分册,台北1988年版,第471页。
　　⑤ 李翱撰《复性书》上,《中国哲学史资料简编:两汉-隋唐》,中华书局1963年版,第
550页。

吗①？李翱已意识到这些内在矛盾的存在，他甚至提出"邪与妄则无所因矣"，即邪妄之恶是由"无所因"而产生的，试图通过强调善恶具有不同的根源来消弭矛盾，但为了建立他的复性理论，以为所有的人都能获得精神解脱敞开大门，他仍然坚持性善情恶论，并在佛教的"心生则种种法生，心灭则种种法灭"思想的基础上，主张"弗虑弗思，情则不生；情既不生，乃为正思。正思者，无虑无思也"②，强调通过取消思虑来达到灭情复性的目的。

实际上，在李翱之前的唐代道教心性论中也存在着类似的两难问题：从众生性与道性的关系来看，如果众生性即是道性，"道"内在于众生，那么，众生不假修习，言行举止当下就应当合道；如果众生性不是道性，那么，即使通过艰苦修行而得来的"道"仍然是身外之道，而不是内在之道性。为了解决这一矛盾，《本际经》就曾借用佛教思想来说明本来清净自然之道性是以"非空不空，亦不不空"的状态存在的，以帮助人们来勘破对"实有"的执著，以明了"众生根本相，毕竟如虚空。道性众生性，皆与自然同"③的道理。《太上一乘海空智藏经》卷一《序品》中甚至要人以一种非有非无的眼光来看待道性："道性之有，非世间有（，是谓妙有），道性之无，非世间无，是谓妙无。"④而唐代一些道教思想家则明确提出用道性与众生性相即不二的思想来弥合这一矛盾，例如，王玄览就认为：

众生无常性，所以因修而得道；其道无常性，所以感应众生修。众生不自名，因道始得名，其道不自名，乃因众生而得名。若因之始得名，明知道中有众生，众生中有道。所以众生非是道，能修而得者，所以道非是众生，能应众生修。是故即道是众生，即众生是道，起即一时起，忘即一时忘。⑤

---

①　任继愈主编《中国哲学发展史》（隋唐），人民出版社 1994 年版，第 553 页。

②　李翱撰《复性书》中，《中国哲学史资料简编：两汉-隋唐》，中华书局 1963 年版，第556 页。

③　敦煌经卷 P.2806《太玄真一本际经》卷四《道性品》，黄永武主编《敦煌宝藏》，第124 册，台湾新文丰出版公司 1981 年版，第 264 页。

④　《道藏》第 1 册，第 611 页。

⑤　《玄珠录》卷上，《道藏》第 23 册，第 621 页。

王玄览从修道的角度探讨了道性与众生性的关系。从道的层面上看,道体虽空,无有常性,但却能感应众生修行,"道体实是空,不与空同,空但能空,不能应物,道体虽空,能应物"。从众生的层面上看,众生因禀道而生,故众生虽无常性,但却能因修而得道,故众生中有道,道中亦有众生。众生性与道性应当是相即不二的。换言之,从本体的角度看,道与众生具有同一性,都以"清虚自然为体"。从现象的角度看,由于现实之人生活于尘世中,因此,道性与众生性不是固定不变的关系,"众生无常故,所以须假修;道是无常故,众生修即得"①。王玄览不仅以"非有非无"的重玄学方法来看待道性与众生性的关系,而且还将道性作为众生的"神"、"心源"、"清净心"、"妙心",是众生禀赋于道或与道相契的不变之性,以作为人修道而能得道的根本依据。这种"清净"的致思向度,很快成为唐代道教的时尚。

然而,杜光庭一方面用"清净"诠道性,来说明性善情恶论,另一方面,又引入了"元气"来释"清静",倡导性静情动论。他在《太上老君常清静经注》中诠释"常清静经"时说:"清者,元也。静者,气也。经则法也,一则为圣人之径路,二则为神仙之梯凳。凡学道之人,皆因经戒而成真圣。圣人未有不假经戒而立,不因元气而成道者也。"②道性以清静为特性,清静即为元气。如果人人都有元气,那么,人人也就都拥有了清静的道性。杜光庭在谈论道性问题时引入"元气"的概念,这是他对道教固有的重气传统的继承,同时"因元气而成道"的思想也标示出道性与佛性在内涵上的根本区别,及其与儒家复性论的鲜明差异。

在杜光庭的著作中,"清净"和"清静"经常混同使用,形成其道教心性论中的两个不同的致思向度,但"清静"一词的使用频率更高,这既与他主要以《道德经》为文本来阐释道教思想有关,也与他所倡导的"性本情末说"的道性论相联。

杜光庭的道性论以认识自我和顺应自然为基本特征,据此而提出

---

① 《玄珠录》卷上,《道藏》第23册,第625页。
② 《太上老君说常清静经注》,《道藏》第17册,第182页。

的"性本情末说"，又为他倡导修心而复归于人本来的清静道性提供了理论依据。他说："禀道之性，本来清静，及生之后，渐染诸尘，障翳内心，迷失真道。"[1]人生来而禀有清静道性，可一旦生活于尘世之中，人随境而生起的种种感情欲望就障迷了人心，使人迷失了本有的清静道性。为此，他特别采用了佛教的"六根"、"五欲"等思想来细细地说明后天的种种情欲如何障迷人先天的清静道性，使人正性流散，随念生邪，走向沉沦，并为人们指出修心复性的路径。他说：

> 六根者，一曰眼根，能见诸境。二曰耳根，能闻诸声。三曰意根，能生攀缘。四曰鼻根，能辨香臭。五曰舌根，能知诸味。六曰身根，能生诸恼。以此六种生诸罪因，展转相生，障弊真性，喻如草木，结花吐实，相生不穷。寻其所起，不离六种。如根生物，名曰六根。五欲者，眼欲诸色，耳欲诸声，鼻欲诸香，口欲诸味，心生众欲，障弊五情，烦恼萦缠，皆由此起。内心悦慕谓之爱，外境着心谓之染，因境生心谓之欲，制止不已谓之奔，意想交侵谓之竞。正性流散，随念生邪，以生邪故，乖失正本。

基于"六根"而产生的"五欲"，使人陷于爱、染、欲、奔、竞等情欲之中，烦恼萦缠，丧失道性。"随念生邪，既云失道。欲其妙道却复于身者，当须守雌柔贞静之行，笃厚恬和之性，以制其情。情者，末也。性者，本也。自性而生情，则随境为欲。自情而养性，则息念归元。归元则五欲不生，六根不动，无厌其气，无狭其心，则妙本之道自致于身矣。"[2]杜光庭在这里指出，性与情是人心的两个方面，"自道所禀谓之性，性之所迁谓之情"[3]。性是禀道而来，以清静为特点而潜存于人心之中，是众妙之门。自性而来的情却与性相对，随境奔流而处于妄动之中，乖道背本，是众恶之源。杜光庭从道性清静出发，强调性本情末，并将性视为善，情视为恶。

为什么本来清静的道性或元气，一旦成就了有形质的人之后就变得污浊了呢？杜光庭又承唐代道教思想家吴筠、司马承祯的看法，用

---

① 《道德真经广圣义》卷十五，《道藏》第 14 册，第 385 页。
② 以上引文均见《道德真经广圣义》卷十五，《道藏》第 14 册，第 385 页。
③ 《道德真经广圣义》卷十九，《道藏》第 14 册，第 403 页。

"性静情动"来揭示后天之情对先天之性的破坏,导致人弃本求末,丧失了自我的清静本性。他说:"妄者,动也。情浮意动,心生所妄。动者,思之因;妄者,乱之本也。一切众生不得真道者,皆为情染意动,妄有所思,思有所感。感者,感其情而妄动于意。意动其思而妄生于心。人若妄心不生,自然清静。"当人陷于随境逐欲,依物牵引而情浮意动时,就会妄生于心,从而丧失真道,所以说"妄动者,亡也。皆亡失其道性。故逐境而感,情妄动其心,故不得真道"①。

杜光庭还借鉴了佛教的"三业十恶"的思想来论证人为什么要修道,从而将佛教的禁欲思想与道教的身心修炼结合起来。杜光庭认为,"人之禀生有三业十恶",这种与生俱来的"恶"导致了人生活于苦难之中,如果不通过修道来加以摒除,不仅会给人带来源源不断的苦难,而且还会对人的生命造成损害,"人若纵此三业十恶,则必从生趣死"②。因此,人修道必须先去除被称为"三毒"的"三业",使"六欲"不生。"人若能断得其华饰,远其滋味,绝其淫欲,去此三事,谓之曰三毒消灭。三毒既灭,则神和气畅精固,三元安静,三业不生,自然清静。"③从上述思想出发,杜光庭提出了通过"摄情归本"来"返性归元",使自我心性与至道冥然相契。他说:

> 人能摄情断念,返性归元,即为至德之士矣。至德之本,即妙道也。故言修性返德,自有归无。情之所迁者,有也。摄情归本者,无也。既能断彼妄情,返于正性。正性全德,德为道阶,此乃还冥至道也。④

虽然杜光庭将人的修道进路定于"断彼妄情,返于正性",但他也意识到,由于性静情动、性善情恶,故去情复性并非是一件易事,需要人努力修心以穿越纷繁情欲所构织的重重屏障,才能去情复性,回归众生清静的心性,亦即道性。这种从人的内在心性上寻求超越的自救方法,反映了道教一方面对唐代比较流行的外丹术的放弃,另一方面

① 《太上老君常清静经注》,《道藏》第17册,第188页。
② 《道德真经广圣义》卷三十六,《道藏》第14册,第498页。
③ 《太上老君说常清静经注》,《道藏》第17册,第185页。
④ 《道德真经广圣义》卷十九,《道藏》第14册,第403页。

力图通过对儒佛道三家心性论的吸收与综合,希望从"道"的本来意义上去探索道性与众生性的关系,以"道性"——人的不变的本质——为基,通过修炼人体内的精气神以促进身心健康乃至于长生成仙的努力。

杜光庭对道教心性论的探讨,展示了人生时刻面对的身心或性情之间的矛盾与冲突。如用现代话语来说,这种矛盾与冲突不仅表现为理想与现实、身体与情感等内在冲突,而且还表现为人的欲望与社会礼法之间等外在冲突。杜光庭基于对性情关系的解读而形成的"清静"和"清净"两个致思向度,所具有的不同内涵、性质与功用又相互补充地充实了道教心性论①。去情复性虽然带有理想主义的成分,但却表达了对如何超越人的生命局限以复归生命本源的一种思考与实践,尤其是杜光庭倡导的"清净"思想,后被全真道发展为内丹心性论的理论依据。例如,王喆在传教之初,就对"清净"十分重视。他说:"诸公如要修行,饥来吃饭,睡来合眼,也莫打坐,也莫学道,只要尘冗事屏除,只要心中清净两个字,其余都不是修行。"②这里,王喆采用了禅宗话语"饥来吃饭,睡来合眼"来说明,只要"心中清净"就是修行。这种修行观其实就是惠能主张的自净其心③、随缘任运精神的体现。马钰正是在这种清净精神的引导下,才出家修行的。王喆住在马钰家时,用"分梨十化"等方法来开导马钰及妻子孙不二看破红尘,出家修道④。马钰遂明性命祸福生死之机,晓天地阴阳奇偶之数,最终抛弃了万贯家财,皈依全真道,断酒气财气、攀缘爱念,清净修行,其妻孙不二也随之出家。在《重阳真人授丹阳二十四诀》中,王喆特别告诉马钰,清净功夫有内外两个方面:"内清净者,心不起杂念;外清净者,诸尘不染者。"只有做到内外清净,才能如处虚空之中,悟本来之真性,得入真

---

① 孙亦平著《清静与清净:论唐代道教心性论的两个致思向度》,《哲学研究》2016 年第 9 期。

② 《重阳全真集》卷十《玉花社疏》,《道藏》第 25 册,第 747 页。

③ 惠能说:"迷人念佛生彼,悟者自净其心。"(敦煌本《坛经》第 35 节)

④ 参见《重阳分梨十化集》二卷,载《道藏》第 25 册。

道而成仙①。今《道藏》中收有马钰著述《洞玄金玉集》、《丹阳神光灿》、《渐悟集》、《丹阳真人语录》等,以及记载王喆引导马钰入道的道书《重阳教化集》、《重阳分梨十化集》、《重阳真人授丹阳二十四诀》等,大都以"清净"为主题②。马钰将"清净无为"奉为修行的"最上乘法",并以此来整顿全真教风,这成为金元全真道的重要特色之一。

---

① 孙亦平著《论佛教思想对全真道的影响——以马钰倡导的清净无为为例》,熊铁基、麦子飞主编《全真道与老庄学国际学术研讨会论文集》,华中师范大学出版社 2009 年版,第546—557 页。

② 虽然在马钰的著作中,"清静"一词也有使用,但据笔者统计,"清净"一词的使用频率更高一些。

第六章　修道论的内在化转变

基于以道性论为核心的心性论，如何把修道者从内外束缚中解脱出来以回归人本有的清静道性就成为唐代道教修道论所关注的重点，由此而在种类繁多的道教修仙方法中，选择了"性命双修"作为得道成仙的根本进路，希望以此来帮助人们去除情欲，恢复身心清静，修道论的内在化转变，为推动道教仙学的转型提供了新思路和新方法。

第一节　仙道多途论

道教是一种崇奉多神并主张人能修炼成仙的宗教。它从天人一体同源的思想出发，从人自身来追寻生命无限存在的可能性，既注重人当下的现实生命的质量，更希望采用种种特异的方法来延长人的生命，甚至于达到长生不死。因此，从道教的终极理想看，它必然飘逸着一种超世脱俗的精神，但从实现终极理想的途径看，它的实证性又必须落实到现实生活之中。例如，杜光庭在《墉城集仙录》中，就借用"圣母元君"之口，对如何契道而成仙的方法与途径作了细致的解说："道之无形，用术以济人。人之有灵，因修而契道。人能学之，则变化自然矣。道之要者，在深简而易矣。功术之秘者，唯符、药与气也。"①他强调，道虽然是无形的，但人却可以凭借着特定的方法和途径，通过

---

① 《墉城集仙录》卷一，《道藏》第18册，第167页。

修真悟道来消除自然时空对生命的限定,使个体生命与道相契①。

因此,在杜光庭的道教仙学中,除了有对形而上之道的信仰外,也有一些可操作性的"法"与"术"。在道教中,所谓"法"既指修道的具体方法,更指企图控制或支配超自然力量而采取的种种神秘方法;所谓"术"即是指行道或修道的特殊技巧。"道者,虚通之至真也;术者,变化之玄伎也。"②如果说,"道"是"法"与"术"的核心与灵魂,那么,"法"与"术"就是传播和实证"道"的手段或工具,所以在道教中也常有"法术"或"道术"的说法。

道是恒定不变的,"法术"或"道术"则会应人们的需要和技术的发展处于不断的变化和完善之中,从而形成繁多的种类。在道教仙学中,人的身体相对于天地大宇宙而言,被视为是一个复杂而精妙的微观小宇宙,杜光庭曾用金木水火土风来解说身体这个小宇宙,他说:"木神为肝,火神为心,土神为脾,金神为肺,水神为肾,风神为胆,六家共成人身,故有五脏六腑,九宫十二室,四肢五体,三膲九窍,百八十关机,三百六十骨节,各随而居之,故能动作、视息、饮食、语言、别好恶,知是非也。一家不和,即为病矣。人生各有岁月日时,随其所属星宿,以定其贫富贵贱、生命长短焉。然六家之物,有合则有散,有生则有死,有成则有败,有盛则有衰,此物之常数也。身有应败之患,神有应散之期,命有必尽之势,甚可畏也。"③对于具体的修道者来说,抽象的理智不足以概括丰富的生命体验,仙学的普遍原则一旦为具有独特的生命存在和生活经历的个体之人所践履,就会表现出一种相对性——仙道多途。

杜光庭通过"神仙之道百数"来说明"证道虽一,修习或殊",并强调了"我命在我,长生自致"的道理。他说:

---

① 法国学者傅飞岚(Franciscus Verellen)认为:"杜光庭对得道长生的可能性、可想象性及条件等问题没有做出任何论证或理念上的争辩,代之却是对成功或失败之求道者的个人经历、职业及生活的叙事性描述。"(《道教视野中的社会史:杜光庭(850—933)论晚唐和五代社会》,香港文星图书有限公司2001年版,第18页)笔者认为,这一看法是不全面的。

② 《墉城集仙录》卷一,《道藏》第18册,第167页。

③ 《墉城集仙录》卷一,《道藏》第18册,第166页。

得道去世，或隐或显，证道虽一，修习或殊，故云神仙之道百
数，非一途所限，非一法所拘也。或为真人之友，或为天帝之宾，
倏忽而龙驾来迎，参差而云骈迤迈者，则谷希、长里、青光、赤松之
例是也。或受书禀箓，阴景炼形，灵肉再生，前功克懋者，则五老、
上帝、四极、真王之例是也。或精诚不易，试难不移，目注崑邱，心
朝大帝，而得道者，黄观、韦道微、傅君之例是也。况复大洞七变，
八禀三图，胎精斑符，隐芝曲素，玉精金液，黄水秘符，赤树青英，
环刚绛实，白羽皇象，九转八琼，服之而化凤化龙，饵之而为金为
玉，复有金铛玉佩之诀。三皇八景之文，华丹素奏之灵，神虎金真
之要，飞行之羽，超虚摄空，流金之光，摄神制逆，翱翔则翠羽玄
翮，控御则飞盖曲晨。七十四方之所修，靡亏毫发。三十七色之
所授，渐备羽仪。至或降九锡以腾凌，践七试而贞介，资师秘诀，
证自我心，历象不能易其坚，雷霆不能骇其听，富贵不能惑其志，
声色不能诱其衷，此则我命在我，长生自致。①

得道成仙是修道者的终极目标，它表达了人们的一种美好理想，希望
无限地延长生命，以至于长生不死。这也是道教对人类的最大诱惑！
问题在于，需要采用什么样的方法与途径才能实现即世而超越的理想
呢？这里，杜光庭以优美的文字描绘了修道的各种方法与途径。他认
为，修道者根器有异，身体有别，成仙之途亦当有殊，而绝不拘于一法，
取于一术。至于在"神仙之道百数"中选择哪一种道术来进行修炼，则
应当由修道者根据自己的情况来决定。

　　由于道本身既广大又精微，人的生命既复杂又奇妙，因此，杜光庭
所阐述的"仙道多途"与他对人的理解密切相关，正如当代基督教神学
家麦奎利所说："神学话语所构筑的任何景象，都是深深地植根于人在
历史和具体生存中所拥有的经验之中的。"②杜光庭认为，人无论是圣
贤，还是愚贱，无论他们的身体素质和社会地位是如何的不同，其身心
活动的时空领域都是广阔的。人既是社会群体中的人，又是自然的个

① 《墉城集仙录·序》，载《全唐文》卷九百三十二，上海古籍出版社1990年版，第四
册，第4303页。
② 孙亦平主编《西方宗教学名著提要》，江西人民出版社2001年版，第913页。

体之人，人既有生物性的情欲，又有与生俱来的道性，人所具有的多面性之间又有着难以割裂的内在统一性。因此，道教只有提供不同的"修证之理"，才能满足修道者多方面的需要，才能对广大信众产生强烈而持久的吸引力。正是从此出发，杜光庭希冀通过宣扬"仙道多途"，既满足人们多样化的需要，也以此来推动道教仙学的发展。他曾说：

> 夫立功之义，盖亦多途，或拯溺扶危，济生度死，苟利于物，可以勤行。或内视养神，吐纳炼藏，服饵导引，猿经鸟伸，遗利忘名，退身让物，皆修道之初门也。既得其门，务在勤久，勤而能久，可以积其善功矣。①

杜光庭生动地诠释了道教的修道是围绕着内以养生、外以度世而展开的，具有自利利他的特点。作为社会的人，他应当以自己的道力"拯溺扶危，济生度死"来有利于社会，作为个体的人，则应当通过"内视养神，吐纳炼藏，服饵导引，猿经鸟伸，遗利忘名，退身让物"等身心的修炼来优化自己的生命。同时，杜光庭也指出，以上各种道术仅为"修道之初门"，修道而能够得道的关键还在于入门之后"务在勤久，勤而能久"。

杜光庭还列举了当时道门中主要采用的修道方法，对仙道多途又进一步作了细致的解说，以为人们修道提供指导。他说：

> 大道好生，诱人垂法，千门炼性，万行修心。因悟乃修，因修乃证。修证之理，泛举其纲，则有吐纳元和，咽漱云液，茹松食柏，绝粒饵芝。或隐朝上清，密伺玄斗。或五金八石。或水玉流珠，阴鼎阳炉，五华九转。或素文丹篆，檄召鬼神，金钮青丝，质盟天地，则有正一道德，升玄洞神，灵宝明真，三清众法并革凡登道，证品升真。又有奔二景，朝五辰，据极攀魁，鸷纲飞纪，吞日咽月，制魄拘魂，八道望云，九真受事，升玄卧斗，方诸洞房，左右灵飞，阴阳六甲，三部八景，二十四真，存服三元，注想三一，紫房黄阙，绛景朱婴。紫虚南岳之篇，青童东海之诀，内视五藏，下制六天，导

---

① 《道德真经广圣义》卷三十六，《道藏》第14册，第494页。

引吞符,御风养气,腾举之道,溢于真经。或修励一门,便可得道,
遂能拔玄祖于长夜,飞我身于太虚,瞬息而历九陔,那惭若士顾面
而周六合,岂让鸿蒙？而世之大迷,不能耽味,即曰神仙之事,非
积学可求。①

杜光庭在此罗列的"修证之理"可谓琳琅满目,有行气、服食、辟谷、存
思、注想、内视、拜神、金丹、符箓、导引等,由此来彰显"仙道多途",以
说明修道之人可以根据自己的情况"修励一门",但神仙之事,绝非积
学可求,必须"因修乃证"。

在杜光庭之前,道教中对修道成仙一般有四种说法:一曰飞升,二
曰隐化,三曰尸解,四曰鬼仙,都比较注重追求肉体的永存。然而在现
实生活中,肉体永存仅是人们所期望实现的美好理想,理想并不等于
现实,这就使得人们往往对道教信仰持有怀疑的态度,甚至敬而远之,
从而在客观上制约了道教仙学的发展。杜光庭虽然也依照传统的说
法把修道成仙的品秩分为四种,但却对其中的鬼仙作了新的诠释。他
说:"夫神仙之上者,云车羽盖,形神俱飞;其次牝谷幽林,隐景潜化;其
次解化托象,蚀蜕蝉飞";第四种就是"得为鬼仙"而入仙界者:

又有积功未备,累德未彰,或至孝至忠,至贞至烈,或心不忘
道,功未及人,寒栖独炼于己身,善行不加于幽显者,太上以其有
志,太极以其推诚,限尽而终,魂神受福者,得为善爽之鬼,地司不
判,鬼录不书,逍遥福乡,逸乐遂志,年充数足,得为鬼仙。然后升
阴景之中,居王者之秩,积功累德,亦入仙阶矣。②

这里所强调的实际上是生前行善,死后成仙。"这对于道教的神仙思
想来说,无疑是一个发展。它既克服了以往只讲即身成仙,白日飞升,
事实上不能兑现,虽然借造神话传说,也令人难以信服的困难,又解决
了由于成仙的要求太高,使人可望而不可及,只有极少数所谓秉赋特
殊或前世在天上挂了号的人,才被说成能升入天界的这一困境。现在
杜光庭明确倡导在生行善,死后成仙的说教,虽然在生行了善,死后能

① 《道德真经广圣义》卷十四,《道藏》第14册,第383页。
② 《墉城集仙录·序》,载《全唐文》卷九百三十二,上海古籍出版社1990年版,第四
册,第4303页。

否成仙,仍无从证明,但却容易吸引那些相信灵魂不死的人,且又简便可行。这就更有利于道教的广泛传布和发展。"①显然,杜光庭的这种成仙的理论,不仅简单易行,而且还可以给那些热切期望成仙者以一种精神上的安慰,鼓励他们不要因为神仙渺茫而失去信心,放弃努力,正如他自己所说:"如此则善不徒施,仙固可学,功无巨细,行无洪纤,在立功而不休,为善而不倦也。修习之志,得不勖哉?"②

在种类繁多的修道之术中,杜光庭特别强调,符、气、药三者为"致道之要机"。他说:"符者,三光之灵文,天之真信也。药者,五行之华英,地之精液也。气者,阴阳之和粹,万物之灵爽也。此三者,致道之要机,求仙之所宝也。人能兼之,可以常存,度人无量矣。"③杜光庭还借元君之口,对符、气、药三者之所以能够致仙的原因作了介绍。他说:"道以何达?弘之在人。夫药能炼形,符能致神,神归则心通,形坚则气固,神全气固,形复坚者,命可全也。命全然后化气变精,洞入无形,飞行虚空,存亡自然,乃能长久长存也。"④符、气、药的神奇在于它们能够对构成人的生命的精、气、神产生作用,使人神全气固形坚,由命全而达到长久长存。

道教一向推崇金丹大药,认为它是"仙道之极"⑤。杜光庭也认为丹药能"令人长生"。他曾对著名的"九转还丹"的种类和致仙的功效作过细致的介绍,他说:"一曰白雪,二曰雄雌,三曰白华,四曰金液,五曰丹华,六曰五色,七曰泥汞,八曰金精,九曰九鼎,皆名九转还丹。得一丹者,可以长生,不必尽须作也。神丹之道,三化五转,至九而止,若草木之药,埋之则腐,煮之则烂,烧之则焦,不能自生,何能生人?金丹之道,即反于此。烧之愈精,冶之愈妙,故能令人长生,因使老君炼丹

---

① 卿希泰主编《中国道教史》第二卷,四川人民出版社1996年版,第441页。
② 《墉城集仙录·序》,载《全唐文》卷九百三十二,上海古籍出版社1990年版,第四册,第4303页。
③ 《墉城集仙录》卷一,《道藏》第18册,第167页。
④ 《墉城集仙录》卷一,《道藏》第18册,第167页。
⑤ 葛洪说:"余考览养性之书,鸠集久视之方,曾所披涉篇卷,以千计矣,莫不皆以还丹金液为大要者焉。然则此二事,盖仙道之极也。服此而不仙,则古来无仙矣。"(王明著《抱朴子内篇校释》,中华书局1985年版,第70页)

以示世人修道之本。"①金丹与草木在古人的经验中有着鲜明的反差，一个最为稳固，一个极易腐朽。由于金丹具有稳固不变的性质，因此，古人运用类比推理而形成了物性转移的思想，认为人如果服食了金丹就能具有与它一样的不易败朽的性质，甚至可以变得像金丹一样坚固。葛洪说："夫金丹之为物，烧之愈久，变化愈妙。黄金入火，百炼不消，埋之，毕天不朽。服此二物，炼人身体，故能令人不老不死。此盖假求于外物以自坚固。"②这种物性转移的思想，虽然反映了人们对生命无限的向往，但毕竟仅是美好的理想而已。到了唐代时，金丹的负作用已经充分暴露，它的弊端也引起了人们的高度重视。虽然杜光庭在描述丹药的性质和功效时仍沿用了传统道教的一些看法，认为金丹术能令人长生，所以"老君教人习道，内外俱修，既炼金丹，又习真气"③，但从总体上看，杜光庭并不提倡服食金丹，他甚至曾这样说："或饵金石，以毒其中……本欲希生，反之于死！"④鉴于对丹药负作用的认识，杜光庭比较注重"绝谷食气"。

谷与气本是维持人的生命不可缺少的两大营养，然而道教却说："黄帝曰，食谷者智而夭，食气者神而寿，不食者不死。"⑤问题是，食谷何以会导致人夭死？道教认为，人身体中有"三尸"，亦名"三虫"或"三彭"。上尸居于"脑宫"，好宝物；中尸居于"明堂"，好五味；下尸居于"腹胃"，好色欲。"三尸"居于人体之中，依赖于人体中的谷气而生存，使"人之情欲熙熙，如华叶茂盛也。茂盛则不久枯落，熙熙则必致伤生"⑥。"三尸"不仅致人伤生，而且还会塞人三关之口，断人三命之根。于是，杜光庭采用佛教词语把"三尸"称为"三毒"。他说："三毒者，乃三尸也，彭琚、彭瓒、彭矫。上尸好华饰，中尸好滋味，下尸好淫欲。人若能断得其华饰，远其滋味，绝其淫欲，去此三事，谓之曰三毒

① 《墉城集仙录》卷一，《道藏》第 18 册，第 167 页。
② 王明著《抱朴子内篇校释》，中华书局 1985 年版，第 71 页。
③ 《道德真经广圣义》卷二，《道藏》第 14 册，第 320 页。
④ 《道德真经广圣义》卷四十八，《道藏》第 14 册，第 555 页。
⑤ 司马承祯撰《服气精义论》，《道藏》第 18 册，第 447 页。
⑥ 《道德真经广圣义》卷十五，《道藏》第 14 册，第 386 页。

消灭。三毒既灭,则神和气畅精固,三元安静,三业不生,自然清静。"①"三尸"既然是人欲之源,那么,道教就设想,如果人不食五谷,不就能断绝"三尸"赖以生存的谷气吗?如果"三尸"不存,那么,人体中的欲望不也就会随之而消失了吗?但人如果绝食五谷,维持肉体生命所需要的营养又从哪里来呢?杜光庭认为,"庶类之众,皆资道气,假借而后能生能成"②,宣扬以食气炼气来补充人绝谷后身体所需要的营养。

绝谷食气本为古人所创造的一种独特的修道方法。《庄子·逍遥游》中塑造的藐姑射神人就是"肌肤若冰雪,绰约若处子,不食五谷,吸风饮露"。《楚辞·远游》也描绘了"餐六气而饮沆瀣兮,漱正阳而含朝霞。保神明之清澄兮,精气入而粗秽除"的神人。道教最早的经书《太平经》则提出,要想长生,就要在饮食上做到,"第一者食风气,第二者食药味,第三者少食,裁通其肠胃"③,将"食风气"放到了首位。杜光庭在诠释老子的"谷神不死,是为玄牝"时,也借机对"绝谷食气"作了特别的宣扬,并将其称之为"不死之道"。他说:"元和之气,慧照之神,在人身中出入,鼻口呼吸相应,以养于身,故云谷神也。又天之五气,从鼻而入,其神曰魂,上与天通。地之五味,从口而入,其神曰魄,下与地通。言人食气,则与天为徒,久而不已,可以长生,阳炼阴也。食味则与地为徒,久而不已,生疾致死,阴炼阳也。老君令人养神宝形,绝谷食气为不死之道。"④气既是人赖以养身的根本,又是沟通人与道的中介或桥梁。由于气与道相比更具有现实性,因此,杜光庭认为,天地万物唯"气"以生,从而把"气"视为天地万物存在的表征,"天地任气自然,故长存也"⑤。"气存则生"也成为人在"绝谷"之后仍可以用"食气"的方法来维持生命的根据。"夫人之一身,天付之以神,地付之以形,道付之以气。气存则生,气去则死。万物草木亦皆如

---

① 《太上老君说常清静经注》,《道藏》第 17 册,第 185 页。
② 《道德真经广圣义》卷三十三,《道藏》第 14 册,第 478 页。
③ 王明编《太平经合校》卷一百三十七至一百五十三,中华书局 1960 年版,第 717 页。
④ 《道德真经广圣义》卷九,《道藏》第 14 册,第 359 页。
⑤ 《道德真经广圣义》卷九,《道藏》第 14 册,第 359 页。

之。身以道为本,岂可不养神固气以全尔形也? 形神俱全,上圣所贵。形灭神逝,岂不痛哉! 一失此身,万劫不复。"①

由于杜光庭之前的成玄英吸取佛教的思想来注老,追求精神解脱,唐玄宗又倡导治国理身,强调清静无为,而杜光庭却注重以"食气"的方法来保持生命的长存,以至于有学者认为,"杜光庭作《道德真经广圣义》,重讲肉体长生"②。但实际上,杜光庭所追求的并不局限于肉体长生,他所提倡的"食气"虽然以追求形神俱全为目标,但他又从"性者,命之原"③的思想出发而将炼气修命与修心炼性联系在一起,特别强调了"性命双修",从而推动了道教的修道论向内丹心性论方向发展。

杜光庭既放弃老子冷眼旁观、批判现实的态度,也不学庄子逍遥山林、与世无争的隐逸做法,更转变了魏晋神仙道教以炼制服食丹药来追求肉体长生的仙道内涵,而是在道性论的基础上强调,"理身之道,先理其心,心之理也,必在乎道。得道则心理,失道则心乱"④。如果细究杜光庭的著作,就会发现,虽然他强调仙道多途,但他的著作却很少涉及金丹、符箓等道术,对如何炼气也没有作细致的说明,而是从"理身之道,先理其心"⑤出发,花费了大量的笔墨强调人需要心性的修炼,通过"性命双修"来达到长生成仙。他说:"明者返伏其性,以延其命;愚者恣纵其欲,以伤其性。夫性者,命之原;命者,生之根。勉而修之,勤而炼之,所以营生以养其性,守神以养其命,则离苦升乐,福祚无穷矣。且人之生也,皆由于神,神镇则生,神断则死,所以积气为精,积精为神,积神则长生矣。"⑥杜光庭通过"明者"与"愚者"的对比不仅强调了性命双修的重要性,而且也展示出性命双修不只是一个追求长生的问题,而是一种全方位的生命修习。

① 《墉城集仙录》卷一,《道藏》第18册,第170页。
② 任继愈主编《中国哲学发展史》(隋唐),人民出版社1994年版,第364页。
③ 《墉城集仙录》卷一,《道藏》第18册,第166页。
④ 《道德真经广圣义》卷十九,《道藏》第14册,第404页。
⑤ 《道德真经广圣义》卷十九,《道藏》第14册,第404页。
⑥ 《墉城集仙录》卷一,《道藏》第18册,第166页。

杜光庭从道性论出发所倡导的性命双修推动了道教仙学的新发展。如果说,形神双修主要是通过炼形养神来修命,属于命功,那么,性命双修则在修命的同时,还强调修炼性功,得道成仙也就意味着众生性与道性冥然相契,并通过对道的体悟而成就人的内在德性。杜光庭试图从人的内在心性中去寻找人与道相互沟通的契合点,他说:"修身之士,当体道虚心,无所执著,以臻其妙。"①认为只有通过体道虚心、无所执著才可以返归人原有的清静道性。通过体任自然之道,不仅可以使生命与道一样久长,而且还能提升人的精神境界。这样,性功中既包括为善去恶的道德修养,也包括道教所认可的心性修炼的方法及其所追求的精神境界,这些内容都是形神双修中所缺乏的。性命双修所具有的这些新特点是它在出现之后能够很快地在道教中风靡开来的原因之一。

杜光庭将修道的重心转移到心性修炼上,因而他所提倡的性命双修具有重性轻命的特点。首先,杜光庭虽然并不主张放弃以身体修炼为主的"命功",但他更强调心性的修炼。他在诠释老子的"吾无身,吾有何患"时曾说:"无身者,非顿无此身也,但修道之士,能忘其身尔。"②他将老子所说的"无身"解释为修道之士"能忘其身"。什么是"忘身"呢? 他认为:"损性则心神内竭,恣情则奔竞外劳。……太上曰:妄想颠倒,皆从心起。强生分别,系念我身。触境生迷,举心皆妄,以此流浪,沦乎生死。但当定志观身,尽皆虚假。既知虚假,妄想渐除。妄想既除,内外清净,自悟真道,谓之忘身。"③这就是说,如果损性恣情,不能于心上去除贪欲和妄想,那么就会沦乎生死,无法得道。因此,"无身者,无欲也。无欲谓之真身。真身者,道身也"④。正是在这个意义上,杜光庭曾发挥老子的思想说:"身为患本,宠辱由身而生,能忘其身,则忘宠辱矣。……忘身者,身与道合,升为云天,与道无为,

---

① 《道德真经广圣义》卷二十八,《道藏》第 14 册,第 447 页。
② 《道德真经广圣义》卷十三,《道藏》第 14 册,第 376 页。
③ 《道德真经广圣义》卷十三,《道藏》第 14 册,第 376 页。
④ 《太上老君说常清静经注》,《道藏》第 17 册,第 186 页。

当有何患乎?"①修道者只有修心养性,忘身无欲,才能与道相合,生命由此而得到升华。

其次,杜光庭还吸收了佛教的思想来强调修心炼性的重要性。他说:"修道之身,外绝众缘,内染一气,除垢止念,守一凝神,以慧照自观,证了实相,不滞空有,深入妙门;可以得道。"②这里,用佛教的"实相"来表述"道",由于"道"就蕴含在人心中,因此,修道也就是修心,通过修心而"慧照自观",就能"证了实相"。他又说:"人之修道,融心寂神,已有感通,而世尘妄起,外念忽生,将超躁竞之途,或溺是非之境,即可急诣静室,思玄念真,以无为之道,镇其心灵,制于妄想,如水之浊,徐以澄清,则三尸不能干,百邪不能扰,魔试都息,造于虚无之阶矣。"③通过"思玄念真"的修心炼性不仅可以帮助人复归本来清静的道性,而且还能排除邪魔对生命的侵扰。

最后,杜光庭在道性论的基础上以"心性"、"性命"等范畴来解释、会通传统道教的"道"、"玄"、"形"、"神"、"精"、"气"等概念,通过对《老子》、《庄子》中提出的"道"、"玄"、"自然"、"阴阳"、"清静"、"养生"、"心斋"、"坐忘"等概念的再阐释,发展了道教的内修精气神三元以求长生的传统,使性命双修成为一套以修心炼性为基本进路的修道方法。他说:"理身者,以心为帝王,脏腑为诸侯,若安静心王,抱守真道,则天地元精之气纳化身中,为玉浆甘露,三一之神与己饮之,混合相守,内外均和,不烦吐纳,存修各处玉堂琼室,阴阳三万六千神,森然备足,栖止不散,则身无危殆之祸,命无殂落之期,超登上清。"④杜光庭在主张"以心为帝王"时,还是不能忘怀他所植根的道教经验,于是,他通过神和、气畅、精固来阐释生命之秘旨,并通过三元安静、保三宫、固丹田来强调性命双修:"神和、气畅、精固,三元安静,三业不生,自然清静。三元者,上元、中元、下元也。上为三境,生于万物,天下三元掌人性命,且上元主泥丸脑宫,为上丹田;中元主心府绛宫,则

---

① 《道德真经广圣义》卷十三,《道藏》第 14 册,第 377 页。
② 《道德真经广圣义》卷三十八,《道藏》第 14 册,第 510 页。
③ 《道德真经广圣义》卷二十九,《道藏》第 14 册,第 454 页。
④ 《道德真经广圣义》卷二十七,《道藏》第 14 册,第 443—444 页。

为中丹田;下元主气海属肾宫,为下丹田。此之三元,上主于神,中主于气,下主于精,故乃掌人之性命也。人若能绝其三业,保此三宫,更辩四时之气,运转精华,往来无穷,则三丹田固实,万和柔顺,心若太虚,内外贞白。皆因三尸消灭,除假留真,乃为清静之道矣。"①既然三元掌人性命,那么,通过性命双修不仅可以使"三丹田固实",而且还可以使人"心若太虚"而复归于清静之道。

由于杜光庭认为"道果所极,皆起于炼心"②,所以,他特别强调心性的修炼,而他从人的内在心性中去寻找人与道相沟通的途径,这在客观上推动了"以身为炉鼎,心为神室"的内丹心性学在唐末五代的迅速发展。需要指出的是,杜光庭的道教仙学仅停留在对神仙灵异的描述上和对得道成仙的可能性与必然性的理论探讨上,并没有像同时代出现的钟吕内丹道及后来的全真道那样,将形而上的哲学之思落实在形而下的修仙之术上,建立起以"性命双修"为主要特征的内丹心性学,但杜光庭对性命双修的强调为内丹心性学在唐末五代的兴盛,并在宋代以后成为道教思想与实践的主流奠定了基础。

第二节　修道即为修心

"道"不仅是一种形而上的终极存在,对人来说,它还是生命存在的根基,"道以至柔,无乎不在,贯通万物,流注群形,得之则生,失之则死,故保养道存则生全"③。这样,如何通过"保养"、"道存"以"生全",就成为修道论必须面对的重要问题。杜光庭从道本清静的思想出发,认为"寡欲则行清,多欲则神浊,欲深浊极,自思复其清矣。此废欲清神之权也。不贪则俭约,极贪则殃身。因贪获殃,自思复其俭矣。此修俭夺贪之权也。皆先极其侈心,使自困于贪欲。然后返性修道也。"④他从"贪欲"的危害性的角度强调了去除贪欲以返性修道的重

---

① 《太上老君说常清静经注》,《道藏》第 17 册,第 185 页。
② 《道德真经广圣义》卷四十九,《道藏》第 14 册,第 561 页。
③ 《道德真经广圣义》卷三十四,《道藏》第 14 册,第 482 页。
④ 《道德真经广圣义》卷二十九,《道藏》第 14 册,第 452 页。

要性。如何去除贪欲以返性修道？他认为，修心是重要的进路。他说："人能调伏其心，内安其神，外除其欲，则自然清静。"①人只有通过"调伏其心"的修心以安神去欲，就能达到自然清静的理想之境。这样，杜光庭的修道论既表现出了重视修心的特色，而这种修心论又表现出了浓厚的禁欲主义的色彩。

杜光庭曾借用佛教的名词而提出，"人之禀生"有"三业十恶"，并将之视为导致人"从生趣死"的众罪之源，并认为，如果能"制伏三业十恶"，则可"得道长生"。他说：

> 人之禀生，有三业十恶。三业者，一身二心三口业也。十恶者：身业有三恶，一杀生，二偷盗，三邪淫；心业亦有三恶，一贪欲，二嗔怒，三愚痴；口业有四恶，一两舌，二恶口，三妄言，四绮语。此三业十恶合为十有三矣。人能制伏三业十恶，则可得道长生。……人若纵此三业十恶，则必从生趣死。……夫三业十恶，众罪之源，舍之则可以出生，行之则可以入死。②

杜光庭把"三业十恶"与人的生命联系起来考察，认为舍之则可以出生，反之则必将入死。这里，他借用的是佛教的名词术语，表达的却是道教追求得道长生的思想，而不是佛教要超脱生死的理想。

杜光庭又进一步认为，在人的"三业十恶"中，贪欲对人的生命危害最深。他说："罪之与祸，皆起于身。身之生恶，由于心想，故身心口为三业焉。三业之中，共生十恶。十恶之内，贪罪愈深，故生死忿争，皆因贪致。"③认为人生的罪祸皆起于人有身体，而身体所产生的恶，皆由于"心想"的缘故，而在十恶之中，贪欲所造成的罪祸最大。

在杜光庭看来，由"心想"而生起的贪欲具有双重的"恶"，它一方面是人生痛苦、烦恼和罪祸的根源，另一方面也妨碍了人心对道性的体认，使人无法与本有的清静道性相合，因而他强调，只有去除种种尘俗欲念，才能使人身心清静，返归大道。他说：

> 六根起于六识，六识涩于六情，六情生于六欲，六欲谓之六

---

① 《太上老君说常清静经注》，《道藏》第17册，第184页。
② 《道德真经广圣义》卷三十六，《道藏》第14册，第498页。
③ 《道德真经广圣义》卷三十五，《道藏》第14册，第490页。

尘,六尘谓之六染,六染谓之六入。从根而生,染有轻重,皆在修炼,渐而制之。所以理身所务,眼绝五色,耳绝五声,鼻绝五香,口绝五味,身绝五触,心绝五缘,即六尘净矣。六尘净则世利不能动,声色不能诱,自归柔弱之道。①

杜光庭从禀道受气才形成生命的思想出发,认为个体生命是由身心或形神有机相合而成的,因此,修道者不仅要去除基于眼耳鼻舌身等五官而生的五种欲望,而且还应当做到"心绝五缘",通过以性制情,使身心处于"世利不能动,声色不能诱"的清静恬愉的境地。据此,杜光庭特别强调了去其欲,澄其心,忘其虑,安其神。他说:"六欲者,六根也。六根者,是眼耳口鼻心意也。欲者,染著之貌,情爱之喻,观境而染,谓之欲。故眼见、耳闻、意知、心觉。世人若能断其情,去其欲,澄其心,忘其虑,而安其神,则六欲自然消灭,岂能生乎? 内神不出,六识不动,则六根自然清静。"②杜光庭的修道论,就是要求人通过修心去欲而使身心自然清静。这种清静修道的思想后被全真道北宗改为清净修道而发扬光大。全真道北宗创教者王嚞的大弟子马钰就以清净无为作为教门的根本宗旨。他认为道的根本特征就是清净,因此,修道就是要去除染欲,做清净工夫,他说:"夫道但清净无为,逍遥自在,不染不着,此十二字若能咬嚼得破,便做个彻底道人。"③他将清净作为修炼内丹的基本方法,"欲要养炁全神,须当屏尽万缘,表里清净,久久精专、神凝、炁冲。三年不漏下丹结,六年不漏中丹结,九年不漏上丹结,是名三丹圆备,九转功成"④。人通过养气全神,摒弃万缘,做到表里清净,才可以使精气神相互配合、辗转变化,自然功成丹结。

由此,杜光庭十分重视"心"在修道过程中所起的作用。杜光庭所言之"心"主要是指人的一种心念活动或心理状态,其涵义十分复杂,其中比较普遍的说法有"妄心"、"邪心"、"善心"、"正心"等。杜光庭认为,人心之所以有正邪之分、善恶之别,就在于"心神本来清静,皆因

① 《道德真经广圣义》卷三十四,《道藏》第14册,第482页。
② 《太上老君说常清静经注》,《道藏》第17册,第184页。
③ 《丹阳真人语录》,《道藏》第23册,第702页。
④ 《丹阳真人语录》,《道藏》第23册,第706页。

世欲之所牵也"①。人心逐境而感情妄动,陷入喜怒哀乐之中,从而世欲妄生,迷失真道。如何通过修心以去除贪欲? 如何通过"调伏其心",以返归"自然清静"? 杜光庭从心与神、心与形两个方面做了说明。

就心与神的关系而言,杜光庭指出:"神者,妙而不测谓之神。心者神也,神者心也。心扰则神动,神动则心浮。心浮则欲生,欲生则伤神。伤神则失道。"②虽说心者神也,神者心也,但"心者,嗜好无穷"③,易受外境之诱惑,"心扰"而"神动","神动"又使"心浮",从而生出种种贪欲。这些贪欲表现为,"内心悦慕谓之爱,外境著心谓之染,因境生心谓之欲,制止不已谓之奔,意想交侵谓之竞,正性流散,随念生邪,以生邪故,乖失正本"④。心与境的交互影响,使得神动心浮,而神动心浮所生起的种种贪欲既伤神,又遮蔽了人本有的清静道性,使人正性流散,乖失正本。因此,杜光庭强调,要通过"调伏其心"以"内安其神",神静则心净,心净则心神自然清静。

就心与形的关系而言,杜光庭在诠释《常清静经》的"内观其心,心无其心"时,通过对心与形的辩证而将"无心"、"忘形"作为去除贪欲的根本方法。他说:"心者,形之主。形者,心之舍。形无主则不安,心无舍则不立。心处于内,形见于外,内外相承,不可相离,心形俱用,不可观执。凝然混沌,有若无形,亦非无也。若非无心,岂能忘于形体乎? 心忘形体,故曰无心。本经云:'吾有大患,为吾有身,及吾无身,吾有何患?'心之与形,动无所染,静而无著,此谓形无其形也。"⑤杜光庭在心与形的关系上,虽然认为"心处于内,形见于外",两者相联系而存在,故"心形俱用,不可观执",但同时又认为,心虽处于内,但却在心形关系中占有主导地位。由于人心执著了形体而导致了人心浮动不安,欲望泛滥,因此,杜光庭强调要"无心",通过无心才能"忘形",而

---

① 《太上老君说常清静经注》,《道藏》第 17 册,第 184 页。
② 《太上老君说常清静经注》,《道藏》第 17 卷,第 184 页。
③ 《道德真经广圣义》卷八,《道藏》第 14 册,第 35 页
④ 《道德真经广圣义》卷十五,《道藏》第 14 册,第 385 页。
⑤ 《太上老君说常清静经注》,《道藏》第 17 册,第 185 页。

无心忘形就能"动无所染,静而无著",从而去除各种贪欲。这时,"形无其形",心就不再为形所累,形也不再对心有碍,而这同时也就达到了"心无其心"、清静合道之境,所以杜光庭又说:"圣人设法教人,修道即修心也,修心即修道也。心无所著,即无心可观。既无心可观,则无所用,无所修,即凝然合道。故心无其心,乃为清静之道矣。"①这里杜光庭强调"修道即修心",而修心又要"无所修",才能"凝然合道"。这充分显示出了佛教禅宗、特别是惠能南宗禅的修行观对杜光庭的深刻影响②。

杜光庭还吸收了唐代道教中颇为流行的"五时七候"③的说法,来说明心由动到静的五个层次的变化以及随修所得的七种果身,以显示修心的过程就是去除贪欲、达到自然清静而心与道冥的过程。他说:"夫欲修道,先能舍事,外事都绝,无起于心,然后安坐,内观心起。若觉一念心起,即须除灭,随动随灭,务令安静。唯灭动心,不灭照心,于此修之,务其长久。久而习者,则心有五时,身有七候。心五时者,第一时心动多静少;第二时心动静相半;第三时心静多动少;第四时心无事时静,事触还动;第五时心与道冥,触亦不动。心至于此,始得安乐,罪垢灭尽,无复烦恼。此五者于所修之中,即为行相。其七候者,即为修行所得之果身。七候者,心得定已觉无诸尘漏,举动顺时,容色和悦,一也;宿病普消,身心轻爽,二也;填补夭损,回年复命,三也;延数千岁,名曰仙人,四也;炼形为气,名曰真人,五也;炼气成神,名曰神人,六也;炼神合道,名曰圣人,七也。"④"五时"主要是讲修心的进程,心逐渐由动而静,最终达到事触不动、心与道冥的境界。"七候"则以性命双修为进路,展现了内丹修炼的全过程,既注重身体的修炼,也主

① 《太上老君常清静经注》,《道藏》第17册,第185页。

② 惠能南宗禅基于般若无所得的思想而在修行观上主张修而无修,以不修为修。请参见洪修平、孙亦平著《惠能评传》第八章"惠能的修行观",南京大学出版社1998年版。

③ 唐代道经《太清经》、《定观经》以及孙思邈著《存神炼气铭》、司马承祯著《坐忘论》中都对"五时七候"的作了细致的说明。他们所说的内容大致相似,但语言表达有所不同。杜光庭对"五时七候"的论述主要是依据司马承祯著《坐忘论》中的说法,反映了他对上清派思想的继承(参见《道藏》第22册,第897页)。

④ 《道德真经广圣义》卷四十九,《道藏》第14册,第561页。

张心灵的超越,最终长生成仙,合道成圣。

　　可见,杜光庭既坚持传统道教所主张的静守虚无自然之道就可以延年益寿的思想,又遵从中唐时期道教"性从心边生"的思想而从主张形神双修转向了对性命双修的强调,同时还吸收了佛教的禁欲主义思想,将修道最终落实到了调伏其心、安神去欲。因此,他强调:"人能去其情欲,内守元和,自然心神安静。心既安静,世欲岂能生焉。"①只有遣欲澄心,心神安静,世欲不生,才能修常性而得道性。他说:"物以茂盛为动作,凋落为归根。人以逐欲而动则迁情,息念而静则合道。迁情则流遁,合道则还元。所以静而致道者,是复归所禀妙本之性命也。"②人逐欲而动则情欲茂盛,息念而静则与道自然相合,因此,自心清静就可以合道,去除贪欲才能使人"复归所禀妙本之性命"。

　　值得注意的是,杜光庭所强调的"去欲闭情,以复于道"③的"调伏其心",不仅是宗教修炼的功夫,而且也是一种以道教伦理为基准的为善去恶的道德修养。在杜光庭这里,善并不是一个抽象的概念,而是遵从老子的思想,以无欲、无为、无事、谦下、守柔、积德为根本原则,具体落实在"教人理身,忘弃功名,不耽俗学"、"不贪世利"、"外绝浮竞,不炫己能"、"不务荣宠"、"寡知慎言"、"绝除嗜欲,畏慎谦光"④等做法上。因此,杜光庭所谓"调伏其心"也就是以清静本善的道为根据,通过在人心中建立一个对自己的行为进行赏罚的内在权威而进行道德修养。"善恶二趣,一切世法,因心而灭,因心而生,习道之士,灭心则契道。世俗之士,纵心而危身。心生则乱,心灭则理。所以天子制官僚,明法度,置刑赏,悬吉凶,以劝人者,皆为心之难理也。"⑤这样,是否"修心",能否通过"修心"来达到"灭心",不仅关涉到人是否能够得道成仙,而且也与人在现实生活中如何建立制度来促使人们为善去恶联系在了一起。

---

① 《太上老君说常清静经注》,《道藏》第 17 册,第 184 页。
② 《道德真经广圣义》卷十五,《道藏》第 14 册,第 386 页。
③ 《道德真经广圣义》卷十五,《道藏》第 14 册,第 386 页。
④ 《道德真经广圣义》卷一,《道藏》第 14 册,第 314—316 页。
⑤ 《道德真经广圣义》卷八,《道藏》第 14 册,第 353 页。

　　杜光庭所宣扬的以修心为特色的修道论具有两重社会功能:一方面,这种带有禁欲主义色彩的修道论对节制人的欲望,克制损人利己、损公利私的行为,对保证社会群体的稳固发展,都具有一定的积极意义;但另一方面,这种修道论又是对人性和人的正常欲望的一种制约,其消极作用也是显而易见,因为如果不能满足人的基本需求,压抑人的精神自由,人的主体意识和创造性潜能就会受到束缚和制约,社会的进步与发展也就会受到阻碍。从总体上看,杜光庭强调的"调伏其心"以达到"自然清静"的修道论强调通过内在超越的进路来解决人的修道问题,这对促进唐宋道教的转型发展产生了重要的影响。

第三节　得道在于了悟

　　唐代道教在强调了"一切众生皆有道性"、修道即为修心的同时,还对修道需要经历什么阶段,达到怎样的境界等进行了比较深入的研究,借用佛教的术语,也就是探讨了"顿悟"还是"渐悟"的问题。

　　本来,修道者是否具有道性,得道成仙是"顿"还是"渐",这都是道教虚构的问题,但道教对这一问题的讨论却是用一种曲折的形式反映着现实的社会问题,反映着生活于现实苦难中的人希望超越生死的局限而获得恒久幸福的向往与追求。虽然杜光庭主张仙道多途,但最终却将修道实践落实到了如何修心炼性上,他用痴愚、利钝来形容人的心性的差异,并从这种差异性入手来讨论悟道的顿渐问题。

　　在杜光庭看来,道教的信仰对象——"道"——之所以为天下人所宝贵,就在于它可以通过顿悟而得,而不在于逐渐地营求。他说:"道之所以为天下贵者,顿悟而得,不在营求,才遣妄心,即通正道。妄心既遣,尘累亦消,求可以得,罪可以免,故天下所共宝贵。"①由于道就在人心中,因此,修道者只要遣去"妄心",去除"尘累",就可以顿悟而得正道。在悟的一刹那间,有限的自我隐没,无限的正道显现,人的生命随之而跃入了一个以天人合一、主客相融的新境界。杜光庭在诠释

――――――――――
　　①　《道德真经广圣义》卷四十三,《道藏》第 14 册,第 531 页。

《道德经》"知者不博"时说:"道在乎知,不在乎博。知而行之者,至道不烦,一言了悟,悟而勤久,久而弥坚,则得道矣。"①这里的知与博,唐玄宗疏曰:"知,了悟也;博,多闻也。"②杜光庭由此而进一步强调,道在乎了悟,而不在乎多闻,至道不烦,一言即可了悟。

在主张顿悟的同时,杜光庭又将"得道"与"悟性"联系起来,他说:"人能觉悟,悟则本性,谓之得道也。"③这样,道与性在终极的意义上也就圆融为一了,"得道"与"悟性"实际上成为一体之两面。如果说,"得道"是从本体之道的角度来说明人与道的冥然相契,那么,"悟性"则是从人自心的角度,强调了对自心道性的证悟。但不管是"得道"还是"悟性",在杜光庭看来,都是可以"顿悟而得"的。

杜光庭认为得道、悟性可以通过"顿悟而得",但他并不排斥渐悟。这与他对修道者的看法有关,他曾说:"性有利钝之别,悟有渐顿之殊。顿悟者,不假于从权。渐化者,须资于善诱,乃有权实之别尔。"④虽然所修之道相同,但芸芸修道者的心性、智识却因禀气清浊的不同而生来有根性之别。"夫根者,谓智性之根也。人之所禀,真元道性,能生众智,如草木之根,生花结实,展转相生,故名根也。性之生智,亦如此焉。禀受之性,由其气也,(气)有清浊不同,性有利钝差别。"⑤就利根者而言,杜光庭指出:"气清和者,生乃颖利,才智过人,明古达今,问一知十,此人根性既利,了悟圆通,见可而进,知难而退,见善如不及,闻恶如探汤,故能见善则迁,有过则改,明方便之法,知进趣之途,不俟权道诱之,自达真实之教矣。"⑥利根人能"不俟权道诱之"而直契真道,但钝根之人却有所不同:"钝根之人,禀气浊杂者,则生顽钝,智识不通,莫辩是非,岂知善恶,或复贪性狠戾,徇欲恣情,动陷罪缠,永乖人域。"⑦钝根之人因禀浊杂之气而生性顽钝,不知善恶而陷于贪欲之

---

① 《道德真经广圣义》卷五十,《道藏》第 14 册,第 565 页。
② 《道德真经广圣义》卷五十,《道藏》第 14 册,第 565 页。
③ 《太上老君说常清静经注》,《道藏》第 17 册,第 189 页。
④ 《道德真经广圣义》卷二十九,《道藏》第 14 册,第 452 页。
⑤ 《道德真经广圣义》卷二十九,《道藏》第 14 册,第 451 页。
⑥ 《道德真经广圣义》卷二十九,《道藏》第 14 册,第 451 页。
⑦ 《道德真经广圣义》卷二十九,《道藏》第 14 册,第 452 页。

中,这是他们需要种种方便教法的诱导以渐化自悟的根本原因。

杜光庭所说的顿悟与渐化并非是说道教修行的各种教法之间有高下之分,而是针对修道者有不同的根性而言的,这种看法显然受到了佛教禅宗的影响①。禅宗六祖惠能在主张顿悟成佛的同时,又多次强调了法无顿渐,顿渐在机,即认为顿渐法只是因人之根机不同而立的假名施设,他说:"法无顿渐,人有利钝。迷即渐劝,悟人顿修。"②"本来正教,无有顿渐,人性自有利钝,迷人渐修,悟人顿契。自识本心,自见本性,即无差别,所以立顿渐之假名。"③杜光庭也是从人的根机来谈论"悟有渐顿之殊"的,而且他在说明"渐顿随机"的同时,也强调了"不可滞教执文",即不可执著于种种方便权教的"学相",他说:"以玄源澄寂,妙本杳冥,非言象可求,非无有可质,固亦讨论理绝,拟议道穷,而设教引凡,示兹阶级。然在于冥心感契,渐顿随机,不可滞教执文,拘于学相,澡心浴德之士,勤乎勉哉。"④当然,杜光庭与惠能禅宗也有许多不同之处。例如,惠能在主张"法无顿渐,顿渐在机"的同时,更强调直了心性的顿悟,惠能曾说"自性自悟,顿悟顿修"⑤、"前念迷即凡,后念悟即佛"⑥,"提倡在当下一念心上顿现真如本性,顿悟自性是佛,形成了南宗特有的不假修习、直了心性的简捷明快之禅风"⑦。而杜光庭则没有这种一味强调顿悟的倾向。再如,杜光庭认为人之根机的不同是因为人禀气的清浊有不同,"人之生也,气有清

---

① 宗密在《禅源诸诠集都序》中认为,顿渐可就教而言,也可就人而言。"就教有化仪之顿渐,应机之顿渐。就人有教授方便之顿渐,根性悟入之顿渐,发意修行之顿渐。"(《大正藏》第48册,第408页)他归纳了佛教诸经论及诸禅门关于顿渐的六种不同说法:"或云先因渐修功成,豁然顿悟。或云先须顿悟,方可渐修。或云由顿修故渐悟。或云悟修皆渐。或云皆顿。或云法无顿渐,顿渐在机。"(《大正藏》第48册,第402页)这就展示了佛教顿渐说内涵之复杂性。

② 杨曾文校写《新版敦煌新本六祖坛经》,宗教文化出版社2001年版,第19页。

③ 《六祖坛经·定慧品》,《大正藏》第48册,第353页。

④ 《道德真经广圣义》卷七,《道藏》第14册,第345页。

⑤ 敦煌本《坛经》第41节。

⑥ 敦煌本《坛经》第26节。

⑦ 洪修平著《禅宗思想的形成与发展》(修订版),江苏古籍出版社2000年版,第211页。

浊,性有智愚"①,以禀气的清浊来说明人性的差异,体现了道教对人的生命的看法,而惠能禅宗却没有这方面的思想。

从"顿渐在机"的思想出发,杜光庭认为不同根机的人应当采用不同的修道方法。他说:"圣人设教,分权、实二门,上士利根,了通实教,中下之士,须示权门。"②对于高资质的利根人来说,因所禀之气本来清明,故可以顿悟道性。钝根之人因禀气浊杂,不知善恶,故需圣人示各种方便法门以善诱之。"权门变通,其法甚广,依经所判,略具四门。"③对此四门,杜光庭也分别作了说明:"圣人常善救物,俯念含灵,示以权门,令其自悟,故开四门权道,以摄化之:第一将欲歙之,必固张之者,摄其心也;第二将欲弱之,必固强之者,摄其性也;第三将欲废之,必固与之者,摄其欲也;第四将欲夺之,必固与之者,摄其贪也。夫心廉则道契,心侈则过生。"④圣人用摄心、摄性、摄欲和摄贪等"四门权道"来善诱钝根者通过修道逐渐地去浊还清,使心廉而得以与道冥契。从去欲复性的角度上来看,杜光庭所说的渐化与神秀北宗禅的"时时勤拂拭"的渐修颇为相似,只是北宗禅法在着重于"息妄"渐修的同时还主张"一念净心,顿超佛地"⑤,即认为在渐修各种"观心"方便法门的基础上,最终可以获得顿悟,按照佛教思想家宗密的看法,这属于"渐修顿悟"。而杜光庭则认为,渐化与顿悟是依人的根机而定的,由于"顿渐在机",故不同根机的人可采用不同的修道方法。这与神秀北宗禅又是有所不同的,同时,这与惠能南宗禅强调人人都可以顿悟也是不一样的。

对于修道的阶次,杜光庭曾借用佛教的三乘归一乘的说法而提出:"此明道不可闻也,必在灭智内求,灰心默契,然后听之非耳,闻之以神,得无声之声,证真道矣。一乘者,大乘之道也。道贯万法而演为三乘:初法以戒检心,以律检行,以存修静其内,以斋洁严其外;然渐进

① 《道德真经广圣义》卷三十二,《道藏》第 14 册,第 473 页。
② 《道德真经广圣义》卷二十九,《道藏》第 14 册,第 451 页。
③ 《道德真经广圣义》卷二十九,《道藏》第 14 册,第 451 页。
④ 《道德真经广圣义》卷二十九,《道藏》第 14 册,第 452 页。
⑤ 《大乘无生方便门》,《大正藏》第 85 册,第 1273 页。

中道,习于无为,隳体黜聪,忘形绝念;而次登大乘之行,次来次灭,随念随忘,不滞有无,玄契中道。证此道者,炼凡以登仙,超俗而度世,凌倒景之上,享无穷之龄。天地有倾沦,而真道无渝坏。法音周普,拯度群生。此圣人一乘之用也。"①三乘修法各有特点,可以依次而修,但共同点都是"灭智内求,灰心默契",因而最终都可归于"不滞有无,玄契中道"的大乘之行,这种大乘之行是以一种重玄学的方法来破除人对有形、有限的执著,甚至还包括了对执著种种修道方式——检心、检行、斋洁、坐忘——的破除,以证真道。这正表现了圣人"拯度群生"的"一乘之用"。

在谈论修道问题时,杜光庭还受佛教禅宗的影响,用"观"来展开"习道之阶"。"观"在佛教和道教的宗教修行中都具有重要的地位。如果说,在禅宗北宗禅中,"观"主要是指"观心",所谓"观心"就是要明了"一切善恶,皆由于心"、自心起用而有净染二心的道理,要求人通过摄心而远离诸种邪恶,从而断灭诸苦,自然解脱②,那么,"观"作为唐代道教重玄学的一个重要概念,则主要是用来指以有无双遣的方法来观察、分析世界,了解诸法众生皆系非有非无,要人遣除执著,悟入重玄之境。重玄学的重要经典《本际经》就借用佛教的说法,把悟入重玄之境的方法称为"观",并将所修之"观"分为气观和神观二种。气观为修定,神观为修慧③。"修习二观,乃悟大乘无上之道。"④以气解"观"又反映出了道教文化的特征。杜光庭在道教以气解"观"的基础上,进一步提出"以神观心"。他说:"心处于形内,不以形观心,既使形观,则为二义。形者,舍也。心者,主也。舍不能观主,故不可观也,可使神观心。神者,气之子。气者,神之母。但心意引气,存神而观

---

① 《道德真经广圣义》卷三十三,《道藏》第 14 册,第 477—478 页。
② 参见洪修平著《禅宗思想的形成与发展》(修订版),江苏古籍出版社 2000 年,第 188 页。
③ 《太玄真一本际经》卷六《净土品》,引自万毅著《敦煌道教文献〈本际经〉录文及解说》,载陈鼓应主编《道家文化研究》第 13 辑,三联书店 1998 年版,第 445 页。
④ 《太玄真一本际经》卷六《净土品》,引自万毅著《敦煌道教文献〈本际经〉录文及解说》,载陈鼓应主编《道家文化研究》第 13 辑,三联书店 1998 年版,第 449 页。

之,自然感应。"①杜光庭从心形关系入手,用"心意引气,存神而观之"来说明了"以神观心"的重要性,并据此而将"观行"作为修习之径。他说:

> 观者,所行之行也。以目所见为观(音官),以神所鉴为观(音贯),悉见于外,凝神于内,内照一心,外忘万象。所谓观也,为习道之阶,修真之渐,先资观行,方入妙门。夫道不可以名得,不可以形求。故以观行为修习之径。②

这里,杜光庭通过对老子"常无欲以观其妙,常有欲以观其徼"中"观"的发挥而表达了这样的思想:首先,"观"的修习本身就有"以目所见为观(音官)"和"以神所鉴为观(音贯)"的不同。前者"悉见于外",后者则"凝神于内"。通过"凝神于内"的"观"而达到"内照一心,外忘万象",才能"方入妙门"。其次,"习道之阶,修真之渐,先资观行",也就是说,"道不可以名得,不可以形求",所以在修道过程中,要先借助于"观行"来为悟道作准备,"观行"同时也就成为修道的重要路径。

为了帮助修道者更好地把握"观行"之法,杜光庭还对"一十四等观行之门"作了具体的介绍:

> 正观者,因修之渐,证道之阶也。前所谓目见者,为观(音官)览之观也。神照者,观(音贯)行之观也。道以三乘之法,阶级化人,从初发心至于极道,舍凡证圣,故有一十四等观行之门。小乘初门有三观法:一曰假法观,谓对持也;二曰实法观,谓心照也;三曰遍空观,入无为也。中乘法门观行有四:一曰无常观,二曰入常观,三曰入非无常观,四曰入非常观。大乘门中观行亦四:一曰妙有观,二曰妙无观,三曰重玄观,四曰非重玄观。圣何门中复有三观:一曰真空观,二曰真洞观,三曰真无观。以此观行,修炼其心,从有入无,阶粗极妙,得妙而忘其妙,乃契于无为之门尔。无为有为,可道常道,体用双举,其理甚明。③

---

① 《太上老君说常清静经注》,《道藏》第17册,第185页。
② 《道德真经广圣义》卷六,《道藏》第14册,342页。
③ 《道德真经广圣义》卷七,《道藏》第14册,第344页。

杜光庭认为,"从初发心至于极道,舍凡证圣,故有一十四等观行之门",这十四种观法,并非杜光庭的发明,而是道教重玄学的道书中所提出来的①,但杜光庭将"观行"既视为"因修之渐,证道之阶",又用它来强调修道乃是"修炼其心",通过修心而"从有入无",最终"契于无为之门",表现出唐代道教修道论的重要特色。

杜光庭从"修炼其心"的要求出发,一方面认为初修道者应当隐居山林,通过避免尘世的喧嚣,来保持心泰志定的状态。他说:"修道之士,初阶之时,愿行未周,澄炼未熟,畏见可欲,为境所牵,乃栖隐山林,以避嚣杂,及心泰志定,境不能诱,终日指挥,未始不晏如也。"②另一方面,他又认为,如果能够"澄心息虑",就可以在日常生活中继续修道而不必再栖隐山林,他说:"未能绝欲,恐境所牵,仍栖遁山林,以避所见,及其澄心息虑,想念正真,外无挠惑之缘,内保恬和之志,虽营营朝市,名利不关其心,碌碌世途,是非不介其意,混迹城市,何损于修真乎。"③如果能做到"心静",哪怕是供职于碌碌仕途,生活于喧闹尘世,也不会有碍于修道,故谓"小隐于山,大隐于廛",因此,"修心不必避俗。只要心静,在闹市也可修道。这样,杜光庭就给道教的世俗化留下了广泛的余地"④,一方面为宋代道教走近民众的日常生活开辟了道路,另一方面,道教修行的内在化也促进了内丹心性学的发展。

唐代道教无论是讲顿悟,还是讲渐化,都主张将向外求道反归于向内修心,从而将宇宙之道转化为无限神秘的生命存在。得道悟性就意味着人通过抛弃日常经验,以一种内外皆忘的心态使个体生命得到最充分、最完整的展开。这样,以道为本的宇宙世界就不再是一个单纯的静态的客体,而同时也是一个随着人的各种复杂的修炼或体验而不断展现、不断深化的生命主体。后来新符箓派实行神通莫测的雷法就是依此精神而展开的,即可谓"心须意会,念念皆真。此心即道。平

①　任继愈主编《中国道教史》,上海人民出版社1990年版,第260页。
②　《道德真经广圣义》卷八,《道藏》第14册,第352页。
③　《道德真经广圣义》卷八,《道藏》第14册,第352页。
④　李申著《唐代的〈老子〉注疏》,载陈鼓应主编《道教文化研究》第2辑,上海古籍出版社1992年版,第317页。

居暇日,持念守真,一点灵光,通天彻地,圆陀陀,光烁烁,会合至宝于明堂玉京之室,熏蒸一体,表里洞明。无事之时,如如不动。偶然拈出,妙用非轻。祸福吉凶,了然指掌,不须探问,自然应矣"①。这种内在化的修道方法包含了返观内照而对人体内在潜能的开发,通过"一点灵光"充分表达了向内修心所达到"通天彻地"的境界。

---

① 《道法会元》卷四《清微宗旨》,《道藏》第 28 册,第 691 页。

第七章　唐末五代道教仙学的演进

　　唐末五代,是中国历史上的一个"从中世转移到近世"或"从古典时期向近代早期的过渡"①的时期,作为唐与宋之间的一个桥梁或中介,使两者在文化性质上的差异突显出来。对此,历史学家多有论述。早在元代时,脱脱等编《宋史》时就指出:"遂使三代而降,考论声明文物之治,道德仁义之风,宋于汉唐,盖无让焉。"②认为宋和汉唐之间既有相承,也有区别,其中在"考论声明文物之治,道德仁义之风"上的变化特别值得关注。柳诒徵(1880—1956)在《唐宋间社会之变迁》中论述了唐宋之间的变化:"自唐迄宋,变迁空多。其大者则藩镇之祸,诸族之兴,皆于政治文教有种种之变化;其细者则女子之缠足,贵族之高坐,亦可以见体质风俗之不同。而雕版印刷之术之勃兴,尤与文化有大关系。故自唐室中晚以来,为吾国中世纪变化最大之时期。前此犹多古风,后则别成一种社会。纵而观之,无往不见其蜕变之迹焉。"③如果说,柳诒徵从社会史的角度陈述了唐宋社会变迁的原因及现象,那么,陈寅恪先生在《论韩愈》一文中则指出唐宋社会变迁所产生的影响:"唐代之史可分前后两期,前期结束南北朝相承之旧局面,后期开启赵宋以降之新局面,关于政治社会经济者如此,关于文化学术者亦

---

　　①　[美]费正清、赖肖尔著《中国:传统与变革》,江苏人民出版社1992年版,第118页。

　　②　元·脱脱等编《宋史》卷三《太祖本纪第三》,《二十五史》第7册,上海古籍出版社、上海书店1986年版,第22页。

　　③　柳诒徵编著《中国文化史》,东方出版中心1988年版,第488页。

莫不如此。"①"唐宋变革"也影响到道教的发展。有学者认为,中国道教传统在中后唐发生了历史性转变,这种转变主要表现为:哲学思辨走向现实关怀、外丹炼气术走向内丹、"道本儒末"转向"儒最尊"②。还有学者具体分析了此时道教变革的主要途径③。通过本书以上几章对唐代道教思想的分析研究可见,一方面它是对以往数百年道教思想的继承,是延续中出现的嬗变,另一方面它又在思维方式、思想内涵和话语风格上出现了许多新特点,这些新特点在唐宋道教思想顺应时代潮流进行的理论转型中起着重要的作用。唐末五代宋初是唐宋道教转型的关键期。如果以杜光庭思想为例,那么,他如何通过建构唐代道教教义思想而促进了其后宋代道教的更新与发展? 具体而言,杜光庭对道气论的理论总结如何促进了道教理论与实践的新发展? 如何理解杜光庭运用重玄学来沟通宇宙本体论和心性论,从而追随唐代道教哲学由宇宙本体论转向心性论的发展趋势,完成了宇宙本体论向以道性论为核心的心性论的转型,促进了道教内丹心性学在唐末五代的兴起? 杜光庭倡导的"性命双修"所具有的内在超越的理路又如何促进了道教修道成仙的目标从追求长生不死转向了复归于人的生命本真的寻求精神超越,并为后来的全真道所继承与发扬?

第一节　对道气论的新解读

杜光庭作为一个跨时代的道教思想家,他对道教的虔诚信仰决定了他必然坚持道教的基本立场、观点和方法,同时,社会的发展对道教形成的各种挑战,又促使他以开放的心态,吸取儒学、玄学和佛教的思想,通过对道教经典的义释来建构适应时代发展需要的理论体系,并期望通过弘扬道教信仰来达到拯救乱世的目的。虽然有人认为,杜光庭义释唐玄宗的《道德经注疏》而成的代表作《道德真经广圣义》"主

---

① 《金明馆丛稿初编》,上海古籍出版社 1980 年版,第 288 页。
② 何建明著《道家思想的历史转折》,华中师范大学出版社 1997 年版,第 15 页。
③ 卢国龙著《道教哲学》,华夏出版社 1997 年版,第 477 页。

要是援引典实以证成玄宗注疏的观点,思想理论上无甚新意,不过增益其繁富尔"①,但我们如果细细究之,就可见杜光庭的义释并非完全是对唐玄宗思想的亦步亦趋,而是在大致遵循的基础上有所创新,有所发展。杜光庭在对道气论的解读中,以一种简朴而又深沉的思维方式开出了道教思想发展的新境界。

道教以得道成仙为终极的理想目标,为了达到这一目标,它在创立之初,就致力于探讨宇宙天地的变化之道,并推天道以明人事,注重研究自我的生命构成。但由于"道"是超言绝相的存在,因此,在表达宇宙的创生和生命的活力时,道教又接受了传统文化中的"气"的观念,以气的聚散变化来说明宇宙的生化以及一切生命体的生死成坏。现存最早的道教经书《太平经》就提出:"元气行道,以生万物,天地大小,无不由道而生者也。"②道为天地之根,变化之法,元气按道的法则行事,从而生成万物。这种道气论后来发展为道教宇宙生成论的重要思想。

杜光庭在继承前人思想的基础上又有进一步的发展,他不仅通过将道的圆通无碍与气的生机勃勃融为一体来反映事物存在的本来样态,以"道气"为本建立起宇宙生成论,而且将这种道气论与心性论相结合而用于修道实践,以提供人之所以能够通过修道而"返性归元"的理论依据,从而开拓了道教思想与实践发展的新理路。他说:"本者元也,元者道也。道本包于元气,元气分为二仪,二仪分为三才,三才分为五行,五行化为万物,万物者末也。人能抱元守一,归于至道,复于根元,非返于末。末者化也,本者生也。人能归于根本,是谓调复性命之道者也。"③杜光庭的道气论既是对唐代道教宇宙论的总结,也对唐宋道教修道论的转型产生了深刻的影响,"抱元守一,归于至道,复于根元"的"调复性命"成为唐宋时期道教理论与实践的新走向。正是基于此,杜光庭才被誉为唐末五代道教思想的集大成者。"杜光庭可以说是唐末道教重要的代表人物,他继承与总结了唐代崇道风尚下庞

① 卢国龙著《中国重玄学》,人民中国出版社 1993 年版,第 486 页。
② 王明编《太平经合校》卷十八至三十四,中华书局 1960 年版,第 16 页。
③ 《太上老君说常清静经注》,《道藏》第 17 册,第 184 页。

大的道教文化,为之画上了完美的句号。"①

杜光庭的道气论不仅探讨宇宙论的问题,而且还贯通于他的全部思想。如果说,在宇宙论上,杜光庭通过注释《道德经》而对"道"进行的多方面诠释,形成了宇宙神创说和以道气论为基点的内蕴丰厚的宇宙生成论这两条线索,进而以理论上的系统化终结了唐代道教在宇宙论上的讨论的话,那么,更值得注意的是,他还用道气论来沟通宇宙本体论、心性论和修道论,使后来道教的发展不再专注于宇宙论,而是转向了心性论问题。杜光庭不仅使"道气"成为宇宙论的核心观念,而且还以其鲜明的宇宙论特征,从天人合一的角度推进了内丹心性学在五代宋初的兴起。

从理论上看,杜光庭通过道气论所展示的宇宙生成变化的图景为道教的内丹修炼提供了宇宙论的说明。杜光庭说:"阴阳虽广,天地虽大,非道气所育,大圣所运,无由生化成立矣。"②"天之高也,道气盖之。地之厚也,道气载之。万物之繁也,道气遍之。非大道运气,孰能致其高广厚大繁多之功分?"③他把道气作为宇宙生化的根本,并通过道气的阴阳动静的变化来为人的修道提供说明。他说:

> 清者天也,正阳之气,上腾为天;浊者地也,正阴之气,下结为地。……夫道能清能浊,能动能静,以至大道无测,常名清浊动静,皆为至道之用。凡曰学道之士,若能明动静之气,安其位则至道自来归之。④

杜光庭提出"道气"的最终目的是要通过探索万物与人的生命起源和发展来寻求长生成仙的新路径。因此,他在把道气作为天地万物之根、人的生命之源时,更强调学道之士如果能够明了道气的动静变化,就能使"至道自来归之"。杜光庭将道气论运用于修仙理论,为唐末五代道教内丹道的兴起提供了宇宙论的根据。

---

① 郑志明著《杜光庭〈道德真经广圣义〉的神人观》,载《道家与道教——第二届国际学术研讨会论文集》,广东人民出版社 2001 年版,第 223 页。

② 《道德真经广圣义》卷二,《道藏》第 14 册,第 318 页。

③ 《道德真经广圣义》卷二十八,《道藏》第 14 册,第 447 页。

④ 《太上老君说常清静经注》,《道藏》第 17 册,第 183 页。

杜光庭用"道气"来贯通构成人的生命的三大要素——精、气、神，并通过强调"神"的作用，不仅使"神"成为下联形体精、气，上通超越之道的中介，而且还通过"神若居则心大安"来突出人的"心"、"神"在修道中的地位与作用，他说："元和之气，慧照之神，在人身中，出入鼻口，呼吸相应，以养于身。"①因此，"长生之道，全在养神，若守元和不失，神即居之。神若居则心大安，忻忻而若喜，自然清静，岂有烦恼生乎？"②杜光庭对"心"、"神"的重视，促使道教从精气神的形神修炼过渡到了以性命双修为基本特征的内丹修炼。

同时，杜光庭还将"道气"作为一个动态的概念，运用它来说明顺则成人、逆则成仙的仙学理论，从而对道教的内丹修炼产生了重要的影响。杜光庭说："大若天地，微若昆虫，皆资自然妙道气化而成，然而因形缘类，更相生，更相成。修道者，纵心虚漠，抱一复元，则能存已有之形，致无涯之寿。形与道合，反于无形，变化适其宜，死生不能累，则可谓自有而归无也。"③万物有生就有死，"物壮则老"就说明万物从生向少、壮、老、死的次序顺向发展是一条普遍规律。杜光庭认为，人的生命的形成与天地生成的顺序相同，因此，内丹修炼就要打破常态，逆反宇宙天地万物生化的次第，通过修炼人身中禀道受气而来的精气神，以"反于无形"的方式来控制生命的消耗，延缓生命衰老的速度，甚至达到"存已有之形，致无涯之寿"。这种逆以成仙的思想后成为道教内丹心性学的基本思路。

杜光庭以道气生化的思想为内丹修炼提供宇宙论的说明，促进了五代宋初道教内丹心性学理论与实践的发展。如果考察五代宋初的道教思想家，就可见在他们的思想中或多或少地也包含着杜光庭所说的道气论。那么，他们的思想与杜光庭有何区别与联系呢？如何理解杜光庭终结了唐代的道气论而又推进了五代宋初道教理论与实践的转型呢？

---

① 《道德真经广圣义》卷九，《道藏》第 14 册，第 359 页。
② 《太上老君说常清静经注》，《道藏》第 17 册，第 189 页。
③ 《道德真经广圣义》卷三十二，《道藏》第 14 册，第 472—473 页。

　　五代道士谭峭与杜光庭大约生活于同一时代,以著《化书》①来探讨万物的变化之道而名扬天下。据文献记载,谭峭,字景升,福建泉州人,曾云游各地,访仙修道,"师于嵩山道士十余年,得辟谷养气之术",后"居南岳,炼丹成服之,入水不濡,入火不灼,亦能隐形变化,复入青城山而不出矣"②。从谭峭在五代时入青城山修道的记载推论,他有可能与杜光庭有过交往。《化书》有多种版本,今《道藏》本作六卷,分为道化、术化、德化、仁化、食化、俭化,共一百一十章。《化书》以"化"为题,不仅从哲学的角度对宇宙、社会、人生的规律作了探讨,而且从事物生生不息的变化中来阐扬修道成仙的思想,认为:"道之委也,虚化神,神化气,气化形,形生而万物所以塞也。道之用也,形化气,气化神,神化虚,虚明而万物所以通也。是以古圣人穷通塞之端,得造化之源,忘形以养气,忘气以养神,忘神以养虚,虚实相通,是谓大同。"③以此说明宇宙万物包括人都是凭借着"道"和"气"而处于由虚化成,又复归于虚的循环往复之中,并以"生死"为例强调了这种循环往复的不间断:"虚化神,神化气,气化血,血化形,形化婴,婴化童,童化少,少化壮,壮化老,老化死。死复化为虚,虚复化为神,神复化为气,气复化为物。化化不间,由环之无穷。"④《化书》的这种思想可概括为:

　　　　顺而行之生人:道(虚)→神→气→形

　　　　逆而行之成仙:形→气→神→道(虚)

对照后来道教内丹修炼的模式,《化书》中所提出的这一顺道气则生物

---

　　① 《化书》是谭峭早年在终南山所写的著作,后来他在游历建康时,将此书授予南唐宰相齐丘。齐丘却将此书占为己有,题为齐丘子著。故《化书》又名《齐丘子》。宋代书目大多记载"齐丘子《化书》六卷"(《宋史·艺文志》)。其实,五代宋初道士陈抟就指出:"吾师友谭景升始于终南山著《化书》。"宋代僧人释志磐在《佛祖统纪》卷四十二中也说,后周世宗显德四年(957),"隐士谭景升居终南山,与陈抟为之友,著《化书》百十篇,穷括化原,久之仙去。尝游三茅山,至建业,见宋齐丘,谓其有仙脱道骨,出书示之,嘱为序以传世。齐丘乃窃以自名,然未尝悟道蕴也"(《大正藏》第49册,第392页)。清代钱侗在《崇文总目辑释》中明确指出:"今本亦题峭撰。宋齐丘攘为己作,故《通志略》诸书并题齐丘撰,误也。"《化书》的主要注本有明代道士王一清的《化书新声》。

　　② 南唐·沈汾著《续仙传》,《道藏》第5册,第97页。

　　③ 《化书》卷一,《道藏》第23册,第589页。

　　④ 《化书》卷二,《道藏》第23册,第592页。

成人,逆道气则返虚复本的思想,除了少一个"精"字之外,已大致构成了道教内丹修炼的基本思路。《化书》的思想后来受到道教界的高度重视。

生活于五代宋初的道士陈抟(?—989)①既受钟吕内丹道的影响,又称谭峭为"吾师友"②。他曾潜心研习《化书》,并明确提出了"精"的概念而将《化书》中的"忘形以养气,忘气以养神,忘神以养虚"凝炼为炼精化气,炼气化神,炼神还虚,以作为内丹修炼的三个基本步骤。他说:"夫道化少,少化老,老化病,病化死,死化神,神化万物,气化生灵,精化成形,神气精三化,炼成真仙。"③陈抟将《化书》中"顺化"、"逆反"的思想与《周易》的天地变化、阴阳消长的模式相结合,以道、气为基点,通过无极而太极的变化,构造了对道教内丹学影响甚大的《无极图》。《无极图》"其图自下而上,以明逆则成丹之法"④,按照宇宙生化的模式,自下逆行而上,揭示了顺逆、阴阳、坎离、五行、水火交媾及其与人体窍穴的关系,通过确立内丹修炼的五个阶段,建立起一个完整的内丹修炼模式。这五个阶段是:玄牝之门(得窍)→炼精化气、炼气化神(炼己)→五气朝元(和合)→取坎填离(得药)→炼神还虚(脱胎),复归于无极。这五个阶段成为道教内丹修炼中的丹法次第,而推动这五个阶段层层递进发展的却是以道气生化为基点的性命双修。这样,道气在内丹学中就成为生命修炼的动力。

---

① 陈抟,字图南,亳州真源(今河南鹿邑)人,或说普州崇龛(今四川安岳)人。五代后唐明宗长兴年间(930—933),陈抟举进士不第,服气辟谷为道士,在武当山隐居二十多年,后访仙求道,来到陕西华山,与隐士李琪、吕洞宾为友。周世宗显德三年(956)召陈抟入京,问以黄白事,陈抟答曰:"陛下为四海之主,当以政治为念,夫何留意于小道邪。"世宗不以为忤,拜谏议大夫,固辞,赐号白云先生(《历世真仙体道通鉴》卷四十七,《道藏》第5册,第368页)。北宋太宗太平兴国(976—984)中,赐号"希夷先生"。

② 《历世真仙体道通鉴》卷四十七,《道藏》第5册,第326页。

③ 《陈希夷胎息诀》,参见《诸真圣胎神用诀》,《道藏》第18册,第436页。

④ 清·黄宗炎著《太极图辨》:"其最下圈为玄牝之门。玄牝即谷神。牝者,窍也,谷者,虚也,指人身命门两肾空隙之处,气之所由以生,是为祖气。……提其祖气上升为稍上一圈,名为炼精化气,炼气化神。……中层之左木火、右金水、中土相联络这一圈,名为五气朝元。……又其上之中分白黑而相间杂之一圈,名为炼神还虚,复归无极。……盖始于得窍,次于炼己,次于和合,次于得药,终于脱胎求仙。真长生之秘诀也。"载《宋元学案》卷十二《濂溪学案下》,中华书局1986年版,第515页。

陈抟还将《化书》及自己的丹法传给张无梦，使内丹修炼术得到了推广。张无梦（生卒年不详），陕西凤翔人，号鸿濛子，性好清虚，喜读《老子》、《周易》，曾入华山，与刘海蟾、种放结为方外之友，师事陈抟，多得其微旨①。张无梦后游天台，登赤城，居琼台观，行内丹修炼之法。他曾将自己修炼内丹的体验用诗歌的形式表现出来，作《还元篇》②诗百首，宣扬"归根复朴，返魂还元"的思想，受到了宋真宗的欣赏。张无梦还在《学仙辨真诀》中以道与气的变化来阐述内丹修炼，说："古人所以假易象而为经者，谓至道与天地配合，如太上始分一气为二仪，二仪判然后有三才。""剖一气以法天象地，自有为合于无为者也。"③他认为，内丹修炼中所谓的"牝牡"、"金水"、"土木"、"龙虎"、"情性"等，都是"仿像之名"，虽异名而同出，其实都不过是一气的变化，体现的都是道的效用而已，因此，修仙者应明了"元气者，人之根本也，三一之道，修情合性，则可以归根复朴矣"④。张无梦精研道教内丹修炼术，据说九十九岁才升化而仙。

张无梦又将自己的道教思想传给陈景元。陈景元（1024—1094），江西建昌南城人，字太初，号碧虚子。早年勤学，即有方外之志。入道后，在游历天台山、阅三洞经时，遇张无梦，从其修道，得老庄微旨、《化书》精髓。后来，陈景元曾长期隐逸于江淮之间，以琴书自娱。宋神宗时，由礼部尚书王琪推荐，陈景元入京讲述老庄时，"公卿大夫无不欲争识者"。宋神宗闻其名，召入宫内，问道家之事，"以该通奏，赐紫衣"，后又"赐真靖之号"。熙宁五年（1072），陈景元向宋真宗进呈自己所注的《道德经》，因书中从心性论的角度发挥老子"致虚极，守静笃"的"归根复命"思想，主张用清静无为之道治国，以去欲归静之道成仙。宋真宗读后极为赞赏，说"陈景元所进经，剖玄析微，贯穿百氏，

① 《历世真仙体道通鉴》卷四十八，《道藏》第 5 册，第 375 页。
② 该书现已不存，但宋·曾慥编《道枢》卷十三《鸿濛子》中摘录了《还元诗》中的十二首诗（参见《道藏》第 20 册，第 675 页）。
③ 《学仙辨真诀》，《道藏》第 2 册，第 894 页。
④ 《学仙辨真诀》，《道藏》第 2 册，第 894 页。

厥旨详备,诚可取也"①,诏令"特充右街都监同签书教门公事,羽服中一时之荣,鲜有其比"②。陈景元一生虽数任道官,但最为倾心的仍然是探究道德玄旨。他博学多闻,藏书数千卷,且"采摭藏室之奥典,纂集前贤之微旨,将以证解于道德也"③。他以注经的方式撰述了众多的著作④。时人赞其"有唐司马子微之坐忘,吴贞节之文章,杜光庭之扶教,三公虽异时杰出,而先生兼而有之"⑤。陈景元以老庄思想为本,在继承唐代道教理论的基础上,提出"道者虚无之体,德者自然之用,道体虚无,运动而生物,物从道受气,故曰生之"⑥的思想,以道、气为基点阐发了"静心悟道"、"炼形长生"、"神合常道"的仙学思想,不仅显示了与杜光庭思想的相似性,而且其倡导的"归乎虚静之本,则可以复其性命之原"⑦的内丹修炼推动了宋代内丹心性学的发展。蒙文通先生曾说:"唐代道家,颇重成(玄英)、李(荣),而宋代则重陈景元,于征引者多,可以概见。"⑧

　　五代宋初的一些道教思想家在建立比较系统的、具有可操作性的内丹修炼的进路和方法时,都发挥了有关道气的思想,但他们与杜光庭的道气论有所不同的是,他们比较偏重用道气来指导内丹实践。也就是说,在内丹所具有的"道"与"术"的两个层面上,杜光庭比较偏重从"道"的层面上,将道气贯通于心性修炼,主张通过神气相接,"调伏

① 薛致玄撰《道德真经藏室纂微篇开题科文疏》,《道藏》第 13 册,第 730 页。
② 以上引文均见薛志玄述《道德真经藏室纂微开题科文疏》卷一,《道藏》第 13 册,第 730 页。
③ 薛志玄述《道德真经藏室纂微开题科文疏》卷一,《道藏》第 13 册,第 732 页。
④ 陈景元著述甚丰,主要有:注《道经》二卷、《老氏藏室纂微》二卷、注《庄子》十卷、《高士传》百卷、《文集》二十卷、《大洞经音义》、《集注灵宝度人经》等(参见《历世真仙体道通鉴》卷四十九,《道藏》第 5 册,第 382 页)。今《道藏》中保留有陈景元的《道德真经藏室纂微篇》十卷、《南华真经章句音义》十四卷、《南华真经章句余事》一卷、《南华真经余事杂录》二卷、《冲虚至德真经释文补遗》二卷、《西升经集注》六卷、《上清大洞真经玉诀音义》一卷、《元始无量度人上品妙经四注》四卷等。
⑤ 薛志玄述《道德真经藏室纂微开题科文疏》卷一,《道藏》第 13 册,第 731 页。
⑥ 《道藏》第 13 册,第 702 页。
⑦ 《道藏》第 13 册,第 672 页。
⑧ 蒙文通著《校理陈景元〈老子注〉、〈庄子注〉叙录——附论陈碧虚与陈抟学派》,载《蒙文通文集》第六卷《道书辑校十种》,巴蜀书社 2001 年版,第 710 页。

其心"、"返性归元"来实现生命超越,而五代宋初的思想家们则更加注重"术",力图通过一些具体的可操作的方法将道生气化的思想贯彻于内丹修炼的实践之中。后来盛行的内丹道,可以说,都是道与术的结合,表面上看,似乎还更偏重修炼之"术",因而人们往往多提陈抟、钟吕而少提杜光庭,但实际上"术"都是以"道"为指导的,特别是后来的内丹术以"性命双修"为主要标识,与杜光庭将道气贯通于心性、强调修心是有密切关系的。正是在这个意义上,可以说,杜光庭的道气论终结了唐代对道气的理论探讨,又推进了唐宋道教理论与实践的新走向。从历史上看,金元全真道兴起,一方面仍然把《化书》奉为全真道士的传习讲论之书①,另一方面又以道气论为基点来建构内丹心性学,正是通过综合重道和重术两种不同的倾向而又突出心性的修炼,从而建立起了系统的内丹道的理论与实践。

例如,王嚞创立的全真道北宗就将道气和心性结合在一起谈修炼。王嚞的大弟子马钰主张,内丹修炼的要妙就在于颐神养气,通过静坐调息,使呼吸绵绵细长,最终使神气相合而成仙。他说:"道人要妙不过养气,夫人汩没于利名,往往消耗其气,学道者别无他事,只在至清至静,颐神养气而已。心液下降,肾气上升,至于脾,念绝想,神自灵,丹自结,仙自做。"②王嚞的另一个弟子王处一则以道气贯通于心性,强调修道见性,并认为:"见性有二,真空亦有二:悟彻万有皆虚幻,惟知吾之性是真,此亦为见性;既知即行,行之至则又为见性。初悟道为真空,直至了处亦为真空。既至真空,功行又备,则道气自然一发通过,道气居身中,九窍无心而自闭,至此际则方是真受用。"③人能见性即为悟道,见性就可使天地大宇宙间的道气在人体小宇宙中一发通过。由于天人相通,因此,人可以从自身性命出发去体悟天地间最根本的道理。当道气居人身之中,就能到那种"真受用"的境界。全真

---

① "武理真《全真道教十方丛林之规制》说:丛林内每年冬季讲学《阴符经》、《道德经》、《文始经》、《南华经》、《冲虚经》、谭子《化书》。"(卿希泰主编《中国道教史》第二卷,四川人民出版社 1996 年版,第 484 页)

② 《真仙直指语录》卷上《丹旧语录》,《道藏》第 32 册,第 432 页。

③ 《清和真人北游语录》卷四,《道藏》第 33 册,第 177 页。

道提出的性就是神,命就是气,主张性命双修就是要通过颐神养气来进行,通过炼气化神,炼神还虚而合道,这既与《化书》以来的思想相似,也与杜光庭的思想相关。杜光庭集唐代道教思想所形成的道气论为全真道内丹心性学的展开提供了重要的宇宙论背景和逻辑预设。

第二节　从外丹向内丹转变

一般认为,重玄学发源于魏晋,兴盛于隋唐,到北宋时逐渐趋于衰微。重玄学在宋代走向衰微的原因是什么? 从历史上看,从外丹向内丹的转变大致与重玄学的衰微和道教内丹心性学的兴起相同步,时间大约持续于从中唐至北宋初年的"狭义"的唐宋变革期。中唐道教对道性论的讨论为内丹的兴起奠定了理论基础,但外丹向内丹转变过程却是逐渐而缓慢的。直到唐末五代,还有道士热衷于为帝王烧制丹药,王公贵族中也屡有发生因服食丹药而遭遇生命悲剧故事,例如,唐宪宗服方士柳泌献上的金丹药而暴崩。会昌末年,唐武宗酷求长生之道,访九转之丹。茅山道士杜元阳制药既成,白日轻举后,其弟子马全真还有残药,乃诣京表进。"上因饵之,遍体生疮,髭发俱脱,十日而崩。此《唐实录》隐而不书。"[1]唐武宗去世时年仅三十三岁。梁太祖朱温为一代枭雄,据说,因服食方山道人庞九经所进金丹,"眉发立堕,头背生痈,及至弥留,为颍王所弑"[2]。五代后蜀时作家何光远在《鉴诫录》中讲述这些唐代逸闻故事后评价说:"乃知九转非误一君,其次诸侯遇之,死者无数。非丹有损,而人不真。"[3]唐代是外丹颇为兴盛的年代,直到五代时,仍有人在以身试丹,但到宋代以后这种疯狂服食现象在逐渐减少,内丹修炼日益兴起。

这一方面与五代宋初年雕版印刷技术推动了书籍的普及,宋人通

---

① 蜀·何光远《鉴诫录》卷一,中华书局1985年版,第5页。
② 蜀·何光远《鉴诫录》卷一,中华书局1985年版,第6页。
③ 蜀·何光远《鉴诫录》卷一,中华书局1985年版,第6页。

过阅读《鉴诫录》、《玉壶清话》①、《松窗百说》等谈论古今治乱、人物贤愚的笔记杂录,新旧《唐书》中王公贵族生平事迹的记载,认识到唐人服食丹药中的铅汞、硫黄、砒霜等有负作用而不敢轻易服用有关。例如,生活于北宋中期的苏轼虽是大儒,但一生出入佛老,在被贬黄州、岭南时,还曾问朋友要过丹砂,但他多次声明自己仅是用来烧炼以观其变化而不作服食之用。"苏轼一生,虽极向往神仙,但他顺应时代潮流,主攻内丹。服食时,只吃些灵芝、茯苓之类。"②另一方面,也与唐代道教重玄学的衰退、心性论的兴起,推动着修仙实践从外丹向内丹转变相联。值得注意的是,杜光庭思想在重玄学向内丹心性学过渡中起着承上启下的作用。

从理论上看,杜光庭自如地运用了重玄学的"有无双遣"的方法,通过对道体的诠释而凸显了心性与道性的一致性,从而把道教修道成仙的路径从向外追寻转为向内体悟,最后落实到了心性炼修上,"修道即是修心"就成为这种思想逻辑发展的必然结果。"修道即是修心"虽然不是杜光庭最早提出,但杜光庭依此思想将道性内化为心性,使道不再是外在于人心,与人心相隔膜,而是成为心的一种本真状态——消解了主客观对立的通达无碍、怡然自得的心灵境界。

杜光庭对"心"的高扬对促进道教重玄学向内丹心性学的过渡有着深刻的影响。因为,对于修道者来说,如何体悟神圣而庄严的道,以作为安身立命的精神支柱,如何通过修行而得道成仙,实现生命的超越,这是他们最关心的问题,也是杜光庭着力思考的问题。杜光庭强调"修道即为修心",以"心性"作为人们修道的根本依持。当修道转变为一种心性的修炼时,对促进内丹心性学的建立就有了重要的意义。杜光庭的重玄学通过对道体的诠释而转向了对心性论的关注,并将心性论与宇宙论、修道论相结合,不仅发展了唐代的重玄学思想,而且在新的语境中建立起了比较系统的心性论,从而促进了道教理论的

---

①　据宋代释文莹撰《玉壶清话》记载,南唐烈祖晚年为方士所误,饵硫黄丹砂,修吐纳阴修之术,忽躁怒,最后患疽致死(《玉壶清话》卷九《李先主传》,中华书局1984年版,第94页)。

②　钟来因著《苏轼与道家道教》,台湾学生书局1990年版,第6页。

重心从重玄学过渡到了以性命双修为特色的内丹心性学。

杜光庭在总结唐代道教宇宙论、重玄学、心性论的基础上,对性命双修的强调促使内丹心性学发展成为宋代道教思想与实践的主流,同时也就导致重玄学走向衰微。换言之,重玄学之所以在宋代走向衰微的一个重要原因就是杜光庭等许多唐末五代宋初的道教学者运用重玄学的方法,导致了"道"本体的解构和"心"本体的确立,在心性论的基础上建立起了比较系统的修心论。这从当时出现的一些道书,如《道体论》、《大道论》和《三论元旨》中就可明显地看到他们的探索历程。

《大道论》一卷,题为周固朴(生平不详)著。由于该书引用了杜光庭《道德真经广圣义》中的内容,故一般推测该书大约出于五代或宋初。全书共分为至道、至德、垂教、绝义、分别、远近、用道、二学、二病、师资、仁义、失道、心行、修道、保生、理国、二法、观修等十八章,以重玄学有无双遣、心境皆忘为方法,首探大道之源,次讲人生之理,后明修心得道之径。它沿续着杜光庭的思路而进一步强调"道外无心,心外无道,即心即道"①,并与杜光庭一样,强调"善恶二趣,一切世法,因心而灭,因心而生。习道之士,灭心则契道"②,将无心、定心、息心、制心、正心、净心、虚心等作为修心之七要,认为"明此七者,可与言道,可与言修心矣"③。"修心之七要"通过将创设的心体作为修道之本。这种"即心即道"对外在于"心"的"道"本体的消解,在客观上淡化了重玄旨归将"有无双遣"作为对"道"执滞的意义。该书还强调"养神养气,是谓保生之术"④,认为保生之术必须神气双炼、性命双修。由于"仙者,纯阳也",因此,只有以阳炼阴,阴尽阳纯,才能得道成仙。该书特别反映了唐宋之间道教重玄学与内丹心性论并立的特色。

《道体论》一卷,题为通玄先生述,但在历史上有两个通玄先生:一是唐代的张果,二是五代的张荐明。有人认为,"就本论内容看,盖出

---

① 《大道论》,《道藏》第22册,第900页。
② 《大道论》,《道藏》第22册,第903页。
③ 《大道论》,《道藏》第22册,第903—904页。
④ 《大道论》,《道藏》第22册,第904页。

唐人之手,其观点及论证方法皆颇近王玄览"①。但笔者通过细究该书认为,从它以重玄学的方法来论述"道体"看,似出于唐宋之际。《道体论》共分为三章:论老子道经上、问道论和道体义。该书以自设问答的方式围绕着"道体"展开了讨论,认为:"道体广周,义无不在,无不在故,则妙绝形名,体周万物。万物之理,极于同异,同异之理,极于无同异。据其同异则以妙绝广周,就其无同异则体周之中,即是妙绝。妙绝之中,即是体周。极妙圆通,故名为道。"②它还以重玄学的方法来说明道的本质,认为:"道者,非有非无,无终无始,圆体周于万物,微妙绝于形名,但闻见之流,未能玄解,故于绝称之中,强名曰道。强名之道,即是万物之始。"③该书的篇幅不长,但却运用了重玄学的方法来说明道德、道物、有无、名实、空有、理事、取舍、通塞、假实、二与不二、生与不生、无名有名等对应范畴是"常一常二,二一圆通"④的关系,并借用佛教的"业感"理论来加以说明,"万物之体,从业而感,净秽无恒,事从心转,譬如目有翳,见毛轮之在空,目翳既除,毛轮自灭。人业既净,则三界亦无"⑤,由此而突出了修心的重要性。

《三论元旨》的作者题为殆岩泉隐居之士。全书共分为道宗、虚妄、真源三章,集中论述了道、心、性,故称三论。该书的重要特点在于,它不满足于唐代重玄学者以"非有非无"的方式所阐述的精神超越,而认为遣除执滞并不代表就把握了妙道之义,只有心契于妙本真性,才能无遣而无不遣,真正做到内心常清静。书中对道之妙本作了说明,认为:"妙本者,则自然之奥也。夫自然者,无为之性,不假他因,故曰自然。修行之人,因有为而达无为,因有生而达无生。了乎自缘,契于自然,则无生之性达矣。性不无生而能无所不生,无所不生而妙本未尝为生,是以无为之为,无相之相者,道之妙体也。"⑥该书强调,

①　任继愈主编《道藏提要》,中国社会科学出版社1995年版,第778页。
②　《道体论》,《道藏》第22册,第883页。
③　《道体论》,《道藏》第22册,第883页。
④　《道体论》,《道藏》第22册,第881页。
⑤　《道体论》,《道藏》第22册,第882页。
⑥　《三论元旨》,《道藏》第22册,第910页。

不可仅执著于在理论上追求道之妙本,而应当以之作为修炼的依据,以因缘契于自然,以明了"自然中有因缘,因缘中有自然,自然不离于因缘,因缘不离于自然,而能异之而同者矣。然夫一切因缘者,悉是自然之因缘也"①。如果说,以因缘义知"道之妙本",以无为为性而追求超越于物外,此为一玄;以自然义知因缘是假,故不去执著于万物之本,此为又玄;那么,重玄之义即在于说明,万物的生化虽有其因缘,但穷其极致则以自然为妙本之性。《三论元旨》认为,道体为虚无,道用则有物,这种从无到有的生化过程是自然之独化,是自然之因缘,并非有一个超在的主宰。只有妙达此源,才能明了"即道是心,即心是道"的道理。"妙达此源,竟无差舛。心等于道,道能于心,即道是心,即心是道。心之与道,一性而然。无然无不然,故妙矣。在有不滞于有,而不乖于无;在无不滞于无,而不乖于有。无所不在,无所不通,融神去会,真常之性契矣。所谓通心达观,极乎无极者矣。众生沉沦苦海,莫不因心而然,灭妄归真,自然之源妙矣。"②《三论元旨》从自然因缘论出发来理解妙本之道与自然之性的关系,既要人从物象因缘中体悟妙本的存在,又以自然义来遣除人对物象的执著,并主张"通心达观"以与"真常之性"相契,从而促进了重玄学向心性论方向发展。

以上三部道书的共同特点都是强调了"即心是道",要人通过修心来达到自明本心真性的境界,这种理论弥补了成玄英只破不立、王玄览立而不固等唐代重玄学的理论不足,既推动了传统道教心性论在修道实践中的深化发展,也包含着对重玄学的解构。正如《三论元旨》中所说:

> 若不澄虚涤想,无以全真。纵广学多端,无虚寂之照,终不悟也。然见形而不返神者,迷之甚也。不达神源而称至性者,理未然也。夫说无遣有,说有遣无,说是遣非,说非遣是,此皆是遣滞之言,非至道之妙,或迷神而滞纲,或役智以疲神,或滞有而增尘,或随空而断见,或寻迹而丧本,或滞寂而乖真,或耽文好辩而溺浇

---

① 《三论元旨》,《道藏》第22册,第912页。
② 《三论元旨》,《道藏》第22册,第909页。

华,或小慧微通,自为真实,究极修行未悟而疑悔生焉,或不修不信,乃沉于永劫,此之难也,有扃真源,若不通行,或非至妙。通行之要,寄在虚妄,虚而通之,真宗道也,神心也,性理也,即道理也。①

这种对重玄学以及各种自以为真实的修道方法的解构,直接为五代宋初道教内丹心性学的兴盛开辟了道路。

除了道教学者运用重玄学的方法建立起比较系统的修心论导致了重玄学在宋代走向衰微之外,重玄学对宗教实践的轻视也是它在宋代走向衰微的另一个重要原因。道教是一个重实践的宗教,它的教义始终是与追求长生的修炼术联系在一起的,以术显道构成了道教最显著的特征之一。杜光庭就曾把道与术看作是一种辩证的关系,道虽隐而不显,但它作为术的理论基础,既是天地万物的本然之理,也是人修道的根本依据和所要达到的最高境界。术则是修道的方法,它以种类繁多的样式来彰显道的精神。如杜光庭强调:"道之无形,用术以济人。人之有灵,因修而契道。"②无术难以契道,然无道之术亦不能济人,甚至还会落入旁门左道而对人的生命造成伤害。以此来看重玄学,就可见重玄学虽然在理论上完全可以容纳宗教修炼的内容,但由于它大多以哲学论述为主而缺乏可供操作之术,因此,从实践上看,它的衰微也就有其必然性。例如,唐代重玄学的主唱者"成玄英只是为道教创建了一套通向其终极目标的理论,并没有建构一套实现其理论的修持方法"③;杜光庭虽然曾对道与术的关系作过比较深入的阐述,也用精气神来接纳心性概念,积极倡导性命双修,甚至还有了逆以成仙的大致思路,并简要地介绍了内丹修炼的方法,但他也没有具体描述如何以心室为炉鼎来炼气化神,没有从可操作的层面上对"术"进行具体的说明。

随着道教理论重心由宇宙论过渡到心性论,汉代道书《周易参同

---

① 《三论元旨》,《道藏》第 22 册,第 908 页。
② 《墉城集仙录》卷一,《道藏》第 18 册,第 167 页。
③ 汤一介著《论魏晋玄学到初唐重玄学》,载陈鼓应主编《道家文化研究》第 19 辑,三联书店 2002 年版,第 20 页。

契》经过了长时间的沉寂后,五代时才开始受到重视,这与当时道教对重玄学和外丹道的批判性的理论反思是联系在一起的。《周易参同契》是道教易学的代表著作。道教易学以修道成仙为目标,倡导人只有通过法天道来行事,才能与天道相合。

《周易参同契》三卷今存于《道藏》太玄部,全书约六千余字,分上中下三篇,基本上为四字、五字一句的韵文及少数长短不一的散文体和离骚体,表现出汉代文体之特色。作为道教最早的系统论述炼丹的经典,《周易参同契》既承伏羲、周文王和孔子三代圣人之传统,又以易道来探天地之奥秘、丹道之深意:"若夫至圣,不过伏羲,始画八卦,效法天地。文王帝之宗,结体演爻辞。夫子庶圣雄,十翼以辅之。三君天所挺,迭兴更御时。"[1]据此,《周易参同契》最重要的特色是会归"大易"、"黄老"和"炉火"三家之理,托易道言黄老说炼丹:"大易情性,各如其度;黄老用究,较而可御;炉火之事,真有所据。三道由一,俱出径路。"[2]《周易参同契》不仅通过易理来陈述与表现天道,而且还通过阴阳、卦爻、黄老、炉鼎等话语,将积淀在古人潜意识中的"长生久活"的意念物质化、技艺化、哲理化,用于解释炉火炼丹之事,使道教易学既有了深厚的哲学意味,也具有了可操作性。

《周易参同契》用月体纳甲说、十二卦气说,再配上阴阳五行、十二月节气以及五常品德,通过八卦和十进制的"天干"周期之间的密切关系,建立起一个对天道变化进行理性化的解释系统,作为炼丹的采药及火候取象的参照,为人的生命修炼提供一种哲学与仙学的参照。

《周易参同契》的月体纳甲为:乾坤纳甲乙,位于东方;艮兑纳丙丁,位于南方;震巽纳庚辛,位于西方;又离为日,坎为月。日月周行于六合之中,往来浮沉,升降上下,无方位而居中央,故坎属阳卦而纳戊,离属阴卦而纳己。《周易参同契》以八卦来模拟月体在宇宙运行过程中一月之内所出现的晦朔弦望之盈虚变化,以说明道教修炼的药物采取与配制、火候进退与节奏、阴阳消长与变化都应定位于遵循卦爻的

---

① 《道藏》第 20 册,第 103 页。

② 《道藏》第 20 册,第 114 页。

变化,依时而动,这就使道教仙学能够以一种可操作性的方式来践行哲学的"天人合一"之道。

东汉两晋是道教炼丹术的发展期,《周易参同契》奠定了金丹道的理论基础。金丹道是对炼丹以求长生的各道派的通称,又称丹鼎派,其源于古代神仙家及方仙道。金丹道有外丹与内丹之分,外丹信奉用炉鼎烧炼丹砂铅汞及药物就可以炼成丹药,人服食丹药就可以长生不死。内丹则借用了外丹修炼的模式和术语来实践"以后天返先天"的根本旨趣和"用先天舍后天"的修炼工夫。道教认为,人的生命形成与天地生成的顺序相同,因此,内丹修炼就要打破常态,逆反宇宙天地万物以及人的生化次第,通过修炼人体中禀道受气而来的精气神,以"反于无形"的方式来控制生命的消耗,延缓生命衰老的速度,甚至达到"存已有之形,致无涯之寿"。

长期以来,人们对《周易参同契》基本内容的认识一直存在着分歧,有的认为是讲烧炼金丹以求仙药的外丹说,如王明认为"《参同契》之中心理论只是修炼金丹而已",并斥责内丹、房中、服符、昼夜运动、祷祀鬼神等为徒劳无功的旁门邪道①。有的认为是讲内丹的,如胡孚琛认为:"东汉魏伯阳著《周易参同契》,是第一部专门论述内丹法诀的仙学著作。……《参同契》的传世标志着内丹学的形成。"②有的认为是既肯定外丹,又肯定内养,如卿希泰主编《中国道教史》③。有的认为外丹说与内丹说兼而有之,如孟乃昌以《周易参同契》的文体来辨内丹与外丹,认为其中的五言体和骚体多用隐语,主要讲外丹,四言体为直述,以内丹为主,外丹服饵只占配合地位④。有的认为是包括外丹、内丹和房中术三种内容。⑤ 若仔细分辨,争论的关键在于《周易参同契》是否讲内丹。

---

① 王明著《周易参同契考证》,《道教和道教思想研究》,中国社会科学出版社 1984 年版,第 252 页。

② 胡孚琛著《道教与丹学》,中央编译出版社 2008 年版,第 149 页。

③ 卿希泰主编《中国道教史》第一册,四川人民出版社 1988 年版,第 145 页。

④ 孟乃昌著《周易参同契考辨》,上海古籍出版社 1993 年版,第 44 页。

⑤ 朱越利著《〈周易参同契〉的黄老养性术》,《宗教学研究》2004 年第 4 期。

笔者认为,《周易参同契》中已出现了内丹思想的萌芽,这也是它在唐宋之后复兴的重要原因之一①。《周易参同契》独特的内养思想开后来道教内丹学之先河:"内以养己,安静虚无。原本隐明,内照形躯。闭塞其兑,筑固灵株。三光陆沉,温养子珠。视之不见,近而易求。"②但这种思想在汉代道教中并不占主导地位,后来经过六朝道教气论的推动,又经过唐代孙思邈、吴筠、司马承祯乃至杜光庭从心性论角度的大力提倡,其影响直到唐末五代宋初时才日益广泛,这与道教仙学由外丹向内丹转化的发展理路相一致。

现存的《参同契》最早注本是唐代署名阴长生注本和容字号无名氏注本,它们皆为外丹注本。虽然外丹术在唐代道教中占有重要地位,但隋代时就出现了将《参同契》引向内丹的解释。据《古今图书集成·博物汇编·神异典》引《罗浮山志》记载,隋代罗浮山道士青霞子苏元朗"隋开皇中来居罗浮。……乃著《旨道篇》示之,自此道徒始知内丹矣。又以《古龙虎经》、《周易参同契》、《金碧潜通秘诀》三书文繁义隐,乃纂为《龙虎金液还丹通玄论》,归神丹于心炼"。苏元朗被认为是真正意义上的内丹道的创立者③。但若考之于史实,有关苏元朗其人其书的记载主要出现在北宋,具体而言,《旨道篇》最早出现于《宋史·艺文志》中,《罗浮山志》则是之后的作品。隋代的内丹道尚处于萌芽期,与此相应《周易参同契》直到唐末都比较沉寂。

我们并不否认唐之前的道书中有些与内丹相关的名词术语和修炼方法,除《周易参同契》之外,还有《黄庭经》、《养性延命录》、《阴符经》在流传。但从道教史上看,有关外丹与内丹的争议则在五代以后才逐渐兴起且不断明朗化。相对于制作并服食金液还丹的外丹,内丹的理论基础是"炼丹与天地造化同途",将人之身体视作与天地大宇宙

---

① 孙亦平著《从〈周易参同契〉看易学在道教中的传播与影响》,《周易研究》2011年第2期。

② 《道藏》第20册,第73页。

③ 笔者认为,陈国符先生提出的内丹学来自于道教内罗浮山传统的苏元朗的观点在学术界的影响一直很大,但随着近年来道教史研究的深入,若对照历史,可见强调还神丹于心炼的内丹即使在隋代就已出现,那也仅是一种设想或说法而已,因缺少具体而系统的修炼方法,其势力尚不足以与传统的炼丹成仙说相竞争。

对应的小宇宙。要效法天地之理进行修炼成仙，就要逆反宇宙生化的过程而行之。当人们把目光转向考察究天人之际的《周易》时，道教与《周易》的结合就有了内在的理论契机。唐代道士在建构道教义理时开始关注《周易》。例如，通过注释老庄而阐发重玄之道的成玄英还著有《周易穷寂图》五卷，通过错综六四卦，演九宫，参日月，来预测吉凶变化。另外还有王远知《易总》十五卷、李含光《周易义略》三篇、袁天罡《易镜玄要》一卷、李淳风《周易玄义》一卷等，但他们皆未将易学与道教的服气、炼丹术结合起来。由于这些著述早已散佚，也不知他们是否参考了《周易参同契》，但从保留至今的一些唐代诗文中，可见人们对《周易参同契》的好奇与探讨。例如，唐初诗人沈佺期（约656—714）作《同工部李侍郎适访司马子微》诗云：

> 紫微降天仙，丹地投（一作授）云藻。上言华顶事，中问长生道。华顶居最高，大壑朝阳早。长生术何妙，童颜后天老。……柱下留伯阳，储闱登四皓。闻有《参同契》，何时一探讨。

他表达了期望入山访道士司马承祯，一起探讨《参同契》的愿望。王昌龄（698—757）也曾作《就道士问〈周易参同契〉》诗："仙人骑白鹿，发短耳何长。时余采菖蒲，忽见嵩之阳。稽首求丹经，乃出怀中方。披读了不悟，归来问稽康。嗟余无道骨，发我入太行。"在唐初时，《周易参同契》已在文人与道士之中传播，成为他们的学习与探讨道教仙学的重要文本。另据《海东传道录》记载，唐玄宗时，新罗人崔承佑、金可记和僧慈惠来中国学习，在终南山遇正阳真人钟离将军传授道法。后来，崔承佑和僧慈惠泛海回国时，在海上得正阳真人传授的五种仙经，其中就包括《周易参同契》[①]。他们回国后，努力传播从唐朝学来的道术，促进了内丹道在新罗的传播[②]。

　　值得注意的是，唐玄宗诏求丹药之士，四川绵州昌明县令刘知古著《日月玄枢论》对《周易参同契》丹法进行的解释对推动外丹向内丹转变所具有的开创性意义。刘知古在《进日月元枢论表》讲述了推荐

---

① 《海东传道录》，《藏外道书》第31册，巴蜀书社1994年版，第475—476页。
② 孙亦平著《东亚道教研究》，人民出版社2014年版，第214页。

《周易参同契》的理由：“此经篇章虽异，旨趣皆同，莫不以乾坤为鼎，天地之道成焉；坎离为药，南北之位分焉；龙虎为名，东西之界列焉；若论火候，定生成，莫不循卦节应钟律，消息合刑赏。”①这一看法是刘知古从修道实践过程中体悟出来的：“臣自幼年，与道合虚，情性守一，颇历岁月。至于留心药物，向此二纪，意谓无出《周易参同契》，但能寻究此书，即自见其道。”刘知古自幼年开始修道，情性守一，在长期的修炼过程中因留心药物而注意到《周易参同契》，称“道之至秘者，莫过还丹；还丹之近验者，必先龙虎；龙虎所自出者，莫若《参同契》”②。刘知古不反对把《周易参同契》作为外丹来解释，但因看到丹药“服之者不闻益人，亦往往反损”③的负作用，又提出新解，以说明《周易参同契》所使用的名词术语——鼎炉、药物、火候——是围绕着“神气相依”而展开，通过参天地人之理、五行相类之道来对应人体内的生理系统与脏腑功能，初步形成了内炼精气神的内丹学结构模型。“夫《参同契》者，参考三才之理，叙其符契而已，非为因三卷而得参同也。所以，《五相类》者，盖论还丹之道，与五行之理相类也。所以本经云‘参考三才’，又云‘推演五行’，即此所见设题之本旨也。”④当听说皇帝需要还丹时，刘知古认为，“谓神仙大药，无出《参同契》，因著论上于朝”⑤，但其中因以内丹解《周易参同契》，又恐难遂陛下其志，故心有忐忑。陈国符先生认为，“刘知古以《参同契》为内丹书，并推崇之”⑥。这种强调心神作用，以内气为丹，神气炼养，即可成仙的思路，从本体意义上

① 清代董诰等纂修《全唐文》时，为避讳改玄为元，参见《全唐文》卷三百三十四，上海古籍出版社 1990 年版，第二册，第 1496 页。

② 《全唐文》卷三百三十四，上海古籍出版社 1990 年版，第二册，第 1496 页。

③ 如刘知古曰：“《经》曰：汞日为流珠，青龙与之俱。理在于此。有浅见之士，或以水银和山泽银合于器中烧，呼为树子。始即二物相抱，后乃银汞异处。或经一年至二年，铅母既成赤粉，其中伏火功深则十存四五，效浅者十有二三。服之者不闻益人，亦往往反损，盖缘五行之气不足，法象之理有乖。”（《全唐文》卷三百三十四，上海古籍出版社 1990 年版，第二册，第 1496 页）

④ 《全唐文》卷三百三十四，上海古籍出版社 1990 年版，第二册，第 1496 页。

⑤ 《郡斋读书志》卷二《道书》。

⑥ 陈国符著《说周易参同契与内丹外丹》，《道藏源流考》下册，中华书局 1963 年版，第 438 页。

将天人合一的形上之道与龙虎还丹的形下之术联系起来，改变了兴盛一时的重玄学只注重探玄求理而忽视具体修仙方法的缺陷。笔者认为，从这个意义上说，《周易参同契》不仅是道教炼丹理论的"原型"（archetype），而且也是唐五代时期的钟吕内丹道、北宋陈抟以及金元全真道南宗内丹学的理论基础①。

　　唐末五代宋初，外丹术的失败引起人们的重视，道教仙学也进入内外丹交错发展的混合期。如果说"刘知古通过《日月玄枢论》将《周易参同契》的思想，概括为形上的三才相符之理与形下的五行相类两个相互依存的层次，从而沟通了以往道教理论与实践互不统属的缺陷。就此意义而言，刘知古在一定程度上，较重玄学及当时其他道教理论家，具有更强烈的改革道教思想，使理论与实践相统一的意识"②，那么，假托"太极真人嗣孙"手述抄录《周易参同契》、《抱朴子内篇》、《黄帝九鼎神丹经诀》等道书而改编的《上洞心丹经诀》中则有"修道之士，有内丹者可以延年，得外丹者可以升天。内丹成而外丹不应，外丹至而内丹未克，皆未能升举"③之说。这部道书对内丹与外丹的功法都作了介绍，认为两者的效果有"延年"与"升天"的高下之分，故继续抬高外丹。在外丹与内丹并行发展之时，道士们各持异法，欲开创新仙术，往往又需要依托古经来说新事，古老的《周易参同契》虽有丰富仙学思想，但却以隐晦词语来诗意地讲说，因错误衍脱异说较多，既让人有莫衷一是之感，又引起了人们极大的兴趣。

　　随着道教心性论的兴盛，人们将向外求索的目光转向自身，从服气到将内气称为元气，以服元气、修心神开启了转向身内成丹的时代。如《上洞心丹经诀》宣扬说："夫人五行顺而形生，逆而成真。察阴阳五行之气，而后有此身。然身中之宝者，神也。神之在天为热，在地为火，在人为心神也。心也，为道之祖，修仙之正法也。"④这种"心为道

---

　　①　孙亦平著《从〈周易参同契〉看易学在道教中的传播与影响》，《周易研究》2011 年第 2 期。

　　②　强昱著《刘知古的〈日月玄枢论〉》，《中国道教》2002 年第 2 期。

　　③　《上洞心丹经诀》，《道藏》第 19 册，第 401 页。

　　④　《上洞心丹经诀》，《道藏》第 19 册，第 401 页。

之祖"的思想恰与日益兴起的道教心性论相得益彰。而凡言内丹者，往往祖述《周易参同契》，由此才能理解为什么唐末五代以后《周易参同契》会受到越来越多的关注，为之作注者络绎不绝，除道士之外，更有一些儒士，由此形成了《参同契》系列道书，其中佼佼者，主要有长生阴真人注《周易参同契》三卷、后蜀彭晓《周易参同契分章通真义》三卷、宋朱熹(化名邹䜣)《周易参同契考异》一卷、陈显微《周易参同契解》三卷、元陈致虚《周易参同契分章注》三卷、俞琰《周易参同契发挥》三卷、明陆西星《周易参同契测疏》三卷、清朱元育《周易参同契阐幽》三卷、刘一明《参同契经文直指》三卷等。据胡孚琛先生研究，"现存《周易参同契》注本，余所经眼者有四十余种"①。在笔者看来，在这些大多能自成体系的注本中，五代后蜀道士彭晓(？—954)为解说"词韵皆古，奥雅难通"的《周易参同契》而撰成的《周易参同契分章通真义》②作为较早出现的注本，对《周易参同契》诠释的新路向对推进道教外丹向内丹的转型中具有重要意义。

　　大约与杜光庭同时生活于后蜀的彭晓，本姓陈，字秀川，号真一子，西蜀永康(今属四川崇州市)人，少好修炼养生，初为昌利化飞鹤山道士，后明经登第，在后蜀担任过朝散郎、守尚书祠部员外郎等官职。据传，彭晓曾遇异人，得丹诀，由此作《参同契明镜图诀诗二首》，云"晓尝注《参同契》，复约其义为《明镜图》，列八环而符动静，明二象以定阴阳，为诀二篇"，以发挥《周易参同契》思想。在唐代之前，道教对

① 王沐著《内丹养生功法指要》，东方出版社 2008 年版，第 276 页。

② 据彭晓在《序》中曰，魏伯阳约《周易》撰《参同契》三篇，后因"未尽纤微，复作《补塞遗脱》一篇"，共成四篇。于是他将四篇分三卷为九十章，以应阳九之数，名曰"分章通真义"。其中，上卷分四十章，中卷分三十八章，下卷分十二章，复以朱书正文，黑书旁义，而显然可览也。内有《歌鼎器》一篇，因其词理钩连，字句零碎，分章不得，故独存于书后，以应水一之数，喻丹道阴阳之数备矣(《道藏》第 20 册，第 132 页)。但实际上，《道藏》所录的彭晓注已非原经，因为在《鼎器歌》和《明镜图》之间有南宋鲍仲祺的文章，其中讲到他借鉴朱熹《考异》本对彭晓的本子又加以整理，云"《参同契》旧本只三篇，西蜀彭晓分为九十章，朱子复并为三篇，名曰《考异》。其中多移易旧文，改窜语字，至于图则概删之"(李申、郭彧编著《周易图说总汇》中册，华东师范大学出版社 2004 年版，第 881 页)。故今本《周易参同契分章通义》中出现了一些经文与注解不同的情况。日本学者今井宇三郎曾搜集了十三种本子撰《周易参同契分章通真义》校本(《东京教育大学文学部纪要》1966 年第 11 辑)，可供参考。

身体的看法主要以《黄庭经》为代表,唐末宋初是道教仙学的重要转型期,这期间,外丹迅速地衰落下去,内丹逐渐成熟与完善起来,与道士们热衷于通过解释《周易参同契》来阐发新身体观相联系,其中彭晓的创造性诠释就特别值得重视了。

第一,彭晓"谓修丹与天地造化同途,故托《易》象而论之"[1],通过模拟天地自然造化的运思方式,改变了唐代道教大抵依照《黄庭经》把人体简单地比附于天地的思路。如果说,《黄庭经》认为天地间的日月星辰云霞各有神灵主宰,并以"八景二十四真"[2]来指明与之相应的人体各部的"身神",以五行生克关系来解读人体五脏六腑运行的生命现象,云"外象谕即日月、星辰、云霞之象;内象谕即血肉、筋骨、藏府之象也。心居身内,存观一体之象色,故曰内景也"[3],那么,彭晓将《周易参同契》的"天地设位,而易行乎其中矣"的思想与《老子》的"道生一,一生二,二生三,三生万物"的宇宙生化论联系起来,虽然也把人体看作是一个与天地相对的小宇宙,但以乾坤二卦象征炼丹鼎炉,以坎离二卦比喻药物,以十二辟卦表示进阳火、退阴符的消息,以六十四卦展示呼吸抽添的程序。这种假借卦爻、阴阳、月象等来说炼丹,用《易》象来推算天地日月运行之理,来效法四时节令变化之则,以解决人如何才能长生不死的问题,展现了彭晓是以《周易参同契》所特有的象数思维来认识人的生命现象的,除了对形而上之道的理论言说外,还力图设计出一种形而下的可具操作性的修炼方法。

第二,彭晓将《参同契》说的药物——铅汞、水金等——还原为人身体中的精与气,说:"先天地生,巍巍尊高者,谓真铅。未有天地混沌之前,铅得一而相形,次则渐生天地阴阳五行万物众类。故铅是天地之父母,阴阳之本原。盖圣人采天地父母之根而为大药之基,聚阴阳

---

① 《道藏》第 20 册,第 131 页。

② 《黄庭内景经》认为人体各部位都有神灵居住,并将《太平经》的"五脏神"观念发展为三部八景二十四神之说,把人身分为上元宫、中元宫、下元宫三部,每部分的元宫有八景神镇守。修道者若能存思这二十四神,则能使三田五脏的真气调和,延年益寿,最终乘云升仙。

③ 唐·梁丘子注《黄庭内景玉经注》卷上,《道藏》第 6 册,第 516 页。

纯粹之精而为还丹之质，故殆非常物之造化也。"①彭晓用"真铅"、"真汞"来指称精与气，说："真金者，是天地元气之祖，以为万物之母。……天地之先，一气为初而生万象，金是水根，取为药基。"②以真汞与真铅相互配合来形容精气合炼，可谓"金液还丹，莫不合日月阴阳精气而成也"。人体内阴阳俱足，但只有在升降坎离、推运四时的运炼过程中才能促成其发生合乎丹道要求的变化，反映了唐宋道教倡导的内丹学所表现出的一种"自力拯救"的宗教精神。

第三，彭晓运用阴阳修炼之术讲述丹道修炼之理。"乾刚坤柔，配合相包。凡修金液还丹，先立乾坤，既济鼎器，然后使阴阳合精气于其中；次运水火坎离，继合日月龙虎，故得鼎中光耀，玄冥罔窥。良由参度圣人，究寻药母，俾乾坤坎离混而相符。"③乾坤、铅汞、男女、夫妇、晦朔等，都是阴阳两性的不同体现，炼丹的过程就是使"阴阳合精气"于人体这个鼎器中发生合乎自然法则的变化。这种变化的内在根据来自于《周易参同契》关于阴阳两性相互蕴含的思想："阴阳精气，出入卷舒，昼夜循环，周而复始，约六十四卦，依三百八十四爻，据爻摘符，火随进退，阴来阳往，阳伏阴施，东西之气相交。"④对此，彭晓总结为"动则起于阳九，静则循于阴六，乃修丹之大旨也"⑤，通过阴阳交媾最终炼成"纯阳"之体，"青龙既能吐气，白虎因得吸精，精气相合，共生纯粹"⑥。所谓"纯粹"，就是精气相合而炼成纯阳之物。彭晓认为成仙之道即为弃阴炼阳，炼就纯阳之体，这才是"还丹"。

彭晓试图打破外丹与内丹之间的森严界限，在注解《周易参同契》时，凡遇有讲外丹的地方，并不强行转换成内丹进行解释，由此出现的内丹、外丹交替解释的情况，代表了五代之前《周易参同契》注本的共同特点。彭晓的注本虽使《周易参同契》重新现世，但这种理论上的不

① 《道藏》第 20 册，第 139 页。
② 《道藏》第 20 册，第 141 页。
③ 《道藏》第 20 册，第 143 页。
④ 《道藏》第 20 册，第 135 页。
⑤ 《道藏》第 20 册，第 133 页。
⑥ 《道藏》第 20 册，第 151 页。

自洽也正好反映了道教在推动外丹向内丹转型过程中,所遇到的种种困惑和迈出的一步又一步的试探性脚步。例如,彭晓强调"至道希夷妙且深,烧丹先认大还心"①,重视"心"在修炼中的主导作用,但这里的"心"是指人的思维器官,还是指内丹修炼与三宝之一的"神",尚未对之作出明确说明;对精、气的内涵与作用的解释经常含混不清,这就牵涉到物质性的精气如何将有限之形体转化为"纯阳真精之形";更谈不上通过认识人的生理现象和心理现象,对内丹进行全方位的理论建构。

值得注意的是,彭晓之后出现的各种《周易参同契》注本,无论是道士,还是儒士,大多是从内丹的角度来发挥其思想,甚至还有人会在注疏中对外丹术加以责难,这与宋代一改中晚唐皇帝、官僚、文人热衷于服食外丹的风气而转向重视内丹修炼相联系。宋太宗在《逍遥咏》中说修仙之道而推崇《参同契》曰:"道妙怀真纪异常,人间天上若存亡。潜机物类多中觑,纳取虚无定久长。碧落邈递归洞府,黄金不买自馨香。《参同契》合诸经说,精魄夺来烂紫光。"②帝王将《参同契》视为丹经之王、群经之首带动了人们对内丹修炼的兴趣。爱好修道的苏辙(1039—1112)曾作《养生金丹诀》讲述他所理解的内丹与外丹:"养生有内外。精气,内也,非金石所能坚凝;四肢、百骸,外也,非精气所能变化。欲事内,必调养精气,极而后内丹成。内丹成则不能死矣。"在他看来,服食金石所制的外丹者多死,这是因为,"惟外丹成,然后可以点瓦砾,化皮骨,飞行无碍矣。然内丹未成,内无以受之,则服外丹者多死,譬积枯草弊絮而置火其下,无不焚者"③。内丹是内修人体内精气所致,如果内丹未炼成而服食外丹,不仅不能长生,反而损身多死,由此将内丹修炼作为外丹服食的基础。随着道教内丹的兴起,宋

①　彭晓曰:"尝注《参同契》,复约其义为明镜图,列八环而符动静,明二象以定阴阳。"其中云:"至道希夷妙且深,烧丹先认大还心。日爻阴耦生真汞,月卦阳奇产正金。女妊朱砂男孕雪,北藏荧惑丙含壬。两端指的铅金祖,莫向诸般取次寻。"(清·彭定求等编《全唐诗》第 8 册,中州古籍出版社 2008 年版,第 4318 页)

②　《全宋诗》第 1 册,北京大学出版社 1991 年版,第 389 页。

③　北宋·苏辙著《龙川略志·龙川别志》,三秦出版社 2003 年版,第 10 页。

代史书中有关服食金石丹药的记载日渐稀少。《周易参同契》援引易学象数思维来言说隐晦炼丹渐成时尚,更在推动唐宋道教外丹向内丹转型中影响深远。

宋代之后,《周易参同契》被奉为"万古丹经王",成为道教内丹学的根本经典之一,又与华山道士陈抟创构《无极图》有关。陈抟将《周易》中的大衍之数、天地之数与河图洛书联系起来,以阴阳五行变化之道来说明,不仅开宋代易学中图书学派之先河,而且明确提出对道教仙学有着至关重要影响的"逆以成仙"的思想和方法,才促使道教内丹术产生了一个质的飞跃。

内丹在理论建构中借鉴了外丹修炼理论与方法。长期以来,道教强调烧炼金丹大药必须对所用的药物性质有清楚的了解,否则,炼丹不可能成功。彭晓"谓修丹与天地造化同途"也遵循了外丹所采用的尽物之性的思维取向。如果顺天地万物产生与发展顺序必然走向死亡,逆此顺序而复归天地万物产生的源头则可以长生成仙的话,那么,修丹就必须把天地造化的方式与顺序认识清楚,才能以尽物之性为手段,来尽人之性,最终达到复归人本来最圆满的真性。为此,《无极图》中的主要部分《取坎填离图》和《五气朝元图》就是依据魏伯阳的《周易参同契》和五代后蜀道士彭晓绘制的《水火匡廓图》和《三五至精图》而来的①。据说,这一曾刻于华山石壁上的《无极图》后来才衍生出周敦颐(1017—1073)的《太极图》。

一般认为,"道教逆施成丹的《无极图》与顺行造化的《太极图》是一图二用"②,由此可见周敦颐"无极而太极"思想的源头。《宋史·道学传序》记载:"至宋中叶,周敦颐出于舂陵,乃得圣贤不传之学,作

---

① 李远国著《陈抟易学思想探微》,载陈鼓应主编《道家文化研究》第11辑,三联书店1997年版,第179页。但李申先生在《我与周氏太极图研究》一文中提出:"在《正统道藏》所有有关《周易参同契》的版本中,都没有发现毛奇龄所说的'水火匡廓图'和'三五至精图'。查宋代儒者的著作,查朱陆之争的文献,也无人提及彭晓注《参同契》有这样的图。……我只能得出结论:毛奇龄的说法不是得自传闻,就是看到了一个伪造的本子而信以为真。"(刘大钧主编《百年易学菁华集成》初编《易学史》4,上海科学技术文献出版社2010年版,第1568页)此说供参考。

② 束景南著《周敦颐与〈太极图〉新考》,《中国社会科学》1988年第2期。

《太极图说》、《通书》,推明阴阳五行之理,命于天而性论人者,了若指掌。"①周敦颐写了两篇与《太极图》有关的文章,其中的《太极图说》从宇宙发生论的角度,通过讲述天地万物生化过程:"无极而太极。太极动而生阳,动极而静,静而生阴,静极复动。一动一静,互为其根。分阴分阳,两仪立焉。阳变阴合,而生水火木金土。五气顺布,四时行焉。五行一阴阳也,阴阳一太极也,太极本无极也。"周敦颐颠倒了陈抟《无极图》的上下关系,去除了道教内丹术的内容,将"无极"作为宇宙之本,"太极"内部演化出阴阳二气交感,演化出水、火、木、金、土等五种原素,乾道成男,坤道成女,化生万物,以至"变化无穷"。周敦颐至友潘兴嗣所撰《濂溪先生墓志铭》中说,周敦颐"尤善谈名理,深于易学,作《太极图》、《易说》、《易通》数十篇"②。其中对《周易参同契》的借鉴还是十分明显。

周敦颐作《太极图》之事在他身后百余年间并未有人怀疑。直到南宋理学家朱震把考订的《汉上易传》进呈宋高宗,于《进周易表》中梳理了始于陈抟的《太极图》的传授谱系,才无意地将问题提出来:"濮上陈抟以《先天图》传种放,放传穆修,修传李之才,之才传邵雍。放以《河图》、《洛书》传李溉,溉传许坚,坚传范谔昌,谔昌传刘牧。修以《太极图》传周敦颐,敦颐传程颢、程颐。是时,张载讲学于二程、邵雍之间。"③一般认为,朱震在《汉上易传》所录之旧本《太极图》最为接近周敦颐所传之原图④,但若细读之,可见其中只说《太极图》由穆修传周敦颐,而未提是否来自陈抟。

若考之于历史,可见朱震所说的这一传承谱系中也有些不合理之处。例如,穆修(979—1032)是一位文学家,著有《穆参军集》,但至今没见其有关于道教的论著问世;周敦颐生于天禧元年(1017),穆修死

---

① 元·脱脱等编《宋史》卷四百二十七《周敦颐传》,《二十五史》第 8 册,上海古籍出版社、上海书店 1986 年版,第 1441 页。

② 周森树编纂《中国之旅——江阴周氏通览》,中国文史出版社 2009 年版,第 82 页。

③ 李申、郭彧编著《周易图说总汇》中册,华东师范大学出版社 2004 年版,第 995 页。

④ 曹树明、田智忠著《太极图与太极图说之"五行说"比较研究》,《周易研究》2003 年第 4 期。

于明道元年（1032），当时周敦颐还不足十六岁。如果将《太极图》传授给一位少年，好像也不太符合常理，由此才引出后世对这一传承谱系的不断争议。

清初黄宗炎（1616—1686）在《太极图说辨》中，曾概括了《周易参同契》的复兴与内丹心性学产生之间的复杂关系，并明确提出陈抟《无极图》刻于华山石壁，后穆修传给"周子"，即宋代理学的开山祖师周敦颐的说法：

> 考河上公本图名《无极图》，魏伯阳得之以著《参同契》，钟离权得之以授吕洞宾。洞宾后与陈图南（陈抟）同隐华山，而以授陈，陈刻之华山石壁。陈又得《先天图》于麻衣道者，皆以授种放。放以授穆修与僧寿涯。修以《先天图》授李挺之，挺之以授邵天叟，天叟以授子尧夫。修以《无极图》授周子，周子又得'先天地'之偈于寿涯。其图自下而上，以明逆则成丹之法。①

但黄宗炎更将《无极图》追溯到汉代河上公本，然后再通过魏伯阳所著的《周易参同契》，下传到钟离权、吕洞宾、陈抟②。值得注意的是，宋代儒士在研究易学、谈论《太极图》渊源时，并未提及河上公作有《无极图》，也很少提及钟吕内丹道，而是直接追溯到大约生活于五代宋初的华山道士陈抟。例如，朱震的《汉上易传》中《进周易表》③、邵伯温的《易学辨惑》④中都"主张周惇（敦）颐太极图的起源和宋代易学的起源都来自于陈抟"⑤。韩国学者金秉岷就指出，黄宗炎在太极图的传授系谱中加上宋代学者未提及的且比陈抟更神秘的人物，其理由是"老子河上公注本"在道教理论的形成方面起到的影响是事实，而周敦颐的太极图说也受到道佛两家的影响，由此可以推测，黄宗炎正是凭

① 《宋元学案》卷十二《濂溪学案下》，中华书局1986年版，第515页。
② 李学勤先生推论说"道教南宗徒裔将其祖师《无极图说》的观点伪托于陈抟"，这也是黄宗炎所论陈抟无极图的由来之原因（李学勤、邢文著《太极图的来源》，《寻根》1996年第3期）。
③ 李申、郭彧编著《周易图说总汇》上册，华东师范大学出版社2004年版，第446页。
④ 李申、郭彧编著《周易图说总汇》上册，华东师范大学出版社2004年版，第449页。
⑤ 金秉岷著《论太极图的起源问题》，陈鼓应主编《道教文化研究》第26辑，三联书店2012年版，第118页。

着这两者间的相似性提出了太极图的"无极图渊源说"①。陈抟《无极图》如何传给周敦颐并影响到宋代儒学的发展？自南宋理学家朱震提出后，一直存在着争议，代表性观点主要有：

第一，朱熹先于乾道五年（1170）作《周子太极通书后序》时认为周敦颐自创《太极图》，并提出"盖先生之学，其妙具于《太极》一图；《通书》之言，皆发此图之蕴"②，从而将《太极图》视为周敦颐思想精华之所在。后来又改变了看法，或认为《太极图》是邵雍所作，或认为是陈抟所作，或认为周敦颐的《太极图》是来自张咏的启发："张忠定公尝从希夷学，而其论公事之有阴阳，颇与《图说》意合。窃疑是说之传，固有端绪，至于先生，而后得之于心，而天地万物之理，巨细幽明，高下精粗，无所不贯，于是始为此图，以发其秘耳。"③宋太宗、真宗时的大臣张咏（946—1015）年轻时上华山拜见陈抟，学习阴阳之理后，也想隐居华山修道，但陈抟看他对名利淡然无情，反而要他入世从政发挥才干："此人对名利淡然无情，腾达后必为公卿，不达就会成为帝王之师。"④张咏所论阴阳之理与周敦颐《太极图》相似，故朱熹推测周敦颐《太极图》与张咏论阴阳有关。从《题袁机仲所校〈参同契〉后》一文推测，朱熹大约二十多岁就接触道教思想，出于建构理学体系的需要，再三研读《参同契》⑤。朱熹晚年曾化名"空同道士邹䜣"撰《周易参同契考异》，从中可见其从内丹养生的角度来进行诠释的倾向。

第二，黄宗炎将朱震的传承谱系，上溯到汉代河上公、魏伯阳，突出了《周易参同契》对钟吕、陈抟的影响，以说明周敦颐于穆修处得陈

---

① 金秉岷著《论太极图的起源问题》，陈鼓应主编《道教文化研究》第 26 辑，三联书店 2012 年版，第 118 页。

② 李申、郭彧编著《周易图说总汇》中册，华东师范大学出版社 2004 年版，第 827 页。

③ 宋·朱熹撰《再定太极通书后序》，李申、郭彧编著《周易图说总汇》中册，华东师范大学出版社 2004 年版，第 828 页。

④ 宋·朱熹编，葛景春、任崇岳译《宋名臣言行录》白话版，贵州教育出版社 2011 年版，第 80 页。

⑤ 董沛文主编《参同集注——万古丹经王〈周易参同契〉注解集成》第 1 册，宗教文化出版社 2013 年版，第 229—230 页。

抟的《无极图》，然后将这一道教描绘的炼丹图首尾颠倒，再更名为《太极图》，如《宋史》曰："茂叔握方士之实，悟老氏之指，而蒙以大易之名……方士之诀，逆则成丹；茂叔之意，以为顺而生人。"①黄宗炎对《太极图》作了细致描绘，并用"逆则成丹"和"顺而生人"概括了陈抟《无极图》与周敦颐的《太极图》的区别②，以此说明《太极图》是参照道教内丹理论所作。这既点明了儒道两家对《太极图》每一圈的图式有不同理解，也为道教仙学的转型提供了一种理论说明。

第三，清代经学家毛奇龄在《太极图说遗议》中认为，周敦颐《太极图》来源于陈抟授之和寿涯传之，故有"方士所传，老僧所授"之说。若来自道教，其先天之本即为《周易参同契》，"在隋、唐之间，有道士作《真元品》者，先窃其图入《品》中，为《太极先天之图》。此即抟之窃之所自始，且其称名有'无极'二字"③。后来到"唐玄宗时，则实有《上方大洞真元妙经品》，为《太极图》之所自始"④，或来自于佛教宗密的《阿梨耶识图》⑤。周敦颐综合来自于道教与佛教的两图改编成《太极图》。

第四，周敦颐可能是通过北宋道士张伯端这一途径得到陈抟《无极图》的。《历代神仙通鉴》第三集卷十九记载："台州之张伯端，路遇邵雍而起争论。雍从易理出发，伯端以《参同契》为据，共论先天之玄机。伯端从雍之劝而往川。"⑥相传，张伯端在入蜀之前曾与邵雍争论

---

① 李申、郭彧编著《周易图说总汇》中册，华东师范大学出版社2004年版，第895页。

② 对于黄宗炎的看法，也有人提出质疑，例如日本学者吾妻重二就认为："主张先有'逆'之过程，后产生'顺'之过程，这不是很奇怪吗？一般说来，常识是先有'顺'的过程，此后产生'逆'的过程。为何黄宗炎要主张这种充满杜撰性的说法，我们不得而知，或许是由于清朝'汉学'之立场，在骨子里对于'宋学'（朱子学）存有强烈的偏见之故吧。"（[日]吾妻重二著《〈太极图〉之形成——围绕儒佛道三教的再检讨》，载吴震、吾妻重二主编《思想与文献——日本学者宋明儒学研究》，华东师范大学出版社2010年版，第184页。

③ 李申、郭彧编著《周易图说总汇》中册，华东师范大学出版社2004年版，第882页。

④ 李申、郭彧编著《周易图说总汇》中册，华东师范大学出版社2004年版，第888页。

⑤ 《禅源诸诠集都序》卷下二，《大正藏》第48册，第413页。

⑥ 明末清初徐道述《历代神仙通鉴》在康熙年间刊印，又名《三教同原录》，是在三教融合思想指导下，依据《道藏》中《历世真仙体道通鉴》所撰写的神仙故事集。这种"伯端从雍之劝而往川"的说法是《历世真仙体道通鉴》中所没有的内容。

易理,后因邵雍的劝导,才随龙图公陆诜在成都修道,后通过刘海蟾得到了陈抟的《无极图》。张伯端于熙宁八年(1075)撰写的《悟真篇》是《周易参同契》后又一本道教丹经,全书由诗词歌曲等体裁写成,其中继承了钟吕内丹道的性命双修的学说,并对陈抟《无极图》中"炼精化气"、"炼气化神"、"炼神还虚"等思想进行发挥,由此奠定了北宋道教内丹学的发展。据说,陆诜的儿子陆师闵也是张伯端的弟子,曾帮助刊行《悟真篇》①。周敦颐与张伯端的关系是间接的,也有不同的说法:一是周敦颐从蒲宗孟处得到陈抟《无极图》。周敦颐有两位夫人,第一夫人是陆诜之女,第二夫人是蒲宗孟之妹。蒲宗孟(1022—1088)是一位好道者,与张伯端、刘海蟾、陈景元多有诗文交流。蒲宗孟从陈景元处得到张无梦所传的陈抟《无极图》,再传给周敦颐②。二是周敦颐从陆师闵处得到张伯端所传的陈抟《无极图》。三是周敦颐可能是从张载或二程处辗转得到陈抟《无极图》而作《周氏太极图》的。张伯端在陆诜去世后来到关中地区,与"贯涉万类"的关中学者侯可(1008—1079)有过交流。侯可是程颢、程颐的舅父,张载是二程的表叔,周敦颐则是二程的老师,形成了一个共探学术的朋友圈。"二程虽曾受业于周敦颐,并得《周氏太极图》之传,然而他们却不轻易把《周氏太极图》公之于世。直到南宋初期,朱震向朝廷进献其易学著作时,方在其《周易图》中列有《周氏太极图》。"③这些说法多为推测,其真实性与准确性还有待于继续考证。

以上这些观点虽令人有扑朔迷离之感,但主要可分为三类:

其一,周敦颐《太极图》来自道教系统,或因袭陈抟,或得之陈抟之前的道教典籍。如宋朱震撰《进周易表》、黄宗炎撰《图学辨惑》、清胡渭《易图明辨》、朱彝尊《太极图授受考》和今人朱伯崑《易学哲学史》

---

①　《悟真篇记》说,张伯端少业进士,坐累谪岭南兵籍,被龙图公陆诜取置帐下。龙图公死后,张伯端转徙秦陇,将《悟真篇》传授给马默,马默又授龙图公之婿张坦夫,坦夫授陆诜之子陆师闵,陆师闵之子陆思诚(字彦孚)取而读之。陆师闵有幕僚王衮臣,衮臣之兄王冲熙学道,遇刘海蟾,得金丹之术(《紫阳真人悟真篇注疏》卷末,《道藏》第2册,第968页)。

②　束景南著《周敦颐与〈太极图〉新考》,《中国社会科学》1988年第2期。

③　郭彧著《〈周氏太极图〉原图考》,刘大钧主编《百年易学菁华集成》初编《易学史》4,上海科学技术文献出版社2010年版,第1588页。

等都持此观点。其二,《太极图》是周敦颐自作。如南宋理学家张栻认为《太极图》非来自陈抟,而是周敦颐妙心自创,后来还影响了道教。还有宋潘兴嗣《濂溪先生墓志铭》、度正《太极通书发明论》、朱熹前期也持此观点。李申先生通过查考《道藏》,认为其中"萧廷之的无极图、卫琪的无极图、萧应叟的易丹图,陈致虚的顺逆图……非常明显,是道家把周敦颐的易图改成了丹图,并且谁也没有掩饰自己的改造,没有掩饰图是来自周敦颐"①。其三,来自道教与佛教的影响,如清毛奇龄撰《太极图说遗议》。这些见仁见智的观点至今仍吸引着学者们的研究目光且处于不断讨论中,由此展示出道教仙学与易学相互交织,为我们了解《周易参同契》在五代宋初的复兴对道教仙学的演进提供了一个文化背景。

周敦颐《读英真君丹诀》云:"始观丹诀信希夷,盖得阴阳造化几。子自母生能致主,精神合后更知微。"②"英真君"是汉代道士阴长生,他从马鸣生处受《太清神丹经》,注重于外丹烧炼。陈抟有《阴真君还丹歌注》讲述水火龙虎交媾之内丹养生术③。有意思的是,周敦颐观阴长生丹诀却"信"希夷倡导的阴阳造化学说。这首诗的后一句是对《周易参同契》中"金为水母,母隐子胎;水者金子,子藏母胞"的解释。"子"指水火;"母"指金木;"主",按五行学说,木生火,金生水,水火来自于金木,则指相交而成"圣胎"。周敦颐对《周易参同契》的解读由此也显现出来。宋代儒者在诠释《周易参同契》时,既附会陈抟之学,也从儒学的角度认同并推动着道教内丹学的发展。

汇集钟吕内丹道及南宗数十种丹道修炼著作的《修真十书》多次记载道士们读《周易参同契》的心得文章。如张伯端在《悟真篇》后有《读周易参同契》曰:"魏真人以金丹大道至简至易也,无可阐扬秘要,故托《易》象立意寓言,俾学者观斯象悟其旨要。苟得金丹妙玄,则乾

---

① 李申著《我与周氏太极图研究》,刘大钧主编《百年易学菁华集成》初编《易学史》4,上海科学技术文献出版社 2010 年版,第 1568 页。

② 又称《阴真君长生金丹诀》,载《周子全书》卷十七。

③ 《道藏》第 2 册,第 878 页。

坤、坎离、龙虎、魂魄、铅汞、水火之类,皆可忘言矣。"①这里的金丹指以人体为炉鼎,以身体内部的精、气、神为药物的内丹修炼。魏真人取《易》之精髓来比喻"大丹妙用法乾坤,乾坤运兮五行分,五行顺兮常道有生有死,五行逆兮丹体常灵常存"②。

在人体内修炼成丹的哲学基础是对性命关系进行的辩证思考,这种思考所涉及的道、一、玄、阴阳、有无、太极、无极、精气神、性命等一系列范畴是围绕着挺立道教信仰的特质——神仙是存在的、人是可以成仙的等问题——而展开。"迨及宋元,乃缘《参同》炉火而言内丹,炼养阴阳,混合元气。斥服食胎息为小道,金石符咒为旁门,黄白玄素为邪术,惟以性命交修,为谷神不死,羽化登真之诀。"③道教内丹学的特色不在于它具有多么丰富深奥的思辨性,而在于它将形而上的哲学思考最终落实到形而下的修炼之术上,通过"性命双修"而使"道"与"术"紧密地连接,使之成为引导人获得生命超越的理论与实践的保证。

第三节　杜光庭与钟吕内丹道

唐代道教对"性命双修"的倡导,为内丹心性学提供了基本思路与方法。哲学寻求理解而宗教则是按一个人所理解的那样生活,因此,一切宗教问题最终都将归于实践。对于道教来说,纯理论地言说"道"并不是目的,事实上道也不可言诠,言也无法尽意,只有依据信仰,在修道的过程中才能体道悟道,而修道悟道是为了经国理身,实现生命的超越,这就使道教的理论探讨,最终落实到对社会的完善和对人的生命永恒的追求上。

如果追索内丹道的产生之源,一般认为,它肇始于先秦神仙家所发明的各种养生延年术。从历史上看,先秦至汉代是内丹道的准备

---

①　《道藏》第 4 册,第 745 页。

②　《道藏》第 4 册,第 744 页。

③　陈国符著《道藏源流考》下册,中华书局 1963 年版,第 258 页。

期,从东汉道教的创立到隋唐是内丹道的形成期。隋代罗浮山道士青霞子苏元朗被认为是真正意义上的内丹道的创立者,但其时的内丹道正处于萌芽期。中唐以后,内丹道在叶法善、罗公远、僧一行以及元阳子等人那里得到了进一步发展。他们将古代长生成仙的观念,传统道教的行气、服饵、存思、辟谷、导引、房中等诸种养生术与中医学的脏腑经络之学相结合,进行了创造性的阐释而形成了以人体内的精气神为药物、以性命双修为理论内涵和具体操作进路的内丹道。唐末五代时,以钟离权、吕洞宾为代表的钟吕内丹道的出现标志着道教在修道实践上的新走向。

杜光庭生活的年代正是钟吕内丹道开始兴起之时。要弄清杜光庭的思想在内丹道的成长过程中起着什么样的作用,杜光庭与钟吕内丹道是否有联系,就需要先简要考察一下钟吕内丹道的主要内容和特点。

钟吕内丹道的代表人物是钟离权和吕洞宾。钟离权,据元代赵道一所撰的《历世真仙体道通鉴》卷三十一记载,姓钟离,名权,后改名觉,字寂道,号和谷子,一号正阳子,又号云房先生,燕台人也,一云京兆咸阳人①。金末元初秦志安所作的《金莲正宗记》也说钟离权是京兆咸阳人,并对钟离权的籍贯、名号、身世等有不同的说法②。由于钟离权后被奉为道教的"八仙"之一,因此,历史上有关钟离权的传说很多,有的说他是汉代武将,有的说他是晋人周处的偏将,《宋史》则认为他是陈抟的朋友,但一般都认为是唐末五代人。据说,钟离权曾在终南山遇东华真人王玄甫③,得受大丹秘诀、周天火候、青龙剑法。后又遇华阳真人,传太乙刀圭、火符内丹,洞晓玄玄之道,自称"天下都散汉钟离权",传道于吕洞宾。最后在崆峒山得道成仙。宋钦宗封为"正阳

---

① 《道藏》第 5 册,第 276 页。
② 《道藏》第 3 册,第 344—345 页。
③ 王玄甫,又名王少阳,长期隐于山东昆嵛山烟霞洞修养性命,"在人间数百岁,殊无衰老之容。开阐玄宗,发挥妙蕴,阴功济物,玄德动天,故天真赐号东华帝君,又曰紫府少阳君。授度门人正阳真人钟离云房,嗣弘法教。所有圣迹,不能具述,全真之道,由此滥觞,故立之以为全真第一祖也"(秦志安撰《金莲正宗记》卷一,《道藏》第 3 册,第 344 页)。

真人"。后全真道尊王玄甫为全真第一祖,钟离权为第二祖——"正阳祖师"。

　　吕洞宾,姓吕,名喦,字洞宾,号纯阳子,以字行世。其生平未入正史,加上被后世道教徒奉为吕祖,成为民间广为流传的道教的"八仙"之一,因而其生平事迹历来众说纷纭,莫衷一是,但各种不同的说法都披上一层扑朔迷离的神秘色彩。据《历世真仙体道通鉴》卷四十五记载,吕洞宾在"武宗会昌(841—846)中,两举进士不第,因于长安道中,拟游华山,酒肆憩息,俄有一人,长髯碧眼,自西而来,亦憩此肆,遂与共饮",此人即是居于终南山的钟离权,吕洞宾"于是弃儒业而从游,师事之而得道"①。后又于唐僖宗广明元年(880)从崔希范学道。崔希范(生卒年不详),号至一真人,著有《入药镜》,专述内丹,其以心为"镜",以精气神为"药",将炼精化气养神的过程称之为"入药",反映了唐末五代内丹道的基本特征,在内丹史上影响甚大。崔希范将《入药镜》传给吕洞宾,吕洞宾"即知修行性命,不差毫发"②。据《宋史·陈抟传》记载,陈抟在隐居华山时,与吕洞宾有过交往③。前人对吕洞宾的生卒年代的争议有唐末五代及北宋初等不同说法,笔者通过道教外丹向内丹之转型的时代潮流而由此推论,吕洞宾大约生于唐末,活动于五代至北宋初年,后传道予施肩吾,最终羽化而登仙。

　　钟离权和吕洞宾与杜光庭大约是同时代人。杜光庭只是提出了一些有关内丹修炼的理论,而钟离权和吕洞宾留下的内丹著作却有着完整的理论体系和具体的操作方法。如成书于唐末五代,题为钟离权述、吕喦集、施肩吾传的《钟吕传道集》,其主要内容就是钟离权向吕洞宾传授丹法的问答记录,分别论述了真仙、大道、天地、日月、四时、五行、水火、龙虎、丹药、铅汞、抽添、河车、还丹、炼形、朝元、内观、魔难、证验等丹法要旨。其中强调,修丹应当效法天地阴阳之化,五行生克之则,日月交合之度,取肾水中所藏先天元阳真气以为丹本,以真阴真

---

①　《道藏》第 5 册,第 358 页。

②　《道藏》第 5 册,第 358 页。

③　元·脱脱等编《宋史》卷四百五十七《陈抟传》,《二十五史》第 8 册,上海古籍出版社、上海书店 1986 年版,第 1520 页。

阳交媾合和,以阳炼阴,三田返复,使精合于气,气合于神,神合于道,以修成金丹,阳神超脱而成仙。该书将修丹的程序分为匹配阴阳、聚散水火、交媾龙虎、烧炼丹药、肘后飞金精、玉液还丹、玉液炼形、金液还丹、金液炼形、朝元炼气、内观交换、超脱分形等十二科,从而对内丹道作出了的新发展①。

钟吕内丹道的丹法具有可操作性,这大概是它能够很快得以广行的重要原因之一。据文献记载,唐末五代至宋初道教中有名有姓的内丹家多达百余人,而他们的内丹学说大多宗承钟离权、吕洞宾而来。从历史上可以看到,从唐末至宋代,内丹道异军突起,日益兴盛,几乎取代了所有的传统道教的修仙炼养术而一枝独秀。随着道士们对内丹的热情关注、理论探讨和实际践行,修炼内丹的方法种类繁多,研讨内丹的著作也纷纷问世,主要有还阳子述《大还丹金虎白龙论》一卷,柳冲用撰《巨胜歌》一卷,张元德撰《丹论诀旨心鉴》一卷,寒山子撰《大还心鉴》一卷,陈朴撰《内丹诀》一卷,钟离权述《破迷正道歌》一卷,题为钟离权撰、吕洞宾传《秘传正阳真人灵宝毕法》三卷,钟离权述、吕洞宾集、施肩吾传《钟吕传道集》三卷,张无梦撰《学仙辨真诀》一卷,还有一些不署撰人的著作,如《金液大丹诗》一卷、《固气还神九转琼丹论》一卷、《太初元气接要保生之论》一卷、《养命机关金丹真诀》一卷等。其中最为重要且系统论述内丹修炼的著作是《灵宝毕法》和《钟吕传道集》。这些炼丹者或内丹著作大多与钟、吕有关。例如,《陈先生内丹诀·序》在介绍陈朴的生平时就说:

> 先生名朴,字冲用,唐末五代初人也。五代离乱,避世入蜀,隐居青城大面山,受道于钟离先生,与吕洞宾同师也。先生才质奇伟,德行高妙,积年累功,今不知其几百岁,或出世间,为性不常,以歌酒为乐。元丰戊午年间(1078),游南都宋城,张方平官保以其年高,传接气之术,延寿一纪。盘桓南都,不啻半载,携一无底土罐游于市,人少有识之者。淮南野叟敬信尊崇,或师事之,先生怜其至诚,授以内丹诀,因以记之。先生内丹之诀,直指玄关,

---

① 参见《修真十书》卷十四《钟吕传道集》,载《道藏》第4册。

九转成道。每一转，先述短歌，又托意于《望江南》，欲后来学方外之道者易晓也。①

陈朴与杜光庭大约同时活动于青城山，由"受道于钟离先生，与吕洞宾同师"可以推论，那时钟吕内丹道可能已在蜀中青城山流传开来了②。陈朴撰《内丹诀》从天人合一思想出发而倡导说："天地山河，六合万物，在我身之内，我身在天地之外，只觉此中一点光明如日，乃丹降也。"在"人身小天地"的基础上，将修丹工夫列为九个步骤："一转降丹，二转交媾，三转养阳，四转养阴，五转换骨，六转换肉，七转换五脏六腑，八转育火，九转飞升。"③并通过"诀"对内丹修炼每一步骤的行持方法及注意事项，包括饮食、心态、时间、姿势、呼吸等进行了富有身心体验的生动而详细叙述：

> 行持下手之初，先须以饮食养和五脏，不可失饥过饱，心田安静，无忧无愁，乃可入道也。凡于二更尽三更初，先须洗漱，于静室烧香，盘膝坐，闭目存神，候息出入匀调，以舌倒卷，塞定舌根两窍，闭息，渐次觉左右太阳经有两道气从大牙根下，贯太阳，入顶门，至泥丸宫，即为一次。却开眼良久，再闭目存神，依前卷舌，候气至泥丸宫即止。如此，每夜行三次，行数夜，或旬日，或半月，渐觉气到泥丸宫后，流入脑，下重楼十二环过夹脊，串尾间到上，入心贯胆，觉胃中温温，微觉意思和畅，乃是真气降也。如此，又行数夜，后渐觉气到心后，微觉温温，或心头气微动，却有温气后心而上，过重楼入舌下，渐觉口中微苦，乃是中黄之气自胆而出，阴阳大和，将有降丹之象也。

① 《陈先生内丹诀》，《道藏》第 24 册，第 225 页。另外，《修真十书》卷十七《杂著捷径》中有题名为"泥丸先生陈朴传"的《翠虚篇》，与《陈先生内丹诀》文字大同小异。

② 在宋代，巴蜀地区的道教中还流传着以内丹修炼为特色的青城派，相传起始于青城丈人，又有李八百等人习传之。此派论著有《青城秘录》、《大道玄指》等。据说，北宋时，张伯端"游成都遇青城丈人，得金液还丹之妙道"（见薛道光撰《悟真篇三注》卷一，《道藏》第 2 册，第 974 页）。张伯端曾师事青城丈人，后创立全真道南宗。青城派的丹法修炼最重一个"无"字，要人于"守无致虚"处去体悟，在"清静无为"中突出地讲求心性清静无为，并主张无修而有修，斯为大修（参见胡孚琛主编《中华道教大辞典》，中国社会科学出版社 1995 年版，第 52 页），与杜光庭心性清静的思想颇为契合。

③ 《修真十书》，《道藏》第 4 册，第 668 页。

特别是《陈先生内丹诀》以三、六、九转为界将九转丹法分为三个阶段，展现了其内丹术以换"凡形"为"仙质"为修炼目标，追求形神俱妙而得道成仙，云"丹成三转，位入地仙，道成无漏"，"丹成六转，换尽凡形而成仙质，形神俱妙，神之所向，形也随之上升九霄，如星之快也"，"丹成九转，三千功成之后，上朝玉皇，名在仙籍"①。这与《钟吕传道集》中的地仙、神仙、天仙的说法颇为相似。

在钟吕内丹道出现之前，内丹道已显雏形。当时虽有内丹之称，但尚未形成系统的理论与方法。钟吕内丹道与中唐时期的各种原初的内丹道形态相比，有明显的不同，其中突出的一点可以说是，将内丹道奠基于形而上之道的基础上，使丹道与道性、心性相贯通②。唐末五代以来流行的钟吕内丹道在总结前人思想的基础上建立了比较完整的理论体系。这里所说的前人主要是指谭峭、陈抟"逆以成丹"的思想，陈抟《无极图》中所包含的丹法次第，但似乎还应该包括杜光庭等人的有关性命双修的学说。

如果说，钟吕内丹道探天地造化之理，究人生命之道，开辟了道教修道论发展的新阶段，使内丹修行不再局限于一种内修方术，而是建立起一种体系化的内丹之道，那么，从杜光庭对炼心修性的重要性的强调中，可见他对烧炼五金八石的外丹术的强烈失望感，正是由此而回归到人自身去寻找内在超越之路，提倡性命双修。杜光庭对"性命双修"的强调以及对内丹修炼的有关论述不仅可以看作是对"各种原初的内丹道形态"的一种历史终结，而且促进了道教修炼术由外丹向内丹的转化，并对道教仙学的转型起到了重要推动作用。

在内丹道的成长过程中，人们一般都比较关注唐末五代宋初的道士钟离权、吕洞宾、施肩吾、彭晓、陈抟等人在其中的努力，而并不提及

---

① 《内丹诀》，《道藏》第 24 册，第 228、232、234 页。
② 张广保先生曾认为，钟吕内丹道与中唐时期的各种原初的内丹道形态相比，有三个重要的特点：其一是将内丹道奠基于形而上的天道的基础之上，使丹道与天道相互贯通；其二是通过对各种原初内丹流派的整合，建立起一种体系化的内丹之道；其三是通过对道教各种传统内修方术的尖锐批评，将内丹道与道教各种传统内修方术严格区分开来（《唐宋内丹道教》，上海文化出版社 2001 年版，第 161—162 页）。

同时代的"道门领袖"杜光庭。但实际上,从杜光庭的著作中,不仅可以看到他对"性命"的重视与阐释,而且还可以看到他对"三丹田"之类修炼方法的简要介绍。他说:

> 人能保精养气爱神,调和于元气,填补于脑,烹炼神水,变化精神,神气若全,即得上升三界,朝礼太上高尊。凡学仙之士,所说朝元,即有二种:一论天地,二论人身,即明三丹田且三界。朝元者,即上中下,是三元也。上元者,上应玉清始气所化,号天宝君,理玉清圣境清微天,总一十二部圣行之经,为洞真教主,下于人身中为上丹田,脑宫亦号泥丸宫,帝君以主于气。中元者,上应上清元气所化,号灵宝君,理上清境禹余天,总一十二部真行之经,为洞玄教主,下于人身中为中丹田,心府绛宫,帝君主于神。下元者,上应太清玄气所化,号神宝君,理太清仙境大赤天,总一十二部仙行之经,为洞神教主,下于人身中为下丹田,气海肾宫,帝君主于命。此三元、三宫、三宝者,天地得之以成,失之以倾,人身得之以生,失之以死。故《黄庭经》云:一身精神慎勿失,故要保爱也。又云:仙人道士非有神,积精累气以成真。凡学道之人,若能运用精华,存想神气,朝拜三元,修功不退,久而行之,自得真道。故圣人云:"心为使气神,若知行气主,便是得仙人。"此明存想之道,皆以心而使之也。①

有人认为,内丹术的产生与丹田学说密切相关②。杜光庭在这里吸收了《黄庭经》的内修思想,明确提出了上中下"三丹田"的修炼,并将它与人的精气神修炼和对道教的三清神的崇拜结合起来。虽然杜光庭主要还是把这种修炼方法定位在"存想之道",这反映了他对上清派道法的继承和对唐代刚刚兴起的内丹道的初步阐发,但值得注意的是,"在钟吕内丹道的几乎每一步功夫中都离不开存想。这些现象使人不得不怀疑钟吕内丹道与早期道教的存想术有着直接的渊源关系,系由存想术为基础发展而来。到了宋代以后,内丹功法中的几乎所有的关

---

① 《太上老君说常清静妙注》,《道藏》第17册,第193—194页。

② 李零先生认为:"对于研究内丹术的起源,我以为丹田学说的提出是一种关键。"(《中国方术考》,东方出版社2001年版,第380页)

乎存想的内容都被一一删弃。内丹道至此具有更为纯粹的形式"①。对照杜光庭的有关论述,即使就内丹的修炼术而言,仍然依稀可见杜光庭在内丹道成长过程中的过渡性特征和所起的作用。

杜光庭思想在内丹道成长过程中的地位与作用主要表现为:

第一,以"性命双修"作为修炼内丹的基本内容。杜光庭认为:"天下三元,掌人性命,且上元主泥丸脑宫,为上丹田;中元主心府绛宫,则为中丹田;下元主气海,属肾宫,为下丹田。此之三元,上主于神,中主于气,下主于精,故乃掌人之性命也。"②他所说的修性是指修心养神,修命是指炼精化气。从阳动阴静的思想出发,杜光庭认为,动中修性要虚心,静中修命要炼气,静气以存神明,以此作为性命双修的主旨。他说:"圣人虚心以原道德,静气以存神明,实其聪听于无声,杜其明视于无形,览天地之变动,睹万物之自然,以是而知有为者乱,无为者理,所以至柔之性本无为也。"③据此,杜光庭所说的修道就与传统的从外部的物质世界中去寻找灵丹妙药以求长生不死而有了很大的不同。他从"有形之物,有情无情之众,禀冲和道气则生,失冲和道气则死也"④的思想出发,主张从人体内部去寻找先天的道气,以炼精化气为主要内容的命功成为追求长生的重要方法,同时,他又特别强调了性功,将修心炼性放到了炼气修命的前头。这种具有浓厚的心性论色彩的性命双修成为以后内丹心性学的基本特征。

第二,提出了内丹修炼的果位。杜光庭曾说:"其人有形有气有神,三者周备,虽变化不测,坐在立亡,隐显自由,神通无碍,须待炼形为气,方出三界之外,然无年寿之数尔。其炼神成气,已为真人。炼气成神,即为圣人。其真人圣人永超数运,无复变迁,以亿劫为斯,须以万天为指掌。道果所极,皆起于炼心。"⑤这里,杜光庭提出了内丹修炼的次第,并确立了出三界、为真人、成圣人等不同的仙道果位,要人

①　张广保著《唐宋内丹道教》,上海文化出版社 2001 年版,第 191 页。
②　《太上老君说常清静经注》,《道藏》第 17 册,第 185 页。
③　《道德真经广圣义》卷三十四,《道藏》第 14 册,第 483 页。
④　《道德真经广圣义》卷三十一,《道藏》第 14 册,第 466 页。
⑤　《道德真经广圣义》卷四十九,《道藏》第 14 册,第 561 页。

依此而不断地努力修行。比较而言,这与钟吕内丹道对仙道果位的论述是很相近的。《钟吕传道集》中说:"仙非一也。纯阴而无阳者,鬼也;纯阳而无阴者,仙也;阴阳相杂者,人也。惟人可以为鬼,可以为仙。少年不修,恣情纵意,病死而为鬼也。知之修炼,超凡入圣而脱质为仙也。仙有五等,法有三成,修持在人而功成随分者也。"人处于仙鬼之间,是一种具有两种可能性的生命存在,或修道而成仙,或纵情而成鬼。就内丹修炼的效果来说,"法有三成者,小成、中成、大成之不同也。仙有五等者,鬼仙、人仙、地仙、神仙、天仙之不等,皆是仙也。鬼仙不离于鬼,人仙不离于人,地仙不离于地,神仙不离于神,天仙不离于天"[1]。这五等仙代表了内丹修炼的不同果位,使得修炼成为一种不断晋升的过程,最终位登天仙,跻升于三清之境。内丹修炼果位的确立,明确强调了仙是由人修炼性命而成的,是人"穷理尽性以至于命"的结果,"万物之中,最灵最贵者人也。惟人也,穷万物之理,尽一己之性,穷理尽性以至于命,全命保生以合于道,当与天地齐其坚固而同得长久"[2]。这些思想,为后来的全真道进一步继承和发展。

第三,对内丹修炼所采用的药物作了说明。内丹所采用的药物实际上是出于人体中的精、气、神,对此,钟吕内丹道有比较清楚的说明,他们认为,所谓的炼内丹的药物出于人的心肾之中,是人生之初禀于父母的先天元阳之气。元阳之气发自于人的二肾之中,既是生命之本,也是内丹之源。"父母之真气,即精血为胞胎,造化三百日,胎完气足,而形备神来,与母分离,形外既合,合则形生形矣。奉道之人,肾气交心气,气中藏真一之水,负载正阳之气,以气交气,水为胞胎,状同黍米,温养无亏。始也即阴留阳,次以用阳炼阴,气变为精,精变为汞,汞变为珠,珠变为砂,砂变为金丹。金丹既就,真气自生,炼气成神,而得超脱。"[3]钟吕内丹道不仅认为内丹修炼的药物出于人的心肾之中,而且还具体描述了如何通过修炼精气神而得圣胎。关于这方面的思想,杜光庭其实也已有所说明,例如他曾说:"所生我身,大约有三:一曰

---

① 《修真十书》卷十四《钟吕传道集》,《道藏》第 4 册,第 657 页。

② 《修真十书》卷十四《钟吕传道集》,《道藏》第 4 册,第 659 页。

③ 《修真十书》卷十四《钟吕传道集》,《道藏》第 4 册,第 668 页。

精,二曰神,三曰气。受生之始,道付之以气,天付之以神,地付之以精,三者相合而生其形,人当受精养气存神则能长生。"①而且,如本书第五章中所述,杜光庭还特别联系修心来谈精气神的修炼,以从心性中寻求实现生命超越的途径。杜光庭的这些思想为后来的内丹心性学提供了重要的资源。

第四,将修仙的进路定位于"炼阴为阳"②,最终炼成纯阳之体。杜光庭认为,"炼阴气尽,即超九天而为仙,仙与阳为徒也。炼阳气尽,则沦九泉而为鬼,鬼与阴为徒也。故当保守阳魂,营护阴魄,以全其生"③,表现出了浓厚的"尚阳"思想。值得注意的是,老子思想以贵柔崇阴尚和为特征,杜光庭的尚阳思想可能是受到了唐玄宗的影响。唐玄宗在疏《老子》"载营魄抱一,能无离乎"时说:"人初载虚魄,当营护阳气,常使盈满,人则生全。若动用不恒,败散阳气,复成虚魄而死灭矣。"④其中所表现出的尚阳思想为杜光庭所发扬。杜光庭进一步认为,阳气为神,阴气为形。人之所以具有灵明智慧,之所以能够成仙,都在于阳气的作用。阳气为性命之根蒂,阳气绝就神亡形散,因此,"世之得道者,炼阴而全阳,阴渣都尽,阳华独存,故能上宾于天,与道冥合"⑤。杜光庭认为,修道的过程也就是通过"炼阴为阳"来维护身体的健康,最终祛除阴气成就纯阳之体,从而与道冥合。杜光庭所宣扬的"炼阴气尽,即超九天而为仙"的尚阳思想对后世内丹心性学的纯阳崇拜应该是有所影响的。有学者认为,钟吕内丹道的纯阳观念之缘起,一是受《周易》卦象思想的影响,二是受外丹道尚阳观念的影响⑥。笔者在赞同此说的同时还认为,如果联系唐代道教思想的成长,就可见尚阳观念已经有了一条较为明显的发展线索,这条线索发展到杜光庭时已形成了比较明确的思想,反映了道教仙学理论发展的一种转型

① 《道德真经广圣义》卷四十六,《道藏》第 14 册,第 549 页。
② 《太上老君说常清静经注》,《道藏》第 17 册,第 184 页。
③ 《道德真经广圣义》卷十一,《道藏》第 14 册,第 365 页。
④ 《道德真经疏》卷三,参见杜光庭《道德真经广圣义》卷十一,《道藏》第 14 册,第 365 页。
⑤ 《毛仙翁传》,《全唐文》卷九百四十四,上海古籍出版社 1990 年版,第四册,第 4351 页。
⑥ 张广保著《唐宋内丹道教》,上海文化出版社 2001 年版,第 183 页。

轨迹。与杜光庭差不多同时的钟吕内丹道,也有明显的尚阳思想,其重要特点就是以人体为炉鼎,通过修炼精气神,炼成纯阳之质而结成内丹,认为"以心肾之间而有真气真水,气水之间而有真阴真阳,配合为大药"[①],内丹修炼就是通过真阴真阳的交合以炼成圣胎,"当取日月之交会,以阳炼阴,使阴不生,以气养神,使神不散,五气朝元,三花聚顶,谢绝俗流,以归三岛"[②]。"炼阴为阳","以阳炼阴",最终炼成纯阳之体,这成为后来内丹心性学的基本修仙进路。

从上可见,杜光庭的思想在内丹道的成长过程中有着重要的影响,在一定意义上起着一种承上启下的作用。这种承上启下更多地表现为对唐代道教思想的终结,其所开启的宋代以后道教发展的内丹心性学的新走向在钟吕内丹道中也有特别的展开。与杜光庭思想相比,钟吕内丹道的修学体系显得更为系统而全面,更适合在广大道徒中传播和发展,但杜光庭思想在道教仙学内涵的转型中所起的作用也是不能忽视的。

修道即是修心,修心即是要依自己心中的道性而性命双修以实现返性归元、得道成仙,从而实现生命的超越。杜光庭的这些思想促进了道教仙学内涵的转型,而钟吕内丹道则从实证内修的角度,对顺应时代需要的道教新仙学做了发挥,它从天人合一的观念出发,以《周易参同契》为基点,吸收唐代以前道教的各种修仙法,并博采佛教禅、密诸家的法门,更多地从术的层面为后世的内丹心性学奠定了基础。在这方面,钟吕内丹道也有许多创新之处,这主要表现在:

第一,对外丹的名词术语作了新的解释。内丹与外丹虽然有着共同的理论基础,也采用了相同的名词术语,但却有着许多新的内涵。《钟吕传道集》作为系统的内丹著作,将"玉液"、"金液"、"神水"、"琼浆"、"华池"、"玉药"、"金花"、"黄白"、"金翁"、"姹女"、"青龙"、"白虎"、"朱雀"、"玄武"等外丹常用的名词术语放到内丹的背景下加以解释,从而使之与外丹具有了根本不同的内涵。钟离权说:"先曰玉

---

① 《修真十书》卷十四《钟吕传道集》,《道藏》第 4 册,第 667 页。
② 《修真十书》卷十五《钟吕传道集》,《道藏》第 4 册,第 661 页。

液,次曰金液,皆可以还丹。抽添有度,以应沐浴,先曰中田,次曰下田,皆可以炼形。玉药金花,变就黄白之体,醍醐甘露,炼成奇异之香,若此水之功效,及夫民火上升,助肾气以生真水;肾火上升,交心液而生真气,小则降魔除病,大则炼质烧丹,用周天则火起焚身,勒阳关则还元炼药。别九州之势,以养阳神,烧三尸之累,以除阴鬼。上行则一撞三关,下运则消磨七魄,炼形成气而轻举如飞,炼气成神而脱胎如蜕。"①钟吕内丹道之所以能确立内丹发展的新理路,很大程度上就在于它利用外丹的名词术语来附会人体的脏腑器官和描绘修行所达到的境界,正是通过对术语内涵的新阐释而建构起了内丹道的理论体系。

第二,对内丹修炼的阶次作了系统的论述。钟吕内丹道将修炼的阶次分为"炼形成气、炼气成神、炼神合道"②三个阶段。为了使内丹修炼更具有可操作性的进路,钟离权在《灵宝毕法》中又将修炼的阶次分为三乘十门:小乘安乐延年法四门:匹配阴阳第一、聚散水火第二、交媾龙虎第三、烧炼丹药第四;中乘长生不死法三门:肘后飞金晶第五、玉液还丹第六、金液还丹第七;大乘超凡入圣法三门:朝元第八、内观第九、超脱第十③。如果据此三乘十门而依次修炼,循序渐进,就可以使生命得到超脱。这种修道次第对后世影响深远。

第三,以心肾相交作为丹法之秘诀。钟吕认为,后天的坎(☵)、离(☲)两卦是由先天的乾(☰)、坤(☷)两卦中间的阴阳两爻互换位置造成的。在他们看来,坎为水,为人体之肾,肾主气,气中包藏真一之水;离为火,为人体之心,心主液,液中包藏正阳之气。"人之长生者,炼就金丹。欲炼金丹,先采黄芽。欲得黄芽,须得龙虎,所谓真龙出于离宫,真虎生于坎位。离坎之中而有水火。"④因此,心肾相交就意味着内丹修炼乃是使人体内部的心肾气液能够顺利地交往循环。"故知

---

①　《修真十书》卷十五《钟吕传道集》,《道藏》第 4 册,第 665 页。

②　《修真十书》卷十六《钟吕传道集》,《道藏》第 4 册,第 672 页。

③　《秘传正阳真人灵宝毕法》,《道藏》第 28 册,第 350—364 页。

④　《修真十书》卷十五《钟吕传道集》,《道藏》第 4 册,第 664 页。

肾中真一之水,心中正阳之液,二者交焉,在人生人,在身生神,其名曰内丹。"①心肾相交,肾气上升,"液中有真气,气中有真水,互相交合,相恋而下,名曰交媾龙虎。若以火候无差而抽添合宜,三百日养就真胎而成大药"②。心肾相交又可谓取坎填离,或抽铅添汞,这其实是一种"还精补脑"的功夫。"始也得汞须用铅,用铅终是错,故以抽之而入上宫。元气不传,还精入脑,日得之汞,阴尽阳纯,精变为砂而砂变为金,乃曰真铅。真铅者,自身之真气合而得之也,真铅生真气之中,气中真一之水。五气朝元而三阳聚顶。"③从现代医学的角度来看,内丹修炼中的"还精补脑"实际上是从调整人的内分泌入手来改善人体整个神经系统的状况,协调人体性腺和丘脑的功能,由生理的和谐来推进心理的和谐,以恢复大脑的青春活力,开发人体的潜能,由此而达到延年益寿的功效④。这也是内丹道能够为人们普遍接受的重要原因。

第四,对炼丹的火候进行了详细的说明。内丹以火比喻修炼的功力,以候为修炼的次序,以元神与精气相合于任督二脉运转烹炼叫火候。火候为内丹道之秘要,以至于有"圣人传药不传火"⑤的神秘说法。钟吕内丹道特别强调参照宇宙天地的生成造化来把握人体内部的真龙真虎的修炼火候,此谓"火候取日月往复之数"⑥。钟离权不仅用十二地支来度量人体中阴阳二气的循环,而且还用来描述炼丹过程中火候的进退,说:"子之时,肾之气生。卯之时,其气至于肝。肝,阳也,故其气盛。于是阳升而入于阳位,春分之比也。午之时,气至于心,积气生液,斯盖夏至阳升于天而阴生者也。心之液既生,至酉之时,其液至于肺。肺,阴也,故其液盛,于是阴降而入于阴位,秋分之比也。子之时,液至于肾,积液生气,斯盖冬至阴降于地而阳生者也。日

① 《道枢》卷四十二《灵宝篇》,《道藏》第 20 册,第 842 页。
② 《秘传正阳真人灵宝毕法》卷上,《道藏》第 28 册,第 353 页。
③ 《修真十书》卷十五《钟吕传道集》,《道藏》第 4 册,第 670 页。
④ 胡孚琛主编《中华道教大辞典》,中国社会科学出版社 1995 年版,第 1251 页。
⑤ 《陈虚白规中指南》卷下,《道藏》第 4 册,第 390 页。
⑥ 《修真十书》卷十五《钟吕传道集》,《道藏》第 4 册,第 668 页。

用如循环焉,其能无亏,可以延年矣!"①在火候的把握中,钟、吕认为,人体十二时的修炼可以夺天地一年之造化,而在十二时中,子、午、卯、酉四时最为重要,因为它们与宇宙中的春夏秋冬四季相配。这样,在炼丹中把握这四候就成了把握火候的关键。

钟吕内丹道以祛病健身为初效,以延年益寿为中效,以阳神飞升为最高目标。虽然它最终以长生成仙为宗旨,但由于它建立在古代中医学的基础之上,并集古代炼养术之大成,因此,它的出现不仅对后来全真道的内丹心性学产生了很大的影响,而且对民间的气功与养生术的发展也有着相当广泛的辐射作用。南宋时李简易编《玉溪子丹经指要》时在卷首列有"混元仙派之图"②,详细地记载了宋代专主内丹修炼的道派的代表人物和递嬗演变的情况。该图以太上老君为始祖,钟、吕为首传,下列了九十余位道教内丹修炼家,所提及的人物及传承虽难以尽信,但它作为全面记述宋代钟吕内丹道派的最早资料,"亦可供研究道教宗派源流者取资"③。从此图可见,到宋代时,钟吕内丹道已形成了一定的规模,并产生了一定的社会影响。这种社会影响从宋代兴起的吕祖崇拜及八仙崇拜中就可见一斑。这也是后来的全真道依附于它的主要原因之一。

钟吕内丹道的崛起对宋代道教影响深远。此后,以张伯端为代表的全真道南宗和以王嚞为代表的全真道北宗都是在继承杜光庭的性命双修、陈抟的"逆以成仙"和钟吕内丹道的基础上发展起来的。据说,张伯端于北宋嘉佑(1056—1063)末年在桂林曾遇道士刘仲远赠以长歌略述内丹之法。这首诗歌中先指出时人性命修持中的各种弊端,然后力劝修道者应以钟吕所传内丹道为修炼进路,由此可见钟吕内丹道对张伯端的引领④。元代全真道士彭志祖在撰写《通真观碑》时,简

① 《道枢》卷四十二《灵宝篇》,《道藏》第20册,第840页。

② 《道藏》第4册,第404—405页。

③ 任继愈主编《道藏提要》,中国社会科学出版社1991年版,第176页。

④ 载于南宋绍兴十八年(1148)桂林刘仙岩石刻《张平叔真人歌跋》和淳熙元年(1174)石刻《桂林刘真人传迹》,参见樊光春著《南宗源起北地浅说》,李炳武总主编、樊光春主编《长安学丛书·宗教卷》陕西师范大学出版社、三秦出版社2009年版,第114页。

要地追溯了道教的源流及对金元全真道创立的影响,其中特别提到了杜光庭,说:"窃尝谓全真之教,自开辟两仪,此理已具,凡主盟斯道者,代不乏人。我□□□祖立言垂训之后,文、庚、庄、列四子翼而张之,汉魏唐宋以来,张道陵、寇谦之、杜光庭、陈图南辈,迭起而弘畅之。至金源氏,重阳王祖师度高弟曰丹阳、曰长真、曰长生、曰长春、曰玉阳、曰太古,相继而布护之,其教遂大行于世。"[①]宋辽金道教出现的新走向主要表现在,通过对"性命双修"的强调,使内丹成为道教修炼术之主流;通过对三教融合的宣扬,使之因去除了异端性而更加适合了士人的精神需要;通过对经国理身思想和即世而超越的人生理想的发挥,一方面为统治者继续扶植道教提供了理论依据,另一方面又为道教的神仙思想与民间信仰的进一步结合并与民众生活打成一片开辟了道路。

第四节　仙学演进中的斋醮科仪

斋醮,或曰斋醮科仪,俗称"道场",是道教特有的通过清洁身心、敬拜神灵,以祈福消灾的宗教祭祀仪式。如果说,"一切宗教的礼仪行为都是规范化的,而且是有组织地进行的,具有鲜明的社会性"[②],那么,随着唐宋道教仙学由外丹向内丹的过渡,在一代代道门学者的努力下,斋醮科仪也发生着由散乱到统一的变化,开启了中古经教道教向近世法箓道教的转型之路,直到南宋时才基本定型,成为道教社会性的一种生动象征。之后的道教斋醮科仪虽然会随着时代发展和道门需要而有所损益,但南宋道教确定的规范性仪式至今仍为道教所遵行。

从历史上看,斋与醮原为相互独立的宗教仪式,在道教产生之前就已被人们广泛地运用于各种祭神活动之中。斋,原义为清洁、禁戒,指人们在祭神之前所进行的清洁身心的仪式,以示对神的虔诚崇敬。

---

① 陈垣编纂《道家金石略》,文物出版社 1988 年,第 602 页。
② 吕大吉著《宗教学通论新编》上册,中国社会科学出版社 1998 年版,第 75 页。

醮,依许慎《说文解字》,其义有二:一是指古代的冠、娶之礼;二是指祭礼。道教主要是用醮来表示祭神之义。斋和醮的区别在于,"烧香行道,忏罪谢愆,则谓之斋;延真降圣,乞恩请福,则谓之醮。斋醮仪轨不得而同"①。但到了唐代时,"斋"、"醮"就往往并称,用以泛指道教的祭祀仪式了。宋代鹤林道士吕太古的《道门通教必用集》在开篇的序中就提出,张道陵在创教时就吸收了古代祭祀仪式而建立起道教斋醮仪式,云:"天师因经立教,而易祭祀为斋醮之科。法天象地,备物表诚,行道诵经,飞章达款,亦将有以举洪仪、修清祀也。"②在斋醮仪式中,道士通过符、咒、诀、步等神秘方法,使那些神将仙官依斋者的意愿去从事凡人希望做到而又无法做到的事。道教宣扬,斋醮科仪能为人治病、解厄、驱邪、祈雨、度亡等,因此,斋醮科仪既是道教祭祀神灵、祈求赐福消灾的一种宗教礼仪,也是弘道传教的一种重要手段,同时以一种社会性的方式展示了道教济世度人的宗教理想。

法国宗教社会学家杜尔凯姆(Emile Durkheim,1858—1917)在《宗教生活的基本形式》中说,宗教"仪式是各种行为准则,它们规定了人们在神圣对象面前应该具有怎样的行为举止"③。尽管道教斋醮科仪的内容复杂,种类繁多,但其不外是通过道场威仪、戒律法箓和赞颂表奏等来规定人们的语言行为举止,以表达对信仰对象的敬仰,通过拜神通神,以求福免灾。那么,唐宋道教仙学的转型是否及如何影响到斋醮科仪的发展与变化?元代学者马端临在总结道教之术时曾说:"按道家之术,杂而多端,先儒之论备矣。盖清静一说也,炼养一说也,服食又一说也,符箓又一说也,经典科教又一说也……。至杜光庭而下,以及近世黄冠师之徒,则专言经典科教。"④他特别指出自杜光庭之后,道教具有向"专言经典科教"发展的趋势,这与杜光庭在整理斋醮科仪上的贡献是分不开的。"天师立教于西蜀,广成终老于益州,故

① 《无上黄大斋立成仪》卷十六,《道藏》第9册,第478页。
② 《道门通教必用集·序》,《道藏》第32册,第1页。
③ 孙亦平主编《西方宗教学名著提要》,江西人民出版社2002年版,第155页。
④ 《文献通考·经籍五十二》。

蜀之人奉道为盛而仪注亦甚详。"①杜光庭在唐末五代动荡不安的社会环境中,不仅从理论上来探讨人如何得道的问题,而且也关心怎样运用斋醮科仪来强化道教信仰、发挥道教"济世"的作用。

南宋道士金允中在《上清灵宝大法》卷三十九中曾对道教斋醮科仪的形成与发展状况作了一个简要的历史性陈述,由此可见随着唐宋道教仙学的转型,斋醮科仪也在逐渐发生着变化:

> 斋法起于中古晋宋之间,简寂先生(陆修静)始分三洞之目,别四辅之源,疏列科条,校迁斋法。又唐时张清都(张万福)经理之余,尚未大备。至广成先生荐加编集,于是黄箓之科仪典格,灿然详密矣。后世遵行,莫敢越也。②

在道教史上,一般将陆修静、张万福与杜光庭并称为"科教三师",他们对道教斋醮科仪的建立与发展各有贡献,但杜光庭既是唐代道教斋醮科仪的集大成者,也规定了宋代道教斋醮科仪的发展方向。

斋醮科仪是一种由静态与动态、个体与集体等行为要素组合而成的集体性的崇拜活动③。静态要素主要有道场布置、法服冠饰、道场经典等。杜光庭认为,在举行斋醮仪式之前,道士需要依戒来清洁身心,然后再穿法服,戴冠饰,并依据斋醮主题对道场进行布置。一般来说,道场大致需要备置香花灯烛、果酒茶汤、青巾绛座、十绝灵幡,以营造出一种庄严肃穆、超凡越俗的环境。动态要素则可分为个体与集体两种:在斋醮科仪的过程中,既有个人的诵经念唱、手印点弹、步罡踏斗、呼吸吐纳等行为动作,也有大家一起伴随着音乐做步虚、旋转、散花等集体性的活动。因此,无论各地区各道派所举行的斋醮科仪在采用的语言和音乐上有多大的差异,其内容与形式大都是相对固定的,具有一种表演特征④。

道教在其创立之初,就继承中国古代宗教的祭祀仪式,积极开展

---

① 《道门通教必用集·序》,《道藏》第 32 册,第 1 页。
② 《道藏》第 31 册,第 608 页。
③ 参见卿希泰主编《中国道教》第三册,东方出版中心 1994 年版,第 166—167 页。
④ 刘仲宇著《简论道教法术科仪的表演特征》,载《世界宗教研究》2002 年第 2 期。

了以斋戒思过、请祷跪拜为主要内容的斋醮活动,并制有古朴的涂炭斋①、指教斋等斋仪。南北朝时,随着道教在社会上的广泛传播,一些具有士族身份的人加入道教,开始对粗糙简陋的原始道教进行改革,改革的一项重要内容就是建立斋醮科仪制度。如果说,灵宝派传人葛巢甫构造《灵宝经》,制订出以修斋、烧香、诵经为主要内容的祭祀活动仪式,从存思守身中神到呼唤外界诸神保佑,使灵宝派以奉行斋法而出名,那么,陆修静则在综合各道派斋仪的基础上,并依据当时各道派的特点和斋法的功用,而将丰富繁杂的道教斋法加以条理化。陆修静认为,"道以斋戒为立德之根本,寻真之门户。学道求神仙之人,祈福希庆祚之家,万不由之"②。他在改革传统道教时,倡导内持斋戒,外持威仪,收集和整理了道教斋醮科仪著作一百余卷,"疏列科条,校迁斋法",分为"大体九等,斋各有法,凡十二法"。它们是:

一曰洞真上清之斋,有二法:

其一法绝群离偶,无为为业,寂胃虚申,眠神静气,遗形忘体,无与道合;

其二法孤影夷豀。

二曰洞玄灵宝之斋,有九法,以有为为宗:

其一法金箓斋,调和阴阳,救度国王;

其二法黄箓斋,为同法拔九祖罪根;

其三法明真斋,学士自拔亿曾万祖九幽之魂;

其四法三元斋,学士一年三过,自谢涉学犯戒之罪;

其五法八节斋,学士一年八过,谢七玄及己身宿世今生之罪;

其六法自然斋,普济之法,内以修身,外以救物,消灾祈福,适意所宜;

其七法洞神三皇之斋,以精简为上;

其八法太一之斋,以恭肃为首;

---

① "在五斗米道早期的仪式中,有向神上章的千二百官仪,有为病者请祷的三官手书,还有就是涂面自缚以谢罪的涂炭斋法。"(汪桂平著《道教涂炭斋法初探》,载《世界宗教研究》2002年第4期)

② 《洞玄灵宝五感文》,《道藏》第32册,第619页。

其九法指教之斋,以清素为贵;又曰三元涂炭之斋,以苦节为功。①

可见,不同的教派具有不同的斋法,每一种斋法又有其特殊的功能和使用范围。虽然陆修静所制订的斋法以灵宝斋为主体,但他所提出的"九等斋十二法"的分类法,不仅表明道教斋醮科仪在南北朝时已初具规模,而且也标志着南朝道教已从原始宗教中脱胎出来并逐步走向成熟。

唐代道教被奉为皇族宗教。唐朝顺应隋朝建立崇玄署管理道教事务的做法,也曾设立崇玄署,"掌京都诸观之名数,道士之帐籍,与其斋醮之事"②。斋醮作为道教的一种集体性的崇拜仪式,它的内涵虽然十分丰富,但按约出于隋唐之际的《洞玄灵宝玄门大义》的看法,大致可以分为两大类:"一者极道,二者济度。极道者,《洞神经》云:心斋坐忘极道矣。济度者,依经总有三箓七品。"③三箓,指金箓斋、玉箓斋和黄箓斋;七品,指三皇斋、自然斋、上清斋、指教斋、涂炭斋、明真斋、三元斋等。唐玄宗御敕编撰的《唐六典》卷四则记载了唐代国家祭祀时所采用的七种斋法,分别是金箓斋、黄箓斋、明真斋、三元斋、八节斋、涂炭斋、自然斋,由此将这七种道教斋法列入国家祭祀仪典中。

唐代帝王为了追求国家安泰和自身福寿,崇信道教斋醮科仪所具有的祈福消灾功能,不断敕命道士举行各种斋醮仪式,这就在客观上导致了道教斋醮科仪在社会上的盛行。"道教斋醮在上成为国家祭祀仪典,在下渗入民众生活之中,可以说上自皇室官僚,下至庶民百姓,都与道教斋醮发生联系。"④当道教的斋醮科仪活动在唐朝帝王的支持下频繁举行时,陆修静所制定的斋仪在实践中也暴露出了许多局限和问题,这就促使道士们对其重新加以整理修订以使之更加完善,在这过程中,贡献最大的莫过于张万福与杜光庭。

陆修静制定的"九等斋十二法",其主体是灵宝斋九法,在南朝时

① 《洞玄灵宝五感文》,《道藏》第32册,第620页。
② 《唐六典》卷十六。
③ 《洞玄灵宝玄门大义》,《道藏》第24册,第738页。
④ 张泽洪著《道教斋醮符咒仪式》,巴蜀书社1999年版,《引言》第2页。

也为上清派或天师道所施行。例如，梁代陶弘景《真诰》中记载了南齐时茅山道观的科仪情况：

> 至齐初，乃敕句容人王文清，仍此立馆，号为崇元。开置堂宇厢廊，殊属方副。常有七八道士，皆资俸力。自二十许年，远近男女，互来依约，周流数里，廨舍十余坊，而学上道者甚寡。不过修灵宝斋及章符而已。①

陆修静所制定的灵宝斋经过教团的奉行才流传到唐代，这是张万福与杜光庭进行整理与发展的基础：

> 灵宝之教，秘而不传，仙人口口相授。太极仙公始笔之书，著敷斋威仪之诀。陆天师复加撰次②，立为成仪，祝香启奏，出官请事，礼谢愿念，罔不一本经文。张（万福）、杜（光庭）二师继出，玄风益畅，登坛俯仰之格，相去虽数百年，前后盖一辙也。③

从历史上看，唐代道教斋醮科仪得到过两次比较系统的整理。一次是唐玄宗时的长安太清观道士张万福，另一次就是生活于唐末时期的杜光庭。张万福针对当时道教斋醮科仪中的种种混乱情况和不良现象，继南朝道士陆修静之后着手编撰斋醮科仪经书。张万福虽然在经戒法箓传授程序、法服科戒制度以及正一盟威箓立成仪等方面做出了贡献，但他"经理之余，尚未大备"④，即未能建立起系统的斋醮科仪体系。张万福的工作为后来的杜光庭集道门科仪之大成准备了条件。

安史之乱后，唐王朝日益衰落，道教的斋醮科仪也日渐散乱。唐末时，身为"道门领袖"的杜光庭从修道实践中深深地体会到，"道法科教，自汉天师暨陆修静撰集以来，岁月绵邈，几将废坠"⑤，而处于乱世中的道教则需要对南朝以来"几将废坠"且混乱不堪的科仪有所改革，才能更好地发挥道教斋醮科仪的作用。杜光庭对斋醮科仪非常重

---

① 《真诰》卷十一《稽神枢第一》，《道藏》第 20 册，第 558 页。
② 值得注意的是，敦煌道经 P.2256 载有陆修静编的灵宝经目，其中就有《太极真人敷灵宝斋戒威仪诸经要诀》一卷。
③ 《无上黄箓大斋立成仪》卷一，《道藏》第 9 册，第 378 页。
④ 《道藏》第 31 册，第 608 页。
⑤ 《历世真仙体道通鉴》卷四十《杜光庭》，《道藏》第 5 册，第 330 页。

视,他无论是在长安,还是后来在蜀地,不仅积极参与斋醮活动,而且还花费大量的时间编撰了十几种,共二百余卷斋醮科仪的经书。今天保留在《道藏》中的杜光庭所整理的斋醮科仪的经书有十多种,共二百余卷。杜光庭所整理的道场威仪包括道场设置、斋仪、醮仪和一般仪式。道场设置主要有法服法器、道场经文、道官六职等。斋仪有黄箓斋、金箓斋、明真斋、神咒斋、三元斋等。醮仪则有延生醮、礼斗醮、阅箓醮、周天大醮、罗天大醮等。杜光庭还对行道仪、阅箓仪、宿启仪、忏方仪、言功拜表仪、投龙璧仪、礼灯仪等都做了具体的介绍。为了保证道场威仪的神圣性,杜光庭还通过戒律、说戒仪和阅箓仪等来系统地展示道教的戒律法箓的内容。

杜光庭以陆修静的灵宝斋为基础,又融会正一法箓和上清经箓,并吸收了张万福的斋醮思想,对斋醮进行了专门的整理与修订。杜光庭重视斋、醮二法,将斋与醮同坛举行,并以此来制定科仪,既对唐代道教的斋法进行了全面的总结,也开启了宋代以后道教重视醮法的潮流,使道教斋醮科仪从内容到形式都基本定型。

杜光庭所编撰的各种斋醮科仪著作,大多呈现出统一的道场仪节规定。例如,在进行仪式之前,众官列位,幡节香案,肃整于玄师前立定,各人运心归命三宝,然后在启堂颂后,按部就班地进行正式的仪节:1、入户;2、礼师存念如法;3、鸣法鼓二十四通;4、发炉;5、出吏兵上启;6、各称法位;7、读词;8、礼十方忏;9、存思九色圆象咽液命魔密咒;10、步虚旋绕;11、三启三礼;12、重称法位;13、发愿;14、复炉;15、出户①。斋醮科仪的名目不同,但整个仪式表现得相当程式化,以体现道场的次序性和神圣性。同时,杜光庭还从天人感应的思想出发,宣扬斋醮科仪具有不同凡响的"济度"作用,认为人们在与神相沟通的斋醮科仪中,通过崇拜元始天尊等诸神的超凡灵力,就能够使诸神下降,不仅帮助人们解决实际的生活问题,而且还能为人们打开通达道教神圣世界的大门。

杜光庭修订斋醮科仪的态度十分认真,"凡陆简寂、张清都科中有

---

① 《太上黄箓斋仪》卷一,《道藏》第9册,第181—185页。

毫发之异同,莫不逐事考证"①。正因为此,他的著作才能被视为道教斋醮科仪的经典之作而为后代所遵行,并被比较完整地保留了下来。

金箓斋作为道教灵宝诸斋之首,常被用来为皇帝、皇太子、诸王公主、文武职官忏罪祈福,一般在三元日或皇帝诞生日举行,故以"金"称之,以示此斋的重要性与尊贵性。唐代是金箓斋的兴盛时期,尤其是经常在国家发生政治动乱,或出现自然灾害时举行。杜光庭对"为国主帝王镇安社稷,保佑生灵"的金箓斋十分重视。如《道教灵验记》中的《僖宗金箓斋祈雨验》记载说,唐僖宗乾符二年(875)天下大旱,时有淮浙人钟常满、顾昭之行起龙致雨术,无效。于是,司空平章事郑畋上言请于内殿置金箓道场。"十一日夜内殿开金箓道场,十二日皇帝捻香躬拜。日光赫烈,万里无云,随驾寮属,往往诮让于坛侧。良久还宫,即微风旋来,阴云徐布,午后大雨至。十五日所司奏京畿雨足。十八日将散道场,诏延三日,是夕又雨至,二十一日方霁。中外表贺,万姓欢呼,宠渥颁赐,特加优厚,自是岁乃大穰。"②这里十分生动地讲述了这次金箓斋所表现出的克服自然灾害的神奇作用。

杜光庭在唐末五代动荡社会中,不仅宣扬金箓斋"镇安社稷,保佑生灵"的功效,而且还根据唐代文本整理出《金箓斋启坛仪》和《金箓斋忏方仪》等,系统地介绍了金箓斋的仪式。杜光庭所整理的《金箓斋启坛仪》主要是用于开坛行斋之前让人们了解金箓斋仪的全过程,因此其中先详述金箓斋坛场的法度、张榜、设置法物、燃灯、行道日数等法式,然后再介绍"宿启仪",最后陈举礼忏、启文、祝辞、五方真文等行斋仪文③。唐代时,由于帝王崇信,朝廷重视,金箓斋的道场规模越来越大,仪式也越来越隆重。据《金箓斋启坛仪》介绍,金箓斋的坛场就有外坛、内坛、方坛、都坛、中坛。坛内设有各种高案,用来请经、请香

① 《上清灵宝大法》卷二十一,《道藏》第 31 册,第 472 页。
② 《道教灵验记》卷十四,《道藏》第 10 册,第 850 页。
③ 杜光庭编纂《金箓斋忏方仪》还颇有社会影响。据王卡先生考证,"杜光庭所编《金箓斋忏方仪》与敦煌本《金箓斋忏方仪》虽不是同一文本,但二者所用名词术语及文体风格颇为相似"。杜光庭的《忏方仪》与敦煌本《十方忏》之间有渊源关系(王卡著《道教经史论丛》,巴蜀书社 2007 年版,第 361 页)。

火、安放五方真文等行斋仪文。坛外还用"八卦纂八枚别于坛外,四角四正位安之"①。坛内外还需根据季节的变化燃灯几十座,甚至几百座,以豪华和气派来展示皇家斋仪的风范。

五代时,因国家分裂,以帝王名义举行的金箓斋仪也出现了混乱。北宋建立后,曾两次改编删定金箓斋仪。如张商英(1043—1121)在《金箓斋科仪序》中曰:"然则寂寥淡泊,必有以质其诚,恍惚希夷,必有以将其意。斋醮之兴,其在兹乎。是以自然妙经,演说科范,因事制法,析为九条。陆修靖(静)行之于前,杜光庭集之于后。神宗讲兴废典,杨杰编纂而成书。陛下善继光猷,愚臣讨论而润色。……旧仪先后颠倒,繁简不伦,今斟酌九条,差次圣位,删削名号,补完教意。一曰,请师非师,则谁主法会。二曰,补职非职,则谁行科法。三曰,授戒非清净,则何以入坛场。四曰,敕坛非解秽,则何以降仙圣。五曰登天门非登乾出巽,则旋绕不匝。六曰,拜表进章非法印合符,则何以通天门。七曰,真文玉篇辩方正位,以应五行之炁。八曰,众妙坛,用王屋山司马子微法象之制。九曰,天宝台取玄坛之台制,移置殿中,以伸陟降之仪,以备风而之至。"②今本《道藏》中还保存有十七种金箓斋,除了题为杜光庭编纂的两种《金箓斋忏方仪》和《金箓斋启坛仪》之外,另外十五种则编纂于北宋至明代。

从天人感应的思想出发,道教认为,一个地区之所以会出现意想不到的自然灾害或社会动乱,主要是因为阴阳失衡的缘故。按照阴阳对立统一的思想,天与地、君与臣、男与女都是对应的范畴。如果问题出在阳,那么,就应当由皇帝出面举行金箓斋来调和阴阳、消除灾异;如果问题出在阴,那么,就应当由大臣或皇后出面来举行玉箓斋。杜光庭认为,玉箓斋就是为帝王眷属或大臣将相举行的禳灾消祸的宗教仪式。南宋吕元素在《道门定制》卷六中曾引用杜光庭的话说:"玉箓斋,中元地官主之,保佑六宫,辅宁妃后,上以为帝王之斋,或大臣藩镇为国祈禳,亦许修奉。"③需要说明的是,陆修静所说的斋法中没有玉

① 《道藏》第9册,第67页。
② 《道藏》第9册,第133页。
③ 《道门定制》卷六,《道藏》第31册,第712—713页。

箓斋,杜光庭虽然提到了玉箓斋,但也没有撰集有关玉箓斋科仪,大概是因为玉箓斋大多是仿效金箓斋或黄箓斋而缺少自己的特色吧。在两宋时,玉箓斋已逐渐减少,"明清以后,道教仪式的新增文献已少有冠以'玉箓'之名者"①。

在道教众多的斋仪中,黄箓斋是比较通行的一种,杜光庭对此也用力最多。在杜光庭所整理编撰的斋仪中,影响最大的也是《太上黄箓斋仪》五十八卷。后来,南宋蒋叔舆编撰的《无上黄箓大斋立成仪》卷十九至卷二十一中也采集了杜光庭修订的黄箓斋。在《道教灵验记》中,杜光庭记载了许多人因修黄箓斋而获得灵验的故事。在《广成集》中,他为上至王公贵族,下至平民百姓撰写了许多黄箓斋词,由此可见他对黄箓斋的重视。杜光庭不仅重视黄箓斋,而且还花费了大量的时间加以整理,使之规范化。

黄箓斋是道教中用于救济先祖、拯救亡魂脱离地狱之苦的一种斋醮科仪。"黄箓斋拯救幽灵,迁拔飞爽,开度长夜,升济穷泉,固其大旨也。然祛灾致福,谢罪希恩,人天普修,家国兼利,功无不被矣。"②杜光庭十分关注国家的安康和百姓的福佑,因此,对贴近百姓生活、具有多种社会功能的黄箓斋特别倾心。他说:"上惟邦国,旁及幽明,请福祈恩,归心十极,请修无上黄箓大斋。"③南宋时宁全真在《上清灵宝大法》中指出:"广成立科,以黄箓为重;灵宝旧法,亦皆黄箓科品。"④据史料记载,"唐广成先生杜君光庭,遂按经诰,修成《黄箓斋科》四十卷,由是科条大备,典格具彰,跨古越今,以成轨范"⑤。杜光庭曾在广泛收集道书的基础上编成了《黄箓斋科》四十卷。"广成先生荐加编集,于是黄箓斋之科仪典格,灿然详密矣。后世遵行,莫敢越也。"⑥可惜的是,这部四十卷的《黄箓斋仪》的原本已失。但是,南宋金允中在

①　胡孚琛主编《中华道教大辞典》,中国社会科学出版社 1995 年版,第 512 页。

②　《太上黄箓斋仪》卷五十七,《道藏》第 9 册,第 371 页。

③　《太上黄箓斋仪》卷一,《道藏》第 9 册,第 182 页。

④　《上清灵宝大法》卷五十四,《道藏》第 31 册,第 201 页。

⑤　金允中撰《上清灵宝大法·总序》,《道藏》第 31 册,第 345 页。

⑥　《道藏》第 31 册,第 608 页。

其所集的《上清灵宝大法》中却有对杜光庭《黄箓斋科》的内容及主要仪节的介绍,他说:

> 广成杜先生黄箓斋科合用下项:
>
> 　　　　叙事、镇信、威仪、坛图、合用,
>
> 　　　　投词、告斋、禁坛、行事、法服品目,
>
> 　　　　建坛宿启科文,
>
> 　　　　第一日清旦,出官,早朝科文,
>
> 　　　　都忏并二十方忏,
>
> 　　　　升坛转经仪,
>
> 　　　　正斋第一日,中分落景行道朝科,
>
> 　　　　正斋第二日,三时行道朝科,
>
> 　　　　正斋第三日,三时行道朝科,
>
> 　　　　言功、散坛、告简、设醮、送师,
>
> 　　　　礼灯并九幽灯仪,
>
> 　　　　投龙璧仪。
>
> 　　此外,有迁拔黄箓斋三时行道朝科、三元黄箓斋三朝科、消灾黄箓斋三朝科、安宅黄箓斋三朝科,有十方忏,又安宅单朝科、疾病黄箓斋朝科、师友保病黄箓斋三朝科、普度幽魂黄箓斋三朝科,及诸品方忏、五段忏、朝廷为臣下保安黄箓斋、人臣为国消灾黄箓斋、真文仪式等,总计四十卷。黄箓则幽显兼司,存亡允赖。今专以广成斋科全书,随法传行,同志之士宜详观熟味,然后知广成先生深于古经,致力于教门,不浅浅也。①

杜光庭所整理的黄箓斋仪已具有一定的程式与规模。《太上黄箓斋仪》规定正斋为三日三夜。"修黄箓大斋,三日三夜,告盟九天,投简三元,福利广大,不可胜言。尔谛奉行,勿为懈怠。"②在这三天中,每日的清旦、中分、落景,也就是在朝、昼、晚要行道、诵经三次,形成早朝、午朝和晚朝。在最后一天的晚朝之后,还要举行礼灯仪。翌日清

---

① 《上清灵宝大法》卷三十九,《道藏》第31册,第608页。

② 《太上黄箓斋仪》卷五十五,《道藏》第9册,第366页。

晨,言功拜表,散坛设醮,至此斋仪才算结束。

"太上黄箓斋仪"所祈祷的神灵也种类繁多。据杜光庭记载,在每一斋仪中,斋醮执事高功在发炉关启神灵之始,都要手持香炉,向神奏陈斋意,致发炉辞,以召请神将:"无上三天玄元始三气太上老君,召出臣等身中三五功曹、左右官使者、侍香金童、传言玉女、五帝直符、直日香官使者各三十六人出。当召此间土地、里域真官正神,速出关启。臣今正尔烧香,奉为某官某乙,为国为家,修建无上黄箓大斋若干日夜,愿得太上十方正真生炁,降流入臣等身中,所启速达上御至真无极大道玉皇上帝御前。"①由于所关启的神灵各资不同的气,故有不同的权能。

杜光庭在"出吏兵上启"的仪节中,特别细致地介绍了高功如何通过上章、进表、存想召出身中之神,使"身中功曹使者、飞龙骑吏,上启太上无极大道,太上大道君,太上老君……灵宝监斋大法师诸官君"②,从而调动各路神灵真官功曹,汇聚坛场,以达到助人"度道消灾,散祸解厄"。这种以天人感应为理论依据来沟通人神之间联系的黄箓斋,既为新符箓派施行的雷法奠定了基础,也成为宋代道教以宗教仪式服务民众的一种重要方式。

杜光庭还对黄箓斋中的供品作了说明。《无上黄箓大斋立成仪》记载:"有酬酢曰献,无酬酢曰醮。醮者,用酒于位,敬以成礼也。延真降灵,而以醮名。其古用酒于位之礼欤?自汉天师流传醮法以福群有,今见于《道藏》者,其自尤繁。杜广成先生删定黄箓散坛醮仪,以为牲牷血食谓之祭,蔬果精珍谓之醮。醮者,祭之别名也。"③杜光庭认为,醮是祭的别名,它与祭的区别仅在于祭祀的物品不同而已。如果说,祭为供荤食,那么醮则为供素食,但无论采用哪种供品,都应是斋醮者向神灵表达虔诚之心的一种方式。由于杜光庭强调黄箓斋的功能是救济拔赎并大力推行,因此,"从杜光庭以降,黄箓斋包括的范围,

---

① 《太上黄箓斋仪》卷一,《道藏》第9册,第181—182页。
② 《太上黄箓斋仪》卷一,《道藏》第9册,第182页。
③ 《无上黄箓大斋立成仪》卷十五,《道藏》第9册,第464页。

实在比其他许多特定名目的斋仪为广"①,成为道教斋醮中最为流行的一种科仪,也反映了斋醮科仪在推动唐宋道教地方化过程中的特殊作用。

在道教的斋醮科仪中还有明真斋。明真斋又称盟真斋,南朝道士陆修静将之列为道教灵宝诸斋之第三种。杜光庭称:"盟真斋,宗庙迁拔及臣下拔亡,皆可兼举。"②迁拔就是把在地狱中受罪的幽魂给超度出来。在杜光庭看来,明真斋具有忏悔前世今生所行的过失、祈求神灵保佑、消除罪箓、超度亡灵的作用。"依玉匮九幽明真科品,修拔度大斋,烧香行道,忏谢某亿劫以来至于今日,所行故误,无量无边。……拔度某亿劫罪根,三界司算,女青右宫阴官,削除罪箓,开度幽关,身入光明,上升天堂。"③《道藏》中现存有五种带有"明真"字样的斋仪文献,其中有三种是杜光庭编修的,它们是《太上灵宝玉匮明真斋忏方仪》二仪同卷、《太上灵宝玉匮明真大斋忏方仪》二仪同卷和《太上灵宝玉匮明真斋言功仪》一卷,可见杜光庭对明真斋的整理保存之功。

如果将杜光庭所整理的明真斋与南朝陆修静所介绍的明真斋作一比较,就可见两者已有一些不同。据《洞玄灵宝五感文》介绍,南朝道教行斋时并不建坛,只是在露天地上安一盏长灯,长灯上再燃九灯。行斋时,道士绕着香灯行道,向十方礼拜,叩头、搏颊(即用手打颊),在礼方与叩头之时,都要行忏谢礼以自拔罪,归命十方天尊。而杜光庭所整理的明真斋,则仅列举了依次向十方天尊、圣真神仙归礼忏谢之文而没有记载具体的仪节,并已将搏颊改为以言词忏谢,其形式与金箓斋和黄箓斋都已比较接近。因此,宋元以后,明真斋的特征逐渐淡化,而被黄箓斋所替代。

三皇斋也是灵宝斋之一,是通过祈祷天皇、地皇和人皇等三皇真君,以为一切存亡之人消除积罪、解除考讼而设立的斋仪。杜光庭曾

① 柳存仁著《五代到南宋时的道教斋醮》,《和风堂文集》中,上海人民出版社1991年版,第767页。

② 《道门定制》卷六,《道藏》第31册,第713页。

③ 《太上灵宝玉匮明真斋忏方仪》,《道藏》第9册,第805—806页。

根据南北朝三皇斋法改编成《洞神三皇七十二君斋方忏仪》一卷,其中叙述了道士建坛设醮,行洞神三皇斋仪,醮祭"七十二君",为皇帝忏谢罪愆、祈福禳灾,以求"家隆国泰,远肃迩安,内外士民,同沾善庆,得道之后,与天帝合真"①。该仪所醮祭的"七十二君"是指三十六位"四方九天帝君"、三十六位"四方九土皇君",皆为天地四方之神,反映出了道教自然崇拜的特色。随着具有更丰富内涵的黄箓斋在道教中流行,三皇斋在宋代也渐渐趋于沉寂。

杜光庭还删定了《太上洞渊三昧神咒斋十方忏仪》、《太上洞渊三昧神咒斋忏谢仪》和《太上洞渊三昧神咒斋清旦行道仪》等三种洞渊斋仪。洞渊是瘟部神名。洞渊斋是早期天师道的一种为人制魔辟邪、去病除灾的仪式。杜光庭为之作序的《太上洞渊神咒经》中就介绍了洞渊斋的仪式和功用:"三洞法师,置立道场,转经念咒,依法陈章,设斋祭醮,祈祷五帝神仙,功德无量,除瘟降福,功无比俦。"②据杜光庭所记载的道士为民家建洞渊三昧神咒斋十方忏仪,其仪式为,依次向十方礼忏祝愿,并诵十方神咒,以祈愿斋主"百病除愈,千殃荡消,增续年龄,超腾禄位,九玄升度,七祖逍遥,合宅安贞,良贱康泰,得如所愿"③。行道仪则主要是道士于清晨时行洞渊三昧神咒斋,诵读《太上洞渊神咒经》经文,以祝天下太平、亡灵得度的科仪。忏谢仪与行道仪的仪式大致相同,祝文也是诵读《太上洞渊神咒经》,但其目的却是"首谢罪愆,断截魔瘟,清安家国,保护人民"④,从而与行道仪又略有不同。

杜光庭作为科教大师,不但整理出以上所述的多种斋仪,而且还对醮仪也有所贡献。南宋吕元素在《道门定制》卷六中说:"众醮五十坛,广成先生皆有仪范,因事制法,世亦罕知。常所修崇,仅有数品,其他规范,备载藏书,大概多解禳之法。"⑤这里就提到了杜光庭对醮仪

---

① 《洞神三皇七十二君斋方忏仪》,《道藏》第 18 册,第 305 页。
② 《太上洞渊神咒经》,《道藏》第 6 册,第 54 页。
③ 《太上洞渊三昧神咒斋十方忏仪》,《道藏》第 9 册,第 836 页。
④ 《太上洞渊三昧神咒斋忏谢仪》,《道藏》第 9 册,第 827 页。
⑤ 《道门定制》卷六,《道藏》第 31 册,第 713 页。

的整理之功。

　　如前所述,斋与醮在道教中既往往并称,两者又有一定的区别,醮主要以祭神为义,斋则以清净斋戒为主。据说,张道陵在创教之时,就非常重视通过斋醮来达到教化百姓的目的。《魏书·释老志》中说:"张陵受道于鹄鸣,因传《天官章本》千有二百,弟子相授,其事大行,斋祠跪拜,各成道法。有三元九府、百二十官,一切诸神,咸所统摄。"《历代三宝记》则记载说:"张陵在蜀,号天师,作道书二十四卷,论章醮之法,道士章醮起此。"①南朝时,葛巢甫所构造的以斋法为特征的新灵宝经,风行大教,道教多用斋法,并强调"夫为学道,莫先乎斋,外则不染尘垢,内则五藏清虚,降真致神,与道合居。能修长斋者,则合道真,不犯禁戒也。故天师遗教,为学不修斋直,冥冥如夜行不持火烛,此斋直应是学道之首。"②

　　但与此同时,醮仪作为道教祭仪的一种,也一直与斋仪并行着。题为"太极太虚真人"的《洞玄灵宝道学科仪》卷下专门有《醮请品》,其中记载的南北朝道教请天神、请地神的醮请法门就非常丰富。唐初张万福所著的《醮三洞真文五法正一盟威箓立成仪》③不仅对醮仪的意义与注意事项作了比较系统的说明,而且还对建醮的场所、采用的器物、仪式的程序都作了介绍,由此可见当时醮仪的大致情况。"但在唐五代以前,斋法更居主流地位,醮或与之并列,或作为斋仪中的一个环节出现。"④

　　杜光庭对醮仪十分重视,不仅整理出了《太上三五正一盟威阅箓醮仪》和《太上正一阅箓仪》等一些单独的醮仪,而且还为各种醮仪撰写了大量的醮词,仅在《全唐文》中就收录了他撰写的醮词一百三十多篇,而在他的诗文表章的汇集本《广成集》中,更载有他为举行周天大醮、罗天大醮等撰写的醮词一百八十六通(《全唐文》和《广成集》两书所收的内容有重迭)。杜光庭对醮仪的提倡,一方面使道教各路神灵

---

① 《历代三宝记》卷二,《大正藏》第 49 册,第 33 页。

② 《三天内解经》卷下,《道藏》第 28 册,第 416 页。

③ 参见《道藏》第 28 册,第 492—500 页。

④ 胡孚琛主编《中华道教大辞典》,中国社会科学出版社 1995 年版,第 518 页。

的权能得以充分体现,以满足斋主的各种需要,另一方面则使宋代以后醮仪逐渐兴盛起来并成为道教斋醮科仪的主流。

由于醮仪主要是在夜间露天坛场上陈列供物,招请众神,敬献酒果,上奏愿文,向神祈福消灾,故常常与礼拜星斗的仪式结合在一起①。从《道门科范大全集》中收录的许多由杜光庭所删定的礼斗醮仪,如《南北二斗同坛延生醮仪》、《南北二斗同醮仪》、《北斗延生清醮仪》、《北斗延生醮说戒仪》、《北斗延生道场仪》、《解禳星运仪》、《运星醮启祝仪》等来看,杜光庭所整理的醮仪也主要是拜斗仪。

在道教的斋醮仪式中还经常穿插着一些富有特色的比较固定的仪式,它们运用于不同的目的,以多样化的内容和形式丰富了斋醮科仪的内容。杜光庭对此也有所贡献,他曾整理出了一些常用的仪式,如言功拜表仪、拔苦济度方忏仪、投龙璧仪、礼灯仪、忏禳疾病方忏仪等,并使之规范化,其中比较有特色的投龙璧仪和礼灯仪,后来在宋代道教中保留下来。

投龙璧仪,也称投龙简仪,是斋仪完成之后,择吉日把写有消罪愿望的玉璧或文简,配上金龙、金钮,用青丝捆扎后,或埋于坛中,或投入名山洞府,或沉入水下,以答谢天、地、水三官。杜光庭对投龙璧仪十分重视,他的《太上黄箓斋仪》中就有对投龙璧仪的专门介绍:"修斋毕,别卜良日或斋洁之辰,醮馔法师众官及斋主弟子,或泛舟以诣水洞,或梯陆以登山门,各于洞府之外,薙草扫洒洁净,敷列醮席,酒果肴馔当鹿脯汤茶等。如严醮之仪,乃盛服澡漱,朝谒法事,备如科式。"②投龙璧仪源于古代宗教对山川河流的自然崇拜与早期五斗米道的三官崇拜,发展到南朝时已格式化。陆修静在制定灵宝斋法时就说:"用金龙、金钮各三枚,投山、水、土,为学仙之信。不投此三官,拘人命籍,求乞不达,有违,考属九都曹。"③唐代时,在帝王的支持下,投龙璧仪多用于朝廷举行的斋醮科仪中,成为一种非常时兴的,同时又是规模

---

① 李献璋著《道教醮仪的开展与现代的醮》,载台湾《中国学志》第 5 辑,1968 年版,第 15 页。

② 《太上黄箓斋仪》卷五十五,《道藏》第 9 册,第 361 页。

③ 《太上洞玄灵宝授度仪》,《道藏》第 9 册,第 840 页。

较大的仪式①。

杜光庭曾对投龙璧仪的行法作了详细记载:"修斋之法,当投三简,以告三元,故山简投诸天洞府,奏天官上元也。水简投灵泉水府,告水官下元也。土简投于坛宅,告地官中元也。详简文之中,真灵位号,事理显然。……若三简俱行,即铨举善功,皆达三官之府矣。"②为什么要分为山简、水简和土简三种?杜光庭对此特别做了解释,他说:"大道以一气生化三才,陶钧万有,故分三元之曹,以主张罪福,即天地水三官,实司于三元也。人之生死寿夭,罪善吉凶,莫不系焉。三箓简文,亦三元之典格也。"③对于简的制作和使用,杜光庭也有专门的记载:"简也者,告也,纪也,札也。纪世之善,告于上真。法长一尺二寸,象十二辰,广二寸四分,法二十四真气,厚二分,法二仪。上下正方,法日之方景,正真通达,无所避让。国家以玉为之,玉有九德,可以为礼天地神祇之信,故用之焉。公侯臣庶通用槿木,以其洁白纤细可比玉矣。明尊卑之殊也。"④这种投龙简仪反映官方道教的排场和皇族宗教的特点,在北宋真宗时曾流行一时。

天禧四年(1020),崇道的宋真宗于南郊进行祭祀大礼后,特派内侍供奉官赴阳明洞举行投龙简仪式,恭谢休征,为民祈福,仍然将道教斋醮科仪作为国家祭祀之一。不久,宋仁宗即位,要推动国家政治革新和经济发展,一方面,于天圣元年(1023)下令裁减参与投龙简活动的名山洞府的数量,另一方面,投龙简活动仍然在进行中,例如,北宋仁宗天圣皇太后,就于天圣三年(1025)在茅山崇禧观举行传箓法会,设玉箓道场七昼夜,"别设谢恩道场三昼夜,设阖山道士、女冠大斋一中,投送金龙玉简、金环玉鱼于华阳洞、燕洞、金山水府,于以告盟七圣,于以致诚九清,伸授受之仪,馨师资之礼"⑤。据《理宗金箓投龙玉

① 杜光庭的《道教灵验记》通过讲述"高宗三川投龙验"、"玄宗大宝观投龙验"等故事,对唐代的投龙璧仪作了介绍。
② 《太上黄箓斋仪》卷五十五,《道藏》第9册,第367页。
③ 《太上黄箓斋仪》卷五十五,《道藏》第9册,第366—367页。
④ 《太上黄箓斋仪》卷五十五,《道藏》第9册,第361页。
⑤ 《茅山志》卷二十五,《道藏》第5册,第658页。

简词》记载,南宋理宗为保延国祚,祈求子嗣,还曾命道士在茅山元符万宁宫建灵宝道场,之后举行金箓斋,仍谨依旧式,诣上清宗坛、华阳洞天,投送金龙玉简。投龙简仪作为国家祭祀中的重要仪礼,在南宋以后,随着道教走下皇族圣坛而渐渐趋于沉寂。

礼灯仪,是以灯为主要法器的仪式,大多在日落以后举行。"世界上崇拜火或者重视灯的象征意义的宗教,不止道教一种。而道教不仅将灯作为醮坛法器,而且形成了以灯为主的灯仪。"①杜光庭在《太上黄箓斋仪》卷五十六《礼灯》中对灯仪作了详细的介绍,他说:"礼灯之法出金箓简文。凡修斋行道,以烧香燃灯最为急务。香者,传心达信,上感真灵;灯者,破暗烛幽,下开泉夜。所以科云:烧香燃灯,上照诸天福堂,下照长夜地狱。苦魂滞魄,乘此光明,方得解脱。"②他将灯视为光明的象征,认为在道教仪式中,烧香是向神灵传达心声,燃灯则是下度亡灵,因此,燃灯与烧香是斋醮科仪中不可缺少的仪节。燃灯能为个人、家庭和国家祈福消灾,但在举行燃灯仪式时,应按一定的法度:"燃灯须各有所法象,春九夏三秋七冬五,四季十二,皆随五行本数设之。然有诸天诸地、八卦九幽诸灯之位,随金箓文中,方位罗列,烧香礼咒,即福德立降,灾咎自消。"③那么,道场上的灯究竟应该如何安置呢?杜光庭的记载是:

> 在道户上燃二灯,以照斋主住宅。于本命上燃三灯,以照三魂。于行年上燃七灯,以照七魄。于太岁上燃一灯,以照太岁之辰。于大墓上燃三灯,以照斋主代世丘陵墓。于小墓上燃五灯,以照斋主近代丘陵墓。在威仪坛堂前燃七灯,以照七祖父母幽魂。于中庭燃九幽之灯,以照九幽长夜之府。于夹门燃二灯,以照宫宅。于地户上燃二十四灯,以照二十四生气。于八方燃八灯,以照八卦。于四面中央燃九灯,以照九宫。于十方燃十灯,以照十方。于四面燃二十八灯,以照二十八宿。于天门燃三十六

① 陈耀庭著《照彻幽暗,破狱度人——论灯仪的形成及其社会思想内容》,载陈鼓应主编《道家文化研究》第 5 辑,上海古籍出版社 1994 年版,第 303—304 页。
② 《太上黄箓斋仪》卷五十六,《道藏》第 9 册,第 367 页。
③ 《太上黄箓斋仪》卷五十六,《道藏》第 9 册,第 367 页。

灯，以照三十六天。于五方燃五灯，以照五岳。共计燃灯一百五十九盏。①

燃灯所需的油，则必须"当市清净香油，不得用非义之财，及浊杂荤秽之物，或以诸香宿渍于油中，取其灯焰芳洁，散流香气，上感诸天，下蠲腥杂。灯光朗彻，销暗继明，即大获功德"②。燃灯之后，"众官弟子等，旋绕灯下，依位咒之。每咒毕，众官弟子皆礼"③。礼灯仪既体现出礼灯者追求光明的心境，也造出以辉煌明亮的灯光来"破暗烛幽"的声势，表达出道教济度众生的思想。唐末五代时，礼灯仪成为道教斋醮科仪中常见的仪式，并在宋代道教斋醮仪式中得到发扬光大。

杜光庭还曾将天师道的上章和法箓充实到斋醮科仪中来。他不仅编集了《太上宣慈助化章》以整理天师道的上章范式，而且还根据早期天师道《太上正一盟威阅箓》改编成了《太上三五正一盟威阅箓醮仪》和《太上正一阅箓仪》④。正一盟威箓又称正一法箓，相传出于张道陵，是道教最早形成的法箓体系之一。杜光庭整理的两部关于正一盟威箓的科仪，其中列举了道士佩箓中所载的功曹、使者、将军、吏兵等，并介绍了阅箓仪的出官、出箓中吏兵和出诸部将军兵马等仪式，并宣扬奉行此"阅箓"醮仪，可以使诸吏兵功曹各司其职，营卫身命，从而"免度厄难，长生久视，心神安定"⑤。杜光庭还将天师道的上章仪式运用在祈禳、祈嗣、消灾、延命等斋醮科仪中，使古老的正一上章成为斋醮科仪中的一个步骤，以至于到"南宋时期，章已不是其自身单独上奏，它不过是在大规模的、而且复杂的斋醮中可使用的许多文书类的一种"⑥。这就在客观上使道教各派的斋醮科仪融合起来。

---

① 参见《太上黄箓斋仪》卷五十六，《道藏》第9册，第368—369页。值得注意的是，在杜光庭集《无上黄箓大斋立成仪》卷十九《礼灯仪》中则称燃灯一百五十二盏（参见《道藏》第9册，第500—501页）。

② 《太上黄箓斋仪》卷五十六，《道藏》第9册，第370页。

③ 《道藏》第9册，第367页。

④ 《太上正一阅箓仪》与《太上三五正一盟威阅箓醮仪》在内容上相同，只是文字稍繁，故也有人认为这是一书的两种版本。

⑤ 《太上正一阅箓仪》，《道藏》第18册，第290页。

⑥ ［日］丸山宏著《正一道的上章仪礼》，《宗教学研究》1992年第1—2期。

　　杜光庭所整理的斋醮科仪既是对唐代道教斋醮科仪的总结，又奠定了宋代道教斋醮科仪的发展。南宋金允中在编撰《上清灵宝大法》时就说："杜君斋科，世间遵用已四五百年，后人不可更易者，乃以其卷帙尚全，非若陆科历时悠久，篇帙零散而可以昏乱之也。"①由此可见，杜光庭发展所整理的斋醮科仪在唐宋道教转型中发挥了承上启下的影响。

　　道教信仰者往往将斋醮科仪视之为人与神相沟通的神圣仪式；贬之者则视之为带有迷信色彩的法术，认为其是通过装神弄鬼来欺骗群众。其实，斋醮科仪作为道教特有的宗教仪式，既是道教教义思想的动态表现形式，也是道教存在与发展不可或缺的要素。虽然就某种意义上说，"唐代道教斋醮科仪的增衍，是长期积累的结果，杜光庭的整理，只是将增衍的内容集中地反映出来"②，但杜光庭在对种类繁多的斋醮科仪详加整理、将增衍的内容集中反映出来的同时，还是有所创新和发展的。这主要表现在他对"自然朝"的提倡、对道场戒律的重视、对谢恩醮的设立、对"斋"的意义的阐发、对斋官职司的具体规定、对表奏上章的文饰等。这些都使道教斋醮科仪变得更为系统和完整，更易于人们掌握，更贴近人们的生活，更具有一种道德约束力，也更表现出一种神圣性，从而推动了宋代道教斋醮科仪的发展。

　　首先，杜光庭提倡依古制而"先作自然朝，然后行斋事"，从而使斋醮科仪更加规范化。"自然朝"是建斋之前举行的一种仪式。杜光庭在《太上黄箓斋仪》卷五十三《赞导》中，先介绍了道场六师的名称、职责，然后称："按金箓古仪及黄箓旧法，宿启之夜及言功之时，皆先作自然朝，然后行斋事。"他认为这种传统"自张天师、陆先生、寇天师、张清都相传至今，颇历年代，皆以斋法出于灵宝，自然朝为斋之祖宗，故先行自然朝，示不忘本也"③。杜光庭将"自然朝"称之为"斋之祖宗"，表明了他对"自然朝"的高度重视。他曾引用《启斋仪》云：众官相率先行自然朝，至三礼后，即告斋署职，说戒宣科，明旦晨晓，依法行道"。

① 《上清灵宝大法》卷二十一，《道藏》第 31 册，第 476 页。
② 卢国龙著《道教哲学》，华夏出版社 1997 年版，第 112 页。
③ 《太上黄箓斋仪》卷五十三，《道藏》第 9 册，第 347 页。

可见,自然朝也有一定的程序①。据杜光庭记载,这种传统的做法在当时遭到了一些"愚庸道士"的随意破坏。对此,杜光庭提出了批评:"近有愚庸道士,不达古贤之情,先于玄师之前,补署六职,宣科授简,然后升坛,仍云简寂先生斋法谬误,饰非谤说,词理纷然,寡识无知,一至于此。"杜光庭认为,这些"愚庸道士"不仅不遵循古制,按最基本的仪式来进行斋醮活动,而且还说"简寂先生(陆修静)斋法谬误",这些"饰非谤说,词理纷然"居然还"尚有其党,相仿行之",实在是"不唯获乱法之愆,实亦受谤贤之罪"!对此,杜光庭认为,"达教君子,宜共斥之"。与此同时,杜光庭也指出,"旧法之中,有相传错误者,唯启斋言功之时,自然朝内,合礼灵宝天尊,而相传礼玉宝皇上等号,此稍失自然朝之本旨,恐是年代绵远,书写舛讹。今于此仪中,已为改正,非敢臆度,惟理所归,时彦后贤,共弘之矣"②。杜光庭在整理斋醮科仪时,不仅对"自然朝"的内容作了简要的介绍,而且还改正了一些"稍失自然朝之本旨"的做法,建立起了比较系统的道场仪节,为宋代道教斋醮科仪的进一步发展奠定了基础。

其次,杜光庭强调"持戒"对于斋醮科仪的重要性,并详细论述了道场戒律,增强了斋醮科仪的神圣性。斋醮科仪作为道教特有的一种敬祭神灵的宗教仪式,是从中国古代民间祭祀鬼神的活动和儒家祭天祀祖的仪式发展而来的。但正如东晋道士葛洪所说,"儒者祭祀以祈福,而道者履正以禳邪"③,出于"禳邪"的需要,道教十分强调祭祀者在行斋醮科仪时必须在身、口、意等方面有所禁忌。《道门科范大全集》卷七十九中有杜光庭删定的《东岳济度拜章大醮仪》,其中就特别列有"说戒",对戒与斋的关系及其内涵、功效等作了具体的说明:"道以斋为先。盖古者祭祀必有斋,斋必有戒,先戒而后斋,所谓七日戒而三日斋也。散斋七日谓之戒。戒者,所以恭依准绳,不犯非僻,动遵戒

---

①　日本学者福井康顺等曾认为,"在行道仪中,从发炉开始,接下去是称法位,三上香、礼忏、三启、三礼、重称法位和复炉,称为自然朝。行道仪即由自然朝的这一系列仪礼构成骨架。"([日]福井康顺、山崎宏等监修《道教》第一卷,上海古籍出版社1990年版,第177页)

②　《太上黄箓斋仪》卷五十三,《道藏》第9册,第347页。

③　《抱朴子内篇·明本》,王明著《抱朴子内篇校释》,中华书局1985年版,第187页。

律,无有愆违也。致斋三日谓之斋。斋者,所以斋洁心神,清除思虑,专致其精,而求交神明也。"行斋者一定要在建斋之初就持戒行道,先戒而后斋。"今因斋而说戒,合坛之人,先受戒约,一历耳根,永为道种,即当检束身心,屏绝外念,存想至真,使启奏得行,祈祷必应矣。"①对于戒,杜光庭借"天尊所言、真科所传"具体列出了"七戒":

> 第一戒者,不得杀害。悯念有情,如己身命。杀生之人有六种报。

> 第二戒者,不得嗜酒。嗜酒之人有四种罪。

> 第三戒者,不得生叛背心,言不忠直。不忠之罪有五种报。

> 第四戒者,不得无孝顺心,违逆父母。不孝之罪有五种报。

> 第五戒者,常行慈心,若见众生临命终时,为作功德。昆虫草木尤不可伤,爱老怜贫溥度一切。

> 第六戒者,不得诽谤三宝及有道师尊,乃至在家出家一切道像。诽谤之罪有四种报。

> 第七戒者,今日道场之中,常当恭敬,不得懈怠,当须勉励,内外精勤,日夜乾乾,毋怠毋忽,勤则利有,怠则利无,自利利他,便移真极。②

"七戒"中既有不杀、不嗜酒的规定,也有忠、孝的要求,还包括了在道场中举止行为的规范,并特别以因果善恶报应来警示人们要对自己的行为负责,如果违犯戒条就会遭受到恶报,其中所包含的浓厚的道德色彩,显示了道教斋醮科仪的伦理化倾向。"持戒"不仅能"自利利他,便移真极",而且也保证了整个斋醮科仪的纯洁性与神圣性。杜光庭删定的《北斗延生醮说戒仪》中还更具体地提出了"道场十戒":

> 第一戒者,不得傲忽圣真。

> 第二戒者,不得轻慢经文。

> 第三戒者,不得诽谤法门。

> 第四戒者,不得触秽道场。

---

① 《道门科范大全集》卷七十九,《道藏》第 31 册,第 945 页。

② 参见《道藏》第 31 册,第 945—946 页。

第五戒者,不得放纵身心。

第六戒者,不得竞争财利。

第七戒者,不得减省法事。

第八戒者,不得退转道心。

第九戒者,不得错误章奏。

第十戒者,不得扰乱形神。①

虽然"道场十戒"是针对修斋行道之人在道场中应当具有怎样的言行举止而言,但其实也是道教伦理的一种体现。无论是"七戒",还是"道场十戒",其中都内含着相互关联的两重关系,即人与神的关系和人与人的关系,并通过斋醮科仪而将这两重关系贯彻到了修道者生活的方方面面,要求修斋行道者通过"斋洁心神,清除思虑",以一种虔诚的恭敬之心来对待道场中所开展的一切活动,从而将个人的德行和对道教的信仰融合为一。杜光庭强调"持戒"在斋醮科仪中的重要性,实际上既将"持戒"作为人修斋行道、得道成仙的根本保证,也将道教斋醮科仪看作是引导人们向善的一种集体活动,这成为宋代道教民众化过程中的一种伦理导向。

第三,杜光庭在黄箓斋仪之后增加了谢恩醮的仪节,这种先斋后醮之法,将斋与醮的仪式合而为一,对后世道教斋醮科仪的发展影响深远。谢恩醮主要是对斋事中所调动的各路神灵进行酬恩致谢。南宋蒋叔舆在《无上黄箓大斋立成仪》中说:"张清都(张万福)黄箓仪无谢恩醮,杜广成仪始有之。亦以修斋,召命神灵管卫坛场,宣通关告,往来劳役,所以言功,设此醮筵,用行酬赏。"②杜光庭的《太上黄箓斋仪》卷五十列有"散坛设醮"③,专门陈述在黄箓斋仪后所举行的谢恩醮的仪式。这种带有浓浓人情味的谢恩醮仪很符合中国人有恩必报的心理,因而更易于为人们所接受。"自此以后的道教科仪,都遵广成先生仪制,在斋后设醮谢恩,且不限于黄箓斋。"④谢恩醮成为宋代道

① 《北斗延生醮说戒仪》卷五十九,《道藏》第 31 册,第 897 页。

② 《无上黄箓大斋立成仪》卷十五,《道藏》第 9 册,第 464 页。

③ 参见《道藏》第 9 册,第 361 页。

④ 张泽洪著《道教斋醮符咒仪式》,巴蜀书社 1999 年版,第 45 页。

教斋醮科仪的一个基本程式,一直延续到今天。

第四,杜光庭还在《东岳济度拜章大醮仪》中对"斋"的意义作了专门的论述,强调了斋醮科仪对约束人身心的重要作用,从而提升了道教斋醮科仪的内涵。杜光庭认为"斋"可分为祭祀之斋和心斋①。如果说,祭祀之斋是人通过供献物品来祈求神灵保佑,那么,心斋则以"清涤思虑"的精神活动而希求达到与神交感,因此,"祭祀之斋非心斋也"②。杜光庭强调参加斋醮科仪的人应当注重发挥"心斋"的作用。"斋者,所以斋洁心神,清涤思虑,专致其精而求交神明也。"③人只有心地诚明才能与神相沟通,而"斋"仪可以起到制约信徒身心的作用,但光行祭祀之斋还是不够的,还须心斋,"欲其无听之以耳,而听之以心,无听之以心,而听之以气,气者虚而待物,惟道集虚,虚者心斋",只有心斋才能使人神明生而与道合:"斋戒以神其德,盖贤人受道于圣人,而圣人与神明合德者,必心斋而得道,故知祭祀之际而后可以求心斋,则神明生与道合矣。"④杜光庭对"斋"的意义的阐发,在客观上反映出道教斋醮科仪是虔诚信仰、洁净行为和心地诚明的统一。

第五,杜光庭对斋官及其职责提出了具体的要求,对当时斋醮科仪中出现的不规范乃至混乱的情况提出了批评,这对推动道教斋醮科仪的发展有着重要的意义。在杜光庭看来,斋醮科仪应当是由一些训练有素的道士相互配合共同进行的一种十分神圣而庄严的宗教活动,在仪式中斋官及其职责必须分明。他的《太上黄箓斋仪》对"道场六职"的具体记载是:1、法师,"斋官之内以道德尊高者为法师",其"职在敷奏,进止俯仰,居众之先";2、都讲,"明练法度为都讲",其职责是"赞唱导引",在道场上,"先鸣法鼓,次引朋众,风则轨仪,敬凭赞说";3、监斋,其职责是"秉执科宪,绳纠愆违,务在无私,共引典法";4、侍香,主管道场的焚香不绝;5、侍经,主管经书的收存、陈放和诵念;6、侍

---

① 《庄子·人间世》最早将"斋"区分为心斋和祭祀之斋,可见杜光庭对庄子思想是有继承的。

② 《道门科范大全集》卷七十九,《道藏》第31册,第945页。

③ 《道门科范大全集》卷七十九,《道藏》第31册,第940页。

④ 《道门科范大全集》卷七十九,《道藏》第31册,第945页。

灯,主管道场的灯烛明亮。斋官既各有职责,又必须相互配合,但在当时却出现了年长道士因玩忽职守而造成了混乱的情况。有些年事已高的都讲,力不从心,就随便差遣一人来"执磬唱礼",这不仅有意或无意地破坏了古制,而且还破坏了道场的神圣性与规范性,后学者不知是错,反而于六职之外,专置一人持磬,这就错上加错。杜光庭对那些"老迈昏庸"的高功法师提出了批评,指出:"高功法师,职在敷奏,进止俯仰,居众之先。或昏耄不任,自可求退,岂容假手,翻类冗员?今蜀地高功止于发炉、复炉两称名位,其他宣读,皆委他人。虽云先唱后随,何异龙吟鳖应,此盖不惧冥谴,自掇罪尤。人事尚且未容,天道如何通感?后之法主深可戒焉。"①正值壮年的杜光庭(他在撰写《太上黄箓斋仪》时约四五十岁)对那些年高位重,但又不能很好地依仪轨而行斋醮之事,从而破坏了道教斋醮科仪程序、增加了道场冗员的现象十分不满,甚至直截了当地提出了"昏耄不任,自可求退"。虽然杜光庭所批评的道场冗员等现象在入宋以后仍在存在②,但这种批评对维护道教斋醮科仪的神圣性有着重要的意义。

最后,杜光庭所撰写的斋醮词文辞典雅、修辞规范、意蕴丰富,不仅增加了斋醮科仪的文学性与艺术性,提升了斋醮科仪的文化品位,而且还在书写格式上对后世起到了一种范文的作用。杜光庭一生撰写了数百篇斋醮词,尤其是在入蜀之后,帝王大臣、平民百姓慕其名声,不仅请他主持斋醮仪式,而且还请他撰写斋醮词。流传至今的《广成集》十七卷,收录了他的醮词一百八十六通,斋词三十一通。《全唐文》中则收录了他的斋词、醮词、步虚词、青词等共三百多篇。杜光庭所撰写斋醮词既表达了道教的基本信仰,又烘托出道场的庄严神秘的气氛,还通过渲染诸神能够给人带来福佑,给参加斋醮科仪的人带来精神安慰,增强了他们的宗教感情,加深了他们对道教文化的兴趣,故被后世誉为"词林万叶,学海千寻,扶宗立教,天下第一"③。宋代时,

① 以上引文均见《太上黄箓斋仪》卷五十三,《道藏》第9册,第346—347页。
② 例如宋代的《无上黄箓大斋立成仪》卷二就指出了当时道场中"坛官各不举职,而六职之外,始多冗名矣"的现象(见《道藏》第9册,第384页)。
③ 《道藏》第32册,第8页。

从皇帝到大臣、文人,为斋醮科仪式撰写富有文采的斋醮词青词已成为雅好。随着道教斋醮仪式的发展,宋代青词已十分盛行,不仅宋代皇帝热衷于写作祭告天神的斋醮词,如《金箓斋三洞赞咏仪》三卷,卷上是宋太宗撰写的步虚词、太清乐共四十首,卷中是宋真宗撰写的步虚词、玉清乐、太清乐、白鹤赞、散花词共六十首,卷下是宋徽宗撰写的玉清乐、上清乐、太清乐、步虚词、散花词、白鹤词共六十首,而且,据张泽洪研究,"在宋人文集中,保存有文士为国家斋醮撰写的供奉青词,如苏轼撰青词 10 首,王安石撰青词 26 首,夏竦撰青词 27 首,王珪撰青词 141 首,胡宿撰青词 125 首,张孝祥撰青词 13 首,洪适撰青词 42 首,周必大撰青词 90 首。文士们还为民间斋醮撰写了大量青词,从这些青词反映了祭祀目的"①。

宋代时,随着少数民族不断地进入中原地区,民族矛盾日益尖锐。统治者希望通过崇拜道教来增强民族意识,以达到稳定政权、安抚人心的目的。宋真宗当政时,不仅经常参与道教斋醮科仪活动,而且还直接主持编修斋醮科仪。宋真宗在景德元年(1004)就与契丹(辽)在澶州签定和约,史称"澶渊之盟"后,仍然时刻感到金人的威胁,于是,他经常举行大规模的斋醮科仪,希望借助于道教的神力来达到巩固政权、抵御外敌、安定人心的作用。大中祥符元年(1008),他以天书下降为契机,在泰山举行了封禅活动,后又在京师上清宫举行七日醮仪,诸州举行三日醮仪。大中祥符二年(1009),他又命太常礼院制定"天庆道场斋醮仪式"。这些为道教斋醮而制定的国家仪礼书后颁行全国。

宋徽宗更是花费大量钱财用于斋醮活动。《宋史·礼志七》记载:"宋徽宗崇尚道教,制郊祀大礼,以方士百人执威仪前引,分列两序,立于坛下。"在皇帝的带领下,东京汴梁的一些重要的道观,如玉清应昭宫、上清宫、太一宫等都成为国家举行斋醮科仪的道场,同时,宋代道教斋醮科仪也成为国家祭祀大典的组成部分。大观二年(1108),宋徽宗亲自将有着四百二十六部之多的《金箓灵宝道场仪范》颁布于天下道观,令道士依之作为举行大型斋醮活动的仪规。由于宋徽宗宠信以

---

① 张泽洪著《宋代道教斋醮》,《宗教学研究》1996 年第 1 期。

奉行符咒法术见长的神霄派道士林灵素，一些类似的新道派，如清微派、东华派、净明派也应运而生，它们将内丹与符箓相结合，将所擅长的符咒法术也渗透到斋醮科仪之中，这就使道教斋醮科仪中出现了法术化、甚至于民俗化的倾向。宋真宗、宋徽宗对道教的支持在客观上促进了道教斋醮科仪的发展并在社会上产生了广泛的影响。

随着斋醮科仪的不断发展，宋代斋法也出现了繁多的种类。《金箓大斋启盟仪》曾将众多的斋法分为内外斋，并具体条例为二十七品斋法。"斋法之说，有内有外，请备论之。内斋者，恬澹寂寞，与道翱翔，昔孔子以心斋之法告颜渊，盖此类也。外斋者，登坛步虚，烧香忏谢，即古人祷词祭祀之余意也。斋法见于道家者，凡二十有七品，其源出于灵宝。"①这二十七品斋有内斋与外斋之别，其中内斋有四种，外斋又分为天子所修斋五种和臣庶可修斋十八种：

内斋：太真斋、上清斋、大洞斋、金房斋；

外斋：天子所修：太一斋、九天斋、金箓斋、玉箓斋、盟真斋；

　　　臣庶可修：黄箓斋、洞神斋、自然斋、三元斋、涂炭斋、拔度斋、洞渊斋、天宝斋、九幽斋、五练斋、正一斋、太平斋、三皇斋、八帝斋、北帝斋、旨教斋、解考斋、化胡斋②。

"二十七品斋"不仅大致概括了宋代道教的各种斋法，而且将其源头推至"灵宝"，反映了宋代在斋醮科仪上所形成的道统观念。这种同源异流说反映出，虽然灵宝斋为斋法的主流，但随着二十七品斋的出现，不同地区的斋法还呈现了独特的地域性特点，体现了道教斋醮科仪对地方文化的吸收与融合。

如果说，唐以前道教斋醮科仪以斋法为主，那么，宋代以后，斋法逐渐衰微，醮法开始兴盛，并逐渐成为斋醮科仪的主流，以至于宋代蒋叔舆在《无上黄箓大斋立成仪》卷一《序斋》中说："今世醮法遍区宇，而斋法几于影灭迹绝。"而其根本原因在张万福之后道门中"痛庸师之不学，悯流俗之无识，非非相承，其失不悟，以简便为适当，以古法为难

---

①　《道藏》第 9 册，第 73 页。

②　旨教斋，又作指教斋，《道藏》第 9 册，第 73 页。

行,则自张万福天师以来,尝病之矣"①。其实,这恰恰从一个侧面反映了道教斋醮科仪在地方化的过程中已发展为包含着道教尊神与民间俗神、官方祭祀与地方习俗、诗文青词与巫术咒语等雅俗元素的综合现象,它既可以在宫观中隆重举行,也可以在宫观外设置一个特殊的代天行法的"道场"中举行,这使其一方面遵循着道教信仰的统一性,另一方面,又不断适应着民众道教发展的新环境和新需要,表现出世俗化、多样性、地方化的特点。

南宋时,道教中又出现了一些关于斋醮科仪的汇编著作,其中保留在《道藏》中比较重要的,有蒋叔舆编《无上黄箓大斋立成仪》五十七卷,宁全真授、林灵素编于元初《灵宝领教济度金书》三百二十卷,宁全真授、王契真集《上清灵宝大法》六十六卷,金允中编《上清灵宝大法》四十五卷、《灵宝无量度人上经大法》七十二卷、《灵宝玉鉴》四十三卷、《金箓大斋启盟仪》等。蒋叔舆受其师留用光之命而诠考斋法后编撰的《无上黄箓大斋立成仪》有五十七卷之多,各卷的编辑修撰人不同,其中,卷十九、二十题为杜光庭集,卷二十一题为杜光庭集、蒋叔舆修,不仅详细介绍了唐宋道教所奉行的各种斋醮仪轨,而且还对陆修静、张万福、杜光庭、李景祈等人所制订的斋醮科仪进行了辨析源流式的考证②,保存了一些已佚的古代斋醮科仪的资料,是唐宋道教黄箓斋法之总集。

南宋宁全真授、王契真纂《上清灵宝大法》卷五十四在评价唐宋道教斋醮科仪的历史发展时说:

> 中古以还,典章浩博,至晋宋间而简寂先生陆君始明授受降世之源,别三洞四辅之目,考详众典,撰次斋仪,自是遥迤宣行,斋法昭布,条陈经诰,次序乃成。洎唐则张清都万福复加编集,典式渐详。中叶以后,广成先生杜君光庭于是总稽三十六部之经诠,旁及古今之典籍,极力编校,斋法大成。然其一字一法,由始及终,莫非出于经典,所是古科二十四品之斋。广成之论,谓黄箓兼

---

① 《无上黄箓大斋立成仪》卷一,《道藏》第9册,第378页。
② 参见《无上黄箓大斋立成仪》卷一《仪范门·序斋第一》,《道藏》第9册,第378页。

总死生,人天同福,上至邦国,下及庶人,皆得修奉,隶于下元中宫,统摄万灵,并关九府,功德深重,利佑存亡,于是撰集斋科四十卷,号曰《黄箓斋科》。然则坛壝典仪,朝修俯仰,莫不古今一途。而其科文严整,典式条畅,发明古则,昭示方来,斋法至此不可有加矣。

他们将中唐之前,从陆修静到张万福的科仪称为"中古",将唐末杜光庭的编校斋法称为"中叶以后",并认为杜光庭于唐宋道教转型之际,通过整理唐代道教科仪,使之"科文严整,典式条畅",由此又"发明古则,昭示方来",开创了宋代道教斋醮科仪发展的新路径。

金元时期,新道派在大江南北陆续出现,道教的发展也进入了一个新阶段。在众多的新道派中,影响最大、流传最广的无疑是王喆创立的全真道。一般认为全真道以"性命双修"相号召,在促进道教仙学的转型中,比较注重个人的生命修炼而不太重视举行斋醮科仪活动,但实际情况并非如此。王喆在短暂的传道活动中,就曾多次提到斋醮科仪在传道过程中具有重要的作用。他的弟子刘处玄、王玉阳和丘处机等人也都曾积极开展斋醮科仪活动。据《金莲正宗记》记载,丘处机"既住持长春宫,而教化大行。全真之道,翕然而兴。主持醮坛,祈风祷雨,刻期不差,如影响焉"①。全真道的斋醮科仪既继承了道教的传统,又吸取了佛教道场仪式,逐步形成了以诵念为主、简单易行的特点。随着全真道的发展,斋醮科仪愈发受到重视,以至于明代出现的《全真清规》中规定说,"有志之人,亲奉明师,朝参暮礼,听而从之,习学经典,遵守清规,日至黄昏,烧香上灯,礼谢天地,朝拜圣贤,侍奉师尊"②,反映了斋醮科仪作为入道者的必修功课成为全真道的一个重要特点。

传统符箓派本来就重视斋醮科仪,在宋代帝王的支持下,逐渐归拢为茅山、阁皂山和龙虎山等"三山符箓"的新格局,更是以斋醮科仪来服务于社会,受到了上自帝王,下到民众的普遍欢迎。后来,元世祖

---

① 《道藏》第 3 册,第 360 页。
② 《道藏》第 32 册,第 156 页。

忽必烈命三十六代天师张宗演主领"三山符箓",并赐予二品银印。随着三大符箓道派合流,全国道教主要分为正一道与全真道两大道派,在斋醮科仪上也呈现出不同的特点。如果说,主要传播于南方的正一道往往以斋仪见长,那么,主要传播于北方的全真道则多行醮仪。此后,随着道教在地方社会的传播,为适应普通民众的需要,全真道的醮仪节次趋于简化。这从清代时流行于四川道教中的全真道斋醮科仪总集《广成仪制》中就可见,全真道的斋醮科仪有二百七十多种,其规模之大和种类之多可以与传统的正一道相媲美,但其主体却是简单易行的醮仪。

第八章　宋辽金道教的新走向

在经历了北方地区发生的安史之乱、黄巢起义、五代纷争、北宋"靖康之变"等一系列民族纷争和战乱动荡后,随着政治中心由长安到开封再到临安这样的从北向南的地域转换,人们为避乱相继由北方迁入相对安定的江南,也将他们的宗教信仰、生活习俗和文化价值带到新居住地,在江南地区形成一种南北交融的文化空间分布,促进了地方文化多元共生,兴盛发展,也为以士绅为代表的新文化在南方道教中兴起提供了可能。宋辽金时期,民族矛盾与社会矛盾纷繁交织,引发了朝政动荡、南北分裂,历代帝王对道教的态度也有了时代性的变化。生活在战争动乱之中的人们,常有朝不保夕之感,从而对人的生命存在以及生死等问题给予了特别的关注。严复曾说:"若研究人心、政俗之变,则赵宋一代历史,最宜究心。中国所以成为今日现象者,为善为恶姑不具论,而为宋人之所造就,什八九可断言也。"[1]如果从道教的发展来看,情况又如何? 值得研究的是,社会的苦难是宗教产生与传播的温床。此时道教的发展又进入了一个兴盛时期,兴盛的主要标志就是众多的新道派在大江南北相继涌现。在南方社会中,随着传统符箓道教日趋衰落,倡导以内丹融合符箓的新符箓派的不断涌现,在使"雷法"成为集各种道术之大成者时,如何推动了融合新旧符箓派的正一道的兴起呢? 在北方出现的新道派中,倡导"性命双修"的内丹心性学的全真道接续着钟吕内丹道的传统,又如何在新的时代条件下通过信仰、思想与实践的变革而推进唐宋道教的转型走向终结呢?

---

① 《严复集》第三册,中华书局1986年版,第668页。

第一节　宋辽金新道派的涌现

从宋代道教在南方传播情况看，传统道派和新出道派各行其道，这些大大小小的道派大致可分为四类：一是以张天师世家领导的龙虎宗以江西龙虎山为基地而在天师道中异军突起；二是由魏晋六朝时期上清派和灵宝派衍化而来的茅山宗和阁皂宗依然流行；三是以张伯端为祖师、倡导内丹修炼的南宗代代相承；四是一些士绅进入道门后，打破门户之见，通过创宗立派使新道派纷纷登场。北帝派起于唐代，天心派、东华派、神霄派起于北宋，清微派①、净明派起于南宋，它们发展于宋金辽国家分裂、民族纷争的形势下，代表了南方道教发展的新走向②。笔者认为，这四类道派反映了随着皇权政治对道教的疏远，在与民间神庙、宗庙祠堂、文化书院共存、共享的处境中，以宫观为本位的传统道教趋于衰落。南方道教在"地方化转向"过程中，一些新道派采用不受传统道派教门规范约束的修道方式，以地方政权所在地为中心开展传教活动，从而形成了与传统道教以洞天福地为活动区域并存的多元化格局，这对促进唐宋道教的转型意义重大。

龙虎宗由张天师世家代代执掌，在各道派中有着最深厚的历史根基。相传，张道陵早年曾在龙虎山炼丹修道，丹成而有龙虎现，故称此山为龙虎山。后来，张道陵去巴蜀创立五斗米道，又将其道传给儿子张衡，张衡又传其子张鲁。张鲁在汉中建立政教合一的政权加以推广，曾显赫一时。张鲁后被曹操大军所征服，在归顺曹操一年后，即病

---

①　清微派虽奉生活于唐末的广西零陵人祖舒为开派初祖，但也有人认为祖舒是一个虚构的神话人物，或是一个在民间活动的女道士，故《历世真仙体道通鉴》将其编入女仙传中。据《清微仙谱》记载，祖舒所传清微雷法，得到休端、郭玉隆、傅央熵、姚庄、高奭、华英、朱洞元、李少微、南毕道等九代宗师的继承，形成了一个跨越两宋而自成一体的传承法脉。一般认为，南毕道传黄舜申为第十代宗师。擅长雷法的黄舜申闻名京师，受宋理宗召见，清微派在南宋时才得以显世。

②　其实这些道派的源头可追溯到唐末五代十国分裂时期，各色小道派流播于地方社会，有的局限于某个地方传播很快就消失了，有的到宋代时被主流道派整合，有的以新道派名义保留下来。换言之，这些保留下来的新道派原本也是地方性的小道团，后因壮大起来，才留名史册的。这从它们教派史中就可见一斑。

死于魏都邺城。据《汉天师世家》记载,建安二十年(215),张鲁降魏后,率五子来东都洛阳,张鲁之子张盛不受曹魏官爵,南奔龙虎山嗣教。但《历世真仙体道通鉴》卷十九则记载为:

> 西晋永嘉(307—312)中,夜望大江之东有瑞气彻天,谓其妻曰:"是可成吾丹矣。"乃弃官南游,至鄱阳郡望之,曰:"近矣。"即山行五日,至一处,山岭秀丽,登而喜曰:"吾得之矣。"山顶有真人丹穴井灶存焉,乃昔日炼丹修养之地,遂就其井穴左右结庐。居一年,卢氏来寻之,遂与同居此山,得一子。一云卢氏携一子自蜀来,处之山下。居九年,丹成。一日,尸解而去,人呼其为龙虎。子孙多居山之东北。①

张盛入龙虎山嗣教,开龙虎山"正一宗坛",尊为张道陵"正一天师"。从此,天师后裔子孙世居龙虎山中传播天师道。此二说疑点颇多,不可确信,但却为我们了解龙虎宗的兴起提供了一个文化背景。若参照历史,就可见在唐代中后期,龙虎宗通过建立张天师家世的传法谱系才开始崭露头角。"隋唐五代时期,南天师道的正一经法被继承下来,形成正一派,主要活跃于民间。北宋初年,汉天师后裔在龙虎山接过正一经法,举起祖先张道陵的大旗,重建教团,声势渐大,引起朝廷重视,人称天师派或龙虎山派:历史表明,该派经箓悠久古老,但教团衰微或中绝了很长时间,在北宋属于中兴或再起。"②由地方精英为执掌的龙虎宗因延续着天师道传统,以符箓斋醮著称而在社会上的影响逐渐增大,反映出因神圣与世俗的生活世界交叉复合而形成的地方社会秩序、道教宫观模式和公众信仰生活的图景。北宋时,多位张天师被朝廷授予"先生"封号,到南宋末年,龙虎宗已成为江南道教的主领。

南方社会长期浸淫在巫觋之风中,以天师道为代表的传统符箓派主要以画符念咒、斋醮科仪为人祈福禳灾、治病驱邪,带有巫术化的神秘特点。即使是源于以造作道书、传授经戒法箓为首务的"经箓派"而来的茅山宗、阁皂宗,发展到唐宋时,也以擅长符箓道法而闻名于世。

---

① 《历世真仙体道通鉴》卷十九,《道藏》第5册,第209页。

② 朱越利著《读〈茅山志〉札记五则》,载其著《道教考信集》,齐鲁书社2014年版,第382页。

例如,茅山宗宗师刘混康(1036—1108)因道术高超而受到宋神宗、哲宗和徽宗三代帝王的尊崇。宋哲宗于"绍圣四年(1097),敕江宁府,即所居潜神庵为元符观,别敕江宁府句容县三茅山经箓宗坛,与信州龙虎山、临江军阁皂山,三山鼎峙,辅化皇图"①。宋哲宗的这道敕令非常重要,它说明当时南方道教在帝王的支持下已初具"三山符箓"的局面。到宋徽宗时,茅山玉晨观住持黄澄还曾上书,要求将"三山符箓"融混起来:"初,三山经箓:龙虎正一、阁皂灵宝、茅山大洞,各嗣其本宗。先生请混一之。今龙虎、阁皂之传上清毕法,盖始于此。"②这种以道教圣地为中心的南北道派融合的主张虽然获得了皇帝批准,但随着北宋灭亡,此事并没有落实下来,因为到南宋时,依然是以龙虎山"正一宗坛"、茅山"上清宗坛"和阁皂山"元始宗坛"三山鼎立,南方社会呈现着"符箓遍天下,受之者亦各着称谓"③局面。

日本学者小林正美认为,"北宋'道教'的道流和唐代一样,为天师道"④。但他也指出:"在南宋时代,天师道也是'道教'的主流。但天师道之中吸纳了新的道术,根据其道术的差异而产生了流派的差异。"⑤由此将这些新兴道派都视为天师道内部出现的分支。笔者认为,若对照历史记载就可见,这些新道派有自己特殊的法脉传统,与传统天师道的关系也各不相同,小林正美先生倡导的新范式道教史研究虽然可以帮助我们重新审视那些已成定论的观点,但更需要通过对具体道派的分析再来确立唐宋道教的性质。值得关注的是那些传播于南方社会的新道派所呈现的革故鼎新之势。这些萌芽于唐代,兴盛于宋代,活跃于江南民间社会的弥散性小教团,具有南方文化重个体、重心性、重法术的特点,也是"宋代基于心念的文化观"在道教中的一种曲折表现。它们的创教者不同,奉行道书各异,传播地域有别,流传时间有长有短,但却通过"雷法"将内丹与符箓、道与术、神灵与祖师等元

① 《茅山志》卷十一《上清品》,《道藏》第 5 册,第 605 页。
② 《茅山志》卷十六《采真游》,《道藏》第 5 册,第 621 页。
③ 宋·岳珂撰、吴企明点校《桯史》,中华书局 1981 年版,第 94 页。
④ [日]小林正美著《中国的道教》,齐鲁书社 2010 年版,第 217 页。
⑤ [日]小林正美著《中国的道教》,齐鲁书社 2010 年版,第 220 页。

素会通为一，被统称为新符箓派。南宋时，新符箓派逐渐形成清微、神霄两派雷法双峰并峙的格局，延续发展。

如果说，唐代道教的主流是"有经典可奉持，有教法可修习的经教道教"①，那么，笔者认为，随着中国社会"唐宋变革"的不断展开，这些以内丹与符箓相融合的"雷法"来达到呼风唤雨、役使鬼神、教化劝善的济世功能的新道派，用"法箓道教"来概括似更为贴切。从此意义上说，新道派的涌现也推进着唐宋道教由经教道教向法箓道教的转型。

在中国民间宗教传统中，具有自然神性质的雷神是罚恶之神。在老百姓看来，人如果违背诺言或做了坏事，就有可能遭五雷轰顶的严历惩罚。中唐时出现的北帝派已有使用"雷法"的萌芽，但所崇拜的雷神还比较模糊，将班队伍也没有确立，道法体系也不系统完备，雷法道士大多隐居民间，其影响只在局部狭小范围之内。

随着新符箓派不断涌现，那些饱腹诗书的士绅进入道教后，推进了种类繁多的新出雷法，如天心雷法、神霄雷法、清微雷法、东华雷法相继出现，它们各有传法谱系和法术特点，但都以人身中的"玄关一窍"和"先天一炁"为基点，将内丹与符箓相融合而逐渐系统化，使雷神脱离了自然神的原初状态，而以宋代朝廷的官僚机构为原型，以"府、司、宫、院"名之，构建起阶层化的分治三界的雷部诸神系统，以此作为雷部诸神道法职司的神圣依据。但正如韩明士所说："道教实践正好有力地替代了通常的世俗力量。从这一角度而言，道教实践很难与世俗责任和权威联系起来。……一方面，它使道士和官员看起来很相似，并能相互兼容；另一方面，它将道士区分出来，置于世俗官员之上，甚至皇帝之上。在这种对应中，道士所说的权威也独立于朝廷，来自独立的源头。道士声称它不仅是独立的，而且高于世俗权威。"②这是因为新符箓派虽然仿效世俗的官僚体制，但雷部诸神却具有超越世俗的神圣性。随着道法职司的出现，在道教斋醮科仪中，按照神灵级

---

①　刘屹著《神格与地域——汉唐间道教信仰世界研究》，上海人民出版社 2011 年，第246 页。

②　韩明士著《道与庶道：宋代以来的道教，民间信仰和神灵模式》，江苏人民出版社2007 年版，第 212—213 页。

别从高到低排列出"三清——四御——九皇——星君——三官——北极四圣——雷部诸神"的祈请模式。这一模式所囊括的诸神基本止于天庭，并突出了星斗神的地位。

值得研究的是，宋代的行政体制及国家权力运作方式是否影响到新符箓派对雷部诸神道法职司及将班系统的文化建构呢？唐代中后期，国家权力运作方式也从魏晋南北朝以尚书省为宰相机构，到隋唐时三省共同构成宰相权力系统，再发展到唐开元后以中书门下为宰相机构。"安史之乱"后，中央政治体制又向着皇权和相权共同构成国家权力主体的方向发展。宋朝伊始，宋太祖在"杯酒释兵权"后，建立起中书门下、枢密院和三司分掌行政、军政和财政的官僚体制，可谓"三师、三公不常置，宰相不专任三省长官。尚书、门下并列于外，又别置中书禁中，是为政事堂，与枢密对掌大政。天下财赋，内庭诸司，中外筦库，悉隶三司"①。其目的就是通过分化宰相的职权，使之成为具体行政事物的执行者，由此来强化皇权在处理国家政务中的最高决策权②。这也是内藤湖南所说的"宋代标志着独裁的增长"，并将之作为"唐宋变革"的依据之一。

新符箓派所崇拜的雷部诸神有九天雷祖大帝、五雷院、玉枢院、五方雷将、灵官等，它们掌管着战争和武力，被视为渗透了军事文化因素的战神或武神集团。历史上经常有宋朝"重文轻武"的说法，但实际情况未必如此简单③。笔者认为，新符箓派对雷部诸神及将班系统的设计，即可看作宋代武将体制的一种反映。以"九天应元雷声普化天尊"为统帅的雷部诸神体系，总部为神霄玉府，统帅三十六天内院中司、东西华台、玄馆妙阁、四府六院及诸有司，各分曹局。所以总司五雷，天

---

① 元·脱脱等编《宋史》卷一百六十一《职官志》。《二十五史》第7册，上海古籍出版社、上海书店1986年版，第487页。

② 有关宋代皇权与相权关系，自1942年钱穆先生发表《论宋代相权》提出"宋代相权因被分割而大大削弱，皇权却相应地得以极大的强化"后，引发了史学界的持续讨论。笔者认为，两宋长达三百余年，由于皇帝的个人能力和执政情况不同，皇权和相权的关系经常处于调整变化中，但中央集权的官僚体制未变，这直接或间接地影响到宋代道教的发展。

③ 有关宋朝是"轻武重文"还是"重武"问题的讨论，请参见陈峰著《北宋武将群体与相关问题研究》，中华书局2004年版。

临三界者也①。其下有三十六名雷部元帅、二十四名催云助雨的护法天君等。"元帅神的发展,同宋代以降发展起来的雷法关系密切。即通过雷法而使役的神灵,被专称为'元帅',而其法术多被称作'元帅法'。"②从隶属于雷部的元帅神大量出现,到符箓的军事名称、使用的法器规式,再到役使鬼神的队伍编制,甚至雷神的服饰装束、执掌武器和出场背景,可谓是以道教形式呈现了"主天之灾福,持物之权衡,掌物掌人,司生司杀"的正义之师的威风,这从道教文化的角度反映了宋朝对军事文化的重视。

依此,诸雷法也先列雷部将班、帅班、神班诸神之名讳、相貌、冠服,然后再列本派所用的天经、玉章、灵符、神咒来加以沟通。新符箓派虽然设想出雷部诸神将帅居于天上雷府中,但又认为道士需要通过内丹修炼自己先天元神,使自身所开发的元神之光通过洞开的天眼虚空划符,再配合念咒、手诀、步罡等,将体内所出精气神与居于雷城之将帅相对应,感应所需召请的雷部将班。"雷神往来"即巧妙地运用"奏、申、关、牒"等文书,以"感通"雷部诸神下降为人救苦救难。雷法中将这一内外统一的"召将"方法称为召合法。如《清微宗旨》中有"召将内诀":

> 师曰:先澄心如镜,存金光从念起,便觉虚空之杳,升入无形之内。到神室,少驻片刻,才若意到,便见神光自两规出,散满虚空,天门金光,下接地户,雷光上冲,三合为一,身立于中,为造化之主。便呼召雷神,从天下降,自地涌出,皆有大身,上挂天,下挂地,威光赫奕,拱立听令,随意役遣。然虽如是,动则有神,何劳存想,呼吸出入,元神自灵。③

因此,道士施行雷法的前提是通过内丹修炼而"出神",取得神圣身份的需要"变神",对道法权力的行使才是"召将"。新符箓派盛行之时,正是宋代道教与儒家理学、佛教禅宗相为呼应,以各自的文化基点出

---

① 《九天应元雷声普化天尊玉枢宝经》,《道藏》第 1 册,第 758 页。
② [日]二阶堂善弘著《元帅神研究》,齐鲁书社 2014 年版,第 6 页。
③ 《道法会元》卷四《清微宗旨》,《道藏》第 28 册,第 692 页。

发,共同走上极其重视心性之学道路。钱穆先生曾从人生一切大道必是根源于人性,违逆人性的绝不是人道的思想出发而提出"中国文化特征可以用'一天人,合内外'六字尽之"①的看法。顺应着宋代思想发展"大势",新符箓派也将围绕身心性命修证的内丹引入雷法施行中,上至动则有神、元神自灵,下至请神附体、灵魂出窍,其实都是将天人感应于一体而归结于"一心"思想的特异表现。这些由"澄心如镜"引发的奇思妙想,一方面推动了道教法术的内在化转向,另一方面,又从一个特殊的视角映照出宋代社会政治文化的特点。各派召合法之所以大同小异,是因为道士施行雷法时召神遣将的依据都是以宋朝官僚行政体制为蓝本设计的。

宋代制度虽多承唐朝,但有时也表现出期望超迈唐朝的宏伟抱负,这在新符箓派所设计的雷法中也有所反映。雷部左有玉枢五雷使院,右有玉府五雷使院,有雷鼓三十六面,三十六神司之,所产生的雷霆具有无比的威力,彰显"天道"的神威和不可捉摸的神秘气质。雷部诸神出场时往往以军事化集团来进行配置,排列出一种异于往昔的强大阵式,场面无比壮观,由此来彰显雷霆之师的威力。例如,《道法会元》中记载了各种雷法所召请的雷部神将,有元帅、上将、使者、精兵铁骑等,一应俱全。雷部元帅都是有着传奇般来历的天神勇将,有灵官、天丁、天君、大将、太保、使者等不同凡响的称号,以特异的形象来展现非凡的法力。例如,邓天君背上长着翅膀,又有尖嘴锐爪,像只雄鹰;王灵官和马元帅则长着三只眼。他们手拿不同的兵器,如关元帅手持青龙刀,赵元帅手拿神鞭,温元帅手握狼牙棒等,统御天地鬼神,以伴随着雷声电光而出现的雷霆来击杀妖邪鬼魅,使雷法中蕴藏着广博精微的法术元素。值得研究的是,这些在南方涌现的奉行"雷法"的新符箓派如何推动着唐宋道教的转型呢?

虽然宋朝的政体是帝王为中心的中央集权制,但国体则是以士大夫阶层为主体的平民社会。从新符箓派创建者及传教者的身份看,他们大多是活动于民间社会的士绅,这些地方精英在入道之后,往往通

---

① 钱穆著《中国史学发微》,三联书店 2009 年版,第 129 页。

过以天神托梦或降授的方式来进行创教活动,为在传统道教之外另立新道派提供神圣依据,并努力向上层社会传教。北帝派创教者邓紫阳是江西建昌南城县人,性情刚直而自负有济世之才,隐居抚州麻姑山修道①,因日夜诵天蓬神咒,遂感北帝降授神符真文及北帝剑法。于是,邓紫阳以上清派为基础②,融合正一道法,倡导诵天蓬咒,崇拜北极紫微大帝(简称"北帝"),传习北帝大法,由此被称北帝派。到晚唐五代时,北帝道法(特别是天蓬咒)在四川和江南地区颇为流行③。

这种以自己与天神交会的神圣经验作为创建宗教的依据,成为远离政治中心的地方性新道派创立中一种较为普遍的文化现象。例如,天心派创建者饶洞天于某夜梦神人告曰:"汝用心公平,执法严正,名已动天矣!"④梦觉后见华盖山上有五色宝光上冲霄汉,乃寻光掘地,获金函一所,开见金板玉篆天心秘式一部,名曰《正法》⑤。饶洞天得《正法》后,经神人指点,拜南唐道士谭紫霄(823—973)为师,始得其术,并立教义教规开始传教,"于是四方慕道者凡数百人从游"⑥。天心正法才逐渐流传开来。东华派开创者之一田灵虚曾以"遇陆简寂于

---

① 唐代书法家颜真卿任抚州刺史时,多次登麻姑山,大历六年(771)四月,当他再次登山时,触景生情,挥笔写下《有唐抚州南城县麻姑山仙坛记》,其中记述了麻姑山道人邓紫阳奏立麻姑庙的经过。另有淄州刺史李邕撰于开元二十八年(740),次年立于麻姑山上的《唐东京福唐观邓天师碣》(《全唐文》卷二百六十五,上海古籍出版社1990年版,第二册,第1190页)、郑畋撰《唐故上都龙兴观三洞经箓赐紫法师邓先生(延康)墓志铭》(《全唐文》卷七百六十七,上海古籍出版社1990年版,第四册,第3537页)等都记载了邓紫阳在开元年间的修道事迹以及升仙后受到唐玄宗荣宠的史实。但也有人指出,今天道教学术界通常认为邓紫阳是所谓"北帝派"的开创者,这很大程度上出自宋人的建构,而非历史的真实(雷闻著《麻姑山邓氏与唐代"北帝派"的传法谱系》),载余欣主编《中古时代的礼仪、宗教与制度》,上海古籍出版社2012年版,第159页)。此说可供参考,以了解新道派兴起的复杂性。

② 上清派中已有北帝煞鬼之法,如陶弘景《真诰》卷十云:"北帝煞鬼之法:先叩齿三十六下,乃祝曰:天蓬天蓬,九元煞童,五丁都司,高731北公,七政八灵,太上浩凶……此上神祝皆斩鬼之司名,北帝秘其道,若世人得此法,恒能行之,便不死之道也。"(《道藏》第20册,第548页)一般认为,北帝派所奉行的"北帝法"是由此发展出来的。

③ 萧登福著《北帝源起及其神格的衍变》,四川大学宗教研究所编《道教神仙信仰研究》下册,台北中华道统出版社2000年版,第405—457页。

④ 《华盖山浮丘王郭三真君事》卷五,《道藏》第18册,第69页。

⑤ 《上清骨髓灵文鬼律》邓有功序,《道藏》第6册,第187页。

⑥ 《上清天心正法序》,《道藏》第18册,第69页。

庐山,玄受三洞经教,与东华丹元玄旨会合"①的传说来自神其教,并以《灵宝度人经》为经典,在延续着灵宝派崇尚斋醮科仪传统的同时,推出具有时代特点的东华派。北宋末南宋初道士王文卿(1093—1153)是神霄派创始人,自称早年于扬子江遇火师汪君,授以飞神谒帝之道,后又游金陵清真洞天,遇一据说是电母化身的老妪,授以嘘呵风雨之文,经汪君指点,具有了能役鬼神、叱咤风云、召雷祈雨的法力②。

正如钱穆先生形容"唐朝的知识分子是豪华,宋朝的知识分子却平易而严肃"③。新符箓派道士即使面对想象中的神灵世界施行法术,也是采取一种"平易而严肃"的态度,以期获取最好效果。神霄派的创建者王文卿作为精擅雷法的一代宗师,将"道法"的灵验性扩展到道体与法用层面,以"五雷符"役使鬼神,召雷唤雨,治病救疾,发挥出种种济世度人的功能,才在江湖上名声渐起。王文卿取《灵宝无量度人上品妙经》中"神霄"一词的高远尊贵之义而创立了奉"神霄玉清王"的神霄派。北宋政和六年(1116),京师大旱,林灵素向十分焦急的宋徽宗推荐了据说是"神霄甲子之神兼雨部"的王文卿。"文卿既至,执简敕水,果得雨三日。上喜,赐文卿亦充凝神殿侍宸,灵素眷亦隆。"④王文卿不仅用神霄雷法祈晴止雨,而且还制伏了在宫中作祟的白龟、京师狐王庙的狐妖等,由此受到宋徽宗的敬重,被封为冲虚通妙先生,成为主管道门公事的首领。正是士绅这一群体对传统道教进行深度的文化改革,尤其是通过宣扬天神降授的神圣性和权威性,以激发上自帝王、下至民众对新符箓道法的神秘感、敬畏感,才推动了道教以新面貌、新法术、新法脉获得转型发展的。

从道教的传承与发展来看,新符箓派既与传统符箓道教有着千丝万缕的联系,又形成各自道法符箓和教团传授系统,在发展过程中,虽分枝岔派,但各道派以皆以奉行"雷法"为中心,最后或归于正一道,或

---

① 《灵宝领教济度金书》卷一《嗣教录》,《道藏》第7册,第17页。

② 《冲虚通妙侍宸王先生家话》,《道藏》第32册,第390页。

③ 钱穆著《理学与艺术》,罗联添编《国学论文选集》(第三版),台湾学生书局1985年版,第395页。

④ 宋·赵与峕《宾退录》,上海古籍出版社1983年版,第5页。

归于全真道。

北帝派是在继承天师道、上清派的基础上而自成一教的，奉行北帝大法，受到唐玄宗的重视。该派的创建者邓紫阳不仅被留住京城长安传玄元之教，而且还奉旨去中岳、王屋、函谷、宗圣观及诸名山修功德，使修习北帝大法成为当时道门的一种风气，得到道门精英的代代修习。据《道法会元》记载，唐末五代的杜光庭，宋代的张继先、王宗敬、吴道显、柳伯奇、钟明真、卢养浩、徐必大、刘玉、黄公瑾等，皆习北帝大法，并将其法与神霄雷法结合①，为后来神霄派的创立神霄大法奠定了基础。

清微派自称出于清微天玉清元始天尊，奉行《灵宝度人经》，创出一种符箓名目众多的"新出道法"，称为"清微正宗"，其核心是将内丹修炼与符箓咒术相贯通，演绎出以元始天尊为神圣之源的法派谱系，然后衍化为真元、太华、关令、正一四派，师师相承，传至十代后，乃由祖舒元君"总四派而为一，会万法以归元"②而创立。清微派后来盛行于宋元时期，第三十代天师张继先（1092—1127）也是其传人。张继先宣扬"万法本来归一处，何分正一与清微"③，由此形成清微弟子受箓于龙虎山正一玄坛，促使清微法脉融入正一天师道。

据道书记载，东华派的源头为东晋南北朝流行一时的灵宝派。实际创建者宁全真（1101—1181）打着其师王古和田灵虚的旗号，开始进行创教活动，因受到宋高宗的恩宠，经常主持朝廷的醮祭仪式而名振京师，东华派在南宋时曾兴盛一时。后来，龙虎山道士三洞法师冲靖先生留用光（？—1225）入道志学长达三十年，遍览道经，穷究旨归，分别条绪，诸法书靡一不练，但"专以玉府五雷法正一法为宗主"④，东华派开始分枝岔派。宁全真的道法递经多人传至薛熙真。薛熙真再把内丹、雷法融入灵宝派的斋醮祭炼道术中，又传于林灵真。"绍开东华

① 参见李远国著《神霄雷法——道教神霄派沿革与思想》，四川人民出版社2003年版，第10—15页。

② 《道藏》第28册，第707页。

③ 《明真破妄章颂》，《道藏》第19册，第850页。

④ 《无上黄箓大斋立成仪》卷五十七《宋冲靖先生留君传》，《道藏》第9册，第728页。

之教,蔚为一代真师"的林灵真(1239—1302)出身于官宦世家,自号水南,人称水南先生,灵真为其法名,故东华派又称水南派、灵宝东华派。林灵真博通经纬史传、诸子百家及方外之书,而于四辅、三奇、阴符、毕法之旨,尤加精究。累举不第,乃弃儒为道,舍宅为观,投礼提点戴煟为师,匾其宅曰丹元观,后"学道于虚一先生林公,东华先生薛公,于兹有年矣,幸造道域"。林灵真融合灵宝、上清及正一,以济生度死为己任,由此推动东华派兴盛发展。林灵真曾去龙虎山参拜,三十八代天师张与材慕其学,赞叹永嘉有此高人,表荐其为温州路玄学讲师,继升本路道录。不久,南宋灭亡,元朝兴起,南方社会动荡,林灵真闭门著述,"尽三洞领教诸科及历代祖师所著内文秘典,准绳正一教法",既维护道教的历史文化传统,又随顺宋代江南社会的时俗变化,撰成《济度之书》十卷①、《符章奥旨》二卷后,携文遍历名山。当林灵真再次来到龙虎山,与掌江南道教事的"正一教主"的第三十九代天师张嗣成(?—1344)"情愊语契"。张天师不仅下令雕板印行,而且授以林灵真灵宝通玄弘教法师、教门高士称号,住持温州路天清观事。林灵真的弟子众多,"在州里不下百余人,在方外则天师门下高闲董公、宗师堂下闲闲吴公、金华谢公、括苍两峰周公、武林槃隐王公、吴门静境周公"。正一龙虎宗的董处谦、玄教大宗师吴全节都投其门下,"可谓一时授受之盛"②。后来其弟子林天任嗣教后,东华派逐渐融入正一道中而不再单传。

北宋末年创立的神霄派虽然来源于北帝派和天心派,但在综合发展后,推出的神霄雷法成为唐宋道教雷法的核心。"唐宋道教雷法是

---

① 《济度之书》十卷,在明英宗时经人扩充编纂成的《灵宝领教济度全书》三百二十一卷,题为"宁全真授,林灵真编",作为一部现存卷帙最多的集道教斋醮科仪之大成的著作,收入《正统道藏》中。另外,宁全真授、王契真所集《上清灵宝大法》六十六卷也通过《正统道藏》保留下来,这从一个侧面反映了唐宋道教在宗教仪式上的定型与东华派重视斋醮科仪的归纳整理是分不开的。

② 以上引文见于《水南林先生事实》,《道法会元》卷二百四十四,《道教》第30册,第498—499页。

以神霄雷法为其核心,诸家百派雷法或依其演变而来,或大受其理法影响。"①神霄派以内丹与符箓相融为特色,所奉行的内丹来自张伯端所开创的金丹派南宗丹法,以守窍调息的炼命为下手工夫。由此才可能理解,南宗四祖陈楠就开始兼传神霄雷法,五祖白玉蟾"参受大洞法箓,奉行诸家大法,独于雷法尤著验焉"②,为了驱邪治病,除妖诛怪,常行雷法,使南宗也成为一个传行神霄系雷法的符箓教派。白玉蟾宣扬"内炼成丹,外用成法。神炁散乱,法不灵也"③,与神霄派创建者王文卿所说的"以道为体,以法为用"④、"于人身,使者乃元神也,程雍(雷将之一)乃元炁元精也,五脏之炁为五将也"⑤,将"元神"作为内炼外用之本的观点如出一辙。神霄派因受到宋徽宗特别青睐⑥,故社会影响大,传播地域广,传法者甚多,在林灵素、萨守坚、王惟一、邹铁壁等高道的努力下,后来分化出西河派、天山派等支派,也影响到清微、正一等道派,最后还融入全真道之中。

　　从道教文化建设来看,新符箓派编撰自己的符法、密诀、隐书、灵文及科仪之书作为传教行道的依据,从经箓秘文的角度丰富了道书内涵,为唐代经教道教向宋代法箓道教的转型提供了经典依据。天心派"五季之后,有谭先生(紫霄)、饶先生(洞天),相继祖述而成书"。饶洞天以托神降授、掘地得书等方式编撰《天心正法》,确立教义教规。后来,传教者路时中根据教派发展需要再编天心法:"绍兴之初,路真官再编天心法,则用世法以定之者尤众。路君高才博达之士,撰传度

　　①　李远国著《神霄雷法——道教神霄派沿革与思想》,四川人民出版社2003年版,第243页。

　　②　南宋·白玉蟾著、盖建民辑校《白玉蟾文集新编》,社会科学文献出版社2013年版,第366页。

　　③　《道法会元》卷七十《玄珠歌》,《道藏》第29册,第234页。

　　④　《道法会元》卷六十一《高上神霄玉枢斩勘五雷大法》,《道藏》第29册,第165页。

　　⑤　《冲虚通妙侍宸王先生家话》,《道藏》第32册,第391页。

　　⑥　宋徽宗重视神霄派实受林灵素蛊惑:"天有九霄,而神霄为最高,其治曰府。神霄玉清王者,上帝之长子,号长生大帝,陛下是也,即下降于世。"(《宋史》卷四百六十二《林灵素传》)神霄玉清王,即道教所崇拜的居高上神霄玉清府的南极长生大帝,因众神之力皆出于他,故为众神法源。

科文,又于其法十卷之首,各作一序,极为精确。"①其中,《无上玄元三天玉堂大法》、《无上三天玉堂正宗高奔内景玉书》还保存于《道藏》中。东华派的创立也与道书经箓传抄相关。相传北宋末年,尚书王古"嗣丹元真人东华嫡传",见灵宝阁皂宗教风不振,知宁全真有道,乃檄充史橡。又闻田灵虚遇陆修静得道,延请于家,命宁全真典侍抄录。宁全真心与道契,对经箓秘文,一见辄悟,从此修持不息,能通真达灵,飞神谒帝,名震京师。后另立东华派,奉元始灵天宝天尊为最高神,本度人之法②。宋室南迁定都临安后,宁全真来到江浙,又得到杨司命③所遗、仕子仙所传灵宝玄范四十九品、五府玉册符文。绍兴年间,宁全真因斋醮科仪祈祷有功,南宋朝廷凡有醮祀之事,皆命宁全真主典之。宋代道教的大型斋醮科仪之书《上清灵宝大法》六十六卷④和《灵宝领教济度金书》三百二十卷⑤都是宁全真传授下来的。从神霄派来看,王文卿因得汪真君⑥《雷书》,整理成《混合秘诀》、《玉枢灵文》、《斩勘五雷大法》作为本派经典。也有说,王文卿所得《雷书》为唐代天师叶

① 南宋·金允中《上清灵宝大法》卷四十三,《道藏》第31册,第646页。

② 《道藏》第7册,第17页。

③ 据元代刘大彬所撰《茅山志》卷十六《采真游篇》中所载,杨司命系曾于句容华阳洞修道的杨希真。杨希真在"徽宗索异人"时,"进上《九灵》、《玉婴》、《神变》等经及《灵虚秘旨》。敕黄冕校定,录付道藏,特授丹台郎、冲和妙一法师,视朝请大夫"(《道藏》第5册,第621页)。

④ 《道藏》第30—31册。

⑤ 《道藏》第7—8册。

⑥ 汪君即唐玄宗时代擅长雷法道功的高道汪子华(?—789)。他曾与颜真卿同师白云先生张志和学长生术,再师司马承祯。安史之乱时,举家南游,爱南岳之胜,结庵祝融峰下,修道九年不出,著《火师汪真君雷霆奥旨》。从时间上看,这种说法似为伪托。据王文卿自述,"予未得雷文之前,已遇汪君于杨子江,授予飞神谒帝之道。后游清真洞天,得此文。经三载之久,又遇汪君于军山店中。后过禅寺,语余:所修飞神谒帝之道何如?余答汪君曰:三年前弟子到清真洞天,偶昏暮不知其所,荒落草舍之中,孤火独案之上,得嘘呵风雨之文。遂于身中,取简呈上。汪君曰:子真宿仙也。昔老姥乃电母也。子既得其文,予当语汝于此。方蒙指授,授毕,乃召使者当空分付,此余遇汪君点化"(《冲虚通妙侍宸王先生家话》,《道藏》第32册,第390页)。王文卿自谓雷得汪真君亲传,另据《道法会元》卷七十六记,其中题名为王文卿的道书有《雷説》(卷六十七)、《玄珠歌》(卷七十)、《火师汪真君雷霆奥旨》(卷七十六)等。其中,成书于宋崇宁三年(1104)的《火师汪真君雷霆奥旨》,题为"冲虚通妙先生王文卿俊传,上清三景法师朱执中惟一注"。由此推论,王文卿得到的汪真君雷书,是由朱执中作注后传与王文卿的。

法善所著①。朱越利先生认为："就两宋之际的神霄派而言,祖师王文卿所撰所传雷书多达数十种。"②可见,新符箓派十分重视道书经箓的编撰。流传到今天的《道法会元》二百六十八卷,收录了宋元明时新符箓诸派的符法、密诀、隐书、灵文、斋仪等。其中卷一至卷五十五,为清微道法;卷五十六至卷一百五十四,为神霄道法;其他各卷,为北帝、正一、天心、东华、净明及其他小派之道法,可谓新符箓派道法的集大成著作。

从道教思想的发展来看,新符箓派从天人感应思想出发,既承继中国传统的雷神信仰,也借鉴儒学和佛教有关的心性思想,更依据传统符箓派的传法谱系、符箓咒术和道法理论,将宇宙论、心性论和修道论结合起来,使宋代道教理论中出现的内在化、心性化的转变落实到内修的道功如何外用济世的问题上来。雷法道士以"心"为枢纽、以"气"为中介:"清微祈祷,本无登坛……所谓天地大天地,人身小天地。我之心正,则天地之心亦正。我之气顺,则天地之气亦顺矣。"③通过强调天人同源同构,心性与真炁皆从一个共同的本源生发出来,雷法道士对符箓也进行了新解释:

> 符者,天地之真信,人皆假之以朱墨纸笔,吾独谓一点灵光,通天彻地,精神所寓,何者非符?可虚空,可水火,可瓦砾,可草木,可饮食,可有可无,可通可变,是谓之道法。④

施法者将自身的内丹修炼之功转化为天地间雷霆之力,通过阴阳契合之符箓来召请雷部神将,在"天"与"人"的交接处来沟通天人关系,其根本目的是为了利用超自然力量来达到济世佑人的效果。因此,雷法行持虽千变万化,但在雷法道士看来,也不过是"我"基于"天"和"人"之共通本性而施展的道术。其理论依据即是心包含万法,万法皆俱于

---

① "昔游名山二百余所。一到金陵清真洞,乃唐叶(法善)天师修真之地。抵暮,四无人烟可依,远望山中,忽有灯光,以此投奔灯光,到草舍间,寂然无人。予心大惊,于灯下桌上有一文字,启而视之,名曰嘘呵风雨之文,予意其必雷宅也。心方安,取笔墨以木叶录之。"(《冲虚通妙侍宸王先生家语》,《道藏》第32册,第390页)

② 朱越利主编《道藏说略》下册,北京燕山出版社2009年版,第664页。

③ 《道法会元》卷八《祈祷说》,《道藏》第28册,第715页。

④ 《道元法会》卷一《道法枢纽》,《道藏》第28册,第674页。

一心,心若寂然不动,得太极之体,则自然有感即通。这是因为"夫心者,万法之宗,九窍之主,生死之本,善恶之源,与天地而并生,为神明之主宰。或曰真君,以其帅长于一体也。或曰真常,以其越古今而不坏也。或曰真如,以其寂然而不动也。用之则弥满六虚,废之则莫知其所。大无外,则宇宙在其间,而与太虚同体矣。其小无内,则入秋毫之末,而不可以象求矣。此所谓我之本心,而空劫以前本来之自己也"①。张继先天师的《心说》,将儒佛道三教有关"心"的思想融会贯通,以行雷法为事,倡诚于中,方能感于天,修于内,方能发于外,通过"内炼成丹,外用成法"之径,促使我之本心与天心的真正契合,实现"代天行道"的法术效果。总之,新符箓派所强调的"会归圆融"、"自然简易"、"心包万法"又表现出一种"道法会元"的综合性特点,反映宋代道教理论发展的新特点。

从道法的运用与实施来看,新符箓派提倡道体法用说,通过"一心而通万法"的思想,将内丹心性学引入对雷霆生成与作用的解释中,用"道法以气而感通"②对道术进行了创造性的发挥和技术性改造,推动着宋代道教向道术化方向发展。新符箓派诸家都强调以"道"为体,由"一心"来统摄"万法",故所奉行的"雷法"的基本原理和信仰认同大致相同,即以存神、出神、召将为中心,将"雷法"纳入"道—炁—身—心"的理论框架中,使之成为一种有理论指导的复杂而全面的生命操作。"雷法"的上乘境界出自丹家所谓的"雷霆之窍"发动先天元神而形成的"心地雷霆"。"盖此窍亦无边傍,更无内外。乃神炁之根,虚无之谷,造化之源。只在身中而求,不可求于他也。前真云:此窍非凡窍,中中复一中。万神从此出,真炁与天通。此即雷霆之窍。得之,则雷霆枢机不必外求矣。至人用之,所以冲举。"③落于后天行为则需要道士对符箓、咒语、手诀、罡步、法器乃至于飞章拜表等种种法术进行娴熟的掌握和运用,让自身的宗教角色在圣俗转换中,实现"出神"、"变神"与"召将"的神奇效果。

---

① 《虚靖真君语录》卷一,《道藏》第 32 册,第 368 页。
② 《清微道法枢纽》,《道藏》第 28 册,第 674 页。
③ 《清微道法枢纽》,《道藏》第 28 册,第 677 页。

但诸道派的道法实际上存在着鲜明差异,究其原因主要有二:一是诸派雷法所隶属神谱有异,如清微雷法出自清微天元始天尊,神霄雷法出自神霄玉清王;二是具体的雷法修炼功夫、施法规矩与步骤有别,故雷法门派种类繁多。对此,《道法枢纽》从道体相同、法用有异角度进行了解释:"有道中之道,有道中之法,有法中之法。道中之道者,一念不生,万物俱寂。道中之法者,静则交媾龙虎,动则叱咤雷霆。法中之法者,步罡、掐诀、念咒、书符,外此则皆术数。"①寂然不动为大道之本体,感而遂通演化出多种多样的道法之用,这才是雷法之妙也。例如,王文卿在行法之时十分强调以自我元神本性为作法施符之本。只有内炼形神,以先天一气和虚空神气相合,此感必彼应,方能随意升降体内阴阳五气,嘘为雷霆,嘻为风雨,召天地风云雷雨。因此画符之要,不在点画无误,而在于用自己一点灵光注于笔端,以自己精气布于其上,召役雷部将帅执行。新符箓派所采用的威力巨大的"雷法"是一种将道教的内丹、气法、符咒和法术等融会为一的新式道法,以更有文化内涵、更切社会大众需要、更为神奇的方式塑造出符箓道法的新形象。

新符箓派的"雷法"也有一个不断完善的过程,例如,出现于唐代的北帝派道士,通过建道场,诵念"天蓬咒",祈请四圣将军,召请五雷神兵,来追捉鬼神,保人平安,所倡导的"北帝雷公法"是北帝大法主要内容②,作为一种驱邪法,还有着比较浓厚的民间巫术气息,是后来新符箓派奉行的"五雷正法"的主要渊源之一。宋代时,"五雷正法"③兴

---

① 《清微道法枢纽》,《道藏》第28册,第674页。

② 据考,"北帝雷公法"作为一种驱邪法,在五代宋初刘若拙撰、宋孙夷中编《三洞修道仪》中有明确记载,云:"北帝太玄道士授《北帝箓》二卷、《伏魔经》三卷、《天蓬经》十卷、《北帝禁咒经》三卷、《飞玄羽章经》十卷、《北帝降灵召魂经》三卷、《北帝雷公法》一卷、《酆都要箓》三卷、《传鬼策》三卷、《北帝三部符》一卷、《北帝朝仪》一卷,治六天鬼神,辟邪禳祸之事。"(《道藏》第32册,第168页)

③ 新符箓派依《洛书》的五行之数,东三南二,北一西四,雷霆行天地之中气,故称"五雷"。"夫五雷者,皆元始祖基之所化也。祖气既肇,太极立焉。故天一生水,位乎坎;地二生火,位乎离;天三生木,位乎震;地四生金,位乎兑;天五生土,位乎中。"(《道法会元》卷六十一《高上神霄玉枢斩勘五雷大法》,《道藏》第29册,第165页)新符箓派宣扬天人感应,五雷分属人体五脏。因此,雷法道士要掌握五雷之妙用,就需要在内丹修炼上下工夫,攒聚五脏之气,会聚为一,达到五气朝元的境界,才能与道合一。

起后，驱邪法得到皇帝的喜好及官方的认可，在已有的道教科仪体系之外另立一套神灵系统，建立一套更完整的法箓理论，取得了涵盖众术的地位，"北帝雷公法"也被逐渐替代。新符箓派在实施雷法的过程中，经常将法印与符箓配合使用，出现了一些新印章，例如，《上清灵宝大法》卷二十七登载了"飞玄三气玉章之印"、"三天太上之印"、"道君玉印"、"九灵飞步章奏司印"等，还在《论用诸印》中对法印的名称、制作、种类、用途做了说明。这种"雷法"施行又与斋醮科仪、法印符箓、清规戒律等道教仪范联系起来，表现出一种包融众法的仪式感，推进了中古经教道教转向近世法箓道教而蓬勃发展。

"雷法"作为一种影响力巨大的法术体系，在道德教化、增加信心、稳定社会、吸引民众等方面都发挥着独有的社会功能。社会各阶层人士对其不同的偏好和利用则促进了新符箓派多面向的传播，使之在江湖与庙堂之间游刃有余。帝王重视的是"雷法"所具有的特殊神威，这从宋徽宗宠信精擅雷法的神霄派创建者王文卿、林灵素可见一斑。士大夫大多出于对"道"与"术"的偏好与着迷，既希望能够通达精致之炼养，又能够获得行持的玄妙："道家之行持，即吾儒格物之学也，以正心诚意为主。符印咒诀，行持之文具也。精神运用，行持之玄妙也。感应乃其枝叶，炼养乃其根本。"①而广大民众则更迷恋"法"的实用与灵验，通过驱邪消灾以获得平安幸福。

士绅们推进新符箓派兴起并使之得到帝王的宠信，在推进宋朝道教官僚化的同时，也因过度迎合政治需要使之逐渐世俗化了。神霄道士林灵素（1075—1119），浙江温州人，字通叟，本名灵蘁。少依佛门为僧，后改入道教，曾为苏东坡的书僮，因博学多才，又以道术得幸于宋徽宗，赐号通真达灵先生，加号元妙先生，成为可以自由出入宫廷的"金门羽客"。林灵素为迎合宋徽宗，制造种种神话神迹，另建一套新神系："天有九霄，而神霄为最高，其治曰府。神霄玉清王者，上帝之长子，主南方，号长生大帝君，陛下是也。既下降于世，其弟号青华帝君

---

① 《道法会元》卷六十七《雷说》，《道藏》第29册，第215页。

者,主东方,摄领之。已乃府仙卿,曰褚慧,亦下降佐帝君之治。"①神霄府的玉清王是上帝的长子,号长生大帝君,领治南方,就是宋徽宗本尊。林灵素自己是神霄府的仙卿,名叫褚慧,朝中一些得势的官员也是陪着宋徽宗降临人世间的神仙,他们协助治理天下。通过对王权政治的依附,使道教贵盛一时。"靖康之难"后,神霄派与北宋失国的历史联系在一起,所造成的负面影响引起后人的深刻反思,道教也被纳入官方的管理之下,以至于南宋除了推行道教劝善书《太上感应篇》的宋理宗之外,很少有特别崇信道教的皇帝。

南宋道教鉴于神霄派官僚化的教训,在失去朝廷势力的支持后,走上了于民间社会发展的道路。新符箓派与在江浙一带流行以张伯端为首的南宗相互借鉴共同发展。神霄派支派衍生,有称传自王文卿者,有称传自张继先者,有称传自林灵素者,其中萨守坚、白玉蟾两系的传播影响较大。以张伯端为首的南宗派金丹,以《悟真篇》为理论依据,形成了自己的内丹修炼体系和师徒传承法脉。

南宋时,南四祖陈楠就兼修雷法,到南五祖白玉蟾时形成教团,更是提倡内丹与符箓并重。"该派主要传承张伯端一系内丹,重在内炼,其内丹学远较神霄派发达,故其符箓道法进一步与内丹融合,建立了较神霄派雷法更深化一层的理论。"②白玉蟾宣扬"内炼成丹,外用成法",曾作诗对王文卿、林灵素赞赏有加③,不仅倡导内丹与外丹合修,而且将内炼丹功与外用符箓雷法合修。据《先天雷晶隐书》记载,无论是神霄派,还是清微派,都将白玉蟾奉为本宗的传人④。题为海琼白真人注的《九天应元雷声普化天尊玉枢宝经集注》中,对雷法种类、雷部诸神、雷霆机制进行了说明⑤,并将雷法之术作为南宗修道传教的法

① 元·脱脱等编《宋史》卷四百六十二《林灵素传》,《二十五史》第8册,上海古籍出版社、上海书店1986年版,第1531页。

② 卿希泰主编《中国道教史》第三卷,四川人民出版社1993年版,第124页。

③ 《海琼白真人全集》卷七《冲虚侍宸王文卿像赞》、《天师侍宸追封妙济真人林灵素像赞》,南宋·白玉蟾著、盖建民辑校《白玉蟾文集新编》,社会科学文献出版社2013年版,第260页。

④ 《道法会元》卷八十三《先天雷晶隐书》,《道藏》第29册,第330、354页。

⑤ 《道藏》第2册,第569—587页。

门,这为新符箓派后来融入全真道打开了大门。

南宋道教通过融摄道教诸派道法,借用佛教禅法、儒家纲常伦理以及周易象数之学,倡导"三教合一"而与民众生活更加紧密地联系起来,促成了南方道教中又一新道派——净明道——的兴起。南宋绍兴(1131—1162)年间,在地方精英的主导下,江西南昌西山玉隆万寿宫道士何守证(净明道信徒称之为"何真公")鉴于"兵祸煽结,民物涂炭"①的社会状况,乃假托许逊降授而造作了《净明忠孝大法》等一批经典,倡"太上灵宝净明"大法,特别将"忠孝净明"相提并论,作为修道之基。"吾之忠孝净明者,以之为相,举天下之民跻于仁寿,措四海而归于大平,使君上安而民自阜,万物莫不自然;以之为将,举三军之众而归于不战以屈人之兵,则吾兵常胜之兵也;以吾之忠,教不忠之人尽变为忠;以吾之孝,教不孝之人尽变为孝,其功可胜计哉!"②这个道派奉许逊为祖师,以神仙信仰为基点,不但热切地奉行儒家的忠孝观,而且还吸取了佛教的修行解脱论。作为在特定的历史条件下出现的儒佛道相融会的新道派③,既适应了统治者在战争烽火四起的社会中"神道设教"的需要,也唱响了道教倡导"三教合一"的主基调。

就当南方道教以各种方式如火如荼地在民间社会展开时,在北方金人统治区出现的太一教、真大道、全真道等新道派也与之交相辉映。与南方社会远离战乱相比,北方地区自女真族首领金太祖完颜阿骨打(1068—1123)统一女真诸部,于1115年建大金王朝,金军先后于1125年灭辽,于1127年灭北宋,对黄河以北地区进行武力征服,导致"自京师至黄河数百里间,井邑萧然,无复烟爨,尸骸之属,不可胜数"④,使北方社会成为一个动荡的战场。

1127年金朝迁都中都燕京(今北京市)、入主中原后,南宋建炎二年(1128),宋朝君臣向南方迁移,"王侯之族,婉冶之姿,尽流异域。官府案牍,悉为煨烬,片纸不留。上至乘舆服御,尽皆委弃。两府侍从之

① 《净明忠孝全书》卷一,《道藏》第 24 册,第 629 页。
② 《净明忠孝全书》卷五,《道藏》第 24 册,第 646 页。
③ 孙亦平著《从三教融合看净明道的特点》,载《世界宗教研究》2001 年第 2 期。
④ 南宋·徐梦莘编《三朝北盟会编》卷三十六《靖康中帙十一》。

家,或身死兵刃,或父母妻子离散,兄弟不相保。自古及今,未有此境界"①。金朝占领北方广大地区后,靠铁马兵戈称霸一时,但由于文化落后,更缺乏统治经验,为稳定民心,乃扶植一些傀儡政权接续着宋朝的管理制度来进行统治。例如,天会五年(1126),北宋宰相张邦昌建立楚国,定都金陵,与金国以黄河故道为界,史称"伪楚"。1127年,康王建立南宋,张邦昌马上投奔康王,请求赦罪。金朝又于1130年在华北建立齐国。金熙宗即位后,废除齐国,带领军队开始南下,遭到南宋主战派岳飞军队的顽强抵抗。然而,南宋高宗却听从了宰相秦桧等主和派的主张,十二金牌召回岳飞,后将其处死,并通过与金朝议和,结束了长达二十年的宋金战争,从此北方地区归金人统治。

在金世宗与金章宗统治时期,因积极学习宋朝的先进文化,金朝的政治文化达到最高峰。北方新道派正是在此时宋金战争的社会背景下和宋金文化的交流中相继创立,它们的兴起与发展有着与南方道教不同的宗教诉求。余英时先生曾指出:"新道教的兴起当以两宋之际的全真教最为重要,其次则有真大道教、太一教与稍后的净明道。这四派都来自民间,而且也对一般社会伦理有比较广泛的影响。新道教和当时的理学与禅宗鼎立而三,都代表着中国平民文化的新发展,并取代了唐代贵族文化的位置。"②这些新道派一方面打着继承唐宋文化传统旗号,另一方面又借鉴佛教的出世精神,以禁欲苦行相号召,消除了中唐到北宋道教中弥漫的贵族气息,代表着宋辽金时期中国道教向平民化方向发展的新走向。

太一道的创立者萧抱珍(?—1166)早年入太一宫为道士,从真人处所授秘箓,演化为太一三元法箓之术,在家乡卫州(今河南卫辉市)自立教传道,济世度人,"以仙圣所授秘箓济人,祈禳诃禁,罔不立验。天眷初,其法遂大行,因名之曰太一教"③。萧抱珍常用符箓咒术为人治病、驱赶蝗害、除附体妖怪、止雨祈晴等,据说还在教团内专门设有

①　南宋·徐梦莘编《三朝北盟会编》卷一百二十一《炎兴下帙二十一》。
②　余英时著《中国近世宗教伦理与商人精神》,安徽教育出版社2001年版,第106页。
③　元·王鹗撰《国朝重修太一广福万寿宫之碑》,陈垣编纂《道家金石略》,文物出版社1988年版,第845页。

掌管符箓和药物的役职,迎合了女真族长期流传的萨满教"敬天崇巫"的习俗,于是信奉者"远迩向风,受箓为门徒者,岁无虑千数"①。萧抱珍遂于金熙宗天眷年间(1138—1140)乃于卫州东三清院故址,茸茅而庵,建太一庵立教传道。

该道派之所以名之为"太一道"或"太一教",有不同说法,有谓萧抱珍"传太一三元法箓之术,因名其教曰太一"②;有谓"盖取元气浑沦,太极剖判,至理纯一之义也"③;还有谓"太一"乃汉朝以来所奉最高天神。"三元"与传统天师道的天地水三官信仰有关,可见太一教就是秉承着这些信仰与思想来神道设教的。

一般认为,太一道是对传统符箓道教的继承与发扬,如陈垣先生就认为,"太一与全真、大道殊异者,全真、大道不尚符箓,而太一特以符箓名,盖以老氏之学修身,以巫祝之术御世者也"④。元代学者王恽(1227—1304)是太一道发源地卫辉人,又与太一道五世祖、六世祖有交往密切。为让元代皇帝了解太一道,他在编写《世祖实录》、《承华事略》时讲述了太一道的祖师行状和历史特点:"道家者流,其术固以多矣。而太一之法,辅行世教,有不可胜言者。其鸿灵幽秘,变化叵测,通彻神明之功,几于上下天地,把握阴阳者矣。"⑤这些珍贵资料又在其著《秋涧集》中保留了下来,再加上近年来又出土一些有关太一教的碑刻,为我们今天了解太一道提供了资料依据。

太一道在建构教义时还借鉴了佛教和儒家因素,例如,太一道士必须出家住宫观修道,遵行佛教的五戒,尤其是不娶妻、不食荤、不饮酒等。继法嗣者在接受秘箓法物后,还必须改姓教主的"萧"姓,一般认为这是"效法释氏"的做法,但日本学者窪德忠认为,"这是祖师规

---

① 元·王恽《秋涧集》卷六十一《韩君碣铭》。

② 《元史》卷二百零二《释老传》。

③ 元·王鹗撰《国朝重修太一广福万寿宫之碑》,陈垣编纂《道家金石略》,文物出版社1988年版,第845页。

④ 陈垣著《南宋初河北新道教考》,中华书局1962年版,第112页。

⑤ 元·王恽撰《太一二代度师赠嗣教重明真人萧公行状》,陈垣编纂《道家金石略》,文物出版社1988年版,第860页。

定的制度,不过也许是模仿结社组织的一种形式,其他教团则无此规定"①。笔者认为,太一道在"效法释氏"的同时,还顺应着士大夫的精神文化需要,不仅用宗法制来加强教团组织的严密性,而且还用儒家的谦谦君子仪范来要求信徒,例如,太一五世祖"丰仪秀伟,清修有操行,谦虚笃实,不事表襮,混然与物无忤。而胸中风鉴,殊皭皭也。与人交,诚款有蕴藉,所谈率以忠信孝慈为行身之本,未尝露香火余习。生平问学,不斯须离,如饥渴之于饮食。其易传、皇极、三式等书,皆通究其理。晚节德量弘衍博大,不可涯涘"②。

太一道不倡导注重个体修炼的导引、内丹、房中术,而是表现出一种以道济众、救斯民于水火的入世精神。"太一道的符箓、化导、善行,不外四端,一是所授秘箓济人,二是祈禳诃禁,三是修道而行教,独善而兼善,四是辅以治国、养生。"③太一道作为在民间自发创立的新道派,应属于传统符箓道教与佛教戒律、儒家思想相结合的新道派。只有从儒佛道三教并修的角度,才能更好地理解"太一教法,专以笃人伦、翊世教为本。至于聚庐托处,似疏而亲,师弟子之两间,传度授受,实有父子之义焉"④之说。

萧抱珍创教之初,并没有刻意去邀宠于金朝统治者的支持,而是积极在民间社会传教,为扩大太一道的影响,其弟子侯元仙在赵州及正定的家中,"各建太一堂,奉持香火,以符药济人",由此将太一道传至河北赵县、正定一带,表现出一种游离于政治权力的独立精神。太一道以《道德经》为教旨,以"弱者道之用"的态度辅行世教⑤,这种柔弱忍辱的处世态度反而引起金朝统治者的注意。金熙宗皇统八年

---

① 　[日]窪德忠著《道教史》,上海译文出版社 1987 年版,第 217 页。

② 　元·王恽撰《太一五祖演化贞常真人行状》,李修生主编《全元文》第六册,江苏古籍出版社 1999 年版,第 332 页。

③ 　耿玉儒著《北方太一道的发祥与兴亡》,《河南师范大学学报》1993 年第 1 期。

④ 　元·王恽撰《太一三代度师先考王君墓表》,李修生主编《全元文》第六册,江苏古籍出版社 1999 年版,第 559 页。

⑤ 　如萧道熙所说:"做仙佛不难,只依一'弱'字便是。《经》曰:'弱者,道之用也。'"(元·王恽撰《太一二代度师赠嗣教重明真人萧公行状》,李修生主编《全元文》第六册,江苏古籍出版社 1999 年版,第 321 页)

（1148）诏萧抱珍入宫廷问道，受到礼遇，赐所居道庵名为太一万寿观。金世宗大定六年（1166）萧抱珍卒于此观，赐封"微妙大师"。

太一道在二祖萧道熙成为掌门后，转而走上层路线，乐与四方贤士大夫谈玄论道，动辄数百言。这种玄谈哲理与符箓祭醮并重的传道方式，推动了太一道迅速发展。大定九年（1170）金世宗敕萧道熙本观万寿额碑，"是后，声教大振，门徒增盛，东渐于海矣"①。萧道熙后被金世宗召到京城，任天长观（即今天北京白云观的前身）的主持，皇帝经常向他询问养生之术。三祖萧志冲也曾长住京城天长观，倡导以静坐功夫通达虚静为旨，并借助金朝的支持积极在各地广建宫观②。但由于教门发展过快，也带来了教义理论缺乏创新、信众文化素质较差等问题③。

有着"山中宰相"之称的四祖萧辅道因宣扬"爱民人，隆至孝"的和平思想曾得到忽必烈的青睐，赐号"仁靖真人"。元朝建立后，五祖萧居寿经常受命为元世祖设醮进行法事活动，以至于窪德忠认为"太一教受到元王朝的保护胜过其他教团"④。至元十一年（1274）萧居寿获旨在两京（大都和哈剌和林）建太一广福万寿宫，费用由国库开支。至元十六年（1279）元王朝追封太一道历代祖师真人号，称萧抱珍为"太一一悟传教真人"。太一道大约传播了近二百年，因施行符箓而逐渐与正一道相融合，也有说在七祖萧天佑之后，太一教不另设掌教，在组织上最后并入全真教。

在北方出现的另一个新道派是创立于金代初年的真大道，据《元史·释老传》记载："始自金季，道士刘德仁之所立也。"创立者刘德仁

① 元·王恽撰《太一二代度师赠嗣教重明真人萧公行状》，李修生主编《全元文》第六册，江苏古籍出版社 1999 年版，第 321 页。

② 金·王若虚《太一三代度师萧公墓表》，王新英辑校《全金石刻文辑校》，吉林文史出版社 2012 年版，第 643 页。

③ 例如，金朝在大定十六年（1176）依宋制对道僧进行文化考试，成绩合格后再发给度牒。萧道熙对三代度师萧道宗说："吾门众万数，试经具戒者，完颜志宁、王志充而已。"（元·王恽撰《太一二代度师赠嗣教重明真人萧公行状》，李修生主编《全元文》第六册，江苏古籍出版社 1999 年版，第 322 页）萧道宗参加应试，也"累被黜落，年过四十"。可见，太一道士的文化素质不高。

④ ［日］窪德忠著《道教史》，上海译文出版社 1987 年版，第 220 页。

(1122—1180)是沧州乐陵(山东乐陵)人,自幼喜好读书,在北宋靖康之变时迁居到河北,因生活于社会底层,目睹了宋金之争时深受战乱之害的下层贫民的痛苦生活,逐渐产生了愤世嫉俗的思想。相传在二十一岁时,他遇一乘犊车相过的白发白眉老叟,据说这位老子的化身向他传授《道德经》的"玄妙道诀",临别时还说:"善识之,可以修身,可以化人。"随后投笔一枚而去。自是,刘德仁"玄学顿进,从之游者众",创建的新教团也称为"大道教"。为了更好地带领信众,刘德仁设立九条教戒来劝勉世人:

一、视物犹己,勿萌戕害凶嗔之心。

二、忠于君,孝于亲,诚于人,辞无绮语,口无恶声。

三、除邪淫,守清静。

四、远势力,安贱贫,力耕而食,量入为用。

五、毋事博弈,勿习盗窃。

六、毋饮酒茹荤,衣食取足,毋为骄盈。

七、虚心而弱志,和光而同尘。

八、毋持强梁,谦尊而光。

九、知足不辱,知止不殆。①

刘德仁在河北传教数十年,得到民众敬仰,受其教戒者众多,其中主要是生活于社会底层的农民。

真大道的伦理思想比较浓厚,"其教则大率以无为清静为宗,以真常慈俭为宝。其戒则不色不欲,不杀(下缺)不饮酒,不茹荤。以仁为心,恤其困苦,去其纷争,无私邪,守本分。而不务化缘,日用衣食,自力耕桑,为赡道之"②,要求信徒在日常生活中,遵循佛教的五戒十善,抱有儒家倡导的忠孝之心,发扬道教的见素抱朴、少思寡欲、虚心实腹、守气养神、诚以待人、视物犹己、和光同尘的精神。这种不靠他人施舍,以自力耕作、种桑养蚕来满足自己的衣食需要,以仁爱之心来拯

① 有关刘德仁的生平事迹,参见明·宋濂撰《书刘真人传》,陈垣编纂《道家金石略》,文物出版社1988年版,第835页。

② 元·赵清琳撰《大道延祥观碑》,陈垣编纂《道家金石略》,文物出版社1988年版,第821页。

救他人的作派,表现出一种苦己利人的大道之义。"其教以苦节危行为要,而不妄取于人,不苟侈于己者也。"①在宗教修行上,真大道不同于太一道、全真道,它不尚飞升化炼、长生久视等神仙方术之事,也不行"药符针艾之事",而是倡导静默祷告、召神劾鬼之术,"夫如是清静其心,燕处超然,默契太上众妙之理,其真大道门也哉"②,但也是一个以道为本,又融合儒佛思想的符箓派道教。

与金朝相伴始终的真大道以顺应时代发展要求且简单易行的方式,既推进了道教的平民化,也受到金朝统治者的关注。金大定元年(1161),金世宗诏刘德仁居京城天长观③,开展弘道活动,"在他住的短时期内,天长观起到了如同真大道教本山的作用"④。刘德仁行教三十八年,住世五十九载,以法传付二祖大通真人陈师正,经过三祖张信真,传到四祖毛希琮时⑤,"传其道者几遍国中"⑥。《玉虚观大道祖

---

① 《元史》卷二百零二《释老传》。

② 元·田璞撰《重修隆阳宫碑》,陈垣编纂《道家金石略》,文物出版社1988年版,第823页。

③ 天长观建于唐玄宗时期,后时修时毁。金朝正隆五年(1160),白云观被一场大火烧毁。信奉道教的金世宗即位后下令重修。大定元年(1161),金世宗诏真大道教主刘德仁入住京城天长观。大定九年(1169),又诏太一教二祖萧道熙入住天长观。据《中都十方大天长观重修碑》记载,金世宗大定十四年(1174),重建的天长观落成,改称"十方大天长观"。大定二十七年(1187),金世宗又诏全真道士王玉阳住天长观,垂询长生之道,并专门为之修建全真堂,第二年又诏丘处机住天长观,主持金世宗的生日祭仪。后来,丘处机西行传道,与元朝统治者建立良好关系,全真道获得迅速发展的机会。元朝建立后,元世祖多次下诏丘处机住持天长观(参见李修生主编《全元文》第一册《请真人长春公住持天长观疏》《请丘神仙久住天长观疏》,江苏古籍出版社1998年版,第24—25页)。后来,天长观改名为白云观,成为全真道第一丛林,其影响一直到今天。这从一个侧面反映了北方三个新道派与统治者的关系以及对推进唐宋道教转型所发挥的不同作用。

④ [日]窪德忠著《道教史》,上海译文出版社1987年版,第223页。

⑤ 据元代杜成宽撰《创建大明观更上清宫记》记载,刘德仁"在家养道者十八年,游方行教者二十载,东连晋益,北及燕齐,共阐化三十八年,其人莫知其数。所在立观,到处建功……二代教主俗姓曰陈,师号大通真人,掌教一十五载。三祖师俗姓曰张,真人称纯阳之号,掌大法二十五载,度徒众万八千人"(郝胜芳主编、王埙昌原著《汾阳县金石类编》,山西人民出版社1999年版,第312—316页)。明·宋濂撰《书刘真人事》中也有类似记载,陈垣编纂《道家金石略》,文物出版社1988年版,第835—836页。

⑥ 明·宋濂撰《书刘真人事》,陈垣编纂《道家金石略》,文物出版社1988年版,第836页。

师传授之碑》曰:"四祖毛希琮号纯阳子,复得希夷子(张信真)之传,丁亥(1227)葺玉虚观以居之。戊子(1228)乃立李希安为五祖,号湛然子。"①由此也导致了该道派分裂为真大道(天宝宫系)与正一大道(玉虚观系)两派。刘晓以分析两派封号多少为证据而认为:"玉虚观系的正一大道教才算是大道教的嫡脉正传,而且起初地位也在天宝宫系之上,天宝宫系则是从大道教分裂出来的一个新教派,只是后来居上,才最终成为'大道正宗'。"②由此可见,教内斗争十分激烈。

据立于玉虚观的《玉虚观大道教祖师传授之碑》介绍,位于金朝京城中都(今北京)的玉虚观既是金朝的皇家宫观,也是真大道历代掌教的起居之所,在其教中具有"祖庭"的地位。1215 年金中都被蒙古军队占领,此时的"玉虚观系"受到了蒙古人的排挤。全真道士丘处机应成吉思汗之召,准备西行觐见前及归来后都住在玉虚观。直到丘处机升仙后,玉虚观才从全真教交还给真大道。

五祖郦希诚于元初掌教后开始进行改革:"五祖当教之日,值大元立国之初,法令未行,逆魔乱起,始终一十五载,遭逢十七大魔,以五祖道德崇高,威灵显赫,魔不胜道,寻乃自平。"③在平定教内之争后,"郦始居天宝宫。际遇国朝,名吾教曰真大道,自为一枝,不属在前道教所掌"④。为了与之前大道教相区别,乃改名为"真大道"。有人认为,"玉虚观系"作为金代"旧道教",与金皇室的密切关系,"天宝宫系"作为真大道内"新道教"的代表,从一开始出现,就把主动与新的统治集团——大蒙古国——建立关系作为其发展的重点,两者的政治趋向迥然分途。因此,"天宝宫系"即真大道的建立者五祖郦希诚从一开始,

① 元·孛兰肹等撰《元一统志》,中华书局 1966 版,第 47 页。
② 刘晓著《元代大道教玉虚观系的再探讨——从两通石刻拓片说起》,《中国史研究》2005 年第 1 期。
③ 元·杜成宽撰《洛京缑山改建先天宫记碑》,陈垣编纂《道家金石略》,文物出版社 1988 年版,第 818 页。
④ 元·吴澄撰《天宝宫碑》:"宪宗皇帝即位之四年(1254)特降玺书,赐名真大道。"(陈垣编纂《道家金石略》,文物出版社 1988 年版,第 827 页)

就是以教内的革新者出现的①。郦希诚与元朝统治者建立起良好关系，据《元史·释老传》记载：

> 五传而至郦希成，居燕城天宝宫，见知宪宗，始名其教曰真大道，授希成太玄真人，领教事，内出冠服以赐；仍给紫衣三十袭，赐其从者。至元五年，世祖命其徒孙德福统辖诸路真大道，锡铜章。二十年，改赐银印二。又三传而至张清志，其教益盛，授演教大宗师、凝神冲妙玄应真人。

元宪宗时，真大道在北方兴盛发展，出现了中兴的景象。后来，玉虚观系在七祖杜福春之后的传承渐隐，据说最后因势力微弱而并入天宝宫。天宝宫第六祖孙德福、第七祖李德和、第八祖岳德文都受到元朝恩宠，使真大道的地位一度与全真教、正一道不相上下。

至元十八年（1281），第七祖李德和、杜福春两人还与全真、正一两派的教主同时出席在北京长春宫举行的审核《道藏》的工作，并参与了第二次佛道大辩论②，道教又受到了打击。元成宗元贞元年（1295），八祖岳德文将《制赠大道正宗四世称号碑》树立于天宝宫，以表明元王朝以官方名义正式认定真大道的正统地位。大道教中一直坚持"自庐而居，凿而饮，耕而食，蚕而衣，一切必出于己，一介不取于人"③的自力耕桑的精神。另据《元史》记载，直到十二祖张清志④掌教后，"事亲孝，尤耐辛苦，制行坚峻"⑤，使北方真大道教团中表现出"纪纲条目，

---

① 赵建勇著《金元大道教史续考——从一宗著名公案说起》，《世界宗教研究》2016 年第 1 期。

② 第一次佛道辩论是 1258 年，佛教以福裕为首约三百余人参加，全真教以张志敬为首约二百余人参加。最后道教辩论失败，十七名道士被勒令削发为僧，要求道教交还所占二百多所佛寺，焚毁《化胡经》等道经。《至元辩伪录》卷六《焚毁伪道藏经碑》对此有载。

③ 《汴梁路许州长社县创建天宝宫碑》，载《许昌县志》，南开大学出版社 1993 年版，第 973 页。

④ 一般认为，大道教第九代祖师为张清志，但据陈垣《南宋初河北新道教考》的考证，八祖岳德文之后，本来是由张清志继任，但张清志"曾有延陵季子之行"，避位回到华山归隐之地，于是有二赵一郑相继嗣位。但他们掌教时间很短，五年之间，相继殒灭，然后又由张清志接任。如果以这样的观点推算，张清志可称为九祖。如按赵、赵、郑、张的顺序计算，张清志应为十二祖（参见陈智超著《金元真大道教史补》，《历史研究》1986 年第 6 期）。

⑤ 《元史》卷二百零二《释老传》。

严若君父"的宗教风貌。

一般认为,真大道主要在北方传播,但若研究一下《真大道教第八代崇玄广化真人岳公之碑》又可见,到第八祖时,真大道的势力由北方扩展到江南地区,"西出关陇,至于蜀,东望齐鲁,至于海滨,南极江淮之表,皆有奉其教戒者。皆攻苦力作,严祀香火,朔望晨夕望拜,礼其师之为真人者,如神明然"。真大道在江南修建了众多道观,积极向上层社会传道,"真人时常使人行江南录奉其教者,已三千余人。庵观四百,其他可概知矣"①。这些道观还拥有大量土地和田舍,在教团经济随之发展起来的同时,教团内部也围绕着教主的位子和经济权而展开了激烈争夺。直到第十二祖张清志时,教主之争才逐渐平息下来。张清志曾以道术法箓治虎灾,援救地震后的受灾百姓,"朝廷重其名实,遣使寻访,给驿致之。既见,度不可辞,即舍所赐传,徒步入京师,深居寡出,人或不识其面。著书以名其学,文多奇奥"。若有贵人达官来见,张志清"率告病伏卧内,虽有金玉重币之献,漠如也。或拜伏户下良久,自牖间得一语而去,已为幸甚过望。至于道德忠正缙绅先生,则纳屦杖策求见,不以为难。时人高其风,至画为图以相传"②。因教主深居简出,与社会生活疏离,教团的影响也从此衰落下来。

元代以后全国道教已逐渐形成北方全真道和南方龙虎宗两大中心,大约在泰定三年(1326)之后,真大道逐渐与全真道合流而不再显世了。但这种看法随着近年来真大道资料的不断被发掘而有修正,如也有人认为,真大道因具有较为浓厚的符箓派特色,"正一大道教与玄教、太一教一样,最后都融入了正一教"③。笔者认为,真大道的发展既受制于金元朝代更替的政治影响,到元代时还受到北方新道教之一全真道的竞争压力,这为后来全真道统一北方的各道派埋下伏笔。若联系元代真大道在南北方的传播情况看,在北方传播的真大道融入全真道,在南方传播的真大道则归于正一道,这一自然而然的教派融合

---

① 陈垣编纂《道家金石略》,文物出版社 1988 年版,第 831 页。

② 陈垣编纂《道家金石略》,文物出版社 1988 年版,第 830 页

③ 刘晓著《元代大道教玉虚观系的再探讨——从两通石刻拓片说起》,《中国史研究》2005 年第 1 期。

过程恰恰反映了唐宋道教转型发展的基本趋势。

在众多的新道派中,影响最大的就是全真道,它以内丹心性学为理论特色,代表了宋辽金元时期中国道教发展的新走向。全真道北宗的创始人王嚞(1112—1170),原名中孚,字允卿,号重阳,出身于陕西咸阳的豪门望族,年轻时就精通儒家经史,期望通过科举入仕做官,求得功名富贵。然而事违人愿,王嚞虽才学超群,但只当了终南县甘河镇酒监这样一个收酒税的小官。他生活在社会底层,深刻体会到人生的困境与社会的不合理,在当时社会矛盾、民族矛盾交织的形势下,经常思考生命的意义与人生的价值等问题。四十八岁时,王嚞在甘河镇遇到两个神仙①,得到了内丹修炼的秘诀。由于王嚞在《重阳全真集》中自称自己师承钟离权、吕洞宾、刘海蟾,并称"汉正阳兮为是祖,唐纯阳兮做师父,燕国海蟾兮是叔主"②,后来全真道就构造了东华帝君→钟离权→吕洞宾→刘海蟾→王重阳的传承体系,称之为"北五祖"。

王嚞之所以建构这一由仙到人的传承体系,尤其是尊礼钟离权、吕洞宾和刘海蟾为前辈,这与其家乡陕西关中地区是钟吕内丹道的形成与传播区有关。据樊光春先生考证,"自钟吕以后,在陕西地区有两支钟吕学派值得注意。一是陈抟学派。陈抟生活于五代-宋初,隐居华山四十余年。与其同时,吕洞宾、刘海蟾也活动在关中地区。……二是张伯端学派"③。若参照道书中有关张伯端生平事迹的记载,就可见其于熙宁二年(1069)在成都遇异人传授金丹药物口诀,此异人即刘海蟾。刘海蟾曾与吕洞宾一起在终南山隐修,后遇正阳真人钟离权的点化而成仙④。其后,张伯端在遇仙后辗转于荆南(今湖北江陵)、汉阴(今陕西安康汉水南岸)、河东(今山西南部黄河以东)。熙宁八年(1075),张伯端由河东入陕西凤县、甘肃武都传道时,因"三传非

---

① 王嚞自己没有说明他所遇的两个神仙是谁。金代的金源璹《全真教祖碑》与刘祖谦《重阳仙迹记》中虽然都记载了王嚞甘河遇仙之事,但也没有记载所遇神仙的姓名。

② 《重阳全真集》卷九,《道藏》第 25 册,第 736 页。

③ 樊光春著《王重阳终南遇仙的几个问题》,《华中师范大学学报》2009 年第 1 期。

④ 清·舒其绅等修《西安府志》卷三十七,台北成文出版社 1970 年影印清乾隆四十三年刊本,第 2058 页。

人",触怒凤州太守,被判流放。经过邠州(今陕西彬县)时,与石泰相逢,并将内丹道传于石泰,而自己则经过长安,东出潼关,回归故里浙江台州①。可见,王嚞终南山遇仙与陈抟、张伯端在陕西关中地区的传道活动有直接或间接的传承关系。再从教义来看,全真道延续并发展了钟吕内丹道的传统。正因为有着共同的文化源头,由此才能更好地理解以张伯端为开派祖师的南宗后来会融入在北方创立的全真道之中。

在石泰去世的第二年,王嚞就在"甘河遇仙",从此人生态度发生了根本性转变。此后,王嚞假托疯病,抛妻离子,出家修道,"尽断诸缘,同尘万有,即养浩于刘蒋、南时等处者三年,故得心符至道"②。自我修炼了一段时间后,据说他生理和心理上都发生了很大的变化,彻悟了人生的真谛,并萌发了向社会传道的念头。大定七年(1167),王嚞从家乡陕西出发,经潼关来到山东半岛,以诗词歌曲等形式来随机施化,化导众人,聚众讲道,创立了一系列以"三教"命名的群众性教团,并以"全真"为旗号,陆续吸收了一批弟子,凡入道者皆称全真道士,从此,独具特色的全真道便登上了中国历史的舞台。在王嚞门下,最著名的有七大弟子马钰(号丹阳子,创遇仙派)、谭处端(号长真子,创南无派)、王处一(号玉阳子,创嵛山派)、刘处玄(号长生子,创随山派)、郝大通(号广宁子,创华山派)、丘处机(号长春子,龙门派尊为祖师)、孙不二(马珏之妻,号清静散人,创清静派),他们各开全真一派,这就是著名的全真道"北七真人"。

早期的全真道士长期接受汉族文化教育,却远离汉族建立的宋朝而生活于女真族统治的金朝,使他们心中深藏着一种挥之不去民族文化情结,也有人称之为"宋朝遗民情怀",这成为他们改革且创立新道派以发扬本民族宗教精神的潜在动力。陈垣先生认为:"全真之初兴,不过'苟全性命于乱世,不求闻达于诸侯'之一隐修会而已。世以其非儒非释,漫以道教目之,其实彼固名全真也,若必以为道教,亦道教中

---

① 《历世真仙体道通鉴》卷四十九《张用成传》对此有详细的记载(《道藏》第 5 册,第 383 页)。

② 《甘水仙源录·序》,《道藏》第 19 册,第 722 页。

之改革派耳。"①全真道作为当时道教中的改革派,"其教名之曰全真,屏去妄幻,独全其真者,神仙也"②。表现在道教仙学上,全真道从人的本真的生命存在中去追求生命的超越,"跳出凡笼寻性命,人心常许依清静,便是修行真捷径"③,在内丹心性学的基础上确立了"全真而仙"的宗教理想④。

王嚞在去山东传教后不久就病逝了,但他播下的"全真"种子因其弟子们的辛勤耕耘却得以生根开花。虽然金章宗在其统治时曾"以惑众乱民,禁罢全真"⑤,但经过马钰、谭处端、刘处玄、丘处机等历代掌教的努力,全真道在稍有消沉后,马上又在民间社会迅猛传播,大有势如风火,越扑越炽的发展态势。

成吉思汗在蒙古军势力已扩展到北京一带,并率军西征时,特遣使者前去山东登州召请当时全真道掌教丘处机。丘处机针对北方社会的流民现象,专门在宫观广发度牒,使一批无以为生的流民加入全真教,既免除了他们的苛捐杂税,也扩大了全真道的力量。丘处机奉诏西行,不远万里,顶风冒雪,带着弟子们去大雪山觐见,为成吉思汗统一天下献计献策,被尊为"丘神仙"。元世祖忽必烈在统一中国后,不仅给全真道以特殊待遇,对北方的新道派太一道、真大道的掌教给予关照,而且对在江南地区传播的正一道、净明道也给予了很高的礼遇。元王朝建立后,全真道得到良好的发展机遇。全真道不仅在北方有众多的信徒,而且在南方也不断扩大势力,对其他教派也产生了影响。由于以内丹心性学为特色的全真道势力日盛,南方一些以修炼内丹为特征的小道派也干脆打出全真道的大旗来,后来被称为全真道南宗,这样,全真道内部就有了所谓的南北宗之分。

北方三大新道派的祖师都是富有才学的汉族知识分子,他们活动

① 陈垣著《南宋初河北新道教考》,中华书局1962年版,第2页。
② 金源璹《全真教祖碑》,载陈垣编纂《道家金石略》,文物出版社1988年版,第450页。
③ 《重阳全真集》卷七,《道藏》第25册,第729页。
④ 孙亦平著《全真而仙——论全真道对道教仙学的发展》,《社会科学战线》2003年第5期。
⑤ 《金史》卷十二《章宗四》。

于兵荒马乱、灾荒饥馑、盗贼横行的金朝统治区,通过在士人和平民中传教而创立新道派。这些新道派又相继得到金元统治者的恩宠,然而在各自独立传播一二百年后,最后只有全真道一枝独秀,原因应该是多方面的,在笔者看来有三点十分重要:

其一,最后兴起的全真道以"真性本体论"为哲学基础,倡导以"性命双修"为核心的内丹修炼,一改传统道教在家修行方式,不尚符箓法术,不尚金丹服食,而是模仿佛教的出家居观修行,以全真清规为指导,奉五戒,穿道装,蓄须发,不食荤腥,不结婚,静心打坐,去除爱欲,断绝尘缘,以期更好地励志苦行①。早期全真道遵行"五戒"不仅是对佛教戒律的认同,也是对太一道和真大道所倡导的苦己修行,离俗出家,教风淳朴,慈心利人的宗教精神的认同,更为重要的是,全真道教导信众,放下尘世俗虑,以真功真行而专注于更高的"全真而仙"的宗教目标,所具有的神圣性和超越性使之在众多道派中脱颖而出。

其二,若要衡量一个教团的兴衰,必观看其宫观数量的多少,而宫观的多少又与信徒的多少成正比,正如陈垣先生所说:"南宋初河北新兴三教,全真为盛,凡有宫观,十之七皆属全真。"②全真道的宗教信仰和教团组织的确立,充分展示了北方新道派在民族纷争中坚守民族文化传统的态度,由此吸引了越来越多的信徒,再加上丘处机西行弘道,使"只识弯弓射大雕"的一代天骄成吉思汗逐渐认识了道教特有的经国理身的精神,这使全真道教势力日益壮大,在元朝建立后获得了掌管天下道教的权力。到尹志平、李志常掌教时代,全真道的势力从北方向南方推展。

其三,与全真道龙门派的努力分不开。如果说,王嚞是全真道创立者,丘处机西觐成吉思汗扩大了全真道的社会影响,是把全真道推

---

①　全真道建立的戒律法规又称"全真清规",是对那些违犯戒律的道士进行处罚的条例,其内容包括指蒙规式、簮披次序、游方礼师、堂门戒腊、坐钵规式、祖师则例、三不起身、全真体用、钵室赋、教主重阳帝君责罚榜、了算子升堂文、长春真人规榜和郎然子家书。教主重阳帝君责罚榜明确规定了对于违反清规的全真道士的处罚标准,由此来约束道士行为,以保持道观宗教生活的神圣秩序(《全真清规》,《道藏》第 32 册,第 156—161 页)。

②　陈垣著《南宋初河北新道教考》,中华书局 1962 年版,第 102 页。

向鼎盛的重要人物,那么,龙门派的兴起及代代传承则标志着全真道的不断发展与广泛传播。《藏外道书》中的《金盖心灯》、《龙门正宗觉云本支道统薪传》、《长春道教源流》、《长春观志》、《白云观志》及民国时出版的《道统源流志》中都比较详细地记载了龙门派的传承谱系:

赵道坚→张德纯→陈通微→周玄朴→　张静定
　　　　　　　　　　　　　　　　沈静圆→　赵真嵩→王常月
　　　　　　　　　　　　　　　　　　　　卫真定→沈常敬①

从《金盖心灯》着重描绘丘处机传戒法、付衣钵于赵道坚的事迹中可见,赵道坚创龙门派的说法可能系后人的说法,意在说明龙门派是由丘处机授意赵道坚创立的,从而将丘处机奉为龙门派的祖师,将赵道坚作为龙门派的实际创建人,以抬高龙门派在全真道中的地位。

后来的《道统源流志》明确称丘处机是龙门正宗第一代祖师,称赵道坚是第二代,但又是"龙门正宗第一代戒律祖师"②。龙门正宗第五代由张静定律师和沈静圆宗师并列,且律师与宗师各自传法,使龙门正宗分为两派,且每代都有数人承担,改变了过去"单传秘受,不能广行"的局面,并使龙门派的传播范围也扩展到江南地区。明末清初,第七代律师王常月(1522—1680)南下弘道,使原来主要活动于北方的龙门派得以在南方广泛传播,并形成了众多的支派,其势力远远超过全真北七真人门下其余诸派而一枝独秀。因此,龙门派第八代有律师或宗师十五人,且大多是江南人,其中最知名的是律师伍守阳(1574—约1644)。龙门派在江南地区进行的传戒弘道活动,一方面使龙门派在与儒佛交融中进一步分支岔派,另一方面也在客观上扩大了全真道在江南地区的社会影响,以至于在明清时期出现了"天下道士半全真,天下全真数龙门"的局面③。

当传统符箓道教日趋衰落,倡导以内丹融合符箓的新符箓派则不断涌现,使"雷法"成为集各种道术之大成者时,也推动了融合新旧符箓各派的正一道在南方社会的传播。在南方社会传播的正一道以张

①　《金盖心灯》卷一,《藏外道书》第 31 册,第 166 页。

②　吴兴庄严居士辑《道统源流志》下,无锡中华印刷局印刷,第 1 页。

③　孙亦平著《论全真道龙门派在江南地区的传播与影响》,《宗教学研究》2010 年第 3 期。

天师为首的龙虎宗为核心,借鉴儒家的正心诚意、忠孝为本的伦理思想,将当时的新旧符箓派茅山宗、阁皂宗、净明道,以及神霄派、清微派、东华派、天心派等,拢归于龙虎山天师府的"万法宗坛"。正一道的教团组织虽然比较松散,但都奉行正一经箓,以画符念咒,祈禳斋醮,为人祈福禳灾、治病驱邪为主要道术来服务于社会;受新符箓派"内炼成丹,外用成法"的影响,正一道士作法时也有以内丹修炼为基础。由此可见,道法融合促进了道派融合。在修道方式上,正一道士继承了天师道的传统,可以不住宫观,可以娶妻生子,被称为"火居道士"。《元史·释老传》详细介绍了元朝建立后,在平定江南社会的过程中,元世祖多次召见张天师的事迹。"正一天师者,始自汉张道陵,其后四代曰盛,来居信之龙虎山。相传至三十六代宗演,当至元十三年,世祖已平江南,遣使召之。"元世祖在听说张天师家以"天师剑印传子若孙尚至今日"后,大为惊叹,乃命张天师家族袭掌江南道教。元成宗大德八年(1304),为了维护元王朝在江南地区的统治地位,以官方名义册封三十八代天师张与材(?—1316)为"正一教主,主领三山(茅山、阁皂山和龙虎山)符箓"①,这标志着正一道的正式形成,同时,也以重斋醮符箓而促进了那些江南地区有着"相互近似之共通性"的新旧符箓各派趋向融合并汇聚到"正一道"的旗帜下。

唐宋时期涌现出的新道派散漫于各地,生生灭灭、迁流变化,但最终以得道成仙为基本信仰,信奉多神而以"三清"为至上神,促进了全国道教主要归拢为正一道与全真道两大道派,由此而印证了那句"分久必合"古话。

第二节　神灵信仰体系再确立

道教在漫长的历史发展中,依据对"道"的信仰,将中国古代宗教中的自然崇拜、祖先崇拜、鬼神崇拜和神仙信仰等吸收进来,在多神崇拜的基础上建立起富有特色的神灵谱系,以一种生动而形象的方式来

---

① 《元史》卷二百零二《释老传》。

诠释对那种无限整体之"道"的信仰与崇拜。相信有众多的神灵存在，崇拜者可以根据自己的需要，选择不同的神灵来加以膜拜，形成了多神信仰。道教的神灵种类繁多，且等级有差，故在多神信仰中又形成了主神崇拜。从唐宋道教神灵信仰内涵之嬗变来看，似遵循着向更贴近中国人的生存样态和精神追求的方向悄然转换。南宋时，经道门学者的认定，再次确立起有序的道教神灵信仰体系一直延续至今。

在建立唐朝的过程中，道士们制造了许多老子显灵的传说，帮助唐高祖李渊平定天下。唐朝伊始，李唐王朝就利用道教教主老子姓李，奉为唐宗室的圣祖，宣扬"老君子孙治世"的政治舆论，开始了一系列崇奉老子的活动。据《旧唐书》记载，唐高祖于羊角山立老君庙、亲谒终南山楼观，并降诏改为宗圣观；唐太宗奉老子为祖先，在老子故里亳州建太上老君庙；唐高宗于乾封元年（666）亲至亳州谒老君庙，追封太上老君为"太上玄元皇帝"；唐玄宗于天宝年间（742—756）加号封为"大圣祖玄元皇帝"、"圣祖大道玄元皇帝"、"大圣祖高上大道金阙玄元天皇大帝"①。唐王朝于天下修建了众多的道观，特别是在长安、亳州等地建造太清宫、老君庙，确立起太上老君作为唐王朝的圣祖所具有的创世护佑之神威。太清宫在塑老子像时，还塑唐玄宗像侍立于右，以示尊崇。后来又以高祖、太宗、高宗、中宗和睿宗五帝陪祀老子②。这种于道观中塑帝王像来奉侍神灵的做法在宋代得到了延续。在唐代帝王的极力推崇下，对太上老君的信仰在唐代政治生活中发挥出独特作用。民间社会也形成尊奉太上老君、信仰道教之风尚。

道教神灵谱系发展至唐朝时，在"一气化三清"的理论指导下，将三清妙境、三位尊神和三洞真经最终融为一体，确立了三清尊神为最高神并排定三清的座位，这其实经历了一个复杂的变化过程。如果说，道教初创时期就信奉太上老君，那么，随着东晋中后期上清派和灵

---

① 《旧唐书》卷九《玄宗本纪》。

② 天宝十三年（754）"二月癸酉，上亲朝献太清宫，上玄元皇帝尊号曰大圣祖高上大道金阙玄元天皇大帝。甲戌，亲飨太庙，上高祖谥曰神尧大圣大光孝皇帝，太宗谥曰太宗文武大圣大广孝皇帝，高宗谥曰高宗天皇大圣大弘孝皇帝，中宗谥曰中宗太和大圣大昭孝皇帝，睿宗谥曰睿宗玄真大圣大兴孝皇帝"（《旧唐书》卷九《玄宗本纪》）。

宝派的出现,道教三清尊神才得以相继问世。南北朝时,道派林立,各派自尊其神。天师道、楼观道沿袭着传统,一直奉太上老君为最高神,而上清派、灵宝派则分别崇奉元始天尊、灵宝天尊为最高神①。信仰上出现的这种各自为政的分散局面,显然不利于道教的传播。于是一些道士依据道教的"三一"理论,通过"一气化三清"而将各道派所信奉的神灵糅合起来,"此即玉清境,元始天尊位,在三十五天之上也。此即上清境,太上大道君(即灵宝天尊)位②,在三十四天之上也。太清境太极宫,即太上老君位,在三十三天之上也"③,把三清尊神——元始天尊、灵宝天尊和道德天尊——作为各道派共同信奉的最高神。尊奉"三清",但更宣扬"太上老君"的行教之功成为唐代道教信仰的新特点。对此,杜光庭对唐代道教信仰描述颇具代表性:"自元始天尊之后,即有太上大道君、太上老君、太上丈人、太上高皇帝,皆极此位。而太上丈人、高皇帝,虽兼有尊极之名,而不行教。其传祚行教,为万天之主,惟道君、老君耳。"④既然太上老君有"万天之主"之权能,为什么还要再立"三清"作为最高尊神呢?这一现象可以从两个方面来寻找原因:

其一,作为老子化身的太上老君还保留了一些可察觉的历史痕迹,作为道教的最高神,在神圣化方面显然还不够彻底,这对激励信众的信仰热情显然不利,同时也很容易遭到对手的批评,加之"道不可无师尊,教不可无宗主"的内在理论要求,因此,道教有必要进一步提升

① 日本学者小林正美从唐代的道教教团是天师道的"道教"的观点出发而提出:"将三清看作是三洞经的教主,将三清作为象征道教整体的神格进行崇拜,是天师道的思想。因此,祭祀三清的三清殿,原本设置在天师道的道观。"([日]小林正美著《新范式道教史的构建》,齐鲁书社 2014 年版,第 201 页)若对照唐代道教多道派并存的历史,此看法是值得推敲的。

② 灵宝天尊早先被称为"太上大道君"。《云笈七签》卷三《灵宝略纪》曰,元始天尊下降,授道君《灵宝》大乘之法十部妙经,并赐道君太上之号。三国时,吴主孙权赤乌之年,有琅琊葛玄,字孝先,入天台山学道,"精思遐彻,未周一年,感通太上,遣三圣真人下降,以《灵宝经》授之"(《道藏》第 22 册,第 14—15 页)。太上大道君是灵宝派所尊奉的主神,又被称作"灵宝天尊"或"灵宝君"。

③ 《三洞珠囊》卷七引《老君圣迹》第十卷《伪惑品》,《道藏》第 25 册,第 340 页。

④ 唐·杜光庭撰《释老君盛唐册号》,《全唐文》卷九百四十四,上海古籍出版社 1990 年版,第四册,第 4350 页。

最高神的神圣性，故杜光庭最终以上清神灵谱系为蓝本确定了三清神的师承关系和等级关系："天尊为五亿天之主，亿万圣之君，亦生亿劫之前，为道气之根本也。所以道君为老君之师，天尊为道君之师。二圣既立，乃曰：老者，处长之称；君者，君宗之号。以老君天上天下，历化无穷，先亿劫而化生，后亿劫而长存，天天宗奉，帝帝师承，故赐以太上老君之号。三圣相师，乃垂教尊卑之本矣。"①道教将元始天尊视为道气之根本，奉为师祖，将大道君视为道气之祖，为师父，老君则为大道之身，为弟子，因此，"三清尊神"形成了这样的一个排列次序。

其二，是为了更好地说明三清尊神是三位一体的关系。这也反映了道教在确立最高神的阶位时受到了外来佛教"三世佛"或"三身佛"的启发，如宋代理学家朱熹（1130—1200）就认为："道家之学，出于老子。其所谓'三清'，盖效释氏'三身'而为之尔。"②如果佛能以"一佛显三身"，那么，道也就能以"一气化三清"。如此，道教创造出三清尊神作为至上神的神灵信仰体系也就在情理之中了。

"三清"既指道教的三宝尊神，也指三位天尊所居之胜境，还指道教所奉的"三洞真经"。具体而言则是指：元始天尊居玉清境在清微天，灵宝天尊居上清境在禹余天，道德天尊居太清境在大赤天。"洞真法天宝君住玉清境，洞玄法灵宝君住上清境，洞神法神宝君住太清境。此为三清妙境，乃三洞之根源，三宝之所立也。"③南宋道士金允中在编撰道教斋醮科仪时曾概括为：

　　·三尊之号，在经中只称元始天尊、太上道君、太上老君；其别号则曰天宝君、灵宝君、神宝君；以三境之名而称之则曰玉清、上清、太清；以三洞之书而名之则曰洞真、洞玄、洞神，如此而矣。④

由此可见，道教是先设三清妙境，然后才有居于三清妙境中的三清尊神和所奉的三洞真经。道教将三清尊神与三清妙境、三洞真经糅合起来，使三清尊神的信仰体系更加神秘化、复杂化和系统化。唐代时，三

① 《道德真经广圣义》卷二，《道藏》第 14 册，第 317 页。
② 《朱子语类》卷一百二十五《论道教》，中华书局 1986 年版，第 3005 页。
③ 《云笈七签》卷六《三洞并序》，《道藏》第 22 册，第 32 页。
④ 《上清灵宝大法》卷二二，《道藏》第 31 册，第 478 页。

清尊神之间的序列关系确定下来,最终形成了"一气化三清"的信仰。"三清"就成为对道教"三位一体"最高神的尊称。

道教宫观中的神殿位置往往形象地展示了道教神灵谱系的结构,三清殿一般都处于道观的中心位置,然后才是玉皇殿等其他殿堂,由此展示出三清作为至上神的崇高性。以建于宋代的苏州玄妙观为例,处于中心位置三清殿是现存最古老的道教殿堂建筑,大殿堂中间供奉三清,两侧站立着十二天将,后殿供奉六十元辰,象征十天干、十二地支形成六十甲子,以展示三清作为宇宙的创始神的主宰性。三清尊神的确立提升了道教神灵的超越性,完善了道教神灵的信仰体系,既有利于道教争取更多的信众,也便于道教同外来的佛教文化相抗衡。

道教的至上神信仰,经历了由民间道教的太上老君,发展到官方道教的三清尊神。无论从神威上,还是从神理上来讲,道教神灵谱系都表现出日臻成熟和完善的发展态势,同时也为道教斋醮科仪提供了系统的祈请对象。杜光庭在整理编撰道门科范时,就曾简要地排列出以供祈请的神灵,分别为"虚无自然元始天尊、无极大道太上大道君、太上老君、高上玉皇、十方已得道大圣众、至真诸君丈人、三十二天帝君、玉虚上帝、玉帝大帝、东华、南极、西灵、北真、玄都玉京金阙七宝玄台紫微上宫灵宝至真明皇道君、三十六部尊经、玄中大法师、三界官属、一切具灵"①,展示了唐末时的道教斋醮科仪是以三清尊神为至上神而展开的。

唐末五代时,社会分裂,战争动荡,"五季之衰,道教微弱,星弁霓襟,逃难解散,经籍亡逸,宫宇摧颓,岿然独存者,唯亳州太清宫矣"②。老子故里亳州太清宫在动乱中依然保留了下来。当历史的车轮进入宋代后,宋代道教也秉持唐代道教神灵信仰的文化传统,直接将"三清"奉为道教的众神中的至上神。如净明派道士奉持的《太上灵宝净明洞神上品经》开篇曰:"太极无上,大罗始青。中有真人,不死不生。天中之尊,是名三清。玉清宫中,元始天尊。上清宫中,灵宝天尊。太

---

① 《太上黄箓斋仪》卷一,《道藏》第9册,第183页。
② 《三洞修道仪》,《道藏》第32册,第166页。

清宫中,道德天尊。是为三景,各有真人。为之典丞,左右丞相。玉童玉女,典经典吏。掌籍学士,释文誊籍。法官御史,中丞总领。宇宙主宰之君,是为玉皇。承三清之命,察紫微之庭。侍卫之官,承受三清。"①相传,该经是南宋初年许真君降临江西南昌西山时传授的,在讲述净明忠孝教义之前,先列出以"三清"为统领的道教神灵谱系,这种做法在宋代道书中已具有代表性。

"三清"在道教神灵谱系的至高地位确定后,其神性和权能在新符箓派中还得到进一步开发。例如,雷法道士从"一气化三清"的角度对"三清"所禀之气进行说明,以为雷法道士作法提供信仰依据:"清微圣祖玉清元始妙道上帝,梵炁雷霆之始,曰洞真,万道之祖也。清微玄祖上清灵宝玉宸大道君,清炁之祖,元炁也,曰洞玄尊神。清微始祖太清道德五灵玄老君,景炁之祖,玄炁也,曰洞神尊神。"②这里沿用了道教"三天"、"三炁"、"三洞"相对应的说法,从宇宙起源的角度,将炁论引入到对"三清"的解释之中,更赋予其天地枢机的地位。如此一来,雷法道士"内用成丹,外用成法"都要以"一炁"为本,"一二三四五,道为万法祖。万物未生时,一炁先为主。黄河接天河,昆仑太极许。识破三清道,呼吸成雷雨"③。这是神霄道士王文卿授其弟子"欲役雷霆,先明体用"的雷法要旨时,所强调的以"三清道"为本,以"一炁"为阳雷阴霆激剥之用。在宋代道教的"雷法"中,除了"三清"依然是各派信仰的至高神尊外,清微派、神霄派等还将本派的法祖源头追溯到来自清微天元始天尊。据《清微龙天通明内炼秘旨》记载,雷法道士在修炼中通过存思,可使清微天元始天尊分神下降体内,从而使有限色身与无限大道联通起来,可谓"一念所至,夫复自然。能达此者,则知神化之妙矣"④,最终获得支配调动雷部诸神将吏的神通。

北宋统治者一方面延续唐代尊信三清尊神、崇拜太上老君的做法,如宋真宗称老子为"真元皇帝",大中祥符六年(1013)又下诏加号

① 《太上灵宝净明洞神上品经》,《道藏》第24册,第600页。
② 《道法会元》卷二《清微应运》,《道藏》第28册,第680页。
③ 《道法会元》卷八十四《雷法说》,《道藏》第29册,第345页。
④ 《道法会元》卷三十四《清微龙天通明内炼秘旨》中《道藏》第28册,第746页。

为"太上老君混元上德皇帝",并于第二年亲至亳州朝谒太清宫,推崇备至;另一方面,由于北宋在开国之初即受到来自北方辽国的压力,后来南宋又有金国以及蒙古国的威胁,面对着内忧外患的社会现实,特别是尖锐复杂的民族矛盾,希望借助于道教神灵之威,或要求人民通过忠君孝亲而团结一致,保家卫国,或注意吸收民间地方信仰中那些具有保护功能的神祇,如关帝、吕祖、妈祖、真武、城隍、文昌等来满足百姓祈求消灾去祸、平安幸福的心理需要。"随着宋朝的建立,出现了一股以复兴中国汉文化反对外来影响的潮流……这种趋势是在重新确定中国原始宗教的政治地位,信仰的中心在于上天至高无上的权威,与之相连的神明体系,以及通过赐予人类一个'真命天子'来建造一个统一和平的王朝。"①由此才能理解宋代帝王尤其是宋真宗、宋徽宗那种近似于疯狂的崇道行为。

宋真宗的崇道犹如开展一场全民性的文化运动,这使皇权在造就道教新神祇的过程中起着引导性作用。"大中祥符二年(1009)十月甲午,诏诸路、州、府、军、监、关、县择官地建道观,并以'天庆'为额,民有愿舍地备材创盖者亦听。先是,道教之行,时罕习尚,惟江西、剑南人素崇重。及是,天下始遍有道像矣。"②北宋建立后,中央政府已无法无视地方宗教及区域组织的发展,以"天书"下降事件为契机,宋真宗制定了一些具有宋朝文化特点的道教节日,如三月三日为庆祝"天书"下降的天庆节。宋真宗下诏建玉清昭应宫,以奉天书为由,由朝廷出资,要求全国各地也择官地修建道观。各地供奉天书的道观统一以"天庆"为额,故称天庆观。在天庆观中修建宝符阁、玉皇殿、圣祖正殿和安圣殿③中塑造神像,安放天书,甚至还有在安放刻玉天书的供案旁,树起冠服整齐、恭敬侍立于一旁的真宗塑像。那些掌管天庆观的道士又有着朝廷官吏的待遇,这使国家拥有了对天庆观的管理权,但又允许在天庆观周围建立供奉地方神明和先贤的道观神庙,并吸引由士绅领导的地方香会组织带领民众参与天庆观的活动。国家与地方

①　杨庆堃著《中国社会中的宗教》,上海人民出版社 2007 年版,第 124—125 页。
②　宋·李焘撰《续资治通鉴长编》卷七十二,中华书局 1979 年版,第 1637 页。
③　圣祖正殿安放圣祖神像,安圣殿则是为宋真宗死后安放其"御容"准备的。

双重管理的道观神庙制度的建立,使"天下始遍有道像",促进原本分散的道观形成以天庆观为中心而又犹如纲络般相互联系的"道观群",推进着中古道教向带有"近世"特点的道教转型。

另外,四月一日,"天书"降于皇宫,为天祯节;六月六日,"天书"降于泰山,为天贶节;七月一日,圣祖初降,为先天节;十月二十日,圣祖降延恩殿,为降圣节。宋真宗还大兴封禅之事,封泰山神为"天齐仁圣帝",封泰山女神为"天仙玉女碧霞元君",西祀"汾阳后土神",南赐麻姑仙庙为仙都观。通过官方加封神号、敕造道观的方法,宋王朝对一些原先的地方神祇进行"道教化"的改造,纳入宋王朝的国家祭祀系统,持续开展神教设道的活动,既丰富了宋代道教神灵信仰的内涵,也扩大了道教神灵在地方社会的影响。在皇权的支持下,这些来自于民间信仰的新神祇的形象被不断重塑,其权能被不断神化,拉入道教神谱后地位也不断上升。

宋朝仿效唐朝奉老子为先祖的做法,另立赵玄朗作为宋王朝的圣祖并进入道教神谱。赵玄朗,本名朗,字公明,相传生于秦代终南山赵大村,早年家境贫寒,后经商生意,因诚实守信而致富。赵玄朗成为富商后,不忘周济贫困,亲自为国参军打仗,以英勇善战而著称,后因到终南山楼观台访仙论道,修行道术,因于斋坛上表现出驱雷役电、呼风唤雨、除瘟去疟、驱病禳灾等功法,又被称为赵玄坛。南北朝时问世的《搜神记》和《真诰》已有关于赵公明的记载,但只是一位地位不高的神仙。宋真宗大中祥符五年(1012)十月,假托梦见神人传玉皇之命,说命赵玄朗传授其天书。于是,宋真宗通过杜撰圣祖下降的神话,造出"圣祖上灵高道九天司命保生天尊大帝"赵玄朗作为宋代道教的新神灵,并下诏将此事布告天下:"圣祖名,上曰玄,下曰朗,不得斥犯。以七月一日为先天节,十月二十四日为降圣节,并休假五日。两京、诸州,前七日建道场设醮,假内禁屠、辍刑,听士民宴乐,京城张灯一夕。"①后因避讳,改为赵元朗。这位名不见经传的地方小神一下子被拉升到赵氏皇族圣祖的地位,不仅成为国家建道场设醮祭祀的对象,

---

① 宋·李焘撰《续资治通鉴长编》卷七十九,中华书局 1979 年版,第 1801 页。

也成为新符箓派所设计的雷部诸神之一。《道法会元》卷三十六中的"神捷勒马玄坛大法"就是召请"九天云路神捷勒马上将赵公明"一系雷部神将的,其中生动地描绘了赵公明的武士形象:"三角眼,赤枣面,天丁冠,金甲皂衫绿靴,右手铁鞭,左手铁索,黑虎从。"①这成为道观中塑造玄坛元帅神像的样本。"唐宋之交,为实物经济之终结,货币经济之开始。"②随着宋代货币经济的发展,商品交易的兴隆,为了树立"诚信"的社会意识和信仰典范,道教放大了赵公明的诚信纳财、主掌财富经济的文化功能。若期望买卖公平、生意兴隆就去拜赵公明,这成为民间百姓的一种信念。后来赵公明逐渐演化成道教财神,又称为武财神,统帅着"招宝天尊萧升"、"纳珍天尊曹宝"、"招财使者陈九公"、"利市仙官姚少司"四位神仙。这五路财神专司迎祥纳福、公平买卖,统管人间的金银财宝,受到人民特别的热爱,也反映了宋代市场经济的兴起促进了道教神灵信仰的新发展。

　　宋代道教塑造了一批具有辅佐天子、护国消魔功法的元帅、武士、战将式的守护神,它们成为宋王朝特别祈请的神灵,推动着道教神灵的信仰内涵向适应朝廷政治与民众需要的方向扩展。唐代道士邓紫阳开创的北帝派崇拜的北极紫微大帝,简称北帝,身边有天蓬、天猷、黑煞、玄武四位元帅,又称天界大将军:"北极紫微大帝统御三界,掌握五雷,天蓬君、天猷君、翊圣君、玄武君分司领治,天罡神、河魁神是为召雷檄霆之司,九天流金火铃大将军、天丁力士、六丁玉女、六甲将军是为节度雷霆之使。"③相传,元始天尊因哀悯众生不修道德而招致妖魔邪鬼,特遣四圣元帅下降世间,使用五雷大法,统率天兵,降妖伏魔,救护群生,彰显大道,成为道教最高护法尊神,永镇玉皇大帝的殿前:"四圣元帅,永镇玉帝殿下,统摄三界妖邪,每岁常乃降于人间,察人善功,赐人昌吉,保持帝祚,覆荫群迷,断绝恶根,增延禄寿。"④四圣元帅

---

① 《道藏》第29册,第2页。

② [日]内藤湖南著《概括的唐宋时代观》,载刘俊文主编《日本学者研究中国史论著选译》,中华书局1992年版,第18页。

③ 《无上九霄玉清大梵紫微玄都雷霆玉经》,《道藏》第1册,第752页。

④ 《太上九天延祥涤厄四圣妙经》,《道藏》第1册,第811页。

披头仗剑、仪貌英武,有百万天兵左拥右护,天蓬、天猷除凶恶,翊圣、真武赐吉祥,都是道教的守护北方的战神,称为"四圣真君"。

宋太宗太平兴国六年(981),因终南山村民张守真托四圣真君中的黑煞元帅之名,造作了降显神话,护佑宋太宗顺利登基,故特赐黑煞元帅封号"翊圣将军",并终南山上修建宫观加以供奉。宋朝建立后,一直面临着北方少数民族的南下侵扰,相传四圣真君具有辅佐天子、抵御来自于北方的侵略势力的护法功能,受到宋代帝王的不断加封。宋真宗大中祥符七年(1014)不仅加号"翊圣保德真君",而且还让大臣王钦若编了一本《翊圣保德传》①,以突出翊圣保德真君对宋王朝的护佑之功。

四圣真君中的"真武"作为赐吉祥的守护神,经过宋代皇帝竞相加封,由神话传说中的北方之神上升为官方钦定的护国神,到南宋时又成为一些新兴手工业的保护神。"真武"本名为玄武,乃北方七宿(斗、牛、女、虚、危、室、壁)的合称,因有"南斗注生,北斗注死"的说法,被视为具有司命功能的星辰神。相传,真武原为古净乐国王的太子,因生而神猛,故越东海来游,遇天神授以宝剑,入湖北武当山修炼仙道,据说,"武当"之名就来自"非真武不足当之"②的说法,经四十二年的苦炼而功成飞升,成为威镇北方的道教四方神灵之一。在唐五代时,真武并没有受到朝廷或民间的特别祭祀。"朱雀、玄武、青龙、白虎为四方之神。祥符间,避圣祖讳,始改玄武为真武。……后兴醴泉观,得龟蛇。道士以为真武现,绘其像为北方之神,被发黑衣,仗剑蹈龟蛇,从者执黑旗。自后奉祀益严,加号镇天佑圣。"③北宋时,玄武在道教神灵中的地位才快速提高。大中祥符年间,宋真宗为避圣祖赵玄朗之名讳,诏令天下,凡带"玄"字者皆改成"真"字,玄武也改称真武。宋真宗天禧二年(1018)封为"真武灵应真君",并诏令建祠塑像崇祀,开始全力推崇真武大帝。宋徽宗大观二年(1108)又赐尊号"佑圣真武灵应真君"。在北宋灭亡之际,宋钦宗又封之为"佑圣助顺真武灵运将

---

① 《道藏》第 32 册,第 649—661 页。

② 元·刘道明编集《武当福地总真集》,《道藏》第 19 册,第 648 页。

③ 宋·赵彦卫《云麓漫钞》卷九,上海古典文学出版社 1957 年版,第 121 页。

军"。这样,真武经过历代皇帝的加封,成了继翊圣保德真君之后又一个宋朝保护神。

南宋时,面对来自北方的政治军事压力,皇室对真武依然的大力推崇,但真武信仰已从社会政治领域漫延到民众日常生活领域。这是因为真武大帝本为北方司水之神,具有镇北方、主风雨、避邪恶的威力,民间称为玄天上帝、黑帝等,这让性格温和的南方人对龟蛇合体的真武大帝产生一种依赖感和崇敬感,称其为北帝。再加上江南地区商品经济及手工业的发展,北帝神司水,水能灭火,冶炼、陶瓷和纺织等这些与水火有关的行业,往往将之奉为行业保护神。南宋都城临安成为全国崇奉真武的中心,有宋孝宗舍宅而建的佑圣观,"淳熙三年初建者也。以奉佑圣真武灵应真君,十二月落成,内塑真武像,盖肖上之御容也"①。其周围的杭嘉湖地区也到处建有真武观,流传着种种真武大帝显灵的神话。每年三月三日的真武诞节,在道观前开展丰富多彩的演戏酬神活动,有的地方还抬出真武神像巡游,这种弥散性的信仰模式与乡社组织、宗族制度、庆典节日交织起来,逐渐发展成一种富有道教信仰文化色彩的江南民俗活动,并传播到闽粤一带。虽然真武信仰发展到明代时,曾被明成祖利用,打着寻找张三丰的旗号,在武当山上大力修建道观,暗中寻找销声匿迹的建文帝,其实也有顺应民众崇拜真武之意。明成祖奉真武为护国神,大修武当山,促使崇拜真武为主神的新道派——武当道——崛起,开辟了道教将内丹与武术相结合的新方向,这是明代道教发展中的一个亮点。武当山作为真武修真得道飞升处,每年吸引着来自于四面八方的信众上山进香,汇集为一股股持续不断的朝圣活动。这种不同于皇族信仰的乡村民众拜真武活动反映了明清时期的真武信仰基本上延续着南宋道教民俗化的发展方向。

宋朝帝王出于"神道设教"的政治需要,还以加封赐号的方式为道教设立许多新神灵,其中既有道教中的高道仙真,如三茅真君、张道陵、陶弘景等,也有麻姑、妈祖、文昌等地方神,药王、财神、灶神等功能

---

① 宋·李心传撰《建炎以来朝野杂记》甲集卷二,中华书局 2006 年版,第 80 页。

神,城隍、土地、门神等守护神,岳渎、山川、龙王、江河等自然神,尤其是关帝、崔府君、许逊等带有忠义色彩的地方神祇,使之成为宋代道教根据现实政治需要整合、造就新神祇的文化资源。

关帝的原型是三国时蜀汉将领关羽,因至仁至忠而成为刘备最信任的将领之一。关羽去世后,被老百姓尊称为"关公"。唐代时,关羽地位并不高,仅是武庙中陪祭姜太公的古今六十四名将之一。到宋代时,沉默了八百多年的关羽,因得到历代朝廷褒封而进入道教神灵谱系,尤其是在宋徽宗时得到连升三级的褒奖:先封"忠惠公",然后封"崇宁真君",再封"昭烈武安王"和"义勇武安王",给关羽戴上"武圣"的桂冠。这一带有皇帝推荐和国家标记的道教封号,使关羽从民间陪祭神上升为具有独立神格的"关帝",修建武圣关公庙进行祭祀。君王、士绅和道士从不同的角度将关帝作为忠义的象征进行神化,这场造神运动极大地刺激了地方神祇的神格提升和道教俗神崇拜的泛滥。到明清时,关羽被誉为"万世人极",被赋予财神、武圣、护法神等丰富的神性,封号也越来越长,影响越来越大,以至于成为一种精神象征,在东亚各国乃至世界各地,只要有华人的地方,就修建有关帝庙①。对关羽的崇拜之风历年不衰,其源头则肇始于北宋。

对崔府君的崇拜则更具有宋文化特征。相传,崔珏生活于唐代贞观年间,其做县令时,昼理阳事,夜断阴府,因公道正派,死后被上帝封为磁州土地神,当地建祠祀之。据说"安史之乱"时,其曾显灵于唐玄宗,被封为"灵圣护国侯"。在宋金对峙的战争中,有着"灵圣护国侯"之称的崔府君地位步步上升,宋仁宗景佑二年(1035),被加封为"护国显应公"②。据说,在金兵南下,时为康王的赵构成为金兵的人质,在金兵押其北上的途中,赵构脱逃后来到磁州时,夜宿崔府君庙,梦神人告知金兵将至,赵构惊醒后,见庙外已备有马匹,就乘马狂奔。这匹马居然载着赵构渡过波涛汹涌的黄河,过河后即化为泥塑之马。这则"泥马渡康王"的传说更增加了崔府君忠义护驾的神异性。南宋淳熙

---

① 孙亦平著《东亚道教研究》,人民出版社2004年版,第557页。
② 宋·孟元老著《东京梦华录》,中国画报出版社2013年版,第158页。

十三年(1186)又封之为"崔府真君"。崔府君原本是一个民间信仰的地方神祇,随着官方封号的升级,这位护国公成为君、臣、民共奉的道教神灵,崔府君庙也从磁州扩建至全国各地。

在宋代的造神运动中,那些崇道官吏、进入道门的士绅在其中起到了积极作用,这从吕祖信仰以及八仙信仰在宋代道教中的兴起可见一斑。从唐宋道教史上看,以钟离权、吕洞宾为代表的钟吕内丹道在唐末五代出现,演绎了儒士归隐道门修道成仙的故事,塑造了一批具有鲜活个性的神仙形象,不仅标志着"唐宋之际道教神仙思想从出世向入世的逐渐转化"①,由此促进了唐宋道教仙学的转型,而且从宗教信仰的角度塑造了一批个人修炼与神仙救世相结合的新型神仙。钟离权、吕洞宾都是五代宋初道士,其生平事迹历来众说纷纭。据说,吕洞宾修仙成功后,身体能呈现出一百零八种变化,通过自由变幻,显迹世间,预知吉凶,慈心接物,传道度人,故深得百姓敬仰。吕洞宾又能诗好剑,曾自云:"实有三剑,一断烦恼,二断贪嗔,三断色欲,是吾之剑法也。"②吕洞宾于世俗生活中修道,时常出现于酒楼、茶馆、饭铺,吃吃喝喝,放荡形骸,不拘小节,好酒能诗爱女色,所谓"酒色财气吕洞宾",但却是在用道法救度众生。道门中编有《吕祖志》,对钟吕事迹进行了加工改造。当钟离权即将升仙时,吕洞宾却拒绝同行,他说:"岩之志异于先生,必须度尽天下众生,方上升未晚也。"③

北宋初年,社会上已有"时人皆知吕洞宾为神仙"④之说,将之奉为历世现化的"地仙"。吕洞宾作为失意知识分子的神仙代表,被视为中国近古时期的非官僚神中名气最大也最复杂的神灵之一,故美国学者康豹称之为"多面相的神仙"⑤。宋徽宗时,吕洞宾被封为"妙通真人"。全真道创立后,奉钟离权为正阳祖师,吕洞宾为纯阳祖师。无论

① 任继愈主编《中国道教史》,上海人民出版社 1990 年版,第 434 页。
② 《道藏》第 5 册,第 358 页。
③ 《道藏》第 36 册,第 449 页。
④ 张齐贤撰《洛阳缙绅旧闻记》卷三《田太尉候神仙夜降》,李剑国辑校《宋代传奇集》,中华书局 2002 年版,第 75 页。
⑤ [美]康豹著《多面相的神仙——永乐宫的吕洞宾信仰》,齐鲁书社 2010 年版,第 67 页。

是北宗王喆先性后命的丹法,还是南宗张伯端先命后性的丹法,都倡导以"性命双修"为主旨的内丹修炼,故南北二宗皆言得钟吕之真传。吕洞宾与汉钟离、铁拐李、张果老、韩湘子、蓝采和、曹国舅、何仙姑并称为"八仙",但却是"八仙"中最著名、神奇传说最多的一位。百姓喜闻乐见的"八仙"以"八仙过海,各显其能"的方式,又使原来高高在上的神仙形象变得更具个人魅力,以入世化和人情化的形象来贴近百姓日常生活,丰富了宋代道教的神灵世界。

玉皇大帝在诸神中的地位逐渐提高,成为仅次于三清尊神,总执天道的天界大神,反映了宋代道教神灵的官僚化倾向。玉皇大帝源于上古时期的天帝崇拜。南北朝时就有玉帝、玉皇等神名出现。唐代时经常被作为"元始天尊"、"太上老君"之别号:"过去高上玉皇天尊,未来太极天尊,见在元始天尊。"①宋代道教宣扬,玉皇大帝位居三清之下、众神之上,是三界十方、四生六道的总管和宇宙的最高统帅,表现出"统三教,包万法,居天中之天,为圣中之圣,无始无终"②的神威,具有一种人间君主所不能且又十分期望拥有的济世佑民的神奇力量,这就为宋王朝大力崇奉和褒奖提供了依据。大中祥符七年(1014),宋真宗封为"太上开天执符御历含真体道玉皇大天帝"。玉皇大帝的出现,使道教神谱又出现了新变化:"元始为三教之首,玉帝为万法之宗。"③玉皇大帝从"四御"④突显出来。后来,玉帝又被加封为"太上开天执符御历含真体道昊天玉皇上帝",加上"昊天"二字,将中国古代宗教中所崇拜的天帝与玉皇融为一体。玉皇大帝作为神中最贵、万天帝主、大道玄师,也成为人间帝王在天上的象征,可谓"天上有玉帝,地上有皇帝"。道观中供奉的玉皇大帝的神像,身着九章法服,头戴十二行珠冠冕旒,手持玉笏,体态饱满,气宇轩昂,端坐在"灵霄宝殿"上,接受各方的朝拜,这显然是将人间帝王的形象搬到了神仙世界。

---

① 《一切道经音义妙门由起》,《道藏》第 24 册,第 724 页。
② 《皇经集注》卷一,《道藏》第 34 册,第 631 页。
③ 《皇经集注》卷一,《道藏》第 34 册,第 631 页。
④ "四御"是昊天玉皇大帝、中天紫微北极大帝、勾陈上宫天皇大帝和承天效法后土皇地祇。这四位天帝中,居于首位的玉皇大帝最受崇奉。

　　道教宣扬玉皇大帝掌管着神俗两界的事务，宋代以后，民间百姓对之敬而畏之。玉皇大帝在民间享有着最高神的威信，受到普通百姓热烈地崇拜，反而记不得神秘而缥渺的三清尊神了。为了解决这一矛盾，道教中又出现了一种调和两者关系的说法："天中之尊是名三清：玉清宫中元始天尊，上清宫中灵宝天尊，太清宫中道德天尊……宇宙主宰之君是为玉皇，承三清之命，察紫微之庭。待卫之官，承受三清。紫微之庭，枢纽百灵，小事专掌，大事申呈。玉皇之宫，以定章程。执事之臣，上应三清。"①也就是说，道教的最高尊神是无极界的"三清尊神"，但还有一个总领宇宙主宰之君——玉皇大帝，他承三清之命，掌管三界的具体事务。这样，八面威风的玉皇大帝在社会上就更加受到了善男信女的崇拜。

　　后来，道士们不仅编撰了介绍"玉皇"家谱与修道成仙之事的《高上玉皇本行集经》作为道士斋醮科仪及道门功课的必诵经文之一，而且还借"高上玉皇"之名编撰了《高上玉皇心印妙经》、《高上玉皇胎息经》等道书来宣扬玉皇所说的修仙方法。小林正美认为："《高上玉皇本行集经》之中，玉皇不是玉皇大帝，而被称为'高上玉皇'，所以本经并非北宋、南宋时期编纂，应该是高上玉皇开始受注目的唐代初期的作品。"②从唐诗中的那些敬仰及赞美玉皇的诗文中也可见，当时玉皇信仰已在社会上流行，但直到"高上玉皇"在北宋被统治者尊为玉皇大帝后，玉帝在道教神灵中才享有至高地位而受到特别的尊崇。新符箓派也将玉皇作为高位神来崇拜，据《道法会元》卷五十一《清微祈雪文检》中有一篇《奏玉帝》③文告，说当清微道士在祈请雷神布雪不应时，就直接向玉皇大帝祈求进一步的拯救。玉皇大帝在道教雷法神灵世界中是极为重要的角色，被尊为"雷霆玉皇大天尊"。掌管雷法的雷部诸神犹如玉帝的属臣，因此，雷法道士朝觐玉帝较为频繁，在召遣策役以雷部将帅为主的三界诸神时，多称是依玉帝之敕命谕旨而行。这也是宋代道教神灵谱系逐渐成熟后，玉皇大帝的崇高地位在道教法术中

---

① 《太上灵宝净明洞神上品经》，《道藏》第 24 册，第 602 页。
② ［日］小林正美著《新范式道教史的构建》，齐鲁书社 2014 年版，第 213 页。
③ 《道藏》第 29 册，第 103 页。

的生动体现。

随着新符箓派的涌现,宋代道教对待神灵的态度也有了不同于唐代道教的新变化,一方面延续着道教传统对各种神灵虔诚地信仰膜拜,另一方面,雷法道士则期望是冀求依靠一套高级法术役使神灵来完成人力难以完成的事情,推进了道教的古老道法在新时代条件下的新发展。"拜神"与"控神"从表面上看似乎是矛盾的,但实际上却能在道教信仰世界中并存共融。这是因为道教从天人一体的宇宙论出发,认为万事万物都以道为本:"道者,万物之宗元,天得以清,物得以生,神得以灵,海岳得之以安镇,王侯得之以太平,道士得之以神仙,枯朽得之以发荣也。"①神灵仙真、大海山岳、飞禽走兽、花草果木乃至于修道之士都是宇宙之道、阴阳二气在不同形态下的呈现而已。因此,崇拜神灵乃是因为神灵与我本为一体,彼此都具有以道为本、以气为用的性质;控制神灵也是因为神灵与我本无二致,故在本命元神得以充分开发的情况下,即可与之呼吸沟通。"拜神"与"控神"就在这种神秘感受中圆融起来。

宋代道教的敬神拜神在帝王主导、士绅支持和民众参与下演化成一个个道教节日。例如,道教在各道观中建有玉皇殿专奉玉皇神像,还在各地建有玉皇庙、玉皇观、玉皇阁等用来祭拜玉皇大帝。道教把农历正月初九这个极尊的吉日定为"玉皇诞"。"九"在古代指"天地之至数",神秘而又神圣,以凸显玉皇大帝在道教神灵中的至尊地位。这种由皇权主导的敬神拜神很快从社会政治领域蔓延到了社会日常生活领域。是日,道教的活动场所大都要举行盛大的祝寿道场,金箓醮仪,诵经礼忏,祈福禳灾,敬拜玉皇,俗称"斋天"。另据民间传说,每年农历十二月二十五日是玉皇大帝巡视三界、考察人间祸福得失的出巡日,道教的活动场所也要举行隆重的迎接玉皇大帝御驾的宗教仪式,逐渐演化成一种热闹的民俗活动。

南宋在江南建立后,不仅与金朝、西辽、大理国、西夏、吐蕃及十三世纪初兴起的蒙古国并存,而且始终与金朝相邻为界。长期的军事对

---

① 《道德真经广圣义》卷二,《道藏》第 14 册,第 318 页。

峙,既刺激了南宋的农业生产、经济贸易、手工业、武器制造等的快速发展,也使道教信仰领域中出现了威风凛凛的英雄神、多才多艺的行业神、保佑风调雨顺的自然神。这批来自于民间的俗神,有些经帝王认定,建庙祭祀,变成道教尊奉的正神,如关帝、真武、文昌等,都被称为"大帝";有的被引入道教神谱后,信众专建道观进行供奉,如财神殿、雷神殿、东岳庙、城隍庙、龙王殿、八仙观、天后宫、碧霞祠等。道教不断从民间信仰、佛教信仰中吸收新神充实到自己的神灵谱系中,使大大小小的道观神庙林立于城镇乡村。

一向流行巫觋之风的江南民间道观中还盛传扶鸾降仙之术。"降仙之事,人多疑为持箕者狡狯以愚旁观,或宿构诗文托为仙语,其实不然,不过能致鬼之能文者耳。"①这种扶鸾降仙之术受到地方精英的喜好,读书人扶鸾降仙猜试题,有病者扶鸾降仙求药方,道门中人扶鸾降仙请道书,一些士绅还通过扶鸾降仙的方法编撰劝善书、功过格,以因果报应、道教神灵赏善罚恶的方式来教化百姓。另外,道观中的真武灵签、吕祖灵签等帮人预测吉凶,满足民众追求美满吉祥的心愿,为道教在民间社会的流行提供了文化土壤。这种以道观为中心、围绕着道教神灵开展的祈祷、祭祀、法事、扶鸾、丧礼、赛神会等活动,渐渐成为一种区别于官方主导的地方民俗文化,推动着道教从以教团为中心的正统道教向在民间自发传播的民众道教转型。

从我们对江苏道教的田野考察可见,唐宋时,道教的宫、观、殿、院林立于茅山之中,数千名道士在此修道,其中规模较大的有三宫(九霄万福宫、崇禧万寿宫、元符万宁宫)、五观(乾元观、玉晨观、德佑观、仁佑观、白云观),在道教文化的强大引力下,茅山附近村镇为追求时尚和吉祥,多以神仙、降真、承仙、玉真、茅庄来命名。南宋以后,虽然中国政治中心南移,但因茅山道士与南宋帝王往来渐少,除那些皇家赐封的官方宫观外,为祭祀地方神祇而名称各异的道观在江苏各地的乡镇村落不断兴起。在士绅的带领下,社会各阶层人士虽然有着不同的宗教信仰,但或多或少地会参与到由道士主持的带有地方文化色彩的

---

①　周密撰《齐东野语》卷十六《降仙》,齐鲁书社2007年版,第201页。

道教节庆或兼融着儒、道、佛、巫因素的庙会或香会活动中，通过祭祀神、鬼、仙和祖先来表达对道教文化的认同，甚至还会按照自己所属的宗族、社区、乡村的神统、科仪和信念去重构道教信仰。这种封神活动既融合地方俗神于国家认可的道教神灵谱系中，又突出了士绅阶层在道教发展中所扮演的重要角色。依附于道观的庙会或香会以崇拜的地方神明为中心修编道书，创制祭祀仪式，宣扬道教的行善积德的伦理观，通过开办学堂、教人习武、助印道经、扶鸾降仙、敬惜字纸、放生茹素、收容残障等活动，在地方社会发挥着维护乡里文化的作用。这种十里不同道、百里不同俗的文化图景，也使道教神灵信仰模式由唐朝官方钦定逐渐转为在朝廷视线之外由地方道教主导。那些具有独立神格且具有地方性色彩的神明使道教信仰变得更为丰富而复杂。南宋时，在国家正统观念和地方社会信仰文化的互动中，经道门学者的认定，再次确立起有序的道教神灵信仰体系一直延续至今。

道教由于本身的杂而多端以及派别林立，且一向又十分重视神灵信仰，随着时代的发展和传播的需要，吸收、造构和淘汰神灵的活动从来就没有停止过，因此，从整个道教史上来看，道教的神灵谱系不可能是一个静止的、僵化的、封闭的体系，也不可能有一个完全一致的固定模式。换言之，"得道成仙"作为道教最核心的信仰表征，使道教的神灵谱系始终处于一个动态的、变化的、开放的状态，随着时代的进步而不断发展，但总的趋势是由纷杂无序向比较井然有序的方向迈进。

两宋是道教神灵谱系的编定期。面对道教的众多神灵，为了醮神的需要，北宋帝王命令大臣、道士整理道教斋醮科仪，"编排三界圣位"，其中影响较大的是大臣王钦若（962—1025）遵宋真宗之命撰著的《列宿万灵朝真图》《罗天大醮仪》[1]，及林灵素遵宋徽宗之旨"修正一黄箓青醮科仪，编排三界圣位，校正丹经子书"[2]。这些工作对道教神仙谱系的定型起到了促进作用。南宋时，有留用光编《无上黄箓大斋立成仪》、宁全真传授《灵宝领教济度金书》、金允中编制的《上清灵宝

---

① 元·脱脱等编《宋史》卷二百八十三《王钦若传》，《二十五史》第 8 册，上海古籍出版社、上海书店 1986 年版，第 1074 页。

② 《历世真仙体道通鉴》卷五十三《林灵素传》，《道藏》第 5 册，第 408 页

大法》等,虽所载神灵数量不尽相同,但从整体上看,神灵的名号和品次差别不大。其中,金允中编制的《上清灵宝大法》考镜斋醮法术的源流嬗变,收集了黄箓大斋酬谢的三百六十位神灵仙真,按其神性与权能,由上而下按照十一个等阶建立起有序的道教神灵谱系:

第一阶,三清、四御等;

第二阶,南极长生大帝、东极救苦天尊、东华上相木公青童道君、金母元君及三十二天帝等;

第三阶,十位太一真君、五方星君、北斗星君、南斗星君、二十八宿星君等;

第四阶,五帝、三官、四圣等;

第五阶,历代传经真君等;

第六阶,魔王、神王、仙官等;

第七阶,五岳及酆都地府诸神等;

第八阶,扶桑大帝及水府诸神等;

第九阶,天枢院、驱邪院、雷府等部主宰及诸神等;

第十阶,各种功曹使者、金童玉女、香官吏役等;

第十一阶,城隍、土地及所属兵马神众等。

这部堪称是两宋道教神灵谱系的集大成之作,对道教历史上庞杂凌乱的神灵仙真队伍再次进行了梳理,逐渐形成了一个比较稳固而有序的神灵谱系,为以后的道教信仰提供可以参照的蓝本。至此,道教十分庞杂的神仙队伍基本上形成了以三清四御为核心,囊括了众多的先天尊神、后天仙真、星君、地祇、人鬼、幽冥官吏以及新符箓派所崇拜的雷部诸神将帅役吏等,形成了以本宗为主、兼综儒佛、为各道派认可的、比较统一的神灵谱系。

如果仔细研究,就可见在这一神灵谱系中,神灵地位的高低、神职权能有大小以及神灵之间的隶属关系都模仿宋朝官僚体制而设计的。天界神高于地界神,五帝三官高于地府诸神,雷府诸神高于功曹使者,最下一层是城隍、土地这些守护神。每一个阶位扩展开来,还有许多神性相似的诸神位列其中。道教神灵虽然众多庞杂,每个神灵都有属于自己的精彩故事,但最终都归拢在三清尊神这一至上神之下。这条崇拜主线使得道教的多神信仰杂多而不乱。这一道教神灵谱系历经元明清至今，即使不同教派有自己的信仰特征，例如神霄派奉神霄玉清真王，内丹各派尊奉吕洞宾为孚佑帝君，不同时代所信奉的道教神灵也会有个别调整，但大格局基本不变。南宋时，道教神灵谱系的定型从信仰的层面反映了唐宋道教转型的完成。

第三节　内丹心性学的蓬勃发展

唐代道教以不灭的心性为修仙之本，这时所说的神仙已不是简单的肉体不死，而是一个保全性命之真的超越者。这种对神仙内涵的界定，以及对修道不必外求，只需反身内求的强调，不仅使道教仙学在理论上产生了一个质的飞跃，而且也使神仙的内涵有了根本性的变化。唐代道教虽然已经常提到了"性命"、"丹田"、"精气神"等，但并没有系统地建立起实现其理论的修炼方法。直到金元全真道以"真性本体论"为其哲学基础，以"性命双修"为主要修仙方法，才使唐代以来道教仙学内部的不同倾向逐渐归于由"性命双修"而臻"全真而仙"的系统的内丹心性学①。

宋元时期，在全真道南北二宗的努力下，道教内丹心性学得以蓬勃发展。虽然王重阳在去山东传教后不久就病逝了，但他播下的"全真"种子因其弟子们的辛勤耕耘却得以生根开花。再加上丘处机应召西行见成吉思汗，使全真道得到了元王朝的支持而得以迅速发展。全真道不仅在北方有众多的信徒，而且在南方也不断地扩大势力，并对道教的其他教派也产生了影响。由于以内丹心性学为特色的全真道势力日盛，南方一些以修炼内丹为特征的小道派也干脆打出全真道的大旗来，后来被称为全真道南宗。这样，全真道内部就有了所谓的南北宗之分。

南宗奉北宋道士张伯端为祖师，并形成了自己的一个传道系统：

---

① 孙亦平著《论道教仙学两次理论转型的哲学基础》，《南京大学学报》1998年第4期。

张伯端→石泰→薛道光→陈楠→白玉蟾，世称"南五祖"。张伯端（984—1082）①，浙江天台人，字平叔，自幼好学，广泛涉猎儒佛道三教经书，在精通诸学的基础上，尤好金丹之学，这为他后来融会三教而独钟道教的"性命双修"奠定了基础。张伯端少业进士，后为府吏，进入仕途，生活安定。据《临海县志》记载，直到晚年，张伯端才因嗜鱼并疑其婢女窃鱼，导致"婢自经死"，而心存愧念，遂有看破人生、隐遁山林之念头，后因"纵火将所署案卷悉焚之"，大约在北宋治平（1064—1067）年间以"火烧文书"罪充军岭南。当时，龙图阁学士陆诜（1012—1070）驻守桂林，让张伯端置帐下，典机事。熙宁二年（1069），张伯端随陆诜移居成都，遇异人②授予金液还丹诀，乃改名"用成"，号"紫阳"，以示笃信道教。张伯端于熙宁八年（1075）"罄所得成律诗九九八十一首，号曰《悟真篇》"③，表达了自己的内丹心性学说。

　　《悟真篇》将修炼内丹作为成仙的唯一途径，因为人人自身本有长生药，用不着向外去寻求"众草"。人身中虽有精气神三宝，但必须经过三个步骤才能炼成金丹：第一步炼精化气，第二步炼气化神，第三步炼神返虚。前两步称为命功，第三步称为性功。张伯端主张修炼应当先命后性，因为命之不存，性将焉存？故其丹法先讲养命固形之术。但仅有命功还不够，若不能进而修"性功"，则不能"回超三界"，归于空寂之本源，因此张伯端又吸取佛教禅宗明心见性、顿悟成佛的思想，融合道禅思想，阐述性功，进而主张由命入性，以求本源真觉之性。

---

　　①　关于张伯端的生年，有不同的说法。本书据《历世真仙体道通鉴》卷四十九《张用成传》中"元丰五年（1082）三月十五日趺坐而化，住世九十九岁"（参见《道藏》第 5 册，第 383 页）的说法，推论其当生于北宋太平兴国九年（984）。另据翁葆光所著《紫阳真人悟真篇直指详说三乘秘要》记载，张伯端卒于北宋元丰五年（1082），"阅世亦九十六载矣"（参见《道藏》第 2 册，第 1020 页），则其生年应为北宋雍熙四年（987）。

　　②　《历代真仙体道通鉴》卷四十九说张伯端"游蜀，遂遇刘海蟾授金液还丹火候之诀"（《道藏》第 5 册，第 382 页），明确指出此异人为刘海蟾。留元长的《海琼问道集·序》中则说"张得于刘海蟾，刘得于吕洞宾"（《道藏》第 33 册，第 140 页），这样，张伯端的内丹道又是承续钟吕内丹道而来。

　　③　《道藏》第 2 册，第 914 页。

　　"命"与"性"两个范畴在内丹当中究竟有着怎样的内在关联呢？大抵而言,性指人意识活动的基础,命指人体功能活动的基础。张伯端在《青华秘文》中揭示了两者之间的微妙关系:"心者,神之舍也,心者,众妙之理,而主宰万物。性在乎是,命在乎是。若夫学道之士,先须了得这一个字,其余皆后段事矣。"①无论是修性,还是修命,其关键在于修心。当心所修的对象着重在精或气方面,就称为修命;当心所修的对象集中在神或虚方面,就称为修性。命是性的物质载体,性是命的功能主体,二者既相互区别,又相互依存于人的生命当中。不管命功抑或性功,都是在心的主导下追求更高层次上性命合一的努力,《悟真篇》中说:"要假修成九转,先须炼己持心。"命功之术,在乎结丹,待到功深力到,身心一如,由有入无,性功方显。在百日筑基、炼精化炁的初级阶段,以有为的命功为主,到炼炁化神、炼神还虚的高级阶段,以无为的性功为主。因此,内丹家往往视形骸为逆旅,而追求"气壮神清爽,心闲性逸安"的境界。

　　《悟真篇》倡导"性命双修",对北宋以前道教内丹的理论和实践作了总结,故受到后人的高度重视,被称为"修丹之金科,养生之玉津",问世后不久,即被奉为与《参同契》齐名的道书。宋代之后主内丹者都奉之为经典,以至于出现了许多注释《悟真篇》的道书,主要有翁葆光《悟真篇注释》、《紫阳真人悟真篇直指详说三乘秘要》,夏元鼎的《悟真篇讲义》、陈致虚《悟真篇三注》、朱元育《悟真篇阐幽》等,进一步推动了道教内丹学的发展。以张伯端为代表的南宗,其丹法主要流传在南方,传到南五祖白玉蟾(1194—?)才建立教团。元代时,南宗与全真道北宗合流,形成了庞大的阵容,并皆以"性命双修"为主要特征。

　　全真道沿着钟吕内丹道的思路,大力提倡"性命双修",认为"修仙之道,性命之事"②,"人了达性命者,便是真修行之法也"③。由于

---

①　《玉清金笥青华秘文金宝内炼丹诀》,《道藏》第 4 册,第 363 页。

②　《重阳全真集》卷十,《道藏》第 5 册,第 747 页。

③　《重阳真人金关玉锁诀》,《道藏》第 25 册,第 799 页。

"性者神也,命者气也"①,"气神相结,谓之神仙"②,因而,性命双修又必须神气合炼。这样,性命双修、神气合炼就成为全真道修道成仙的主要方法与途径。全真道所倡导的"性命双修",是"明心见性"的性功与"炼精化气"等命功的结合。"明心见性"本为佛教禅宗的用语,指以自心本有之"般若智慧"去觉悟"自心真性"的一种内省修行方法。全真道将它吸收过来,又结合儒家的"反身而诚"、"去情复性"等理念,在唐代道教所宣扬的道性清净思想的基础上,对传统道教的养生修命术作了新的诠释。

全真道认为,修道就是要努力去除情欲而复归于"真性","做修持,须搜索,真清真静真心获"③,通过去染还净,回归生命的本真,即本净的心性,从而实现生命的超越。马钰说:"清净者,清为清其心源,净为净其气海,心源清则外物不能挠,故情定而神明生焉。气海净则邪欲不能干,故精全而腹实矣。"④心源、气海作为本真的生命状态是恒常而清净的,"心本妙明,无染无着,清净之体"⑤,但清净妙明的心源、气海又会被情欲和妄念所蒙蔽,从而对人的生命产生直接的影响。修道就是要去除妄念的蒙蔽,达到"内清静者,心不杂念,外清静者,诸尘不染著"⑥的内外清净,若能如此,那么,生命的真源,亦即真性,就会自然呈现,这就叫"见性"。"只要无心无念,不着一切物,澄澄湛湛,内外无事,乃是见性。"⑦见性即可"常处如虚空,逍遥自在"⑧,实现精神的超越。因此,王喆说:"离凡世者,非身离也,言心地也。身如藕根,心似莲花,根在泥而花在虚空矣。得道之人,身在凡而心在圣境矣。"⑨真清真静的道性真心成为全真道生命观和修道论的基点。

---

① 《重阳立教十五论》,《道藏》第 32 册,第 154 页。
② 《重阳全真集》卷十,《道藏》第 25 册,第 747 页。
③ 《重阳全真集》卷五,《道藏》第 25 册,第 723 页。
④ 《丹阳真人语录》,《道藏》第 23 册,第 703 页。
⑤ 《五篇灵文》,《藏外道书》第 25 册,第 669 页。
⑥ 《重阳真人授丹阳二十四诀》,《道藏》第 25 册,第 807 页。
⑦ 《晋真人语录》,《道藏》第 23 册,第 698 页。
⑧ 《水云集》卷上,《道藏》第 25 册,第 852 页。
⑨ 《重阳立教十五论》,《道藏》第 32 册,第 154 页。

全真道不仅强调修性，而且还发展了传统道教的修命。由于全真道将"真性"视为人身中的金丹，炼丹须以肉体为鼎器，"本来真性唤金丹，四假为炉炼作团，不染不思除妄想，自然衮出入仙坛"①，因而在追求生命超越的过程中，炼精炼气的"保命修行"②也是非常必要的，"识心见性全真觉，知汞通铅结善芽"③。这样，全真道就把复归于真性的观念贯彻到了性命双修的过程中去。

强调通过心性的修炼来获得精神的超越或解脱，这本是儒佛道三教共同的特点。但儒佛比较偏重于修性，而全真道却认为，对于要获得生命超越的人来说，光在心性上下功夫，定心寂念，或存心养性，还是不够的，因为，性是与命相联系而存在的，"性命者，神气之根源也。气者，天一之水。神者，太乙含真。性者，无中之有象。命者，有中之虚无。命无性不灵，性无命不立"④。对于每一个现实的活生生的人来说，性者，命之性也，命者，性之命也，性与命都是人之为人所必不可少的。因此，"只修性，不修命，此是修行第一病"。反过来，传统道教偏重于修命而迷失了自己的真性，这也是不行的，"达命宗，迷祖性，恰似鉴容无宝镜"，即使"寿同天地"，也仍不过是"一愚夫"而已⑤。据此，全真道强调性命双修，要求通过对身心两大要素的修炼，固体强精健智，在精神与肉体的完满结合中寻求生命的超越。

与唐代道教有所不同的是，全真道倡导的性命双修，不仅是一种理论，更是一种具体的修身实践。由于全真道视生命为一个由身心、神气有机结合的系统，"性者是元神，命者是元气，名曰性命也"⑥。性命与神气往往是联系在一起的："精血者，是肉身之根本；真气者，是性命之根本。故曰有血者能生真气也。真气壮实者自然长久，聚精血成形也。"⑦因此，在实际的修行中，性命双修往往是通过神气合炼来进

---

① 《重阳全真集》卷二，《道藏》第 25 册，第 701 页。

② 《晋真人语录》，《道藏》第 23 册，第 696 页。

③ 《重阳全真集》卷一，《道藏》第 25 册，第 691 页。

④ 《五篇灵文》，《藏外道书》第 25 册，第 670 页。

⑤ 吕洞宾撰《敲爻歌》，《藏外道书》第 6 册，第 180 页。

⑥ 《重阳真人授丹阳二十四诀》，《道藏》第 25 册，第 807 页。

⑦ 《重阳真人金关玉锁诀》，《道藏》第 25 册，第 799 页。

行的：

> 大道无形,气之祖也,神之母也。神气是性命,性命是龙虎。
> 龙虎是铅汞。铅汞是水火。水火是婴姹。婴姹是阴阳。真阴真
> 阳,即是神气。种种异名,皆不用着,只是神气二字。①

这里的"龙虎"、"铅汞"、"水火"、"阴阳"等,都是道教用以比喻性命、
神气的术语。由于性命、神气不相离,故性功与命功不可分,两者相辅
相成,缺一不可,否则,修仙难成,即使有成,亦不免毁于一旦。只有性
命双修,气神相结,才能反归真性,全真而仙。这样,性命双修、神气合
炼以去欲明心、保全真性的"全真"也就成了神仙的代名词。

从修炼性命的次序上看,虽然全真道南北宗都强调应从钟吕内丹
道的传统丹法出发,由修炼精气入手,循着炼精化气,炼气化神,炼神
还虚,逐步进行。但在具体说明这个过程时,南北宗又有着不同的进
路。以张伯端为代表的南宗吸收了许多禅宗的东西,大谈识心见性,
同时又力图通过聚气凝神的气功命术,达到"心中无心,念中无念,纯
清绝点,谓之纯阳"②的虚静空灵之状态。南宗自称这种方法为"以命
取性",即以先修命后修性为特征。南宗既强调了命功在修身养性中
的基础性作用,又将精神的超越作为修道的最高境界,认为"形中以神
为君,神乃形之命也。神中以性为极,性乃神之命也。自形中之神,以
合神中之性,此谓之归根复命也"③,这样就与全真道北宗所主张的先
修性后修命的修道方法有了显著的区别。北宗虽然也深受禅宗思想
的影响,"从王喆起,便在钟吕派内丹学的基础上融摄禅宗,以道禅融
合的方式发展了钟吕派内丹学"④,但在如何安排道禅的关系上,却与
南宗有着不同的思路。王喆认为,性命的关系如同神气的关系,两者
虽然相互依存,浑然一体,但"主者是性,宾者是命"。因此,修炼者要
从修性开始,先除情去欲,做禅宗式的"打坐"功夫,于一切时中使自己
心地清静,摒除贪欲杂念,不为世俗的事务所动心,从而顿悟自心即为

---

① 《丹阳真人直言》,《道藏》第 32 册,第 155 页。
② 白玉蟾撰《谢张紫阳书》,《修真十书》卷六,《道藏》第 4 册,第 625 页。
③ 白玉蟾撰《谢张紫阳书》,《修真十书》卷六,《道藏》第 4 册,第 625 页。
④ 任继愈主编《中国道教史》,上海人民出版社 1990 年版,第 538 页。

道心。在识心见性的基础上,然后再推动精气的运转,依次而炼精化气,炼气化神,炼神还虚,从而返本归根,达到与道同体,得道而成仙。由于南北二宗在修道进路上,将禅法摆在不同的位置,因而导致了修道方法上的差异。

另外,古代修仙之法中就有男女双修或夫妻双证,在内丹修炼的方法上,全真道内部也有清净独修和阴阳双修之别。一般而言,北宗奉行五戒,学习佛教禅法修炼模式而主张清净独修;南宗中既有清净独修,又间接地受古代修仙之法中的房中术影响,《悟真篇》还继承钟吕内丹道,既讲清修又传阴阳双修的丹法,故修道方法更为复杂多样。朱越利先生通过研究宋元南宗阴阳双修的代表人物和经诀而认为,"早期钟吕金丹派中,施肩吾一系影响最大。此系既主清修丹法,又主阴阳双修丹法,丹经有《钟吕传道集》、《西山群仙会真记》和《修真太极混元图》等"①。

南宋道士翁葆光最先用阴阳双修注释《悟真篇》,他将这种丹法分为三个阶段,前两个阶段需阴阳双修。但在第一阶段修炼者不泄精,亦不采女精,而是以先天精炁交合,结成金丹,然后再用金丹擒伏自己体内的后天精炁,进行养育,结成金液还丹,第二阶段才需男女交合相助。第三阶段是炼九转金液大还丹,需要用九年时间抱一守虚,使炁归神,这个阶段是否需要阴阳双修没有明确说明:"凡铅,即后天滓质之类也。真铅,是真一之炁也。夫人精炁日逐飞散,无由凝结而成圣胎,故圣人炼真铅以伏之,使凝结成砂。日逐运火,渐渐添汞,汞炁渐多,铅炁渐散。添汞减铅,其妙如此。十月火足,六百卦终,铅炁飞浮,如明窗中尘片片飞浮而去。九载抱一,铅炁浮尽,只留得一味干水银也。铅尽汞干,化为金液大还丹也。体变纯阳,与天齐寿。"②只有通过长期修炼,做到铅尽汞干,只留下一味干水银,变为纯阳之体,方为九转金液大还丹。后来,白玉蟾建立南宗教团后,传授并实践阴阳双修。

① 朱越利著《宋元南宗阴阳双修的代表人物和经诀》,《宗教学研究》2010 年第 2 期。
② 南宋·翁葆光撰《悟真篇注释》卷中,《道藏》第 3 册,第 14 页。

　　笔者认为,虽然南北宗对性命修炼的步骤和方法有着不同的看法,如北宗主张先修性后修命,南宗主张先修命后修性,但它们基于唐代道教心性论而建立起来的修行目标与修行方法则都融合吸收了儒家、道家和佛教,特别是禅宗的心性论,从而形成了许多不同于传统道教的特色,对道教内丹心性学的蓬勃发展产生了深刻的影响①。

　　其一,全真道以不生不灭的"真性"作为成仙的主体,从而将心性的修养凸显出来,成为人能否达到"全真而仙"理想境界的起点和关键。从生命的本真中寻求超越之途,本是老庄道家的特色,后来道教发展为养性保命的仙术,以肉体为生命之本,希望借助种种道术以保持肉体的永存。而全真道则将"真性"作为生命之本,强调"修行之士,必先明心悟性"②,认为只有向内体悟自己的本心,使妄念不生,才能得道成仙。"心生则种种法生,心灭则种种法灭。若一念不生,则脱生死。"③心性修炼的根本就是要断绝世俗的种种欲望,以"保全性命之真"④。在全真道看来,世欲很多,但主要是酒色财气,而酒色财气又常常是与人的家庭生活联系在一起的。为了割断世俗的牵累,以清静修行,全真道一改传统道教主要在家修行的方式,模仿佛教而提倡离家居观的修行,要求修道者不娶妻生子,不吃荤腥,不饮酒,不杀生,不偷盗,过禁欲主义的生活,认为"凡人出家,绝名弃利,忘情去欲则心虚,心虚则气住,气住则神清,神清则德合道生矣"⑤。全真道从心性论出发,倡导性命双修,以保持生命的本真为目的,宣扬力戒世俗,励志苦行⑥,保全真性,形成了以修炼内丹为根本宗旨的道团,在许多方面改变了传统道教的一些基本特征。

---

　　① 孙亦平著《论早期全真道心性论的理论指归——从人的本真的生命存在中去追求生命的超越》,《南京大学学报》1997 年第 4 期。

　　② 元·牛道淳撰《析疑指迷论》,《道藏》第 4 册,第 949 页。

　　③ 谭处端撰《水云集》卷上,《道藏》第 25 册,第 852 页。

　　④ 《重阳教化集·序》,《道藏》第 25 册,第 770 页。

　　⑤ 《重阳真人授丹阳二十四诀》,《道藏》第 25 册,第 808 页。

　　⑥ 王喆在《重阳立教十五论》中,吸取了佛教禅宗的思想,特别强调入世苦行、即世而超越的全真精神。例如,在第十二论"圣道"中,他认为要入圣道必须"苦志多年,积功累行";在第十五论"离凡世"中,他又强调得道之人,必须"身在尘世,心游圣境"(《道藏》第 32 册,第 154 页)。

其二,全真道吸取佛教的人生皆苦和儒家的心性修养论等来改造道教的肉体长生说,促使了内丹学在道教中的兴盛。全真道认为:"人间声色衣食,人见以为娱乐,此非真乐,本为苦耳。世人以妄为真,以苦为乐,不亦悲哉!"①既然人生是苦,那还要追求肉体长生干什么?更何况肉体是由地水火风四大和合而成的,"火风地水合为肌,只是愚迷走骨尸","白为骸骨红为肌,红白妆成假合尸"②,因而肉体长生也是不可能的,"有始必有终,有生必有死,此自然之常理也"③。只有真性是不生又不死的,"万形至其百年则身死,其性不死也"④。正是从"惟一灵是真,肉身四大是假相"⑤出发,全真道改变了传统道教的肉体长生说,而引导人们看破肉体的虚幻,致力于心性的修炼,以追求超越生死的精神解脱。这种理论,显然比以前道教所宣扬的粗俗的长生不死说在逻辑上更加精致。全真道吸收儒佛的思想以改造发展道教,使道教的修行理论在质上产生了一个飞跃,由对形而下之术的探求转到了对形而上之心性的修养,推动了道教内丹学的兴盛和中国传统心性哲学的发展。

其三,全真道从人的本真的生命存在中去追求生命的超越,确立了"全真而仙"的宗教理想,改变了传统道教"神仙"的内涵,减少了神仙的神性,增加了神仙的人性。由此出发,全真道强调人人皆可成仙,并用通俗的语言让老百姓懂得,得道成仙并不困难,只要信奉全真道,通过性命双修,炼气炼神,使功行两全,就可达到"神仙"的境界。这样就为争取更多的道徒打开了方便之门。从某种意义上说,王喆如果还拘泥于过去那种"肉体不死"才可成仙的修行目标,他创立的新道派也就难以得到长足的发展了。全真道强调的得道成仙不再是魏晋道教倡导的肉体长生,而是以"全真而仙"作为自己的宗教理想目标,这显然是对唐代一些道教思想家包括杜光庭所倡导的真性永存的精神超

① 《玄风庆会录》,《道藏》第3册,第388页。
② 《重阳教化集》卷二,《道藏》第25册,第782页。
③ 《重阳全真集·序》,《道藏》第25册,第689页。
④ 《无为清静长生真人至真语录》,《道藏》第23册,第709页。
⑤ 《重阳真人金关玉锁诀》,《道藏》第25册,第799页。

越思想的继承与发展。

后来全真道南北两宗合流,其内丹心性学说的发展一直延续了下来,道教仙学也借助于以"性命双修"为主要特征的内丹学而完成了仙学理论的转型。虽然出于对性与命在修仙中的作用的不同认识,全真道内部出现了不同的流派,有主张先修性后修命的北宗,有主张先修命后修性的南宗,有主张个体独自清静修行的清修派,有主张男女双修、阴阳配合的阴阳派,还有以"守中"为主要特点的中派。直到明清时期,内丹心性学依然在持续发展,出现了以陆西星为代表的东派,以李西月为代表的西派和以伍守阳、柳华阳为代表的伍柳派等。但众多流派的竞争,本质上都是在探讨修炼成仙的可能性,并通过一些实际可操作的方法来引导人们关注每一个个体生命的存在。内丹心性学对生命的真切关注,标志着唐宋道教转型后道教仙学的基本特色,直到今天,依然对中国人的修身养性、提高生命质量产生着一定的积极影响。

第四节　倡以道为本的三教融合

中唐出现的三教合一的思潮,打破了从魏晋南北朝到盛唐三教鼎立的格局。唐末杜光庭倡导的以道为本融合三教的思想,成为宋代道教思想的主流。宋辽金时期,新道派林立,但它们大都以三教合一为立教的基本宗旨。例如,全真道者王喆就强调,"儒门释户道相通,三教从来一祖风"[1],因为,"三教者不离真道也,喻曰:似一根树生三枝也"[2]。由此,全真道主张三教平等,倡导三教融合,强调"儒释道源三教祖,由来千圣古今同"[3]。虽然儒佛道具有各自的特点,但其基本宗旨则是相同的。"道显清虚妙,释明智慧深,仲尼仁义古通今,三圣一般心。"[4]再如,盛行于宋元时期的净明道大力宣扬由真忠至孝复归于

① 《重阳全真集》卷一,《道藏》第 25 册,第 693 页。
② 《重阳真人金关玉锁诀》,《道藏》第 25 册,第 802 页。
③ 《磻溪集》卷一,《道藏》第 25 册,第 815 页。
④ 《葆光集》卷中,《道藏》第 25 册,第 520 页。

本净元明之境。一般认为净明道是儒道思想结合的产物，但笔者通过细究《净明忠孝全书》等道书，认为净明道不但热切地奉行儒家的忠孝观，而且还吸取了佛教的修行解脱理论，是在特定的历史条件下出现的儒佛道三教相融合的新道派①。需要指出的是，宋辽金道教在政治观和伦理观上主要是吸收了儒家思想，而在人生论和修道论上则更多地借鉴了佛教思想。这种三教合一思想对道教的发展产生了很大的影响。

宋代道教一方面接绪着唐末五代道教的传统，以道为本积极吸取儒佛道三教思想的精华，以"三教合一"理念推进了唐代道教的思辨化、哲理化；另一方面，通过对内促进丹鼎与符箓趋于合一，对外促进道教与儒佛的融合，日益加深对社会生活和文化领域的渗透，这成为宋辽金道教发展的基本趋势和最重要的特点。这种三教观不仅为道教积极融合三教进一步开拓了道路，而且为统治者制定治国方略、平衡各种宗教之间的关系提供了参考。

从宇宙论上看，唐代道教综合了儒佛道三教的思想，从天人合一的角度为人的修道的必要性与可能性提供了宇宙论的依据。例如，杜光庭曾继承道教的传统，用"道气"来说明宇宙的本源与本体，认为："万物之生也，道气皆降之，气存则物生，气亡则物死。物之禀道，所禀不殊，在物皆一。古今虽移，一乃无变，故云不二，是谓之一。"②但这种以本源证本体的做法很容易引起歧义，在逻辑上有时也容易陷入混乱，因此，杜光庭又吸取了儒佛的思想来发挥唐玄宗所力主的"妙本"概念，以求将本源与本体圆融起来。例如，他在义释《道德经》"同出而异名，同谓之玄"时，就吸取了儒佛的思想而倡体用一源，强调"妙体妙用，生于妙无，是同出也。由精而粗，是异名也。混而为一，是同谓之玄也。……分而为二者，体与用也。混而为一者，归妙本也"③。杜光庭将体用一源归于妙本，认为"妙本者，道也"④，既将"妙本"作为宇

① 孙亦平著《论净明道三教融合的思想特色》，载《世界宗教研究》2001 年第 2 期。
② 《道德真经广圣义》卷三十一，《道藏》第 14 册，第 463 页。
③ 《道德真经广圣义》卷四，《道藏》第 14 册，第 335 页。
④ 《道德真经广圣义》卷四，《道藏》第 14 册，第 334 页。

宙之本,又将之作为人性之源,说:"人以逐欲而动则迁情,息念而静则合道,迁情则流遁,合道则还元,所以静而致道者,是复归所禀妙本之性命也。"①杜光庭还从去情息念、合道还元的角度来论证"静而致道"就是复归妙本之性,这种体用一源的思想发展到全真道时,以"真性"的概念固定下来,并将体悟清静妙本的过程看作是自明本心的过程。王喆说:"诸贤先求明心,心本是道,道即是心,心外无道,道外无心也。"②这种以心本体来统摄一切的思想无疑是受到了儒佛的影响。到全真道那里,"天心者,妙圆之真心也,释氏所谓妙明真心。心本妙明,无染无著,清净之体。稍有染著,即名之妄也。此心是太极之根,虚无之体,阴阳之祖,天地之心,故曰天心也"③。"心本是道"的思想确立不仅使本源与本体的界限随之而消弥,而且也使宇宙论与心性论之间的联系更加紧密了。

从认识论上看,唐代道教既吸取了儒佛道三教所具有的内省性的认识方式,又继承了中国传统的思维方式,以"天人合一"为最高境界,以"顺天之时,随地之性,因人之心"④相号召。如果研究一下中国传统哲学的特点,就可见,"在天地与我为一还是我与天地为一的问题上,却始终存在着不同的思想倾向。从老子的'涤除玄览'以观其道,荀韩的'制天命而用之'与'缘道理以从事',到王弼的'圣人体无',程朱的格物致知、即物穷理,从哲学思维的高度来看,无不体现着我与天地为一的思路。而从庄子的'道无所不在'、坐忘以逍遥,到思孟的'存诚尽性'、'尽心知天',郭象的自然任性、适性逍遥,以及陆王的'吾心即是宇宙'、'吾心之良知即所谓天理'等等,则基本上都遵循着天地与我为一的思路"⑤。以此观之,唐代道教在融摄儒佛两家认识论的基础上,又综合了以老子和庄子为代表的不同的致思倾向,既从老子的"涤除玄览"以观其道出发,强调"虚心体道,则元和潜运,而致

① 《道德真经广圣义》卷十五,《道藏》第 14 册,第 386 页。
② 《重阳真人授丹阳二十四诀》,《道藏》第 25 册,第 808 页。
③ 《五篇灵文》,《藏外道书》第 25 册,第 669 页。
④ 《道德真经广圣义》卷八,《道藏》第 14 册,第 355 页。
⑤ 洪修平著《禅宗思想的形成与发展》(修订本),江苏古籍出版社 2000 年版,第 391 页。

长生矣"①，又从庄子的"道无所不在"、坐忘以逍遥出发，认为"闭缘息想"，通过"穷达妙理，了尽真性，想缘俱忘，乃可得道"②。

因此，唐代道教所倡扬的认识论与修道论是紧密相联的，识道与体道成为同一问题的两个方面，"穷极万物深妙之理，究尽生灵所禀之性，物理既穷，生性又尽，以至于一也"③。杜光庭这种将穷物理、尽人性圆融为一的思想，既综合了老子和庄子的不同的致思倾向，显然也吸取了唐代道教重玄学有无双遣的思想和佛教禅宗"明心见性"以悟道的精神。杜光庭在注释《常清静经》的"真常之道，悟者自得。得悟道者，常清静矣"时说："人能觉悟，悟则本性，谓之得道矣。"④这种"悟则得道"的思想在后来兴起的全真道中得到了发扬光大，也成为全真道的认识论和修道论的基本特征。如谭处端就说："如何名见自性？十二时中，念念清静，不被一切虚幻旧爱境界朦胧真源，常处如虚空，逍遥自在。"⑤张伯端也认为："夫欲免乎患者，莫能若体夫至道。欲体至道者，莫若明乎本心。故心者，道之体也。道之体，心之用也。人能察心观性，则圆明之体自见，无为之体自成。不假施功，顿超彼岸。"⑥张伯端将心与道视而为一，这样，体道就是通过明心而使"圆明之体自现"。值得注意的是，张伯端将重玄学的非有非无"二边俱遣"的方法作为明心的基本进路，他说："欲了无生妙道，莫如自见真心。真心无相亦无音（因），清净法身只恁。此道非无外（非）有，非中亦莫求寻。二边俱遣弃中心，见了名为上品。"⑦这种通过明心而自见的真心，超越了一切言相和二分对立，是一种不可言说、不可执著的东西，但在全真教徒看来，它又确确实实地存在于人们当下的生命存在之中。

这种认识进路不仅为全真道的内丹心性学提供了理论基础，而且从某种意义上说，还启发了宋明理学的成长。过去学界一般比较重视

---

① 《道德真经广圣义》卷十一，《道藏》第 14 册，第 369 页。
② 《道德真经广圣义》卷四，《道藏》第 14 册，第 333 页。
③ 《道德真经广圣义》卷四，《道藏》第 14 册，第 332 页。
④ 《太上老君说常清静经注》，《道藏》第 17 册，第 189 页。
⑤ 《水云集》卷上，《道藏》第 25 册，第 852 页。
⑥ 《悟真篇后序》，《道藏》第 2 册，第 967 页。
⑦ 《紫阳真人悟真篇拾遗》，《道藏》第 2 册，第 1033 页。

佛教禅宗对宋明理学的影响，即使在探讨道教对宋明理学的影响时，也大多强调北宋道士陈抟的《无极图》对周敦颐的启发。周敦颐援佛引道，促进了儒学革新，由此而导致了理学的兴起。现在随着对唐代道教哲学研究的深入，人们已认识到唐代道士成玄英、李荣、司马承祯的思想对宋明理学的影响①，尤其是唐代道教的集大成者杜光庭为中国哲学攀上理论思维高峰所作出的努力。

从生命观上看，唐代道教融合三教思想而主张的"返性归元"的道性论对金元全真道的生命观有着不可忽视的影响。由于生命是由精神和肉体两方面构成，因而，是执著于肉体的长生，还是追求精神的超越，就形成了道教得道成仙说中不同的发展倾向。如果说，以魏晋时期为代表的道教比较注重追求肉体的永存，那么，在唐代重玄学与心性论的影响下，强调的就是修心炼性，以追求精神的超越。例如，杜光庭曾借鉴佛教的"三业十恶"的思想来论证人为什么要修道，从而将佛教的禁欲思想与道教的身心修炼结合起来。杜光庭认为，"人之禀生有三业十恶"，这种与生俱来的"恶"导致了人生活于苦难之中，如果不通过修道来加以摒除，不仅会给人带来源源不断的苦难，而且还会对人的生命造成损害，"人若纵此三业十恶，则必从生趣死"②。因此，人修道必须先去除被称之为"三毒"的"三业"，使"六欲"不生。"人若能断得其华饰，远其滋味，绝其淫欲，去此三事，谓之曰三毒消灭。三毒既灭，则神和气畅精固，三元安静，三业不生，自然清静。"③佛教的禁欲观为道教建构道性清净的思想和倡导身心自然清净的修道论提供了理论资源。

这种道性清净的思想对后来的全真道建立以"真性"为核心的生命观影响甚大。全真道认为，人的现实生命是依真性而伴随爱欲而生，修道的过程就是去除爱欲返归真性的过程，"人能割爱去贪，守雌

---

①　[韩]崔珍皙著《成玄英的"理学"和宋明"理学"》，载陈鼓应主编《道家文化研究》第19辑，三联书店2002年版。

②　《道德真经广圣义》卷三十六，《道藏》第14册，第498页。

③　《太上老君说常清静经注》，《道藏》第17册，第185页。

抱一,游心于恬淡,合气于虚无,亦可以高举远致,涉景登虚"①。这就为人从本真的生命存在中去实现人生理想,通过苦行修道而追求生命的超越开辟了思路。金元时的文学家元好问在《离峰子于公墓铭》中写道:"全真道有取于老佛家之间,故其寒饿憔悴,痛自黔劓,若枯寂头陀然。及有得也,树林水鸟,竹木瓦石之所感触,则能颖脱,缚律自解,心光晔然,普照六合,亦与头陀得道者无异。"②这就非常形象地描绘了全真道借鉴佛教的头陀行所实行的禁欲主义的苦身修行。故元人徐琰说:"创立一家之教曰全真,其修持大略以识心见性,除情去欲,忍耻含垢,苦己利人为之宗。"③全真道正是通过吸收佛教的肉体与精神二元对立的观点,强调精神的高尚与纯洁,肉体的易逝与卑下,从而将"真性"作为生命存在的根本依持。"有个逍遥自在人,昏昏默默独知因,存神养浩全真性,骨体凡躯且浑尘。"④在全真道看来,肉身是幻,心性是真,"如其未明本性,则犹滞于幻形"⑤,那就不可能达到生命的超越。"离凡世者,非身离也,言心地也。……欲永不死而离凡世者,大愚不达道理也。"⑥人应该看破肉体的虚幻,追求生命的本真。由此,全真道强调的得道成仙也就不再是传统道教的肉体长生,而是超越肉体的束缚,追求真性永存,精神解脱。如丘处机所说:"吾宗所以不言长生者,非不长生,超之也。此无上大道,非区区延年小术也。"⑦马钰也说:"诸公休起心动念,疾搜性命,但能澄心遣欲,便是神仙。"⑧全真道的这种生命观实际上是在继承了唐代道教道性论的基础上,又融合了佛教思想而形成的,而杜光庭对道性清净的强调,以及通过"返性归元"即可与道相契的思想在其中也起到了重要的中介作用。

从心性论上看,唐代道教对"修道即为修心"的强调,从心性论的

① 《重阳全真集·序》,《道藏》第 25 册,第 690 页。
② 《甘水仙源录》卷四《离峰子于公墓铭》,《道藏》第 19 册,第 750 页。
③ 《甘水仙源录》卷二,《道藏》第 19 册,第 740 页。
④ 《重阳全真集》卷二,《道藏》第 25 册,第 702 页。
⑤ 《悟真篇·序》,《道藏》第 2 册,第 914 页。
⑥ 《重阳立教十五论》,《道藏》第 32 册,第 154 页。
⑦ 《长春祖师语录》,载赵卫东辑校《丘处机集》,齐鲁书社 2005 年版,第 149 页。
⑧ 《丹阳真人直言》,《道藏》第 32 册,第 155 页。

层面上为全真道修正传统的肉体成仙说而开出真性不朽说提供了思路。唐代时,在儒家心性论和佛教佛性论的影响下,道教重玄学和一些丹鼎派的道士对得道成仙的宗教理想与实践进行了重新阐释,他们调整了对长生不死的看法,积极从人自身内部去发掘得道成仙的可能性,从而将修炼的重点从追求肉体长生逐渐转移到人的心性上来,依持人的内在"心性"而将道与修道者联系起来。杜光庭以"调伏其心"作为修道的基本进路,倡扬性命双修,这既是对唐代道教心性论的继承,也对全真道的内丹心性学产生了重要的影响。

王喆正是以"心中端正莫生邪,三教搜来作一家"①的基本态度,进一步通过宣扬"性命双修"来推动道教内丹心性学的发展。王喆在回答马钰"何名是道"时曾明确地说:"性命本宗,元无得失,巍不可测,妙不可言,乃为之道。"②把得道与见性统一起来而倡导"性命双修"。马钰所说的"寻思性命不由天,斡旋阴阳全在我"③,则要求人通过修炼性命来掌握生命的主动权。

值得重视的是,张伯端在强调三教合一时并没有抹杀三教之间的差异,而是在分析了三教各自的特点与差异之后,积极地吸取儒佛的思想来丰富道教的心性论内容。例如,他对内丹修炼功效的研究就是建立在比较儒佛道三教心性论之异同的基础之上的。他在《悟真篇·序》中说:"释氏以空寂为宗,若顿悟圆通,则直超彼岸,如有习漏未尽,则尚徇于有生;老氏以炼养为真,若得其枢要,则立跻圣位,如其未明本性,则犹滞于幻形;其次,《周易》有穷理尽性至命之辞,《鲁语》有毋意、必、固、我之说,此又仲尼极臻乎性命之奥也。"④他以一种较为理性的态度,分析了三教性命学说的各自特点与相互差异后,特别指出:"教虽分三,道乃归一,奈何后世黄缁之流,各自专门,互相非是,致使三家宗要迷没邪歧,不能混一而同归矣。"⑤他认为三教在性命修炼上

---

① 《重阳全真集》卷一,《道藏》第25册,第696页。
② 《重阳真人授丹阳二十四诀》,《道藏》第25册,第807页。
③ 《洞玄金玉集》,《道藏》第25册,第590页。
④ 《紫阳真人悟真篇注疏·序》,《道藏》第2册,914页。
⑤ 《紫阳真人悟真篇注疏·序》,《道藏》第2册,914页。

虽各有特点，但其根本宗旨却是一致的，而人们偏执于一方，相互攻击，致使三家宗要迷没邪歧。于是，他超越狭隘的门户之见，在圆融三教的基础上，提出了"三关"修道术："先以神仙命脉诱其修炼，次以诸佛妙用广其神通，终以真如觉性遗其幻妄，而归于究竟空寂之本源矣。"①

张伯端首先以道教的养命固形之术为"初关"，在"命功"有成之后，又引入佛教的神通妙用为"中关"，强调还应进一步修炼"性功"，最后，以佛教禅宗的"空寂之本源"作为修道的"上关"，从而将三教圆融最终落实在道教内丹心性学的性命双修之上。张伯端强调，只有通过这样的"三关"修炼，才能使"神气精者，与天地同其根，与万物同其体"②，达到一种永恒之境。这种永恒之境既基于道教的养性固命之术，又体现了佛教的超越精神。传说，张伯端晚年曾出家为僧，其荼毗时，留下了许多大如芡实的舍利子③。这种说法与他在生前修炼内功，又出道入佛显然有关。

从社会观上看，唐代道教以道家清静自然的思想为基点，又吸收了儒家的伦理道德、修齐治平的观念和大乘佛教的自利利他精神，积极倡导"经国理身"，对全真道强调"功行俱全"有重要的影响。为了弥合道教的出世修道的人生态度与儒家的修齐治平积极入世思想的矛盾，杜光庭曾将儒家之"孝"与道教之"道"相联构，以说明儒家所讲的孝慈是"独亲其亲"，这种"私亲"是片面的。因为，"六亲不和，则孝慈之名偏立。天下有道，则淳朴之化复行。淳素既行，人皆慈孝，可谓无私亲矣。斯则绝名迹之仁义，复玄同之孝慈，无私亲者，是不独亲其亲也"④。这也就在客观上协调了儒家建立在孝亲之上的伦理观和修齐治平的入世观与道教不为仁义所缚、不为功名所累的出世观之间的矛盾，树立起了即世而超越的人生观和出世不离入世的社会理想。杜光庭还发挥儒家重视礼教的传统，修订了种类繁多的道教斋醮科仪，

---

① 《悟真篇拾遗》，《道藏》第 2 册，1030 页。
② 《金丹四百字》，《道藏》第 24 册，第 161 页。
③ 《紫阳真人悟真直指详说三乘秘要》，《道藏》第 2 册，第 1024 页。
④ 《道德真经广圣义》卷十七，《道藏》第 14 册，第 395 页。

详细规定了道场的仪式程序与活动规模,扩大了道教在社会生活中宗教教化的影响力。杜光庭主张修道者不仅要注重个体的修行,更要参与社会生活,这种社会观在宋代道教那里得到了发扬光大。

八宋以后,儒佛道三教从早期强调"三教一致"都有助于维护统治秩序,到唐代的"三教鼎立",即三教各成体系,皆立足于本教而对另外两教加以融合吸收,以充实抬高自己,进而发展为在思想上倡导"三教合一"。从儒学角度看,理学创始人之一周敦颐的《太极图说》就是儒佛道三教思想融合为一的代表作。以后的张载、二程乃至朱熹、陆九渊等人的理学思想也都是"三教合一"的产物。苏轼、苏辙等人则公开打出"三教融合"、"三教合一"旗号。这标志着"儒佛道三教在中国这块土地上最终找到了它们的共同归宿,找到了以儒为主、以佛道为辅的最佳组合形式"①。然而,这个时期的儒家是以居高临下之势对佛道二教加以改造利用的,许多儒家学者一方面从佛道那里大量吸取对自己有用的东西来丰富发展传统儒学,另一方面又往往贬低佛道,对佛道加以批判或攻击。这种既排斥又吸收,从一个侧面反映了宋代的儒佛道三教的地位是不相等的,三教的力量也是不平衡的。

北宋道教积极参与社会生活,在政治话语中也将"三教合一"作为基本准则,努力借鉴儒家伦理思想与佛教心性思想、修行理论和生活方式来发展自身,因而获得了统治者及社会各方的认同。一些北宋帝王出于政治统治的需要,积极发挥道教的神道教化作用,例如,宋真宗通过在全国创建天庆观,将掌管天庆观的道士纳入朝廷官僚队伍之中。随着以士绅为代表地方精英进入道教,使道教与地方社会和民间文化的关系越来越近,又与儒佛关系渐渐变得疏离,更确切地说,是儒学倾向于通过强化三教之间差异而逐渐远离道教和佛教。只是到了南宋金辽乃至元朝建立之后,当中华文化作为一个整体受到威胁时,"三教合一"的思想才真正得到儒佛道三教的共同认可和实际支持。

兴起于南宋金元时的全真道在对人的本真生命存在的体悟中,改变了传统道教偏重个体成仙而忽视拯救众生的状况,以"道"为本大力

---

① 洪修平著《中国佛教文化历程》,江苏教育出版社 1995 年版,第 297 页。

倡导"三教合一",这在全真道北宗中表现得尤为显著。王喆常劝人诵老子的《道德经》、佛教的《般若心经》和儒家的《孝经》,"云可以修证",在"三教合一"的基础上创立了在中国道教史上影响既深又广的全真道。王喆曾赋诗曰:"心中端正莫生邪,三教搜来做一家。义理显时何有异,妙玄通后更无加。"①"儒门释户道相通,三教从来一祖风。悟彻便令知出入,晓明应许觉宽洪。精神泵候谁能比,日月星辰自可同。达理识文清净得,晴空上面观虚空。"②全真道倡导的"三教合一"既是心性论上的融通合一,更是在社会观上发扬齐同慈爱的精神。

全真道北宗融合儒家以仁爱为本和大乘佛教普度众生的精神而提出的"真功真行",强调仅修对自己有利的"真功"是不够的,还需行救度他人的"真行"。传统道教所设想的神仙虽然也帮助他人,但还没有达到以众生的解脱为自己解脱之前提的程度。而全真道提出的神仙,则不仅能自我完善,而且能像佛菩萨那样救度众生,甚至不惜牺牲自己以帮助他人。全真道北宗曾明确地说:

> 若要真功者,须是澄心定意,打叠精神,无动无作,真清真净,抱元守一,存神固气,乃真功也。若要真行,须要修行蕴德,济贫拔苦,见人患难,常怀拯救之心,或化诱善人入道修行。所为之事,先人后己,与万物无私,乃真行也。……若人修行养命,先须积行累功,有功无行,道果难成,功行两全,是谓真人。③

认为只有"功行两全"的人才能称之为神仙真人,这既是全真道所树立的修行目标,也是"全真"的含义之一。全真道南宗也曾强调,"有志之士若能精勤修炼,初无贵贱之别,在朝不妨为治国平天下之事,在市不失为士农工商之业"④。全真道士以苦己利人的精神确立了一种功行俱全的典范,既改变了传统道教的精神风貌,也使全真道以即世而超越⑤的人生理想在

---

① 《示学道人》,《重阳全真集》卷一,《道藏》第25册,第696页。
② 《孙公问三教》,《重阳全真集》卷一,《道藏》第25册,第693页。
③ 《晋真人语录》,《道藏》第23册,第697页。
④ 夏元鼎撰《悟真篇讲义》卷六,《道藏》第3册,第57页。
⑤ 余英时先生曾将"此世"与"彼世"的不即不离的关系,称之为"内在超越",认为它特别反映了中国人的强烈入世心理。见其著《士与中国文化》,上海人民出版社1987年版,第452页。

社会上树立了较好的形象,为道教的进一步传播发展创造了条件。

第五节　从经国理身到护国安民

从历史上看,"经国理身"、"身国同构"的思想是道教一以贯之的思想。如果追根溯源,这种思想在《道德经》中就已初露端倪①。《道德经》提出的"爱民治国,能无知乎"②、"我无为而民自化,我好静而民自正,我无事而民自富,我无欲而民自朴"③、"圣人无常心,以百姓心为心"④等都体现了"经国理身"的精神⑤。《庄子》提出"内圣外王"的理想人格实际上也在一定程度上反映了道家"经国理身"的理想。虽然老子以"小国寡民"为理想社会,庄子则向往"不尚贤,不使能,上如标枝,民如野鹿。端正而不知以为义,相爱而不知以为仁,实而不知以为忠,当而不知以为信"这种犹如原始社会的"至德之世"⑥,但希望通过效法自然来实现美好的社会则是他们的共同理想,以至于《汉书·艺文志》在评价道家时说:"道家者流,盖出于史官,历记成败存亡祸福古今之道,然后知秉要执本,清虚以自守,卑弱以自持,此君人南面之术也。"这种"君人南面之术"虽然指涉的是汉代的黄老道家思想,但体现的还是老庄经国与修身同理同构的思路。

如果说,老庄思想对"经国理身"的论述还比较含糊,那么,创作于两汉之际的《河上公章句》就明确提出了"用道治国则国富民昌,治身

---

　　①　近年出土的郭店楚墓竹简《老子》,大致可以分为三组,"三组《老子》各有自己不同的主题。具体地说,丙的主题是治国,乙的主题是修道,甲的主题则有两个,一个是道与修道,另一个是治国"(王博著《美国达慕思大学郭店〈老子〉国际学术讨论会纪要》,载陈彭应主编《道家文化研究》第17辑,三联书店1999年版,第6页)。可见,作为现存最早抄本的竹简《老子》,其最主要的内容也是修身与治国。

　　②　《老子》第十章。

　　③　《老子》第五十七章。

　　④　《老子》第四十九章。

　　⑤　关于老子的思想,一般都认为其主导意义是回归自然,但他还有另一种重要意义是政治谋略。老子的政治谋略包含治国之道和制胜策略。请参阅颜世安着《论老子道论的政治谋略意义》一文,载《南京大学学报》1997年第4期。

　　⑥　《庄子·天地》。

则寿命延长"①,强调"圣人治国与治身同也"②的道理。这一思想无疑影响到了以老子之旨为立教之本的道教。道教起于民间,它对终极理想的设计是建立在现实社会和人生的不完满性及有限性的基础之上的,特别反映了普通民众的生活理想。因此,早期道教所关注的不仅是人的生命的久长,而且还有人所赖以生存的社会环境是否合道而太平,并将社会的太平视为人的生命能否久长的重要保证。道教创立的最初动因,不只是拜神仙,求长生,而且还希冀能够在人间建立一个人人安居乐业的太平盛世。

现存最早的一部道教经典《太平经》就宣扬"中和气得,万物滋生,人民和调,王治太平"③的理论,以"道"为中心来展开理身经国,一方面从人体内部寻找长生成仙的根据,通过"爱气尊神重精"的形神双修以求个体生命的无限延长,另一方面,又大力揭露社会的黑暗面,反对统治阶级聚敛财富,强调"治国之道,以民为本",提出自食其力、救穷周急等一系列社会改良的方案。因此,明代白云霁在《道藏目录详注》中评价《太平经》"皆以修身养性,保精爱神,内则治身长生,外则治国太平"为特征。早期道教的另一部重要经典《老子想尔注》也在坚持以道理身的同时,强调"治国之君务修道德,忠臣辅佐务在行道,道普德溢,太平至矣,吏民怀慕,则易治矣,悉如信道,皆仙寿矣"④。这种内以修身养性、外以治国太平的思想既是早期道教终极理想不可分割的双翼,也成为后来道教发展的方向。

正是在这样的终极理想的指导下,早期道教以一种积极入世的精神致力于对社会的改造。从张陵创立五斗米道的宗旨,到张鲁在汉中传播五斗米道所建立的政教合一的地方政权,从东汉末年张角以太平道为组织形式所兴起的黄巾大起义,到打着"真君出世"创造"道法兴隆"的太平盛世的旗号的"李弘"起义,从东晋十六国时李特、李雄在四川领导流民起义,再到孙恩、卢循五斗米道大起义,以道教为组织形

---

① 《老子道德经河上公章句·仁德第三十五》,中华书局 1993 年版,第 140 页。
② 《老子道德经河上公章句·安民第三》,中华书局 1993 年版,第 11 页。
③ 王明编《太平经合校》卷十八至三十四,中华书局 1960 年版,第 20 页。
④ 饶宗颐著《老子想尔注校证》,上海古籍出版社 1991 年版,第 38 页。

式的农民起义真是"岁岁有之"①,反映了流播于动荡社会和苦难人间的道教对社会政治的强烈关注和对建立太平盛世的热切向往。

然而,美好的愿望并不等于有美好的结果。早期道教积极实践自己理想的这段时间恰恰是中国历史上最黑暗、最动荡的时期之一。如果说"社会存在决定社会意识"的话,那么,社会的黑暗导致了人民不断地利用道教的经国理想来进行社会革命。而早期道教借助于农民起义的形式来实现理想的做法,不仅使道教的经国思想在现实社会中无从得以发挥,而且在客观上又进一步加剧了社会的动荡。正是在这种愿望与结果相背的情况下,道教被统治者诬为"鬼道"、"妖道"、"邪道",必镇压之而后快。道教的经国理想也往往被治史者视为"异端邪说"而加以贬低。

吸取黄巾大起义最终导致了有数百年历史的汉王朝倾覆的教训,魏晋以后的历代统治者对道教大都抱着既利用又戒备的心态,尤其是对道教终极理想中的"经世"方面始终保持着警惕。直到南朝陆修静、北朝寇谦之对道教进行改革,使道教逐渐脱去民间宗教的外衣,并积极向官方宗教、贵族宗教方向发展,道教才得以打着"佐治太平"的旗号,在社会政治生活中发挥起维护现实政治统治的作用。虽然道教的社会地位在统治者的认同下逐渐提高,但它的经国理想在统治者的警惕下却依然受到了无形的压抑,追求生命长存仍成为道教重要的表相特征。

在道教的经国理想受到种种质疑的情况下,生活在动荡社会中的人对生命易逝也形成了一种刻骨铭心的悲剧性认识,追求长生自然也就被许多人视为生命的第一需要。魏晋以后道教表现出的浓厚的成仙欲望,形成了以追求长生不死为特征的神仙道教。神仙道教对得道成仙的强烈追求和刻苦实践,在一定程度上掩盖了早期道教对社会政治的关注,以至于使人产生了一种误解,似乎得道成仙是道教唯一的理想目标。其实,即使是葛洪这位神仙道教的代表人物,也主张"内以治身,外以治国"。他的代表作《抱朴子》之《内篇》虽专言"神仙方药,

---

① 　寇谦之撰《老君音诵诫经》,《道藏》第18册,第211页。

鬼怪变化,养生延年,禳邪却祸之事",但《外篇》却详论了"人间得失,世事臧否"①。神仙道教在追求个体生命的长存,以得道成仙为最高理想目标的同时,并没有漠视对社会政治的关注,其仍然是将内神仙、外治世作为自己的终极理想。

隋朝的建立,统一了数百年诸侯纷争、南北分裂的社会局面。隋朝虽然不到四十年而亡,但它的宗教文化政策,特别是对道教既利用又扶持的态度,却为道教在唐代的兴盛奠定了基础。唐初,唐高祖、唐太宗等出于政治目的而尊崇老子,扶持道教,一方面使道教成为皇族宗教而盛行一时,另一方面又使道教能够有一个比较宽松的环境而致力于实现自己的终极理想。根据现有的史料记载,唐代许多道士们都利用自己的特殊地位和接近皇帝的机会来弘扬道教经国理身的终极理想。例如,唐睿宗雅尚道教,曾专门召司马承祯问阴阳术数之事,司马承祯回答说:"道者,损之又损,以至于无为。安肯劳心以学术数乎!"唐睿宗又问:"理身无为则高矣,如理国何?"司马承祯回答说:"国犹身也,顺物自然而心无所私,则天下理矣。"唐睿宗听后,深加赞叹赏异②。在这段意趣幽深的对话中,司马承祯所表达的"身国同构"、理国理身应以"无为"为本的思想,反映了唐代道教的终极理想就是将经国与理身作为同构同理的不可分割之两翼来理解的。

以崇尚道教著称的唐玄宗在注疏《道德经》时也特别注重从中开发出经国理身之道,认为《道德经》"其要在乎理身理国。理国则绝矜尚华薄,以无为不言为教"③。他站在统治者的立场上,在解释《老子》的"圣人之治"时说:"圣人理国理身以为教本。夫理国者,复何为乎?但理身尔。故虚心实腹、绝欲忘知,于为无为,则无不理矣。"④虽然唐玄宗作为现实社会的统治者,其治国未必能做到无为,但他认为按照道家道教的观点,圣人经国理身并非二事,都应以"无为"为本,这却是对道教经国理身精神的确认。

---

①　《抱朴子外篇自叙》,王明著《抱朴子内篇校释》,中华书局 1985 年版,第 377 页。

②　《资治通鉴》卷二百一十《唐纪二十六》。

③　《道德真经疏释题》,《道藏》第 11 册,第 749 页。

④　《道德真经广圣义》卷八,《道藏》第 14 册,第 352 页。

　　历代历朝都有道士奔走朝廷，参政议政，虽然其中不乏通过投靠统治者以求获得世俗名利，但那些有所作为的道士大都抱着"以道佐国"的愿望，通过向统治者宣扬"戒杀抑兵"的思想，一方面协助统治者来巩固政权、维护统治；另一方面，也希望借助于统治者的力量，在人间建立一个道教所理想的太平社会。但道教的"经国"理想在不同的历史时期呈现出了不同的特色，并对社会生活产生了不同的影响。早期道教所倡导的"经国"先是游说帝王能够采用自己的"兴国广嗣之术"（甘忠可、于吉），行不通之后，便采取了大规模的急风暴雨般的农民起义的方式（张角等）。魏晋以后，对个体生命的强烈关注，又使道教的"经国"理想主要通过遵行儒家伦理而曲折地表现出来。唐代以后，随着道教被奉为"皇族宗教"，社会地位日高，再加上唐玄宗通过注疏《道德经》来诠释道教的教义，使道教的"经国"理想突显了出来，并成为帝王统治术的一张冠冕堂皇的招牌。

　　生活在唐末五代乱世中的杜光庭，眼见社会动乱，自然失和，生灵涂炭，希望能够通过弘扬老子之道来拯救人心，实现社会的太平，这也是他著书立说的本意所在。因此，他在关注个体之人的生命超越的同时，还有一种强烈的关注国家治理和社会安定的情怀。这也就决定了他所提倡的"经国理身"不仅仅是一句口号，而是围绕着道教的基本信仰"道"所形成的一种可以在现实生活中对社会和人生发挥作用的理论。杜光庭在《道德真经广圣义》中首先表明了自己对《道德经》要旨的看法，他说："夫此道德二字者，宣道德生畜之源，经国理身之妙，莫不尽此也。"①他不仅把"经国理身"归结为《道德经》的根本要旨，而且将随后列出的《道德经》三十八条大纲都围绕着"理（经）国理身"而展开，并在每一条之后都引经据典对什么是理（经）国、什么是理身细加说明。正是基于对"经国理身"的关注，杜光庭在梳理历代《道德经》注疏时，特别推崇唐玄宗的注本。这其中当然有力推皇旨之意，但同时也与唐玄宗的注本"内则修身之本，囊括无遗；外即理国之方，洪纤

---

　　①　《道德真经广圣义》卷一，《道藏》第 14 册，第 314 页。

毕举"①不无关系。

杜光庭所说的"理身"是围绕着人应当如何修身养性才能达到得道升玄之境而展开的,他所说的"经国"则主要是针对帝王人君应当如何治理好现实社会而言的。从"老君垂教,以清静为用,无为为宗,清静则国泰身安,无为则道成人化"②的基本思路出发,杜光庭认为:"理国执无为之道,民复朴而还淳,理身执无为之行,则神全而气王,气王者延年,神全者升玄,理国修身之要也。"③这就是说,"经国理身"最重要的是应当清静无为,以恢复事物和人的自然本性。

唐代道教的"经国理身"思想虽然以老子的自然无为之道为理论依据,但同时又深受道教心性论哲学的影响,特别是承继了"修道即为修心"的思路,强调理其国者应先理其身,理其身者应先理其心,认为"圣人之理,以身观身,身正则天下皆正,身理则天下皆理"④,而"理身之道,先理其心,心之理也,必在乎道。得道则心理,失道则心乱。心理则谦让,心乱则交争"⑤,将心乱作为导致身乱乃至社会混乱的根本原因。正是由此出发,将理心作为"经国理身"的基点。

道教将"经国理身"联构,这与道教以老子的自然无为之道来贯通天地人,将宇宙、社会和人视为一体同构的思想也是一脉相承的。正是循此思路,杜光庭将"身国同构"作为贯穿于他的"经国理身"思想的一根红线,强调"知理身则知理国":"夫一人之身,一国之象也。胸腹之位犹宫室也,四肢之别犹郊境也,骨节之分犹百官也,神犹君也,血犹臣也,气犹民也。知理身则知理国矣。爱其民所以安国也,吝其气所以全身也。民散则国亡,气竭则身死,亡者不可存,死者不可生,所以至人销未起之患,理未病之疾,气难养而易浊,民难聚而易散,理之于无事之前,勿追之于既逝之后。"⑥杜光庭用类比的方法阐述了

① 《道德真经广圣义·序》,《道藏》第14册,第310页。
② 《道德真经广圣义》卷三十四,《道藏》第14册,第483页。
③ 《道德真经广圣义》卷十四,《道藏》第14册,第380页。
④ 《道德真经广圣义》卷三十五,《道藏》第14册,第491页。
⑤ 《道德真经广圣义》卷四十九,《道藏》第14册,第404页。
⑥ 《道德真经广圣义》卷八,《道藏》第14册,第352—353页。

"身国同构"的道理,既然"身国同构",那么治理国家也就应当遵循理身之道。理身的基点是理心,那么经国当然也应从理心入手。杜光庭在注释《道德经》"三十辐共一毂,当其无,有车之用"时指出:"人之身也,外资百体之设,内仗五气之和,如辐之辏而成于人,既为身矣。能虚心体道,则元和潜运而致长生矣。"人身之长生需要"虚心体道",治理国家也是如此:"人君内资辅相之谋,外委诸侯之助,乃能有国,如三十辐之辏一毂也。既有国矣,能虚心体道,则天下化成。"①正是从"身国同构"的思路出发,道教强调,"一切世法,因心而灭,因心而生,习道之士,灭心则契道,世俗之士,纵心而危身。心生则乱,心灭则理。所以天子制官僚,明法度,置刑赏,悬吉凶,以劝人者,皆为心之难理也"②。

在理心的基础上,道教将修身与理国统一了起来。杜光庭说:"修身理国,先己后人,故近修诸身,远形于物,立根固本,不倾不危,身德真纯,物感自化矣。……身既有道,家必雍和,所谓父爱、母慈、子孝、兄友、弟恭、夫信、妇贞,上下和睦。如此则子孙流福,善及后昆矣。"③通过修身而身正德纯,身正德纯之人,其家庭必然和睦。如果每一个家庭都能够"尊其长老,敬其幼少,教诲愚鄙,开导昏蒙,少长得宜,尊卑有序",就会促进一个乡村风气之改善。如果每一个乡村都"风教肃肃,礼乐诜诜",就可以促进一个国家"礼行化美,君信臣忠,境内无虞"。如果天子能体道恤民,敬天顺地,那么就能使"万国来朝,四夷皆附",实现"道无不被"的天下太平了。杜光庭特别强调:"未闻身理而国乱,身乱而国理也。"④这种从我做起,由修心而至修身理国的过程,是将"道"从个体推及家、乡、国乃至天下的过程,也是不断地提高全民道德素质的过程。这种基于"理心"的"理身"和"经国"构成了杜光庭道教终极理想不可分割的两翼。

杜光庭强调通过理心而达到理身,既重视在人的内在精神世界中

---

① 《道德真经广圣义》卷十一,《道藏》第14册,第369页。
② 《道德真经广圣义》卷八,《道藏》第14册,第353页。
③ 《道德真经广圣义》卷三十八,《道藏》第14册,第509页。
④ 《道德真经广圣义》卷三十八,《道藏》第14册,第509页。

树立一种少私寡欲、恭谦无争的观念，以促进人们自觉地去追寻"声色不能诱，自归柔弱之道"①的高尚境界；同时也重视"养神养气"②的身体修炼，以求达到"能虚心体道，则元和潜运而致长生矣"③的理想。这种性命双修的理身观又通过人的道德修养而直接对社会生活发挥作用，"人君抱守淳一，洗心内照，爱人理国，动法天时，雌静平和，收视返听，体道生物，顺德养人，生物而不有其功，为政而不恃其力，视听四达，功成不居。此理身理国，兼爱之道，顺天之德也"④。杜光庭倡导内以理身外以经国，实际上也是希望从理论上进一步弘扬道教的终极理想，以辅助统治者解决当时所面临的各种复杂的社会问题。杜光庭对"经国理身"思想的系统阐释，一方面使道教终极理想系统化，另一方面也是力图以此来拯救失道的社会。但这种拯救的意图主要地还是停留在理论的建构上，杜光庭本人就因自己无力于救世，宁愿不做"道门领袖"而归隐山林，在四川的青城山终其一生。杜光庭提出的"经国理身"思想实际上是对传统道教思想的继承和进一步发挥。这种发挥不仅在理论上确立了道教的终极理想之内涵，而且推动道教由关注生命长存转移到以慈善之心和修炼之功来参与济世度人。

如果说，唐代道教通过对《道德经》的义释而从理论上对道教"经国理身"的终极理想进行了整理和发挥，那么，唐末五代时一些道士则通过著述立说向帝王宣说道教的护国安民思想，以期为经国治世提供良方。南岳天台派的代表人物闾丘方远生活于动荡社会中，为此，他专门从早期道书《太平经》中寻找治国良方，并根据自己的读书体会将内容庞杂的《太平经》中的思想精要摘录出来，按天干分为十部，每部一卷，合为十卷，析为三十篇，备尽枢要，题名《太平经钞》，不仅使历史悠久的《太平经》还能大致保持其原貌，而且通过宣扬救穷周急、自食其力、保护弱者、有知识有道德的人应当承担社会教育的责任来表达道教的护国安民以致太平的思想，以期为帝王于乱世中平定天下提供

---

① 《道德真经广圣义》卷三十四，《道藏》第 14 册，第 483 页。
② 《道德真经广圣义》卷十一，《道藏》第 14 册，第 366 页。
③ 《道德真经广圣义》卷十一，《道藏》第 14 册，第 369 页。
④ 《道德真经广圣义》卷十一，《道藏》第 14 册，第 368 页。

了理论说明和实践依据。作为"一位出色的《太平经》传师"①，闾丘方远还编撰了《太平经圣君秘旨》，其声名愈播于江淮间，也引起一些帝王的注意。昭宗景福二年(893)，钱塘彭城王钱镠深慕其道德，访于余杭大涤洞，为筑室宇以安之。唐昭宗听闻其名累征之，闾丘方远却以天文推寻秦地将遭兵火，唐祚必当革易，不出山林为宜，故而竟不赴召。闾丘方远阐扬圣化，启发蒙昧，真灵事迹，显闻吴楚，远近从学弟子二百多人，会稽夏隐言、谯郡戴隐虞、荥阳郑隐瑶、吴郡陆隐周、广陵盛隐林、武都章隐芝皆传道要而升堂奥。他们的道号中都有一个"隐"字，表达了游于圣迹、藏于名山以致天下太平的志向。另有广平程紫霄、新安聂师道，安定胡谦先、鲁国孔宗鲁等十人，皆受上清思真炼神之妙旨②，通过发扬道教的"护国安民"思想，推进了道教在南方社会的影响。

　　宋代是平民阶层崛起的时代，诸道派中的士绅道士大都力图通过自己的宗教实践来实现道教的终极理想。在这一时期出现的大大小小的新道派，虽然在对"道"的内涵的理解上和修道方法上存在着种种差异，但既强调通过个体生命修炼以得道成仙，更强调用各种道术来护国安民。例如，翁葆光在作《悟真篇注释》时，还是遵循了"经国理身"、"身国同构"的宗旨，提出："圣人以身为国，以心为君，以精气为民。民安国泰，民散国虚。人若惜精爱气，所以长生也。以国君之爱民如赤子，常设法以养之，令民安国丰，谓之富国安民之法也。"③他设想，国君从爱民之心出发而施行富国安民之法，以促进民众安乐和社会繁荣。

　　从"长生之本，惟善为基"出发，道教伦理所宣扬的"至善"既是人类社会存在的根基，也是人生价值的最终目标，但它往往是通过对当下生存的批判性超越而确立起来的。得道之人也是一个道德完善之人。这种对绝对至善的追求，构成了宋代道教中宣扬为善去恶的通俗

---

①　王明编《太平经合校》，中华书局 1960 年版，第 16 页。
②　南唐·沈汾《续仙传》，《道藏》第 14 册，第 368 页。
③　戴起宗撰《悟真篇注疏·序》，《道藏》第 2 册，第 913 页。

读物——劝善书——大行其道的信仰依据,也构成了现实社会生活中各种相对之善的神圣基础。宋代道教中出现的以《太上感应篇》为代表的劝善书,宣扬"祸福无门,惟人自召;善恶报应,如影随形"的天人感应、因果报应的思想,具体列举了二十六条善行和一百七十条恶行,作为趋善避恶的具体标准,说"凡人有过,大则夺纪,小则夺算。其过大小,有数百事,欲求长生者,先须避之"①,将神灵的赏善罚恶落实到人的生命成长上,由此才能理解为什么"多少世纪以来,这是所有有关道德教训的'善书'中最受推崇的一部,传播这本书被视为一个宗教责任。据二十世纪早期所做的一项估计,《太上感应篇》的版本可能较《圣经》或莎士比亚著作的版本更多"②。

道教神灵是人类生活的保佑者,也是人祈求幸福和平安的对象,但人是否能够获得幸福,甚至得道成仙,还在于通过自我努力以获得神灵的佑护。《太上感应篇》以忠孝的伦理观念为准则,由此来劝导人要想长生多福,必须在日常生活中从当下之心时刻保持"善念"做起,因为每个人每时每刻都要承担自己做的事情所带来的后果。"夫心起于善,善虽未为,而吉神已随之。或心起于恶,恶虽未为,而凶神已随之。其有曾行恶事,后自改悔,诸恶莫作,众善奉行,久久必获吉庆,所谓转祸为福也。故吉人语善、视善、行善,一日有三善,三年天必降之福。凶人语恶、视恶、行恶,一日有三恶,三年天必降之祸。"③道教劝善书一方面宣扬自作自受;另一方面,又通过神灵赏罚、信条戒律等来加强对人的思想和行为的约束力,以功过格作为一种道德律令来指导人们生活,强调人的行善积德对于获得幸福的重要性。"欲求天仙者,当立一千三百善。欲求地仙者,当立三百善。"④《太上感应篇》以"积善成仙,积恶致祸"的道德教化而广泛流传,促使道教进一步融入社会生活和民风习俗之中,与民众的日常生活打成一片。

南宋时,宋理宗从"护国安民"的政治统治需要出发,大力倡导在

① 《太上感应篇》卷一,《道藏》第27册,第11—12页。
② 杨联陞著《中国文化中报、保、包之意义》,贵州人民出版社2009年版,第78页。
③ 《太上感应篇》卷六,《道藏》第27册,第34页。
④ 《太上感应篇》卷六,《道藏》第27册,第34页。

社会中推行《太上感应篇》,命临安太一宫依据旧存《道藏》中的内容进行刻印①,引发了后来道教中陆续出现了《阴骘文》、《功过格》、《玉历钞传》、《太微仙君功过格》、《文昌帝君阴骘文》、《关圣帝君觉世真经》等种类繁多的劝善书。"中国善书的编纂史,主要与'新道教'和'民众道教'的展开有关。"②劝善书因用生动的事例、浅显的道理、通俗的语言宣扬神灵赏罚、善恶报应而在东亚社会上得到迅速传播,成为民众道教的重要经典③。日本学者奥崎裕司指出:"民众道教最为发达的南宋以后,该时期的民众道教以'善书'这样的形态为凝聚中心。"④于是,酒井忠夫和福井康顺把"民众道教"定为成立于宋代,发展于宋以后,并把具有三教合一内容的全真教、真大道、太一教及净明忠孝道,还有善书、宝卷都作为仪表性的民众道教现象⑤。以《太上感应篇》为代表的这种道德劝善的社会思潮,是经士绅阶层对道教劝善思想进行改造,使其在江南社会中获得民众接受、支持和参与,所形成的以制作和传播善书、宝卷、功过格、善堂、善会为内容的善书运动。善书运动最突出的特征是在精英文化与大众文化、官方礼乐文化与民间世俗文化之间,用儒学忠孝道德规范对道教的神灵赏善罚恶说加以改造,再借鉴佛教的因果报应说和净土思想,通过设立功过格,对道教如何实现"转祸为福之道"的途径与方法进行说明,期望通过以道德立说,劝人为善,在政治动荡中重建社会伦理秩序。劝善运动在宋代的兴起也是道教悠久而丰富的伦理道德和成仙理想应用于民众日常生活的一种具体表现。

宋代出现的各种新道派顺应时代精神,盛倡三教同源一致,融摄佛儒二家,再次以"护国安民"重铸道教新教义。例如,北方出现的刘德仁创立的真大道,"其教以苦节危行为要,而不妄取于人,不苟侈于

　①　《道藏》第 27 册,第 2 页。

　②　[日]酒井忠夫著《道家·道教史的研究》,齐鲁书社 2017 年版,第 159 页。

　③　孙亦平著《东亚道教研究》,人民出版社 2004 年版,第 736 页。

　④　[日]奥崎裕司著《民众道教》,载[日]福井康顺等监修《道教》第二卷,上海古籍出版社 1992 年版,第 103 页。

　⑤　[日]奥崎裕司著《民众道教》,载[日]福井康顺等监修《道教》第二卷,上海古籍出版社 1992 年版,第 125 页。

己者也"①,又强调"忠于君,孝于亲,诚于人"②,通过对儒佛二教的融摄,表现出一种积极入世、舍己为人的情操和美德。在北方影响最大的全真道,更是以内修真功、外倡真行而著称,从而将"经国理身"转化为道士们为达到"全真而仙"目的所必须进行的"护国安民"的社会实践。

全真道士丘处机目睹宋、金、元三朝为争天下,杀伐不止,战争不断,尤其是当时的蒙古军队弓马打天下,施行每破一城便"不问老、幼、妍、丑、贫、富、逆、顺,皆诛之,略不少恕"③的屠杀政策,从而造成社会动荡、民不聊生的惨景。面对中原文化惨遭毁坏,丘处机心痛不已。为了天下苍生的安危,他不顾个人安危,毅然以古稀之高龄,接受成吉思汗的邀请去大雪山与之相见。丘处机一行从山东出发,穿山岭,越大漠,过雪山,行程近万里,途经数十国,历时两年零四个月的千辛万苦才到达成吉思汗的军营。

成吉思汗见到丘处机后,急忙询问"有何长生之药",丘处机却答道:"有卫生之道,而无长生之药。"丘处机每与成吉思汗论道,都以悲天悯人的胸怀进行劝诫,欲统一天下,必在于敬天爱民,清心寡欲,不嗜杀戮。成吉思汗曾问:"师每言劝朕止杀,何也?"丘处机回答说:"天道好生而恶杀。止杀保民,乃合天心。顺天者,天必眷佑,降福我家。况民无常怀,惟德是怀;民无常归,惟德是归。若为子孙计者,无如布德推恩,依仁由义,自然六合之大业可成,亿兆之洪基可保。"④成吉思汗听了丘处机的劝诫,深契其言,肃然起敬,不仅尊丘处机为"丘神仙",而且收敛起滥杀无辜的屠掠政策,尝试推行仁政。据史书记载,蒙古在伐金之始,屠掠十分严重,但到公元1223年东归时,却没有进行大规模的屠掠。公元1226年,成吉思汗讨伐西夏时,还明令禁止杀掠。后人用"一言止杀"之语来表扬丘处机西觐而极力"护国安民"

---

① 《元史》卷二百零二《释老传》。
② 明·宋濂撰《书刘真人事》,陈垣编纂《道家金石略》,文物出版社1988年版,第835页。
③ 王国维著《蒙鞑备录笺证》,载《王国维遗书》第13册,上海古籍出版社1983年版,第12页。
④ 《长春演道主教真人内传》,陈垣编纂《道家金石略》,文物出版社1988年版,第636页。

的做法！这一千古佳话既表达了全真道对和平理想的积极实践,也在一定程度上改变了唐代以前的道教偏重个体成仙而忽视拯救众生的状况,这不仅使全真道受到元王朝的重视,更为重要的是,让蒙古统治者接受了道教的"护国安民"的社会治理思想。

唐宋道教从"经国理身"转向"护国安民",从而与儒佛既形成了鲜明的差异,也构成了互补的格局。从表面上看,儒家从修齐治平出发,强调"内圣外王"而形成的积极入世的精神,似乎与道教的"经国理身"有相似之处。但究其实质,儒家是以"家"为关注的中心,注重的是通过以血缘关系为基础的人伦关系来建构国家的社会秩序;而道教则是以"身"为中心,注重的是以人的生命为参照来建构国家,从而将国家也作为一个动态的生命体来对待。道教所表现出来的浓郁的生命情调在一定程度上弥补了儒家建立在尊卑等级之上的冷冰冰的人伦关系的不足。而道教在重视现实生命中所形成的崇尚自然的精神和超越情怀又在一定程度上消解了儒家礼教文化对人性的窒息,并通过吸取儒家的忠孝伦理而转向辅助帝王"护国安民",从而更好地与社会生活相适应。

佛教作为一种本质上追求出世的宗教,则从"人生皆苦"的价值判断出发,对现实社会和人生的意义持否定态度,其终极目标是追求超脱生死轮回的解脱,讲求的是"无生",而不是"长生",因而对人生社会的政治也并不表现出特别的关注和热情,最多只是期望"依国主,立法事"①而已。这与道教追求长生成仙和社会太平的终极理想显然也有很大的不同。道教从人的生命本真来认识人的生活及其生活环境,其基于"身国同构"的"经国理身"理想,不仅向往通过身心的修炼来保持人的自然清静本性,而且强调通过提高人,特别是人君的道德素质,来克服社会中物欲横流的现象,以促进整个社会顺应自然之道而和谐发展。道教通过对生命本真的追求及其对现实社会政治的关注,希望在现实社会中建立一个太平世界的理想,与儒家的内圣外王、经世济民学说不谋而合,尤其是,宋代道教将佛教的

---

① 东晋名僧道安有句名言:"不依国主,则法事难立。"(《高僧传·道安传》)

自利利他、自度度人的大乘精神转化为一种强烈的参政意识和社会政治关怀，也正是淡于治国方略的佛教所缺乏的。虽然道教史上不乏像赵归真、林灵素这样以道干政的"金门羽客"，但从总体上看，道教的"经国理身"的终极理想与儒佛思想既有所不同，又能形成一种互补的态势。这是道教在中国多元文化的竞争中能够占有一席之地的重要原因之一。

从表面上看，道教是一种以得道成仙为根本信仰的宗教，它的理想目标是在世俗社会之外另求一个神仙世界，这当然应该远离社会政治，专注于求个体生命的长存，而道教的"洞天福地"也正是一些遁世、隐世的修道者理想的生活环境，但值得注意的是，道教对神仙世界的追求，其本身是出于对现实世界的一种失望，神仙世界实际上是道教对现实美好社会之向往的一种曲折反映，因而，道教自创立之始，只要有机会，就一再表现出其对人间太平的关注。同时，道教的宗教理想虽在世俗社会之外，而实现这一目标的途径却仍然在世俗社会之中。"道教作为一种宗教团体提倡'天、地、人'三者合一而'致太平'，所以它又有着强烈地干预政治的愿望。道教在虚构了超现实的神仙世界的同时，又希望把现实世界变成理想世界。"①宋代道教对"护国安民"的强调，表现出了一种与世俗生活相衔接的入世精神，不但以积极的姿态来寻求延长人的生命的种种方法，而且主张，为了使人当下的生活更加美好，应该在世俗社会中建立一种以"道"为准则的理想社会。这个没有天灾人祸，没有饥饿疾病，没有压迫仇恨，人人安居乐业的太平社会，也是道教所理想的社会目标。

总之，唐宋道教的转型是以"唐宋变革"为社会背景，以道教思想创新为前导，包括了从神灵信仰到教理教义，从修炼方法到斋醮科仪的全面转型。在这个漫长、曲折、复杂的过程中，唐宋道教一方面以老庄道家思想为基点，通过不断地吸取儒家和佛教的思想理论、修行方法，致力于向心性化、道术化和伦理化的方向发展。最显著的标志是

---

① 汤一介著《论道教的产生和它的特点》，载《中国文化与中国哲学》，东方出版社1986年版，第504页。

唐宋之际内丹心性学的出现,推动了道教修炼术由外丹向内丹的转化,促进了道教仙学理论与实践的转型。另一方面,唐宋道教始终保留着中国古代社会中流传下来的以鬼神崇拜为特点的宗教信仰和原始巫术的成分,又将新兴的内丹修炼融入传统符水治病、炼气养神、驱妖捉鬼等道术和祈福禳灾的斋醮科仪中,利用各种方技、数术、星相、占卜、图谶及泛神论思想,致力于在民间社会向大众传播自己的教义与信仰,由此而最贴近中国人的日常生活状态。融合新旧符箓诸派的正一道的兴起,推进了中古经教道教转向近世法箓道教,与北方出现的以内丹修炼为主要特征的全真道并列为中国道教的两大道派,标志着唐宋道教的转型的完成。此后,内丹道教和法箓道教相异并存,互补发展,奠定了元明清道教发展的基本格局和文化特质,其深远的影响一直延续到今天。

后　记

2017年3月,当我提笔开始写这篇后记时,正在香港中文大学做访问学者,住在新亚书院附近的会友楼,每天早上看着太阳从大海中冉冉升起,然后就乘车下山到大学图书馆,利用图书馆的丰富资料对《唐宋道教的转型》再作些校订。

这本书的写作,缘于我十分尊敬的陈鼓应先生的一个电话,同时也是自己长期在南京大学从事道教研究,一直关注并思考唐宋道教转型问题的结果。记得大约是三年前某天,陈鼓应先生来电话,后来谈到他正在领衔申报国家汉办的一个有关中国传统文化研究的出版项目,问我是否有兴趣参加。我头脑中的第一反应就是想写本《唐宋道教的转型》,陈先生听后连声说好。很快,我就接到中华书局的约稿信。我考虑到自己早有的想法,就列出写作大纲和初步设想交到出版社,不久获得立项。

我的博士论文《杜光庭思想与唐宋道教的转型》曾以唐末五代道教思想家杜光庭为例考察了唐宋道教的转型问题,出版后受到学术界的关注,但唐宋道教六百年中所具有的丰富内容又使我一直有种意犹未尽的感觉,正如法国年鉴学派代表人物费尔南·布罗代尔(1902—1985)所言:"文明最美妙的精华和最罕见的成果容易消失,但文明的老根却不顾寒冬和断裂依然存在。作为长时段的实在,文明具有无穷的生命力。"[①]唐朝以其繁荣富强吸引八方,宋代以其文明雅致风行天下,唐宋文明这一老根所生发的红花绿叶至今仍在滋润和美化着中国

---

① [法]费尔南·布罗代尔著《资本主义论丛》,中央编译出版社1997年版,第162页。

人的物质生活和精神世界。尤其是近年来,我在写作《东亚道教研究》(人民出版社 2014 年版)及《道教在日本》、《道教在韩国》(南京大学出版社 2016 年)过程中,更感受到唐宋道教在东亚世界中的潜在影响。所以,我一直希望能够在借鉴近百年来国际汉学界有关"唐宋变革论"的研究框架和学说理论,以"转型"为基点,结合着历史文献、道教经典、考古发现和田野调查成果等,对唐宋道教发展的动因机制、地域转换、信仰内涵、思想特点、修道方式、斋醮科仪和正负效应进行系统全面的研究,既说明唐宋道教转型的结果规范了今日道教的基本样貌,又从中国民族宗教的角度来展现中华文化的丰富内涵与价值追求,期望能够为我们今天实现中华民族的伟大复兴提供一些独特的文化资源。

本书即是在自己过去道教研究的基础上对唐宋道教六百年"长时段"的发展做出的新思考与新探索。经过三年的努力,在本书即将出版时,我的心中充满着感激之情:首先要感谢陈鼓应先生二十多年来对我在道教学术研究上的提携与帮助,特别是为本书的出版创造了条件;还要感谢我的先生洪修平教授在我写作过程中的所给予的鼓励与支持。

从香港中文大学回来后,我又对清样进行了校读,虽勉力而为,可能还会留下一些遗憾,不妥之处,欢迎海内外专家学者不吝赐教!

孙亦平

2017 年 5 月 28 日